트러스트
임팩트
신뢰의 재발견

트러스트 임팩트

신뢰의 재발견

Trust Impact

스티븐 M.R. 코비

데이비드 캐스퍼슨 · 맥킨리 코비 · 게리 주드

이재용 · 정병창 옮김

김영사

트러스트 임팩트, 신뢰의 재발견

1판 1쇄 인쇄 2023. 4. 10.
1판 1쇄 발행 2023. 4. 17.

지은이 스티븐 M. R. 코비·데이비드 캐스퍼슨·맥킨리 코비·게리 주드
옮긴이 이재용·정병창
감수 한국리더십센터그룹

발행인 고세규
편집 박완희·임여진 디자인 조명이 마케팅 백선미 홍보 이한솔
발행처 김영사
등록 1979년 5월 17일(제406-2003-036호)
주소 경기도 파주시 문발로 197(문발동) 우편번호 10881
전화 마케팅부 031)955-3100, 편집부 031)955-3200 | 팩스 031)955-3111

값은 뒤표지에 있습니다.
ISBN 978-89-349-6591-6 03320

홈페이지 www.gimmyoung.com   블로그 blog.naver.com/gybook
인스타그램 instagram.com/gimmyoung   이메일 bestbook@gimmyoung.com

좋은 독자가 좋은 책을 만듭니다.
김영사는 독자 여러분의 의견에 항상 귀 기울이고 있습니다.

내 어머니 샌드라와 아버지 스티븐 R. 코비에게
이 책을 바칩니다.
두 분은 신뢰·고무형 부모와 리더가 되는 것이
무엇을 의미하는지 모범을 보여주셨습니다.

IV. 다시 만난 세계에서

명령하고 통제하는 리더를 넘어서

지표면에서 지금까지 관측한 기온 가운데 최고기온은 약 56.7도다.[1] 이 기록은 1913년 7월 10일 캘리포니아주 데스 밸리Death Valley(죽음의 계곡)에서 관측한 것이다.

몹시 덥고 건조한 데스 밸리 지역에서는 식물이 자라지 못한다. 이곳은 연평균 강수량이 2.54~5.08센티미터에 불과하다.[2] 얼마 전까지만 해도 40개월 동안 내린 비의 양이 약 1.3센티미터밖에 되지 않았다. 워낙 불모지라 그토록 비가 오지 않는 게 이상한 일은 아니었다.

그런데 놀랍게도 2005년 봄 상황이 돌변했다. 2004년 겨울, 짧은 시간 동안 뚜렷한 이유 없이 비가 15.24센티미터나 내렸다. 이듬해 봄이 왔을 때 관측자들은 데스 밸리 지면을 두껍게 뒤덮은 야생화를 보고 깜짝 놀랐다.

어쩌면 그곳은 죽은 땅이 아니었을지도 모른다. 아마 식물은 휴면상태에서 싹을 틔우기에 적당한 환경을 기다리고 있었을 것이다. 실제로 영국의 저술가이자 세계적인 교육상담가였던 케네스 로빈슨 경은 〈테드 토크〉에 출연해 그곳은 '도먼트 밸리Dormant Valley(휴면 계곡)'라 부르는 게 마땅하다고 주장했다.[3] 기억하기가 쉽지는 않지만 더 정확한 명칭이라고 생각한다.

식물뿐 아니라 사람들도 그렇다. 우리는 각자 내면에 위대함을 지니고 있다. 그 위대함은 데스 밸리의 야생화처럼 휴면상태를 유지하고 있다. 거기에는 항상 씨앗이 존재한다. 단지 꽃을 피울 적당한 환경이 필요할 뿐이다.

진정 위대한 리더는 15센티미터 강수량처럼 내면의 잠재력을 깨울 적절한 조건을 만들어낸다. 정원사의 시각으로 리더십에 접근하면 씨앗 안에 잠재된 그 힘을 볼 수 있다. 정원사가 싹을 틔우고 꽃을 피우기 위해 흙, 물, 공기, 햇빛 같은 환경을 조성하듯 리더는 한 개인이 성장하고 번영할 수 있는 환경을 조성한다. 결국 리더는 그 사람이 상상을 초월하는 수준으로 성장하는 것을 보게 된다.

데스 밸리에서 비가 야생화를 위해 했던 역할을 해주는 리더가 더러 있다. 운이 좋은 일부는 그들의 도움을 받는다. 반면 대다수는 완전히 다른 현실 속에서 살고 있다.

직장, 교실, 가정에서 우리의 리더십 방식을 살펴보면 우리가 오랫동안 같은 리더십 방식을 반복해왔음을 알 수 있다. 많은 리더가 여전히 자신의 역할을 정원사보다 기계공에 더 가까운 것으로 보고 있다. 그들은 완수해야 할 일을 최우선순위에 두는데, 그들의 역할은 자원과 인력을 임의로 활용해 당면한 과제를 완수하는 것이다.

이 리더십 방식을 '명령·통제Command & Control' 방식이라 부르겠다.

이런 방식은 효과가 있을까? 생각해보라. 이 방식은 당신에게 효과가 있는가? 좀 더 구체적으로 묻겠다. 이 리더십 방식은 당신에게 효과가 있는가?

아마 없을 것이다.

실제로 우리는 대부분 전혀 다른 리더십 방식을 원한다. 그런데 우리는 지금까지 그 방식을 점진적으로만 개선할 수 있었다. 우리는 명령·통제 방식에서 벗어나길 원하지만 어떤 방식으로 나아가야 할지는 잘 모른다.

이 책은 그 답을 제공한다.

"지혜는 용어 정의에서부터 시작된다"는 소크라테스의 말처럼[4] 우리에게 필요한 변화를 위해 간단한 용어를 제안한다.

Trust & Inspire.
신뢰하고 고무하라.

신뢰·고무는 새로운 리더십 방식이다. 그 목표는 사람들의 재능과 잠재력을 제약하거나 통제하지 않고 오히려 온전히 끌어내는 데 있다. 이는 진정으로 권한을 부여하고 그들을 고무하는 일이다. 옳은 일을 하도록 사람들을 신뢰하는 한편 그들이 의미 있는 공헌을 하게끔 고무하는 것이다.

이것은 파괴적 혁신 세계에 성공적으로 대응하기 위해 관심과 소속감으로 사람들을 연결하는 일이다. 즉, 조직의 리더에 의해서뿐 아니라 목적, 의미, 공헌 의식에 의해서 사람들 스스로 고무되게끔 그들을 목표와 연결하는 것이다.

신뢰·고무 패러다임은 사람들 내면에 있는 잠재력과 위대함에 대한 기본 믿음에서 나온다. 설사 그것이 눈에 보이지 않더라도 그렇다.

명령·통제 방식은 일을 해내는 데 초점을 맞추다 보니 정작 일을 해내는 사람들의 잠재적 능력은 못 본다. 또한 효율성 측면에만 집중해 사람들을 고무하기보다 그들에게 동기를 부여하려 하며, 봉사하고 배려하기보다 자기 이익을 찾고 경쟁하게 한다. 무언가에 실패하면 또 다른 지시를 내리며 명령한다. 이때 사람들은 스스로 원해서가 아니라 해야 하는 까닭에 하게 된다.

간단히 말해 이 방식은 사람들의 잠재력을 끌어내기보다 사람들을 통제하려 한다.

게임의 판이 근본적으로 바뀌었는데 왜 여전히 많은 사람이 낡은 리더십 방식에 매달리고 있는가? 오늘날 명령·통제 패러다임으로 조직을 운영하는 것은 골프채로 테니스를 하려는 것과 같다. 진행하고 있는 게임에, 즉 현실에 전혀 맞지 않는 도구를 사용한다는 얘기다.

간단한 연습을 해보자. 당신이 알고 있는 사람 가운데 명령·통제형 리더를 한 명 떠올려보라. 상사, 매니저, 관리자, 동료, 선생님, 친구, 코치, 부모, 이웃 등 누구라도 좋다.

이제 자신에게 물어보라. 그 사람과 일하는 것은 어떤 모습일까?

나는 강연 때 청중과 이 연습을 자주 하는데 그들은 종종 그 사람에게 보이는 자신의 본능적 거부감에 스스로 놀란다. 아마 같은 경험을 해본 사람이 많을 것이다. 규정과 제약으로 숨 막히게 하는 사람과 함께한 기억은 마음속을 좌절감과 무력감으로 채우고 심지어 분노와 고통을 불러일으킨다.

이제 당신이 알고 있는 사람 가운데 신뢰·고무형 리더를 한 명 생각해보라. 당신을 신뢰하면서 당신에게 기회를 준 리더를 떠올려보라.

같은 질문을 당신 자신에게 해보라. 그 사람과 일하는 것은 어떤 모습일까? 그런 리더와 함께한 기억은 마음속을 감사, 신바람, 자신감, 충만감으로 채운다. 그 감정은 심지어 수년 후에도 남아 있을 것이다.

명령·통제형 리더의 실제 사례

오래전 나는 가족끼리 운영하는 영세 제조업체에 영업 상담을 해준적이 있는데 그 자리에서 경영 팀을 만났다. 그들은 그 회사문화의 긍정적인 면과 부정적인 면을 설명하기 시작했다.

몇 분 동안 임원들이 돌아가며 설명하던 중 갑자기 한 사람이 화가난 목소리로 설명을 가로막았다.

"우리 좀 더 솔직해질 수 없을까요? 우리의 가장 큰 문제는 통제광한 사람이 우리를 관리하고 있다는 겁니다!"

당시 CEO는 회사의 설립자로 모두가 '어르신'이라 불렀는데 마침그는 그 자리에 없었다. 하지만 그의 존재감은 분명했다. 다른 사람들은 망설이다가 맞장구치기 시작했다.

"맞아요. 그는 뭐든 그냥 지나치는 법이 없어요."

"항상 우리를 어깨너머로 지켜보죠."

"아무것도 넘겨주지 않아요. 이제 모든 걸 넘겨줄 때가 되었어요. 아들은 준비되어 있다고요."

상황을 알고 보니 그 '아들'은 설립자의 아들이자 후계자였다. 아들은 대학 졸업 후 그 회사에서 일하고 있었다. 그는 모두에게 존경받았고 다들 그가 회사를 물려받을 때가 되었다고 생각했다. 그의 리더십이 회사를 보다 현실에 맞게 성공적으로 바꿔놓을 거라고 판단했기 때문이다. 아들 자신도 그렇게 믿었다. 그는 아버지에게 여러 차례 말했다.

"아버지, 저는 준비되어 있어요. 할 수 있어요."

그러나 아들의 자신감 넘치는 태도와 팀의 재촉에도 불구하고 어르신은 회사를 넘겨주기를 거부했다. 한 팀원이 탄식하듯 말했다.

"신뢰받지 못하면 맥이 빠질 수밖에 없습니다. 아들이 어떤 느낌일지 상상이 되지 않습니다."

다른 팀원이 말했다.

"어르신이 아들이 준비되어 있지 않다고 생각한다면, 아들이 어떤 느낌일지는 중요하지 않아요."

내가 물었다.

"그렇지만 아들은 자신이 준비되어 있다고 생각하죠? 여러분도 그가 잘 준비되어 있다고 봅니까?"

모두가 한목소리로 말했다.

"물론입니다! 우리는 그를 신뢰하고 그가 잘할 거라고 믿습니다."

그때 갑자기 그 문제를 처음 끄집어낸 사람이 실망감으로 테이블을 치면서 외쳤다.

"세상에나, 아들도 예순일곱 살입니다!"

나는 애써 충격받지 않은 체하려 노력했다.

나는 어르신이 50대나 60대이고 아들은 30대나 40대일 거라고 예상했다. 그러다 보니 어르신 입장에서 그가 아들에게 회사를 넘겨주는 게 얼마나 힘들지 공감하고 있었다. 80대 후반이나 90대에 이른 어르신이 수십 년 동안 회사에서 일했고 자격을 갖춘 유능한 아들에게 여전히 통제권을 넘겨주지 못한다니, 그야말로 코미디 같은 상황이었다!

회의실 안의 낙심한 분위기로 보아 어르신의 통제욕이 아들뿐 아니라 회사 전체에도 영향을 미치고 있다는 것이 분명해졌다. 그것은 성과에도 영향을 끼쳤다. 어르신의 리더십 방식이 모든 것의 발목을 잡는 바람에 회사는 여러 측면에서 위축되어 있었다. 그는 회사의 성장과 일의 진행을 가로막고 있었다. 직원들과 아들의 처지도 마찬가지였다.

그 어르신도 그렇지만 명령·통제형 리더는 대부분 나쁜 사람이 아니다. 대개는 성품이 훌륭하고 의도가 좋은 점잖은 사람이다. 그렇지만 그들의 리더십 방식은 스스로의 의도를 너무 자주 방해한다.

심지어 리더가 긍정적이고 이익을 얻는 결과를 내고자 노력할 때도 명령·통제 방식은 강요, 순응, 억제를 낳고 이는 궁극적으로 정체로 이어진다. 신뢰·고무형 리더 역시 똑같이 이익을 얻는 결과를 내기 위해 노력한다. 그러나 그 노력은 헌신, 창의성, 재능, 잠재력 계발로 이뤄진다.

흥미로운 것은 우리의 리더십은 대부분 우리가 생각하는 것보다 훨씬 더 어르신의 방식에 가깝다는 점이다. 사실 신뢰·고무형 리더가 되는 데 가장 큰 장애요소는 우리가 이미 신뢰·고무형 리더라고 생각하는 것이다!

신뢰·고무형 리더의 실제 사례

나는 어렸을 때 아버지에게 신뢰·고무 방식을 배웠다. 아버지는 내게 우리 집의 넓은 잔디밭을 어떻게 관리하는지 가르쳤다. 《성공하는 사람들의 7가지 습관》을 봤다면 아버지가 '푸르고 깨끗한 잔디'라고 이름 붙인 이 과제 이야기를 이미 알고 있을 것이다.

부모님은 매주 가족회의를 열었다. 나는 형제들과 함께 부모님의 주간 계획이나 새로운 가족 활동, 집안의 잡일과 관련된 이야기를 들었다(10대 시절에는 이 회의가 못마땅했다). 내가 일곱 살이 되던 해, 아버지는 가족회의에서 우리 형제 중 누군가가 잔디밭 관리를 맡아달라고 요청했다. 나는 내가 하겠다고 말했다. 잔디밭을 어떻게 가꾸겠다는 생각은 없었고 그저 아버지를 위해 뭐든 하고 싶었을 뿐이었다.

가족회의를 마친 뒤 아버지는 내가 어떤 일을 해야 하는지 알도록 나를 잔디밭으로 데려가 잔디 상태를 살펴보게 했다. 여름을 앞둔 무렵이었고 잔디는 약간 노랗게 변해 있었다.

"아들아, 네가 할 일은 잔디를 푸르고 깨끗하게 만드는 것이다."

아버지는 계속해서 말했다.

"푸르다는 게 어떤 것인지 보여주지. 우리 이웃집을 보러 가자."

이웃집 가까이 다가간 우리는 그 집 잔디의 멋지고 푸른 잎에 감탄했다.

"아들아, 우리는 저 색깔을 목표로 해야 한다."

다시 우리 잔디밭으로 온 아버지가 말했다.

"이제 깨끗하다는 것이 무슨 뜻인지 보여주겠다. 우리 잔디밭의 절반을 청소해보자."

우리는 함께 절반의 잔디밭에서 쓰레기를 주웠다. 우리가 잠시 쉴 때 아버지는 청소하지 않은 나머지 절반을 가리키며 말했다.

"우리가 청소한 부분과 비교해보고 어떤지 잘 봐둬라."

일곱 살인 내 눈으로 봐도 그 차이는 분명했다.

"우리는 방금 잔디밭을 푸르고 깨끗하게 만들었다. 네가 할 일은 잔디를 이렇게 푸르고 깨끗하게 만드는 것이다. 그 일을 어떤 식으로 할지는 네가 결정해라. 네가 원한다면 어떻게 하는지 내가 알려주마."

나는 이 모든 것을 두고 실행계획을 생각해본 적이 없음을 깨달았다. 내가 물었다.

"아빠라면 어떻게 하겠어요?"

"나라면 스프링클러를 사용하겠다! 물론 양동이나 호스를 사용할 수도 있고 종일 침을 뱉을 수도 있을 게다. 모두 네가 결정할 일이다. 아들아, 우리가 해야 할 일이 무엇이라고?"

내가 외쳤다.

"잔디를 푸르고 깨끗하게 만드는 겁니다!"

아버지가 물었다.

"어떤 게 푸른 것이지?"

나는 진지하게 이웃집 잔디를 가리켰다.

"좋아. 어떤 게 깨끗한 것이지?"

나는 자랑스럽게 우리가 함께 청소한 부분을 가리켰다.

"좋아. 그렇게 하는 것이 네 일이다. 네 감독자가 누군지 아니?"

당황한 표정으로 내가 물었다.

"누구죠?"

"너다!"

아버지가 이렇게 말했을 때 나는 그 대답이 만족스러워 미소를 지었다. 아버지가 다시 물었다.

"네 도우미가 누군지 아니?"

"누구죠?"

"나다! 네가 나를 감독한다!"

내가 책임을 맡고 있다는 생각에 슬며시 미소를 지으며 내가 물었다.

"제가 아빠를 감독한다고요?"

"내 도움이 필요하면 무엇을 해야 하는지 내게 말해주렴. 시간이 되면 도와줄게."

아버지는 미소를 지었다.

"누가 네 일을 판단하는지 아느냐, 아들아?"

이번에는 내가 고개를 끄덕이고 나 자신을 가리켰다.

"맞다. 네 스스로 판단해라. 일을 제대로 했는지는 어떻게 판단하지?"

나는 자랑스럽게 대답했다.

"푸르고 깨끗한 잔디."

"좋아! 하루 이틀 생각해보고 이 일을 하고 싶으면 알려주렴."

토요일이 되자 아버지는 그 제안을 어떻게 생각하느냐고 물었다.

"제가 할게요."

아버지는 내 손을 붙잡고 흔들었다.

"합의한 거다!"

하지만 나는 며칠 동안 아무것도 하지 않았다. 원래부터 아무것도 하지 않을 계획은 아니었다. 솔직히 말해 까맣게 잊고 있었던 것 같다. 아니면 그보다 더 재미있고 신나는 일이 이웃집에 있었을지도 모른다.

화요일 아침, 아버지는 출근하려고 현관문을 나서면서 뜨거운 여름 햇볕을 느꼈다. 이웃집 잔디를 보니 푸르고 깨끗했고 관리 상태가 좋았다. 우리 집 잔디도 보았다. 누렇게 타들어 가는 중이었고 아버지의 차에서 1미터 정도 떨어진 잔디밭 한쪽에는 쓰레기도 있었다.

아버지는 그런 내 행동을 흔쾌히 봐줬다. 토요일이나 일요일에 일하지 않는 것은 이해할 만했던 거다. 그렇지만 월요일에도 일하지 않는다면? 아버지는 나중에 내게 호통을 치고 싶었지만 그렇게 하지 않았다고 말했다.

"당장 나와! 여기 와서 잔디를 손봐라!"

아버지는 자신이 그렇게 하면 내 주도성을 말살하고 말 거라고 판단했다. 물론 나를 다그치면 내가 청소를 하리라는 것은 알고 있었다. 그러나 아버지가 없는 그다음 날은 또 어떻게 하겠는가? 결국 아버지는 입을 꾹 다물고 퇴근해서 돌아왔을 때 잔디가 어떤 모습일지 보기로 마음먹었다.

회사에서 차를 몰고 오며 집 근처 모퉁이를 돌았을 때 우리 집 잔디밭이 아버지의 눈에 들어왔다. 쓰레기가 널려 있었고 잔디 색깔은 더 누레져 있었다. 나는 길 건너편에서 공놀이를 하고 있었다.

"어이, 아들! 잘되고 있어?"

나는 손짓하면서 대답했다.

"잘되고 있어요, 아빠!"

나는 정말로 잘 지내고 있었다. 공놀이를 하고 있었으니까! 나는 잔디밭은 까맣게 잊고 있었다.

우리는 일주일에 두 번 잔디밭을 함께 돌아보기로 합의했었다. 아버지에게 잔디 상태를 보여주기 위해서였다. 아버지는 그 합의를 이행하게 해야겠다고 마음먹은 듯했다. 아버지가 소리쳤다.

"잔디는 잘되고 있어, 아들?"

그 순간 나는 손에 축구공을 든 채 시선을 허공에 던지며 멈칫했다. 나는 간신히 입을 열었다.

"음…, 잘되고 있냐고요?"

아버지는 아무 말도 하지 않고 집으로 들어갔다. 그리고 왜 자신이 그 일을 하고 있는지 상기하면서 생각에 잠겼다.

'내 목적을 다시 확인하자. 내 목적은 잔디를 가꾸는 게 아니라 아이를 키우는 것이다.'

저녁 식사 후 아버지는 한 손을 내 어깨 위에 얹고 물었다.

"우리가 합의한 대로 잔디밭을 돌아보면서 어떻게 되어가고 있는지 보여줄 수 있겠니?"

내 입술이 떨렸다. 우리가 함께 잔디밭으로 나갔을 때 나는 큰소리로 말했다.

"너무 힘들어요!"

나는 아무것도 하지 않으면서도 불평했다.

아버지가 부드럽게 말했다.

"내가 도와줄까, 아들아?"

나는 머뭇거리며 물었다.

"도와주시겠어요?"

"우리가 약속한 것이 뭐였지?"

나는 조심스럽게 말했다.

"시간이 되면 아빠가 도와주신다는 거였죠."

"나, 시간 있다!"

"그래요? 곧 돌아올게요!"

나는 집 안으로 뛰어 들어가 쓰레기봉투 두 장을 갖고 나왔다. 한 장은 아버지에게 건네주었고 우리는 함께 잔디밭을 청소했다.

그해 여름 나는 몇 번 더 도움을 요청했다. 그것은 내 일이었다. 그렇게 나 스스로 책임을 지면서 내게는 내 일이라는 의식과 자부심이 생겼다. 아버지의 경우에는 시간을 내서 합의한 것을 재확인했다. 아버지는 내 잘못을 보고도 그걸 나무라지 않았다. 나를 향한 믿음을 거두지 않고 약속한 대로 내가 책임지게 한 것이다.

나는 어땠냐고? 나는 신뢰받는다는 느낌을 받았다. 내게 중요한 사람인 아버지에게 신뢰받고 있음을 느꼈다. 나는 신뢰받았기에 아버지에게 실망을 안겨주고 싶지 않았다. 아직 어렸던 나는 돈이나 지위, 외모에는 관심이 없었다. 오직 아버지에게만 관심이 있었고 덕분에 아버지의 신뢰를 받는 것은 나를 크게 고무했다. 나는 아버지의 신뢰에 보답하고자 잔디밭을 잘 관리했다. 잔디는 푸르고 깨끗했다.

잔디를 훌륭하게 관리한 것보다 더 중요한 것은 내가 스스로에게 훌륭함을 느꼈다는 점이다. 나는 잔디를 푸르고 깨끗하게 가꾸는 내 능력에 자신감이 생겼고 계속 그렇게 가꾸기를 열망했다. 신뢰에 어떤 힘이 있는지 그때 처음 경험했는데 일곱 살 때의 그 단순한 상호작용은 내가 리더십을 이해하는 결정적 계기로 작용했다.

> 좋은 리더는 사람들이 리더 자신을 신뢰하도록 고무하지만, 위대한 리더는 사람들이 그들 자신을 신뢰하도록 고무한다.[5]
>
> ―엘리너 루스벨트(미국의 제34대 영부인, 사회운동가)

우리는 모두 신뢰받기를 원한다. 신뢰하는 것은 가장 고무적인 형태의 동기부여 방식이다. 자신이 이끄는 사람들을 신뢰하는 리더는 그들 모두에게서 최고의 능력을 끌어낸다.

다른 사람들을 신뢰하는 것은 우리 삶에서 가장 중요한 일 가운데 하나다.

마찬가지로 사람들은 무언가에 고무되기를 원한다. 공기가 허파에 필수적이듯 고무되는 것은 모든 존재에게 필수요소다. 실제로 고무하다inspire라는 단어는 '~을 불어넣다'라는 의미의 라틴어 inspirare에서 유래했다.[6] 다시 말해 고무한다는 것은 생명이 없는 무언가에 생명을 불어넣는다는 뜻이다. 누군가를 고무하는 것은 그에게 생명을 불어넣는 일이다.

그런데 오늘날 사람들은 대부분 고무되는 경험을 별로 하지 못한다. 무언가에 고무되는 소중한 순간, 예를 들면 아기가 첫발을 내딛거나 마라톤 주자가 결승선을 통과하는 순간에는 마치 신선한 공기를 들이마신 것 같은 느낌을 받는다.

고무는 어떤 경험을 할 때 그 경험을 목적과 연결하고, 일할 때는 그 일을 의미 있게 만든다. 이는 작업자가 크리에이터가 되도록, 직원이 동료가 되도록, 협력업체가 파트너가 되도록, 집단이 팀이 되도록 하는 일이다. 리더로서 우리의 역할은 주변 사람들을 고무하는 것이다. 그들은 그것을 원한다. 우리 모두 그렇다. 인도주의자이자 철학자인 알베르트 슈바이처 박사의 멋진 말이 떠오른다.

"누구나 삶을 살아가다 보면 어느 순간 내면의 불이 꺼진다. 그러다가 다른 사람과의 우연한 만남으로 다시 불꽃이 타오른다. 우리는 내면의 정신에 다시 불을 붙여준 사람에게 고마워해야 한다."[7]

다른 사람들을 고무할 때 우리는 그들과 우리의 정신에 불을 붙이는 셈이다.

다른 사람들을 고무할 때 우리는 새 생명, 목표, 열정을 그들과 우리 자신에게 불어넣는다. 업무 측면뿐 아니라 개인 측면에서도 새로운 시각을 제공한다. 우리가 그들 내면의 위대함을 보는 순간, 그들은 이전에 생각하지 못한 자신의 가능성을 인식하기 시작한다. 다시 말해 그들은 인위적인 한계 너머를 보게 된다.

다른 사람들을 고무하는 것은 우리 삶에서 가장 중요한 일 가운데 하나다.

신뢰·고무형 리더가 되면 삶을 바라보는 렌즈, 즉 삶의 방식이 생긴다. 그것은 필요할 때만 잠깐 사용하는 도구가 아니다. 리더와 리더가 이끄는 사람들은 자신이 신뢰받고 고무될 수 있으며 또 그래야 한다고 생각한다. 그들은 자신이 의미 있는 공헌을 하고 목적의식을 찾을 수 있다고 믿는다. 그리고 함께하면 혼자서 할 수 있는 것보다 더 큰 일을 해낼 수 있다고 믿는다.

솔직히 대답해보라. 명령·통제 방식이 사람들에게 정말로 효과가 있었는가? 가정에서 효과가 있었는가? 학생이 잘못했다고 교사가 때리는 것이 학생들의 학습 의욕을 고무했는가? 회사에서 출퇴근 시간을 확인하고 '감시 소프트웨어'를 설치한 것이 직원들이 더 열심히 일하도록 고무했는가? 과거에 명령·통제 방식이 아이, 학생, 직원 들에게 순응을 끌어냈을 수도 있지만 창의력, 신바람, 영감, 책임감을 불어넣지는 못했다. 오늘날에는 더더욱 그럴 것이다.

그 사실을 우리는 머리로는 잘 알고 있다. 그러나 지금까지 이룬 모든 발전에도 불구하고 현실은 여전히 강고하다. 대다수 리더가 여전히 낡아빠진 명령·통제 방식을 사용한다. 더구나 그 방식을 보다 발전하고 정교해진 형태로 훨씬 더 능숙하게 사용하고 있다. 그것은 '개량한 명령·통제Enlightened Command & Control 방식'이라 부를 수 있겠다. 방식을 개선하긴 했지만 사람과 리더십을 어떻게 보느냐 하는 기본 믿음에는 별로 변한 게 없다. 아주 많은 사람이 오늘날의 위기에 대응해 여전히 낡은 산업 시대 방식에 의존하고 있다.

당신은 어떤가?

당신이 사람들의 잠재력을 끌어내기보다 억제하고, 고무하기보다 일방적으로 동기를 부여하고, 봉사하고 배려하기보다 경쟁과 자기 이익에 초점을 맞추며 성공하길 원한다면 이는 골프채로 테니스를 하고 있는 꼴이다.

게임의 판이 바뀌었다.

라켓을 들어라. 그 방법을 가르쳐주겠다.

스티븐 M. R. 코비

1

격변의 시대, 신뢰의 재발견

이제 새로운 리더십 방식을 사용할 때가 되었다.

지난 수십 년 동안 우리는 변화하는 세계에 대응해 낡은 리더십 방식을 땜질을 거듭하며 그럭저럭 잘 사용해왔다. 그러나 결함이 있는 패러다임을 점진적으로 개선하는 것은 더 이상 효과가 없을 것이다. 세계는 변했지만 리더십 방식은 변하지 않았다. 이제 우리 시대에 적합한 새로운 리더십 방식을 사용할 때가 되었다.

세계는 변했고 일 자체와 일터, 직원 들의 본질도 변했다. 포용, 협업, 혁신은 더 이상 일시적 유행어가 아니라 현재와 미래에 성공하기 위해 반드시 필요한 조건이다. 우리를 둘러싼 환경은 파괴적으로 보일 만큼 빠르게 발전하고 분산하며 다양한 직원들에게 무한한 선택의 폭과 가능성을 제공하고 있다.

이들 직원은 새로운 유형의 리더를 요구한다. 각 직원의 내면에 있는 위대함을 보고 계발하고 끌어낼 수 있는 리더 말이다. 그러한 리더는 겸손, 용기와 함께 진심이 담긴 행동으로 모범을 보인다. 또한 중요한 일을 할 때 직원들이 의미 있는 공헌을 하고자 몸과 마음을 다 바치도록 고무한다.

누구나 이런 리더가 될 수 있다. 이러한 유형의 리더는 누구에게나 필요하다. 모든 가정과 교실에, 그리고 모든 동료, 팀, 조직, 산업, 국가에도.

이 새로운 리더십 방식은 어느 시대, 어느 상황, 어느 산업, 어느 역할에서도 효과가 있다. 변화의 한가운데에서 언제 어디서 어떤 관계에서 어떤 일을 하든 말이다.

이 방식은 모든 시대에 부합하는 리더십으로 세월이 흘러도 유행을 타지 않는다.

사람들을 이끄는 새로운 방식, 그것은 바로 신뢰·고무 방식이다.

지금 우리에게 필요한 리더는?

> 장기적인 관점에서 우리 시대가 역사에 기록될 때, 역사가들이 기억해야 할 가장 중요한 사건은 기술이나 인터넷 혹은 전자상 거래의 등장이 아니라 사람들이 처한 상황의 전례 없는 변화다. 실제로 아주 많은 사람들이 역사상 처음으로 선택권을 가지게 되었다. 처음으로, 그들은 자신을 관리해야 하게 되었지만 사회 는 그것에 대해 거의 준비되어 있지 않다.[1]
>
> —피터 드러커(현대 경영학의 창시자)

운 좋게도 나는 아버지가 돌아가시기 전에 그와 함께 공개 세미나 무대에 설 수 있었다. 그때마다 아버지는 청중의 생각을 자극하는 간단한 질문 두 가지로 세미나를 시작했다.

"여러분 조직의 직원 대다수가 현재 직무에 필요하거나 공헌할 수 있는 수준보다 훨씬 더 높은 수준의 재능, 창의력, 천재성, 지능, 능력을 갖추고 있다고 생각하는 분이 있으면 손을 들어주시겠습니까?"

거의 항상 모든 청중의 손이 올라갔다.

다음에는 이렇게 질문했다.

"여러분 조직의 직원 대다수가 지원은 적게 해주면서 생산은 많이 해내라는 극심한 압박을 받고 있다고 생각하는 분이 있으면 손을 들어 주겠습니까?"

역시 거의 모든 사람의 손이 올라갔다.

생각해보자. 전 세계 어느 도시에 가도 사람들은 거의 한목소리로, 얽히고설킨 복잡한 환경 속에서 조직으로부터 지원은 적게 받지만 생산은 많이 해낼 것이라는 기대를 받는다고 말한다. 하지만 그들은 재능과 그렇게 할 수 있는 능력을 상당 부분 발휘할 수 없거나 발휘하는 것을 허락받지 못한다.

이렇게 말할 수 있다.

> 현재 하고 있는 것과 할 수 있는 것의 차이가 세상 문제를 대부분 해결해줄 것이다. 우리가 하고 있는 일과 우리가 할 수 있는 일의 차이를 알게 된다면 세상에 존재하는 대부분의 문제는 해결될 것이다.[2]
>
> —마하트마 간디

이 간극을 메우려면 사람들을 계속해서 과거와 같은 방식으로 '관리' 해서는 안 된다. 이제 변화할 때가 되었다. 리더십은 이 변화를 따라가야 한다. 엄청난 파괴적 혁신을 특징으로 하는 세계에서 우리는 더 이상 시대에 뒤떨어지고 효과도 없는 관리 방식에 계속 의존하면 안 된다. 일하는 방식(팀 기반의 협력적 서비스 노동과 지식 노동)과 일하는 장소

(온라인, 오프라인, 온-오프라인, 재택근무)가 변화해 새로운 리더십 방식이 필요해졌다. 직원 구성도 어느 때보다 다양해져 한 공간에 여러 세대, 여러 인종이 섞여 있고 서로 기대하는 바도 다르므로 새로운 리더십 방식이 필요하다. 게다가 과거에 비해 선택의 폭도 거의 무한대 수준으로 넓어졌다. 이처럼 변화한 시대에 우리에게는 그에 적합한 리더십 방식이 필요하다.

전례 없는 선택의 폭 확대와 끊임없는 변화로 현실에서 멀어진 기존 리더십을 사람들이 더는 따를 것 같지 않다. 아마 사람들은 그런 리더십을 용인하지도 않을 것이다. 그런데 대다수 리더는 계속해서 산업 시대industrial age의 명령·통제 방식으로 이끌고 육성하고 가르치고 코칭하고 있다.

세계는 변했지만 우리의 리더십 스타일은 변하지 않았다.

나는 전 세계 리더들과 함께 일하면서 간혹 달라진 세계에 적응하지 못하는 리더들을 향한 불만과 우려의 목소리를 듣는다.

내 상사는 끊임없이 어깨너머로 감시의 눈길을 보내고 내 결정을 비판합니다. 회사는 긍정적인 팀 문화 형성에 관한 이야기를 많이 하지만 정작 내 눈에는 그런 문화가 보이지 않습니다. 회사는 나를 신뢰하지 못하면서 왜 나를 고용한 것일까요?

나는 회사 관리자인데 몇몇 직원이 부업을 한다는 걸 알고 있습니다. 그들은 자율 근무와 긱gig 경제 참여로 얻는 부수입을 좋아한다고 말하지만, 그들에게는 정규직의 안정성이 필요합니다. 나는 직원들이 최선의 노력을 다하지 않는다고 느낍니다. 그들에게 이미 주고 있는 것보다 더 많은 돈을 줄 수 없는데 어떻게 그들의 마음을 얻을 수 있을까요?

재택근무는 여러모로 좋지만 동료들과 연결되어 있다는 느낌이 부족합니다. 혼자 일할 때는 함께 일할 때만큼 창의적인 아이디어가 나오지 않는 것 같습니다. 활력도 떨어지고요. 이 간극을 어떻게 메울 수 있을까요?

내 회사는 다양성과 포용성의 가치를 두고 많은 이야기를 하지만 나는 그 논점을 넘어 그들이 진심으로 그런 말을 하는지 궁금합니다. 또 내가 원하는 변화를 어떻게 이룰 수 있을지도 궁금합니다.

내가 어떻게 해야 성공하는 상사가 되고 내 사람들을 붙잡아둘 수 있을까요? 신세대는 계기만 있으면 주저하지 않고 회사를 그만둡니다.

나는 내 일을 좋아하지만 솔직히 내가 하는 일이 중요한 것 같지는 않습니다. 내 일이 중요하게 느껴지지 않아 직장생활에서 의미를 찾기가 어렵습니다. 관리자인 내가 내 일을 중요하게 느끼지 않는다면 직원들에게는 이 일이 얼마나 하찮게 느껴질까요?

내 팀의 경우 재택근무를 선호하지만 재택근무를 하면 성과를 확인하기가 어렵습니다. 신뢰하지 않는다는 인상을 주지 않으면서 팀원들이 성과를 책임지도록 할 방법이 있을까요? 또 멀리 떨어져서 미시관리micromanaging(세부적인 부분까지 일일이 간섭하고 통제하는 관리 방식)할 방법이 있을까요?

나는 글로벌 팀의 리더인데 문화적 차이 때문에 애를 먹고 있습니다. 사실 나는 우리나라를 떠나본 적이 없습니다. 해외 경험이 없는데 문화가 서로 다른 사람들을 어떻게 이끌고 고무할 수 있을까요?

우리나라의 어지러운 정치 상황과 예절을 경시하는 풍토가 지극히 실망스럽습니다. 나는 그러한 풍토가 우리 회사문화에도 스며들고 있다고 확신합니다. 누구 그리고 무엇을 믿어야 하는지 모르는 상황에서 어떻게 변화를 일으킬 수 있을까요?

요즘 아이 양육 때문에 걱정하고 있습니다. 아이들이 내가 어렸을 때보다 훨씬 더 빨리 성장하는 것 같습니다. 나 자신도 답을 모르는 상황에서 아이들에게 새로운 세상을 헤쳐가는 방법을 어떻게 가르쳐줄 수 있을까요?

이들의 목소리에는 하나같이 오늘날 우리가 직면하고 있는 어려움에 대한 실질적인 우려가 담겨 있다. 우리는 그 해법을 찾으려고 노력해야 하며 이 책이 길잡이 역할을 해줄 것이다. 당신은 그 문제 해결 리스트에 무엇을 추가하고 싶은가?

> 문제는 우리가 변화할 수 있느냐가 아니라 얼마나 빠르게 변화할 수 있느냐다.[3]
>
> —앙겔라 메르켈(독일 전 총리)

우리가 경험하는 거대한 변화는 내가 '다섯 가지 변화 요인'이라 명명한 것의 결과다. 그 변화는 유례없는 수준으로 전 세계를 휩쓸면서 우리의 직장과 삶에 영향을 미치고 있다. 아마 그 변화를 회피하거나 무시할 수는 있어도 그 영향에서 벗어날 수는 없을 것이다.

다섯 가지 변화 요인

1. 세계의 본질이 변했다

기술 혁신이 거대한 변화를 일으키고 있다. 변화의 규모와 속도 모두 유례가 없을 정도다. 파괴적 기술 혁신을 특징으로 하는 변화의 유형 역시 모든 사회, 산업, 조직, 개인에 영향을 미치고 있다. 이러한 기술 혁신은 생명과학, 인공지능, 머신러닝, 로봇공학, 자동화, 가상 증강 현실, 디지털화, 나노기술, 사물인터넷, 3D 프린팅을 비롯해 전 분야에 걸쳐 일어나고 있다. 이 모든 변화는 '제4차 산업혁명'이라 부르는 흐름에 수렴되고 통합된다.[4]

급속한 기술 혁신 외에도, 인류 역사상 그 어느 때보다 방대한 지식과 정보가 쏟아져 나와 변화를 가속화하고 있다. 잡지 〈CIO〉에서 경영 전략가 스콧 소로킨은 전문가들에 따르면 인류의 지식이 1900년까지

100년 주기로 2배씩 늘었다고 말했다.[5] 1982년에는 지식이 13개월 주기로 2배씩 늘어났으며, 그로부터 40년이 지난 지금은 12시간 주기로 2배씩 늘어난다고 한다. 지식의 폭발적 증가는 과거를 바라보는 시각과 미래에 관한 생각을 바꿔놓았다. 소화해야 할 지식과 기술이 너무 많아서 스탠퍼드대학교의 캐롤 드웩 박사가 말한 '모든 것을 아는know-it-all' 것이 불가능해졌다. 대신 '모든 것을 배우는learn-it-all' 것, 즉 더 빨리 배우고 심지어 다시 배우는 것이 다른 어느 때보다 더 중요한 시대가 되었다.

이러한 지식의 홍수는 기술 발전이나 글로벌 팬데믹에 따른 파괴적 혁신과 결합해 심각한 사회 변화를 낳았고 일부 산업과 기업은 소멸하기까지 했다. 기술 혁신은 새로운 비즈니스 모델과 완전히 새로운 산업을 창출했고 거의 무한한 가능성의 문을 활짝 열어놓았다. 스마트폰의 대중화 하나만으로도 비즈니스와 일상생활 방식이 상당히 의미 있게 바뀌었다. 더 이상 정체된 세계는 없다. 변화하는 세계에서는 위험과 기회가 동시에 찾아오며 개인이든 가족이든 기업이든 공동체든 그 변화에 꾸준히 적응해가야 한다.

2. 일의 본질이 변했다

정보에 즉각적으로 동시에 접근하는 것이 가능해지면서 일의 본질은 점차 지식과 서비스 기반으로 바뀌었다. 지금은 그 어느 때보다 일터에서 협력과 혁신, 창의성이 필요한 상황이다. 전통 수공업이나 산업 시대에 등장한 노동 역시 여전히 중요하긴 하지만 변화한 새로운 시대의 노동과는 그 본질이 명확히 다르다.

사람들은 수작업보다 지적 노동이 필요한 일에 집중해달라는 요청을 받는다. 손을 사용해 일하는 사람들도 지적 노동의 비중을 늘려달라는 요구를 받고 있다. 기술 혁신으로 세계의 본질이 계속 바뀌고 있어서 이러한 현상은 더욱더 심화될 것이다.

일하는 방식은 더욱 협력적으로 변하고 있으며, 창조와 혁신을 함께 이루기 위해 유연한 상호의존적 팀으로 업무를 수행하는 것이 중시되고 있다.

3. 일터의 본질이 변했다

일의 종류가 변화한 것 외에, 우리가 일하는 장소에도 중대한 변화가 일어나고 있다. 심지어 코로나19 바이러스가 전 세계로 퍼지기 전부터 재택근무나 사무실 밖 근무는 늘어나고 있었다. 코로나19 상황은 그 추세를 더욱 가속화했다. 온라인과 오프라인이 결합한 근무 장소 변화는 빠르게 '뉴노멀'로 자리 잡고 있다. 그야말로 일터 분산의 시대라 할 수 있다.

물론 대개는 서로 연결된 유연한 팀으로 일하지만 여기에도 일정 부분 가상업무 요소가 있다. 사실 많은 업무가 가상공간에서 이뤄진다. 이때 팀원들은 전 세계에 흩어져서 일하든 근접 거리에서 일하든 직접 얼굴을 맞대지 않고 프로젝트를 함께 수행한다. 일부 조직에는 물리적 업무공간 공유라는 개념이 아예 존재하지 않으며, 다른 조직에도 공유 공간의 필요성이 계속 줄어들고 있다. 전통적 위계질서는 의사결정을 간소화하고 속도와 유연성을 높이기 위해 수직구조에서 수평구조로 전환되고 있다.

그 결과 사람들은 전통적인 사무공간의 제약을 받지 않고 전 세계에 흩어져서 일하고 있다. 일하는 방식과 일터의 변화는 조직구조나 시스템에 변화를 불러일으켰고 이는 직장문화에도 커다란 영향을 미치고 있다.

4. 직원의 본질이 변했다

직원 구성은 그 어느 때보다 다양해졌는데 이들은 세대, 성별, 인종, 민족, 성적 취향, 종교, 문화, 경험, 관점이 모두 다르다. 이런 상황에서는 우리의 가장 큰 강점인 다양성과 차이점을 최대한 활용하기 위해 모두를 포용하는 문화를 만드는 것이 중요하다. 개인 간 차이가 클수록 창조와 혁신의 가능성은 커진다.

변화하는 직원들의 한 예로 여러 세대가 함께 근무하는 경우가 있는데, 심지어 다섯 세대가 같이 근무하기도 한다.[6] 특히 밀레니얼 세대나 Z세대 같은 젊은 세대 비중이 높으면 그들로부터 색다른 경험, 관점, 생각이 많이 나올 수 있다. 그들은 자신의 업무나 상사에 대해 이전 세대와는 다른 기대를 품고 있다. 이제 사회계약이 바뀌었고 사람들이 원하는 바도 변했다. 급여만으로는 충분치 않다. 사람들은 리더십 방식을 중요시하며 자신이 정말로 팀에 기여하고 있는지도 알고 싶어 한다. 이는 직원들이 일하는 방식은 물론 사회와 가정이 돌아가는 방식도 바꿔놓고 있다.

5. 선택의 본질이 변했다

기술 진보는 소비자, 팀원, 리더 들에게 다양함을 넘어 무한한 선택

기회를 안겨주었다. 소비자는 클릭 한 번으로 말 그대로 수천 가지 선택을 할 수 있다. TV 프로그램, 영화, 게임, 옷, 도구, 음식 등 모든 것을 말이다. 게다가 어디서나 무엇에든 접근할 수 있다.

선택의 본질이 가장 많이 변한 곳은 취업 부문이다. 가상작업의 등장으로 자기가 거주하지 않는 지역의 기업에서 일하는 것도 가능하다. 특히 프리랜서와 비정규직의 주목할 만한 성장은 취업의 선택 폭을 넓혀주었다. 그 급속한 성장 추세를 근거로 일부 전문가는 2023년이면 상근직 취업자보다 프리랜서 취업자가 더 많아질 것이라고 예측한다.[7]

취업의 유연성과 선택 폭 확대로 사람들을 끌어오고 유지하고 고무하는 문화를 만드는 것이 리더뿐 아니라 조직에게도 대단히 중요해졌다. 사람들은 지금 자신의 미래에 대한 선택권을 그 어느 때보다 많이 가지고 있다.

한 가지 예를 들어보겠다. 최근 나는 어느 판매전문가와 대화를 나눴다. 그녀는 코로나19가 전 세계로 퍼지고 있을 때 이제부터 자신이 살고 싶은 곳에서 살아야겠다고 결심했다. 또한 출장이 잦은 직장은 피하겠다고 마음먹었다. 일관성 있게 높은 성과를 내는 판매전문가로서 더이상 출장을 갈 필요가 없음을 깨달았기 때문이다. 그녀는 근무 방식에 수많은 선택지가 있다는 것을 알았고, 그녀에게는 원하는 사람과 원하는 장소에서 원하는 일을 할 선택권이 있었다. 즉, 그녀는 자신을 소중하게 여기는 여러 기업과 일하는 쪽을 선택할 수 있었다. 그녀는 자신을 신뢰하고 고무하며 소중한 사람으로 여기는 회사를 선택할 것이라고 말했다.

이러한 다섯 가지 변화 요인은 우리가 그것을 보든 말든, 인식하든 인식하지 않든 전 세계에서 작용하고 있다. 그 변화 요인은 우리의 직장, 학교, 가정, 지역사회 주변에서 소용돌이치고 있다. 이 변화의 소용돌이 속에서 조직과 리더는 생존을 넘어 번영하기 위해 세계의 변화 속도에 빠르게 적응해야 한다. 적응하지 못하면 우리 시대의 중대한 과제 두 가지를 이행할 수 없을 것이다.

우리 시대의 중대한 과제

오늘날 모든 조직에는 반드시 이행해야 할 두 가지 중대한 과제가 있다. 첫째는 최고 인력을 끌어오고, 유지하고, 몰입시키고, 고무할 수 있는 고신뢰 문화를 만들어 인재 영입 경쟁에서 이기는 것이다. 다시 말해 '직장 경쟁에서의 승리'다.

둘째는 파괴적 혁신 세계에서 뒤떨어지지 않도록 협업하고 혁신하는 능력이다. 이는 '시장 경쟁에서의 승리'를 말한다. 마이크로소프트의 CEO 사티아 나델라는 이것을 간결하게 표현했다.

"우리 업계는 전통이 아닌 혁신을 존중한다."[8]

요점은 이 두 가지 중대한 과제를 이행하지 못하면 지속적으로 성공할 수 없다는 것이다.

우리는 우주비행사를 최초로 달에 보내는 데 사용한 초기 컴퓨터보다 강력한 성능을 갖춘 스마트폰을 손에 들고 다닌다. 이러한 기술 진보에도 불구하고 여전히 당시와 똑같은 '당근과 채찍' 방식과 컴퓨터가 등장하기 전에 유행한 방법으로 사람들을 관리하고 동기부여를 하고 있으니 이 얼마나 아이러니한 일인가!

경영사상가 게리 해멀은 현대 경영의 필수 도구와 기법은 대부분 미국 남북전쟁이 끝나고 얼마 지나지 않은, 즉 19세기에 태어난 사람들이 고안했다고 지적했다. 만약 1960년대에 활동한 CEO를 타임머신에 태워 현대로 데려온다면 해멀은 그가 "한두 세대 전에 기업을 지배한 관행에서 거의 달라지지 않은 아주 많은 경영 관행을 찾아낼 것"이라고 말한다.[9]

세계는 변했어도 우리의 리더십 스타일은 변하지 않았다.

다섯 가지 변화 요인은 변화한 세계에서 뒤떨어지지 않으려면 우리의 리더십 방식을 바꿔야 한다는 것을 보여준다. 세일즈포스 설립자 마크 베니오프는 우리가 이미 '미래에 들어와 있음'에 주목하면서 미래를 '어느 곳에서나 일하고, 어느 환경에서나 거주하는 것'으로 묘사했다.[10] 이 말은 조직에 속해서 일하는 사람과 프리랜서로 혹은 독립적으로 일하는 사람 모두에게 해당한다. 사람들은 직장과 멀리 떨어진 곳에서 일할 수 있고, 주거지를 정하지 않은 채 떠돌아다니며 살 수 있다. 이처럼 새로운 근무 방식과 삶의 방식은 새로운 리더십 방식을 요구한다. 인재 끌어오기에 성공하려면 시대 변화를 따르고 의도적으로 유연해져야 한다. 기술 측면은 물론 사람들의 기대와 욕구 변화 측면에서도 시대의 흐름을 타야 한다.

성공하는 상사, 좋은 부모, 모범 시민이 되길 원할 경우 새로운 리더십 방식을 채택할 필요가 있다. 지금 그 선택은 어느 때보다 중요하고 적절한 결정이다. 과거에 통했던 것이 이제는 더 이상 통하지 않는다. 주변 사람들이 변화하도록 하기 위해서는 변화하는 세계를 더 잘 이해해야 한다. 지난날의 명령·통제 방식을 거부하고 우리 시대에 적합한 신뢰·고무 방식으로 전환하면 성공하는 리더가 될 수 있다.

신뢰·고무 방식은 사람들의 내면에 들어 있는 위대한 잠재력을 발견하고, 알려주고, 계발하고, 끌어낸다. 그 잠재력은 타고나는 것이며 그들 안에 이미 존재한다. 우리가 할 일은 그것을 끄집어내고, 내면에 불을 붙이고, 그것을 포용하는 환경을 만드는 것이다.

사람들은 지금 이러한 유형의 리더십을 원한다. 최근 젊은 경영인 협회Young Presidents Organization, YPO의 글로벌 펄스Global Pulse 조사에서는 이런 결론을 내렸다.

"미래 지향적인 비즈니스 리더는 전통적인 명령·통제형 리더십 방식에서 탈피해 사람 중심 리더십을 향해 나아간다."[11]

사람 중심 리더십이 바로 오늘날의 리더들에게 필요한 신뢰·고무 방식이다. 신뢰·고무 방식은 조직과 사회의 전체적인 발전을 위해 필요하며 리더들이 팀 협력을 강화하고 혁신할 수 있게 해준다. 또한 최고의 인재들을 끌어오게 해준다.

신뢰·고무형 리더의 영향력

약 10년 전 빅테크기업 마이크로소프트는 과거처럼 당당한 모습을 보이지 못하고 있었다. 실제로 그 기업은 활력을 잃어가는 중이었다. 혁신이 멈추고 조직문화가 파탄 직전에 놓이면서 직장으로서뿐 아니라 기업으로서도 존재감을 잃어갔던 것이다.

리포터이자 저술가인 베서니 맥린은 잡지 〈베니티 페어〉에서 마이크로소프트의 당시 상황을 이렇게 요약했다.

"워싱턴주 레드먼드 바깥세상에는 마이크로소프트의 전성기가 지났으며 10만 명 넘는 직원을 고용한 그 거인이 자신이 무엇인지, 심지어 자신이 무엇이 되고 싶어 하는지도 알지 못한다는 인식이 존재한다."[12]

아픈 지적이다.

2014년 인도 태생의 사티아 나델라가 스티브 발머의 뒤를 이어 마이크로소프트의 CEO가 되었다. 나델라가 직면한 현실을 부러워하는 사람은 아무도 없었다. 경제 전문지 〈패스트 컴퍼니〉 기사는 당시 상황을 직설적으로 표현했다.

"나델라가 물려받은 마이크로소프트는 월가와 실리콘 밸리에서 존재감을 잃어가는 조직으로 평가받고 있다."[13]

시장 반응이 이를 증명했다. 2014년 애플과 구글 주가가 신고가를 갈아치우며 성공을 구가하는 동안, 마이크로소프트 주가는 폭락해 바닥을 찍었다.[14] 시장 판도는 이미 마이크로소프트의 데스크톱 컴퓨터에서 스마트폰으로 넘어가고 있었다. 곧 스마트폰 시장에서 윈도우의 시장점유율이 4% 이하로 떨어졌다. 설상가상으로 최고의 인재들이 회사를 떠났다. 누구도 더 이상 마이크로소프트를 최고의 직장으로 인식하지 않았다. 상황이 모든 면에서 암울해 보였다.

근본 문제는 마이크로소프트의 조직문화에 있었다. 당시 한 만평가가 그 기업의 조직도를 위계가 분명한 피라미드 모양으로 묘사했다.[15] 피라미드의 각층에서 손이 뻗어 나와 다른 쪽에 총을 겨누는 모습이었다. 그 만평이 함축하는 바는 분명했다. 전쟁이 벌어지고 있다는 것이었다. 업계에 퍼진 소문에 따르면 그 무렵 마이크로소프트 내부에서 승리하는 유일한 방법은 다른 사람보다 먼저 총을 꺼내는 것이었다.

즉시 상황을 평가한 나델라는 그러한 조직문화가 회사의 지속가능성에 어떤 영향을 미칠지 면밀하게 살펴보았다. 그는 회고록《히트 리프레시》에서 그때를 갱들의 시대로 묘사했다.

"혁신의 자리는 관료체제가 대체했고 팀워크는 사내정치로 바뀌고 있었다. 우리는 뒤처지고 있었다."[16]

마이크로소프트의 조직문화를 바꾸는 것이 CEO 나델라가 결정한 첫 번째 목표였다. 그 결정은 그가 신뢰·고무형 리더로서 우리 시대의 첫 번째 중대한 과제를 이해했기에 가능한 일이었다. 성공하기 위해 그는 최고의 인재를 끌어오고 유지하고 고무함으로써 직장으로서의 경쟁력을 강화해야 했다.

그는 거들먹거리지도 으스대지도 않고 조용히 등장해 즉각 신뢰·고무형 리더십을 채택했고 이로써 회사문화를 바꿔놓았다. 그는 먼저 행동으로 모범을 보였다. 겸손, 공감, 진정성, 개인적 성장, 창의성, 협력 등을 직접 행동으로 보여준 것이다. 다른 사람을 신뢰하고 고무하는 그의 리더십 패러다임은 자신은 물론 다른 사람들도 '성장형 마인드셋'을 갖게 했다. 그는 그들의 잠재력을 끌어내 마이크로소프트 성공의 추진력으로 삼았다. 그는 경쟁 과열로 피폐해진 조직문화에 다시 활력을 불어넣었고 마이크로소프트의 궤도를 완전히 바꾸는 데 성공했다.

그 결과는? 나델라는 자신이 '섬기는' 사람들에게 배려심과 존경심을 불어넣었다. 한 직원 설문조사에서 CEO 지지율이 92%를 기록할 정도였다.[17] 10만 명이 넘는 직원이 있는 기업에서 이는 놀라운 수치다.

마이크로소프트는 다시 존재감 있는 훌륭한 직장으로 인식되기 시작했다.

마이크로소프트의 변화는 거기서 끝난 게 아니었다. 나델라는 우리 시대의 두 번째 중대한 과제도 떠맡았고 시장에서 승리하기 위해 협력하고 혁신했다. 그는 마이크로소프트의 사명mission과 전략을 검토한 후 팀워크와 협업을 강화하고 조직의 생산성을 높이기 위해 사명과 전략을 수정했다. 또한 직원들을 고무해 목표에 더욱 집중하게 하는 한편 신뢰를 표해 목표 달성에 필요한 일을 하게 했다. 그들은 협력했고 새로운 기술과 시장에 도전하고자 다시 내부 혁신을 시작했다.

그 결과는 수치로 드러났다. 나델라가 CEO로 취임했을 당시 마이크로소프트의 시장가치는 3천억 달러 정도였다. 2021년에 그 시장가치는 2조 달러가 넘었는데 이는 역사상 두 번째로 높은 기록이다.[18] 불가능해 보였던 회생이 이뤄진 것이다.

불과 몇 년 전만 해도 한물간 기업 취급을 받던 마이크로소프트는 세계 클라우드 기업의 중심으로 우뚝 섰다. 멋지게 재창조된 것이다. 이 모든 성공은 새로운 리더십 방식으로 사람들을 고무하고 그들의 잠재력을 끌어내 다른 모든 것을 할 수 있게 만듦으로써 가능했다.

> 리더가 되는 것은 우리가 가진 특권이다. 우리의 역할은 사람들이 잠재력을 온전히 발휘하도록 도와주는 것이다. 실제로 사람들은 리더에게 그것을 기대한다.[19]
>
> —사티아 나델라(마이크로소프트 CEO)

최근 어느 교사가 함께 근무한 두 교장과의 대조적인 경험을 들려줬다. 첫 번째 교장은 '자비로운' 명령·통제 방식이라 할 만한 스타일로 학교를 운영했다. 그는 유능하고 친절하고 공손했으나 교사들을 신뢰하지는 않았다. 더러는 교사들이 학부모를 대하는 상황에서 곤경에 빠지기도 했다. 그가 '앞에서는 이 얘기를 하고 뒤에서는 저 얘기를 했기' 때문이다.

당연히 교직원의 사기는 떨어졌고 이직률이 치솟았다. 많은 교사가 마땅히 갈 곳이 없으면서도 학기 중에 학교를 떠났다.

다음 해 그 학교에 새 교장이 부임했다. 그녀는 신뢰·고무형 리더로, 부임한 첫날부터 교사들을 신뢰했고 그들의 노고를 인정했다. 교사, 직원, 학생 들과 잘 통한 그녀는 그들과 그들의 업무에 신경을 써주었다. 그녀는 솔직하고 마음이 열려 있었으며 모두를 더 큰 교육적 목표로 나아가게 했다.

학교 자체는 변한 것이 별로 없었다. 복사기는 거의 매일 고장이 났고 예산도 여전히 빠듯했다. 하지만 교사, 직원, 학생, 학부모 들이 느끼는 변화는 엄청났다. 활기찬 분위기와 즐거움을 느낀 그들은 협업과 혁신을 시작했고 학교에서 실행할 멋진 프로그램도 고안했다. 덕분에 이직률이 크게 떨어졌다. 리더에게 신뢰를 받는다고 느낀 사람들은 학교에 더 오래 머물고 싶어 했다. 그녀가 행동으로 보여준 신뢰 관계를 형성하는 방법은 학교 전체로 퍼져나갔다.

이 리더는 교사들의 마음속에 다시 불을 붙여 학생들을 잘 가르치도록 고무했다. 학생들의 학습 능력은 질적·양적으로 향상되었고 학생들의 높은 수업 집중도와 역사상 최고의 시험 성적이 이를 증명했다.

명령·통제 방식 vs. 신뢰·고무 방식

신뢰·고무형 리더십이 왜 오늘날에 더 적합한 방식인지는 명령·통제형 리더십과 대조해보면 쉽게 알 수 있다. 보다 정교하게 다듬은 명령·통제 방식을 포함해서 말이다.

명령·통제 방식 리더는 지위와 권력 패러다임에 따라 움직인다. 신뢰·고무 방식 리더는 사람과 잠재력 패러다임에 따라 움직인다. 이를 양육에 적용해보자. 명령·통제 방식 부모는 최악의 미시관리자micro-manager로, 통제 방식을 버리지 못하고 항상 아이들을 감시한다. 반면 신뢰·고무 방식 부모는 최고의 리더로, 아이들이 무언가를 해보려고 할 때 신뢰하고 응원한다. 이는 조직의 경우에도 마찬가지다. 명령·통제 방식 리더에게 가장 어려운 일은 통제를 포기하는 것이다.

명령·통제 방식 리더는 사람들에게 순응은 얻어낼 수 있을지 몰라도 그 이상은 얻지 못한다. 물론 순응도 필요하긴 하지만 그것만으로는 턱없이 부족하다.

반면 신뢰·고무 방식 리더는 사람들에게서 자발적 헌신을 얻어낸다. 헌신은 순응과 전혀 다른 개념이다. 헌신은 더 높은 차원의 참여, 혁신, 고무로 이어져 훨씬 더 큰 성과를 낳는다.

명령·통제 방식은 거래 지향적이다. 이 방식에서는 거래하고, 임무를 완수하고, 바람직하지 않은 행동을 중단하고, 일을 빠르게 처리한다. 이것은 효율성 개념이다. 신뢰·고무 방식은 변화 지향적이다. 이 방식은 관계 형성과 능력개발에 초점을 맞추며 사람들의 잠재력을 발현시켜 성장을 도모한다. 아이러니하게도 이 방식이 훨씬 더 오래가면서도 더욱 효과를 낸다. 사람을 대하는 방식에서는 빠른 게 느린 것이고, 느린 게 빠른 것이다.

나는 수년 동안 이 두 가지 리더십 방식을 비교하는 리스트를 만들었다. 여기서는 그중 서로 극명하게 대조되는 몇 가지 항목만 소개하겠다. 또 각 장이 끝날 때마다 새롭게 소개하는 요약 리스트를 제공하겠다. 포괄 리스트는 부록에 실었고 앞으로 추가하는 리스트는 온라인으로 올리겠다.

이 리스트를 보면서 당신의 삶을 돌아보라. 당신은 명령·통제 방식 리더를 경험한 적 있는가? 당신은 신뢰·고무 방식 리더를 경험한 적 있는가? 당신이 섬기는 사람들에게 이 중 어떤 방식의 경험을 제공했는가? 동료에게는? 고객에게는? 학생에게는? 자녀에게는?

명령·통제	신뢰·고무
순응	헌신
거래 지향적	변화 지향적
효율성	효과성
현상 유지와 점진적 개선	변화와 혁신
고정형 마인드셋	성장형 마인드셋
부서 간 이기적 이해관계 조정	유관부서 간 유연한 협업
통제하고 억제함	놓아주고 풀어줌
동기부여	고무
사람과 일 모두 관리함	일은 관리하고 사람은 이끎

일은 관리하고 사람은 이끌어라

리스트 가운데 마지막 항목을 더 자세히 살펴보자. '관리자'라는 말을 들으면 무엇이 가장 먼저 떠오르는가?

이번에는 '리더'라는 말을 들으면 무엇이 가장 먼저 떠오르는가?

떠오르는 일 혹은 사람 간에 차이점이 있는가? '관리한다는 것'과 '이끈다는 것'이 각각 어떤 느낌인지 비교하면 그 차이는 더 분명해진다.

관리와 리더십의 차이를 처음으로 분명하게 밝힌 사람은 하버드 비즈니스 스쿨의 아브라함 잘레즈닉이다. 수십 년 전 그는 "관리자와 리더, 그들은 서로 다른가?"라는 질문을 던졌다.[20] 그렇게 출발한 관리와 리더십을 구분하려는 시도는 이후 피터 드러커, 존 코터, 워런 베니스, 허미니아 아이바라 등 영향력 있는 사상가로 계속 이어졌다. 그런데 그토록 오랫동안 논의가 발전해왔음에도 불구하고 현실에서는 여전히 두 용어를 명확히 구분하지 않고 혼용해서 쓰고 있다.

나는 훌륭한 관리가 대단히 중요하다고 믿는다. 마찬가지로 훌륭한 리더십도 필요하다고 생각한다. 즉, 관리와 리더십은 모두 필요하지만, 우리는 관리는 넘치고 이끎은 부족한 세계에서 살고 있다. 실제로 대다수 팀, 가정, 조직에서 사람들은 관리에 의존한다. 왜 그럴까? 둘을 비교해보면 정의와 실제 적용에서 불균형이 생기는 주된 이유를 알 수 있다. 그것은 사람 중심 관점인가 사물 중심 관점인가의 차이다.

리더의 위치에 있는 사람은 흔히 관리자로 불린다. 많은 사람이 스스럼없이 "수잔은 내 관리자다"라고 말하는데 이는 "수잔은 내 관리를 맡고 있는 사람이다"라는 말과 느낌이 다르다. 취업 면접에서 "내 이름은 아론이고 일을 제대로 하겠지만 관리를 받아야 한다"라고 말하지는 않을 것이다.

관리하다manage라는 말은 '어느 정도 기술로 다룬다'로 정의된다.[21] 그 어원은 '손'을 의미하는 라틴어 manus와 '말이나 도구를 다루다'를 뜻하는 이탈리아어 maneggiare다. 아무도 도구처럼 다뤄지기를 원치 않으며 어느 정도 기술을 갖춘 누군가에 의해 다뤄지는 상황을 받아들일 사람은 더더욱 없을 것이다. 그것은 비인간화와 노골적인 통제를 의미한다. 이는 직원을 몸과 마음과 정신이 있는 전인적 인간이 아닌 사물로 인식하고 대하는 것이다.

일thing은 대부분 관리할 필요가 있고 이는 기술로 다뤄야 한다. 사람들은 기술을 문제를 해결하고 효율성을 높이는 데 효과적으로 사용한다. 일정 역시 관리해야 한다. 즉, 일을 해내기 위해 조정하고 정렬해야 한다. 재정도 마찬가지다. 수입, 세금, 비용, 급여, 투자를 추적·관리·처리해야 하는 것이다. 재고, 공정, 시스템, 구조, 공급체인 등도 관리해야 한다. 자원, 도구, 대상인 이 모든 것은 통틀어 일에 해당한다. 일은 목적 달성을 위한 것으로 보통 과제 완수를 위한 도구 형태를 띤다. 일 자체에는 자율성도 선택권도 없기에 효과와 가치를 지니려면 잘 관리해야 한다.

우리에게는 일을 잘 관리하는 리더가 필요하다.

명령·통제 패러다임에 익숙한 사람들은 사물을 관리하는 방식으로 사람을 관리한다. 특히 관리자가 효율성에 집착하다 보면 사람을 기계 다루듯 다룰 수 있다.

사람을 사물을 관리하듯 관리하면 각자가 지닌 고유한 특징을 못 보고 만다. 이 경우 리더가 어떻게 하든 관계없이 사람들이 문제를 해결하고 창의적·생산적으로 결정을 내릴 기회가 사라진다. 사람은 사물과 달리 공감하거나 고무될 줄 안다. 사람에게는 자율성과 선택권도 있다. 사람의 가치는 자율성이 주어지고 그 자율성을 온전히 발휘할 때 비로소 발현된다.

일을 다룰 때 주로 선택하는 효율적인 통제·억제 위주의 관리적 사고는 사람의 경우에는 통하지 않는다. 사람들은 관리받거나 다뤄지는 것을 원치 않는다. 이러한 접근 방식은 오늘날의 세계에서는 더 이상 통하지 않는다. 비록 직장 내에 자신을 대체할 수 있는 인력이 존재해도 사람들은 통제받거나 자신을 대체 가능한 도구 혹은 부품처럼 다루는 직장에는 머물려 하지 않는다. 자원은 관리할 수 있다. 시스템도 관리할 수 있다. 공정과 절차도 관리할 수 있다. 그러나 사람은 효과적으로 관리할 수 없다.

사람 관리가 항상 실패하는 것은 아니지만 성공하는 경우도 드물다. 사람들이 업무를 그럭저럭 잘 수행할 수도 있으나 그렇게 얻는 성과와 우리의 잠재력 사이에 얼마나 큰 간극이 있는 줄 아는가? 통제하면서 일하라고 끊임없이 요구하는 것보다 동기를 약화하고 의욕을 떨어뜨리는 것도 없다. 통제는 일할 힘을 빼앗고 주도성을 말살하기까지 한다.

벼룩 우화를 아는가? 벼룩을 유리병 안에 처음 넣으면 벼룩은 즉각 뛰어오른다. 뚜껑이 닫혀 있을 때 유리병 밖으로 나가려고 뛰어오르면 당연히 뚜껑에 부딪힌다. 시간이 갈수록 벼룩은 뚜껑에 닿지 않을 정도로만 뛰어오른다. 이윽고 뚜껑을 열었을 때 벼룩은 유리병 밖으로 충분

히 나갈 수 있지만 이전 조건에 길이 들어 그렇게 하지 못한다.[22]

명령·통제 방식은 여러 측면에서 이러한 길들이기와 유사하다. 잠재력 발현을 제한하는 것은 사람을 사물처럼 대하는 방식이 낳은 의도치 않은 결과라고 할 수 있다.

이와 반대로 신뢰·고무 방식의 유연성과 자율성은 사람들을 격려하고 고무한다. 무엇보다 자기 능력과 잠재력을 발견하고 계발할 수 있는 조건을 만들어주기 때문에 사람들은 관심받고 있음을 느끼며 활력 있게 주도성을 발휘한다. 관리받는 것은 누구나 원치 않는다. 그보다는 누군가가 자신을 이끌어주기를 원한다.

신뢰·고무 패러다임으로 움직인다는 것은 일은 관리하고 사람은 이끌어준다는 것을 의미한다. 일, 시스템, 프로세스에는 효율성을 발휘하고(훌륭한 관리자) 사람에게는 효과성을 발휘하는 것이다(훌륭한 리더). 이 구분이 잠재력과 성과의 간극을 좁히는 핵심 포인트다. 또한 그것은 목적의식을 고취하는 방법이기도 하다. 고인이 된 내 동료 블레인 리는 항상 내게 이런 말을 했다.

"의미는 일에 있는 것이 아니라 사람에게 있다."[23]

동기부여 vs. 고무

명령·통제 방식과 신뢰·고무 방식에서 강조하고 싶은 또 하나의 비교 항목은 동기부여와 고무다.

우리가 사람을 어떻게 보고 대할지와 관련된 논의는 상당한 진전을 이뤘으나 사람을 고무하는 일에 집중하는 리더는 드물다. 설령 우리 마음이 그러고 싶을지라도 다른 사람과 관계를 형성하는 방법이나 그 사람 내면에 불을 붙이는 요소를 찾아내는 방법을 알아내기란 쉬운 일이 아니다. 어쩌면 카리스마가 있는 사람만 다른 사람을 고무할 수 있다고 생각될지도 모른다.

그래서 우리는 동기부여를 과학적으로 탐구했다. 팀이 판매 목표를 달성하도록 어떻게 동기부여를 해야 하는가? 살을 빼거나 프로젝트를 마치기 위해 어떻게 자신에게 동기부여를 해야 하는가? 광범위하게 퍼져 있는 동기부여motivation 사고방식 밑에 깔린 전제는 우리가 무언가를 하기 위해 움직여야moved 한다는 것이다.

흥미롭게도 사람들에게 동기를 부여하려는 거의 모든 노력은 당근과 채찍이라는 기본 접근 방식으로 요약할 수 있다. 당근은 보상이고 채찍은 불이익이 따를 것이란 위협이다. 즉, 이익을 내지 못하면 고통이 따른다는 것이다. 당근과 채찍을 통한 동기부여는 대표적인 명령·통제 방식이다. 이 방법은 원하는 성과를 얻으려는 사람들의 심리를 조종하는 것이다.

현실에서는 동기부여가 나쁜 것이 아니다. 오히려 유익할 수 있다. 우리는 모두 동기부여를 원한다. 하지만 동기부여에는 한계가 있다. 효과가 제한적인 동기부여로는 우리 자신과 다른 사람에게서 최고의 성취를 끌어낼 수 없다.

산업 시대에는 당근과 채찍 방법이 꽤 효과가 있었다. 당시 사람들은 주로 매슬로의 욕구 단계에서 낮은 수준인 생존과 안전을 중시했기에 충분히 만족할 수 있었다. 또한 그것은 그들이 해야 하는 일의 유형에 적합했다.

다니엘 핑크는 더글러스 맥그리거, 윌리엄 오우치 등의 연구에 기초해 저술한 그의 책 《드라이브》에서 모든 형태의 당근·채찍 방식 동기부여는 외적 요소라고 말했다. 그는 우리가 직면한 문제를 해결하기 위해서는 소속감, 자존감, 자아실현 그리고 나중에 추가한 자기초월self-transcendence 등 매슬로 욕구 단계의 상위 수준에 초점을 맞춰 외적 동기부여에서 탈피해 내적 동기부여로 나아가야 한다고 설득력 있게 주장했다. 말하자면 사람들을 강제로 몰고 가는 게 아니라 내적 '욕구'를 끄집어내야 한다는 얘기다. 핑크는 이렇게 말했다.

"인간에게는 자율 행동, 자기결정, 상호 연결을 향한 내적 욕구가 있다. 그 욕구를 충족하려 할 때 인간은 더 많은 것을 성취하고 더 부유한 삶을 살 수 있다."**24**

고무는 사람들이 자신의 내적 욕구, 내면의 불꽃을 발견하고 신바람과 열정의 불길을 일으키도록 도와준다. 요구하기보다 고무하고 불꽃을 억누르거나 끄지 않고 생명을 불어넣는 것이다.

> 우리가 큰 목적이나 특별한 의미가 있는 일로 고무될 때 모든 사고의 경계는 사라진다. 마음이 한계를 넘어서고 의식이 전 방향으로 확장되면서 마침내 거대하고 놀라운 새로운 세계로 들어가게 된다.**25**
>
> —파탄잘리의 《요가 수트라》

다섯 가지 변화 요인은 업무, 사무공간, 직원이 디지털 시대에 어떻게 바뀌었는지 보여준다. 그러나 동기부여에 관한 한 현실에서 크게 변한 것은 없다. 많은 조직이 여전히 기본적으로 당근과 채찍 보상 방식에 의존한다. 학교도 대부분 거기서 벗어나지 못하고 있다. 부모들은 그 의존도가 특히 심하다.

가장 기본적인 차원에서 당근과 채찍 방식은 거래 지향적이다. X를 하면 Y를 얻을 것이다. 바르게 행동하면 보상받을 것이다. 바르지 않은 행동을 하면 벌을 받을 것이다. 과제를 제출하면 좋은 점수를 얻을 것이다. 목표를 채우지 못하면 해고될 것이다. 방을 청소하면 용돈을 받을 것이다… 보상이냐 처벌이냐 하는 외적 동기유발은 사람들이 원하는 행동을 하는 것을 가로막는다.

최악의 명령·통제 방식은 무엇일까? 이 방식에서 우리는 행동을 명하고 그 결과를 통제한다. 그 과정에서는 사람을 생각하거나 고려하지 않으며 성장도 거의 요구하지 않는다. 리더가 거기에 없으면, 사람들은 무엇을 해야 하는지 알지 못하거나 신경 쓰지 않는다. 그래서 어떠한 실질적 변화도 일어나지 않는다.

명령·통제 방식 리더는 당근과 채찍 방법을 좋아한다. 그 방법을 잘 알고 있고 또 효과를 경험했기 때문이다. 적어도 그들이 원하는 것을 얻는 데 효과가 있는 것처럼 보인다. 당근과 채찍 방법은 과제를 완수하게 하거나 목표치를 달성하는 데 일상적으로 사용할 수 있다. 더러는 생산적이기도 하다. 인상적인 성과를 거두는 때도 있다. 하지만 그것은 쥐가 미로의 출구를 찾게 하거나 개에게 앉으라고 하는 것과 크게 다르지 않다. 핑크가 말했듯 중요한 점은 이것이다.

"보상이 동기를 유발하는가? 물론이다. 보상은 사람들이 더 많은 보상을 원하게 만든다."

외적 동기부여는 단기간에는 성공을 안겨주지만 장기적으로는 충분치 않으며 오히려 해를 끼치기도 한다. 왜 그럴까? 그 방법이 심각한 의존성을 낳을 수 있기 때문이다. 그것은 성장이 아니라 길들이기다. 또한 자율주의가 아니라 행동주의(인간의 모든 행동은 외부 조건에 적응하는 과정에서 학습되며 생각이나 감정은 이 학습에 영향을 주지 못한다고 보는 심리 이론)다. 그래서 당근과 채찍 방법은 종종 '훌륭한 명칭이 동기부여 이론'이라 불린다.[26]

고등학교와 대학교의 시험에서 부정행위가 왜 늘어나고 있다고 생각하는가? 높은 성적과 명문 대학 입학을 강조하는 것은 학생에게(때로는 학부모에게도) 과제, 리포트, 표준화된 시험에서 부정행위를 하는 동기가 된다. 대학 입학 지원서에서도 부정행위가 발생한다. 최근 한 조사에 따르면 응답한 학생의 86%가 학교에서 어느 정도 부정행위를 했음을 인정했다. 그리고 54%는 부정행위를 해도 괜찮다고 생각했다. 일부 학생은 성공하려면 부정행위가 반드시 필요하다고 응답했다.[27]

이제 동기부여의 부작용을 살펴보자. 학교는 대부분의 학생에게 동기부여를 해서 학위를 받게 하고, 일부 학생에게는 교육받도록 고무한다. 이때 어느 쪽을 선택하느냐에 따라 그 결과는 달라진다. 우리에게는 지식과 성취를 보여주는 학위 소지자가 아니라, 지혜와 열정이 있고 사회에 의미 있게 공헌하고자 하는 교양인이 필요하다.

우리가 다른 사람을 고무할 때 그들은 목적의식과 즐거움을 느낀다. 자기 일을 중요하게 느끼며 무엇보다 자신을 중요하게 느낀다. 그들은 처벌받을까 두려워서가 아니라 프로젝트에 관심이 가서 노력을 쏟고 실패를 원하지 않는다. 그들은 외적 동기부여에 따라 보상받을 때보다 성과를 낼 때 더 의미 있고 뿌듯한 성취감을 느낀다. 그들이 느끼는 오너십과 자부심은 창의력, 혁신 그리고 더 나은 성취욕으로 이어진다. 이는 장기적 성공으로 이어지고 한 인간으로서도 욕구 충족에 따른 크나큰 행복을 맛본다.

일이 잘못되었을 때 관리자들이 입버릇처럼 하는 말은 "왜 직원들이 동기부여가 되지 않았지?"다. 관리자는 직원들을 탓하면서 동기부여 방법을 궁리한다. TV 시트콤 〈더 오피스〉에서 그 유머러스한 예를 발견할 수 있다. 할당받은 분기 판매 목표를 달성해야 하는 관리자 앤디 버나드는 높은 보상으로 직원들을 동기부여하려 한다. 그는 할당 목표를 달성하면 그의 엉덩이에 어떤 문신을 할지 선택권을 주겠다고 제안한다. 이것은 분명 단기적인 해결책이다. 한술 더 떠서 그는 자신의 엉덩이에 문신할 곳이 대단히 많다고 말한다.[28]

"왜 직원들이 동기부여가 되지 않았지?"라고 묻지 말고 "내가 이끄는 사람들을 어떻게 고무할 수 있을까?"라고 자신에게 물어보는 것이 훨씬 낫다.

우리는 대개 보너스 제공 같은 새로운 보상체계나 아이가 잠시 조용히 앉아 있게 하는 '타임아웃 time-out' 같은 새로운 처벌체계 등 외형적 변화에만 신경 쓴다. 그 방법이 꼭 나쁜 것은 아니지만 내적 동기부여나 욕구를 불러오지 못한다. 그런 식으로는 사람들을 고무하지 못한다. 지금은 소유보다 열정에 더 관심이 많은 젊은 세대가 가득한 세상이다. 그러니 우리는 외형적인 변화와 립서비스를 버리고 진심 어린 고무, 즉 조직에 생명을 불어넣는 데 집중하는 게 좋을 것이다.

> 사람의 행동에 영향을 미치는 방법은 두 가지밖에 없다. 바로 조종하는 방법과 고무하는 방법이다.[29]
>
> ―사이먼 시넥(《스타트 위드 와이》 저자)

우리는 사람들과 하나의 목표로 연결되어 있을 때 의도적으로 다른 사람을 고무할 수 있다. 나는 펩시코의 회장 겸 CEO로 재직하고 있던 인드라 누이와 나눈 인상적인 대화를 결코 잊지 못할 것이다. 그녀는 '목적이 있는 성과Performance with Purpose'라는 포괄 리더십을 기반으로 사람들을 목표, 의미, 공헌과 연결해 그들을 고무했다. 그러나 정말로 인상적이었던 것은 그녀가 그들에게 진정한 관심을 보여 개인적으로 연결됨으로써 사람들을 고무했다는 점이다.

인드라는 인도에 있는 본가에 방문했을 때, 그녀를 그토록 성공한 리더로 키운 것을 두고 다른 사람들에게 칭찬을 들은 어머니가 느낀 자부심을 알게 되었다고 말했다. 특히 그녀는 다른 사람들이 CEO가 된 인드라가 아니라 그녀를 길러낸 어머니(와 고인이 된 아버지)를 칭찬한 점에 주목했다.

"사람들이 엄마에게 말했어요. '딸을 잘 키웠네요. 칭찬받아 마땅한 일이에요. 딸이 CEO니까요.' 나를 칭찬하는 사람은 아무도 없었어요."

인드라는 그녀 회사의 리더들에게도 자식과 관련해 같은 칭찬을 받을 자격이 있는 부모가 있음을 깨달았다. 어머니를 만난 경험에 고무된 그녀는 매년 중견 경영진의 부모에게 개인적으로 400통의 편지를 보냈다. 그녀는 편지에서 훌륭하고 유능한 아들과 딸을 키우는 큰일을 해준 것에 고마움을 표현했다.

중견 경영자와 부모들 모두 인드라의 진심 어린 편지에 깊은 감동을 받았다. 그들 역시 고무되었다. 그들은 자신이 소중하게 받아들여지고 단순히 업무담당자가 아닌 전인적 인간으로 대우받는다고 생각했다. 경영자 가운데 한 사람이 외쳤다.

"이런 세상에, 부모님께 최고의 선물이었어요. 제게도 최고의 선물이었지요."[30]

당신의 사장이 당신의 부모나 배우자에게 비슷한 편지를 보낸다면 어떤 기분이 들겠는가? 혹은 아이들에게 보낸다면? 누군가가 우리에게 관심을 기울이고 있고 우리가 하는 일을 인정해준다는 사실을 알면, 그것은 우리를 전인적 인간으로 존중해주는 것이므로 우리 삶은 충만해진다. 우리는 거기서 힘을 얻는다.

자기 성찰

명령·통제 방식보다 더 빨리 의존성을 만들어내는 것은 없다. 그리고 신뢰·고무 방식처럼 확실하게 내면에 불을 붙여주는 것도 없다. 우리는 사람들의 마음을 흔들어서 행동하게 할 수도 있고, 사람들을 고무해서 더 큰 성과를 얻게 할 수도 있다.

당신 자신에게 물어보라.

○ 리더로서 나는 팀이 순응하고, 조직화되고, 점진적으로 개선되도록 동기를 부여하는가? 아니면 그들이 헌신하고, 협력하고, 창조적

혁신을 이루도록 고무하는가?

○ 부모로서 나는 아이들에게 일방적으로 말하고 미시관리하는가?
  아니면 아이들과 소통하고, 아이들을 이끌어주고, 아이들이 지혜
  로운 결정을 내리도록 신뢰를 표하는가?

○ 선생님으로서 나는 학생들이 과제물을 제출하도록 동기를 부여하
  는가? 아니면 학생들이 배우고 성장하도록 고무하는가?

어떤 상황에서든 우리는 사람들을 신뢰하고 고무할 수 있다. 리더의
역할을 집사의 역할로 보고 사람들을 전인적 인간으로 대할 때 우리는
가장 성공하는 리더가 될 수 있다.

그럼에도 불구하고 여전히 사람들을 고무하기보다 동기를 부여해
이기려고 하는 것은 골프채로 테니스를 하려고 하는 꼴이나 다름없다.
게임의 판이 변했다는 것을 기억하라.

리더십은 선택이다

이 책을 읽으면서 이렇게 생각하는 사람도 있을 것이다.

'흠, 흥미로운 출발이긴 하지만 나는 아직 리더 역할을 맡고 있거나
리더 지위에 있지 않으니 이 책은 나한테 맞지 않는 것 같다.'

친구여, 나는 당신의 생각이 틀렸다고 말할 수 있어 기쁘다오! 이 책

은 당신을 위한 것이다. 당신은 리더이기 때문이다. 리더십은 지위가 아니라 선택이다. 매우 영향력 있는 리더 중에는 더러 공식 직함이나 직위가 없는 사람도 있다.

마하트마 간디를 생각해보라. 그는 정부의 요직을 맡거나 공식적으로 리더 지위에 오른 적이 없지만 오늘날 그는 '현대 인도의 아버지'로 추앙받는다. 직함이 없어도 리더로서의 영향력이 컸기 때문이다.

탈레반에 대항해 여성 인권 수호에 나선 파키스탄의 여학생 말랄라 유사프자이는 여성 교육의 대의와 관련해 전 세계의 지원을 끌어냈다. 그녀는 그 노력을 인정받아 열네 살이라는 어린 나이에 노벨평화상을 받았다.[31] 최연소 노벨상 수상자인 그녀에게도 직함은 없었다.

내게는 콜롬비아에서 사업을 하는 페드로 메디나라는 친구가 있다. 1999년 무렵 콜롬비아는 납치, 테러, 마약 카르텔, 사회불안 등으로 지구상에서 가장 위험한 지역으로 여겨졌다. 현지 대학에서 학생들을 가르치고 있었을 때, 메디나는 학생들에게 졸업 후 콜롬비아에 계속 머물고 싶은지 물었다. 소수의 학생만 그렇다고 대답했다.

그러한 현실에 가슴이 아팠던 그는 떠나겠다는 학생들에게 물었다.

"왜 떠나려고 하는 거지?"

그들이 대답했다.

"희망이 없어요. 우리가 여기에 머물 이유가 없어요."

그 말이 그의 뇌리를 떠나지 않았다. 결국 그는 남아 있어야 할 설득력 있는 이유를 생각한 끝에 '나는 콜롬비아를 믿어요 Yo Creo en Colombia'라는 조직을 설립했다.[32]

이 조직은 하층민을 위한 기구였다. 조직의 일차 목적은 먼저 국내에서, 다음에는 해외에서 콜롬비아의 국격을 높이는 데 있었다. 그들은 콜롬비아의 업적, 잠재력, 자원에 관한 콜롬비아인의 인식을 개선하는 한편 '공정하고 경쟁력 있고 포용력 있는 국가를 건설하기 위해' 그것들을 활용할 것을 역설했다. 이 재단은 설립 이후 157개 도시와 26개 국가에서 수십만 콜롬비아인의 호응을 얻었다.[33]

메디나는 아무런 직함도 없이 강력한 사회운동을 만들어냈다. 심지어 그 조직을 만드는 데 특별한 직위도 필요 없었다. 그의 노력은 하층민으로부터 출발했으나 각계각층에서 의미 있는 구조적·제도적 변화가 일어났다. 메디나가 사회운동을 시작하고 나서 3년 뒤 그 운동이 촉발한 여러 운동에 고무된 알바로 우리베는 메디나가 강조한 '신뢰 회복restaurando la confianza'을 기반으로 대통령에 당선되었다. 우리베는 백여 년 만에 재선에 성공한 최초의 콜롬비아 대통령이기도 하다.

여전히 할 일이 산적해 있지만 오늘날 콜롬비아는 신뢰 회복을 바탕으로 치안, 투자, 사회결속 측면에서 큰 진전을 이뤄냈다. 그 모든 것은 직함도 공식 지위도 없는 메디나가 시작한 일이었다.

부모든, 고참 관리자든, 신참 인턴이든, 지역사회 운동가든, CFO(최고재무책임자)든 그것은 중요하지 않다. 리더가 되기 위해 사람들을 감독할 필요는 없으며 어떤 역할이나 상황이 필요한 것도 아니다. 저술가 키이스 페라지에 따르면 '권위 없이 사람들을 이끄는 것'은 팀원들이 공식적인 팀 리더가 아님에도 그들 자신과 동료들을 리더 지위로 끌어올려 리더 역할을 공유하는 것을 말한다.[34] 우리는 누구에게나 그리고 주변의 모든 사람에게 있어 리더가 될 수 있다. 영향력의 범위를 활용하면 신뢰·고무 방식의 리더가 되고 자기 삶의 리더도 될 수 있다.

신뢰·고무형 리더십 솔루션으로 넘어가기 전에 기억해둘 것은 자신의 역할이 무엇이든 그것이 우리 모두를 위한 것이라는 점이다. 우리는 기업, 교육, 보건의료, 정부, 군대, 비영리조직, 스포츠, 지역사회, 가정에서 리더 역할을 할 수 있다. 구체적인 예가 자신과 직접 관련이 없어도 주요 원칙은 항상 자신과 관련이 있음을 잊지 말아야 한다. 그 원칙을 적용하면 오늘날의 세계에서 더 가치 있는 리더가 될 수 있을 것이다. 사람들은 신뢰받고 고무될 때 어려움을 잘 극복하고 능력을 개발하며 신뢰에 상응하는 행동을 한다. 그들은 잠재력을 발휘하고 자기 자신의 내면의 소리를 듣고 다른 사람들도 그렇게 하도록 도와준다.

누구나 신뢰받고 고무될 때 최고의 능력, 즉 숨은 위대함을 발휘한다.

명령·통제	신뢰·고무
외적 요인	내적 요인
요구	고무
질식시킴	생명을 불어넣음
길들이기	육성
행동주의	자율주의
리더십은 지위다	리더십은 선택이다
동기부여	고무
사람과 일 모두 관리함	일은 관리하고 사람은 이끎

명령·통제형 리더의 몰락

> 혼돈의 시대에 우리에겐 더 이상 명령과 통제가 필요치 않다. 우리에게는 난제와 위기가 발생할 때마다 그것을 해결하는 데 모두의 지식을 끌어모을 수 있는 더 나은 수단이 필요하다.[1]
> —마가렛 휘틀리(《현대과학과 리더십》 저자)

"성공만큼 큰 실패는 없다."[2]

나는 오래전부터 이 표현을 좋아했다. 이 말이 이해가 가지 않는다면 내가 설명해주겠다. 이 표현은 문명의 성장과 몰락 과정을 연대기로 기록한 역사가 아널드 토인비가 말한 것으로 알려져 있다. 그는 사회가 도전challenge에 직면하면 성공적인 해결책을 찾기 위해 창의력과 혁신으로 대응한다고 생각했다. 시간이 지나면서 도전의 본질은 불가피하게 변하지만 사회는 여전히 낡은 방법으로 새로운 도전에 대응한다. 과거에 성공한 대응 방법은 새로운 도전에 전혀 효과가 없는데도 말이다.

바로 거기서 "성공만큼 큰 실패는 없다"는 표현이 나왔다.

새로운 문제를 해결하면서 과거에 효과가 있던 대응 방법을 사용하는 것은 당연해 보인다. 특히 그 방법이 여러 번 효과를 냈다면 더욱 그럴 수 있다. 그러나 다섯 가지 변화 요인에서 살펴보았듯 일의 본질 변화로 도전의 본질도 바뀌었다. 새로운 도전에는 새로운 대응 방법이 필요하다.

워런 버핏은 우리가 직면한 선택을 간결한 말로 표현했다.

"만성적으로 물이 새는 배를 타고 있다면, 배 교체에 에너지를 쏟는 것이 배 수리에 에너지를 쏟는 것보다 더 생산적이다."[3]

물이 새는 배를 수리할 시기는 한참 전에 지났다. 우리에게는 새로운 배가 필요하다. 즉, 새로운 방식의 리더십이 필요하다.

새로운 세계에서는 유례없는 변화가 일어나고 있다. 어제까지 잘 움직이던 배가 오늘은 가라앉는다. 따라서 변화한 시대에 적합한 새로운 방식의 리더십으로 전환하는 것이 그 어느 때보다 중요하다. 어제의 해결책으로 오늘의 도전에 접근해서는 안 된다. 과거의 방식을 고집하면 "성공만큼 큰 실패는 없다"는 말을 되뇌게 될 것이다.

┌　　　　"성공만큼 큰 실패는 없다" 사례 연구　　　　┘

"성공만큼 큰 실패는 없다"의 사례로 블록버스터 비디오가 있다. 2000년에 블록버스터 비디오는 정점에 이르렀다. 당시 8만 4천 명의 직원이 9천 곳의 비디오 대여점에서 일했는데 수익이 거의 60억 달러에 달했고 전 세계 6500만 명의 고객이 비디오를 보았다.

그때는 가정에서 영화를 볼 때 거의 모든 사람이 비디오점에서 비디오를 대여했다. 이후 기술 변화가 일어났다. 사람들은 비디오를 빌리는 대신 넷플릭스라는 새로운 기업을 통해 우편으로 DVD를 구입할 수 있었다. 블록버스터는 이러한 상황 변화에 소극적으로 대응했다. 처음에는 넷플릭스를 사들일 기회를 거절했고 이후에는 넷플릭스와 파트너가 되는 것을 거절했다.

그다음에는 인터넷을 기반으로 한 영화 스트리밍이 등장했다. 여기에 발 빠르게 대응한 넷플릭스는 '구독 서비스'라는 새로운 비즈니스 모델을 내놓았다. 처음에는 우편으로, 나중에는 스트리밍으로 영상을 제공한 것이다. 연체료는 부과하지 않았다. 블록버스터는 이번에도 새로운 도전에 늦게 반응했다. 제 살 깎아 먹기가 될까 두려워한 그들은 대여점을 기반으로 성공했던 이전의 비즈니스 모델(비디오 대여)을 지키려고 했다. 그리고 비디오를 제때 반납하지 않은 사람에게 계속해서 연체료를 받으려고 했다.

마침내 블록버스터는 변화하는 비즈니스 환경에 새로운 방식으로 대응하려 했으나 때는 이미 늦어버렸다.[4]

현재 블록버스터 대여점은 구시대의 유물로 전락해 오리건주 벤드에 단 한 곳만 남아 있을 뿐이다. 그야말로 철저한 몰락이다. 반면 디지털 스트리밍 혁명을 이끈 넷플릭스는 압도적인 강세를 이어가고 있다. 비록 그들은 기술 변화와 새로운 경쟁자의 등장이라는 도전을 직면했으나 오늘날까지도 경쟁자에 앞서 몇 번이고 스스로를 창조적으로 파괴했다. 도전의 성격이 변했을 때는 대응 방법을 바꿔 성장을 이어갔다.

사람들을 이끄는 것도 마찬가지 방식이어야 한다. 명령·통제 방식은 더 이상 통하지 않으며 그것은 구시대의 유물에 불과하다. 우리에게는 이 시대에 적합한 새로운 리더십이 필요하다.

앞서 말했듯 다섯 가지 변화 요인은 우리에게 두 가지 중대한 과제를 던진다. 그것은 직장 경쟁에서의 승리와 시장 경쟁에서의 승리다. 이 두 과제 측면에서 명령·통제 방식과 신뢰·고무 방식을 살펴보자.

1. 고신뢰 문화를 만듦으로써 직장 경쟁에서 승리한다

인재를 끌어오고, 유지하고, 몰입하게 하고, 고무하는 가장 효과적인 방법은 문화에 있다. 지금까지 늘 그랬다. 사람들이 어느 곳에서나 거주할 수 있고 일할 수 있는, 선택의 폭이 무한한 세계에서는 더욱 그렇다.

나는 몇 년 전 미국 동부 해안에 있는 한 대학의 전도유망한 비즈니스 스쿨 학장과 함께 일한 경험을 잊지 못한다. 그는 내게 그 대학의 명령·통제 문화가 인재를 끌어오는 일을 방해했다고 털어놓았다.

한번은 그들이 스타급 교수 한 명을 채용하려 했다. 대학 측은 여러 가지 면에서 그 교수를 데려오는 데 유리한 입장이었다. 해당 교수는 그 지역에서 거주하기를 원했고 대학 측은 그 대학이 최적의 근무지임을 설득하는 일에 적극 나섰다. 그 교수가 대학을 방문했을 때는 많은 것을 이룰 수 있음을 보여주기 위해 핵심 교수진이 나가서 반갑게 맞이했다. 그는 그날 방문에서 깊은 인상을 받았고 학장에게 함께 일하고 싶다는 뜻을 전했다.

그런데 그 교수가 방문에 따른 비용을 청구하려 할 때 학장은 난관에 부딪혔다. 그 교수는 영수증을 첨부해 비용명세서를 대학 측에 제출했는데 거기에 항공 티켓이 빠져 있었다. 학교 규정에 따르면 보상받기 위해서는 항공 티켓을 제출해야 했다. 학장은 그 교수에게 전화를 걸어 영수증과 항공 티켓이 없으면 비용을 보상해줄 수 없다고 전했다. 그 교수는 자신이 전자 항공권을 사용했고 프린트한 항공 티켓은 없다고 설명했다. 당황한 학장은 학교의 여비 규정에 따라 항공 티켓이 없는 경우에는 항공료를 보상해줄 수 없다고 말했다. 충격을 받은 교수는 그 대학을 포기하고 말았다.

대학은 교수에게 상반된 메시지를 보냈다. 학교를 방문한 교수에게 보인 그들의 행동은 '우리는 당신을 원하고 당신이 필요하며 여기는 당신에게 적합한 학교다'라는 메시지를 전했지만, 항공 티켓 보상에 관한 경직된 결정은 '우리는 당신을 신뢰하지 않는다(우리는 학교 내의 그 어떤 사람도 신뢰하지 않는다)'라는 메시지를 보낸 셈이었다.

아마도 이전에 누군가가 여비 보상 시스템을 남용하는 바람에 학교 측이 그런 규정을 만들었을 것이다. 그러나 명령·통제 방식의 규정이 대부분 그렇듯 그 규정은 소수 위반자가 다수에게 불이익을 준 꼴이었다. 당시 학장에게는 그 규정을 무시하고 올바른 판단을 내릴 권한이 없었다. 이처럼 불신에서 비롯된 제도는 뛰어난 교수를 임용할 기회를 잃게 만들었고 그 유감스러운 이야기가 퍼지면서 교수들 사이의 대학 평판에도 흠집을 남겼다.

이와 달리 신뢰·고무 문화는 최고의 인재를 끌어오는 강력한 자석 같은 역할을 한다. 사람들은 신뢰받는 것과 자유로운 환경 혹은 문화에 이끌리게 마련이다. 사람들은 목적, 의미, 공헌으로 고무하는 문화를 원한다. 높은 급여, 각종 편익과 혜택은 누구나 제공할 수 있다. 하지만 높은 성과를 내는 사람들은 신뢰와 실질적 권한을 부여하는 직장을 원한다. 그들은 다양한 옵션보다 자신의 잠재력을 드러내고, 계발하고, 발휘할 수 있고 소통이 원활한 조직에 더 마음이 끌린다. 변화를 일으키도록 신뢰하고 고무하는 조직을 원하는 것이다.

나는 어디서나 리더들과 일할 때 항상 이런 질문을 받았다.

"밀레니얼 세대는 어떻게 붙잡아두나요?"

방법은 간단하다. 그들을 신뢰하는 것이다. 내가 이미 사용한 표현을 빌려 이렇게 말하고 싶다. 밀레니얼 세대는 관리받는 것이 아니라 리더가 이끌어주는 것을 원한다. 그들은 무언가에 고무되기를 원하고 신뢰받기를 원한다.

사실 밀레니얼 세대만 그런 것이 아니다. 모든 세대가 똑같은 것을 원한다. 기업문화 조사업체 GPTW 연구소 자료에 따르면 밀레니얼 세대는 고신뢰 문화가 있는 기업에서 22배나 더 근무하기를 원한다고 한다. X세대는 16배, 베이비부머 세대는 13배 더 그런 기업에서 계속 근무하고 싶어 하는 것으로 나타났다.[5] 이것이 현실이다. 모든 세대 사람들이 신뢰받기를 원한다. 신뢰하는 것은 확실히 사람들을 이끄는 더 좋은 방법이다.

사람들은 신뢰받고 고무될 때 그 조직에 계속 남는다. 반면 신뢰받지 못하고 고무되지 않으면 그렇게 해주는 다른 조직을 찾아 떠난다.

나는 다음 표현을 좋아한다. '몰입하는 직원은 그들이 줄 수 있는 게 있어서 조직에 머물고, 몰입하지 않는 직원은 그들이 얻을 수 있는 게 있어서 조직에 머문다.'

직원들의 몰입과 변화에 필요한 첫 번째 요소는 바로 신뢰다. 단연코 그렇다! ADP 리서치 연구소의 최근 조사에 따르면 사람들은 자신의 직속 리더를 신뢰할 때 몰입도가 14배 더 높아지는 것으로 나타났다. 그다음으로 몰입에 영향을 미치는 요소는 신뢰받는 팀원이 되는 것이었다. 이는 몰입도를 2.6배로 높였다.[6]

몰입도를 높이려고 애쓰는 많은 리더의 패러다임은 여전히 명령·통제 방식에 의존하고 있다. 그것은 효율적인 방식이지만 사람들이 몰입하게 하지는 않는다. 사람들이 몰입하지 않는다면 우리는 무엇 때문에 그들을 끌어오고 붙잡아두는가?

신뢰하는 것만큼 사람들의 몰입도를 높이는 것은 없다. 멀리 갈 것 없이 자신을 생각해보라. 신뢰받을 때 그것은 자신의 몰입도에 어떤 영향을 미치는가? 신뢰받지 않을 때는 또 어떤가?

몰입보다 더 높은 단계가 있는가? 물론이다. 바로 고무되는 것이다. 실제로 나는 고무는 새로운 몰입이라고 생각한다. 컨설팅 회사 베인 앤 컴퍼니의 최근 조사에 따르면 생산성이 가장 높은 직원들은 고무된 직원이라고 한다. 고무된 직원은 생산성이 몰입하는 직원보다 56% 더 높고, 만족하는 직원보다는 125% 더 높았다![7]

고무는 성과를 극적으로 올릴 뿐 아니라 직원들의 행복감도 크게 높여준다. 고무는 사무실에서 일하는 기능적 인간이 아닌 전인적 인간을 전제로 한다. 사람들은 고무될 때 행복감과 생산성이 높아진다. 또한 직원 경험이 엄청나게 개선되어 직원 순추천지수eNPS가 올라간다.

가정에서도 같은 일이 벌어진다. 가족이 생활환경 측면에서 고무될 때 만족도가 높아진다.

2. 협업과 혁신으로 시장 경쟁에서 승리한다

많은 조직이 다섯 가지 변화 요인으로 변화한 세계에 잘 적응하기 위해 협업과 혁신에 집중하고 있다. 변화하는 시장에서 경쟁력을 유지하고, 가치를 창조하고, 트렌드에 적응하려면 획기적인 발전과 창의력이 필요하다.

안타깝게도 명령·통제 방식은 공포를 유발하고 그 공포는 모든 것을 질식시킨다. 위험을 무릅쓰고 새로운 것을 시도할 때 '실패하거나 잘못하면 어떡하지?' 하고 우려하면 마음이 약해진다. 명령·통제 환경에서 실패는 생각하기도 싫은 끔찍한 상황이다. 협업할 때의 생각도 마찬가지다. '협업하는 사람을 신뢰할 수 없으면 어떡하지?' 하고 우려한다.

명령과 통제를 받는 사람들은 협업하지 않는다. 협업은 위험 부담, 신뢰, 투명성을 요구하기 때문이다. 그들은 기껏해야 조정에 의한 협조를 얻어낼 수 있을 뿐이다. 반면 신뢰와 고무는 사람들이 자발적으로 나섬으로써 훨씬 더 창의적인 협업 수준으로 나아갈 환경을 조성한다.

중요한 것은 협업 방식은 명령하고 통제할 수 없다는 점이다! 리더가 그런 시도를 해도 사람들이 서로를 신뢰하거나 리더를 신뢰하지 않으면 혹은 스스로 신뢰받는다고 느끼지 않으면 협력하지 않는다. 그들은 협력을 주저하면서 꼭 필요한 최소한의 일만 한다.

사람들은 보통 그들이 진정 얻고 싶은 것에 대한 의견이 일치할 때 협업이란 말을 사용한다. 그들은 그런 분위기를 눈치채며 '협업'하고자 하는 미팅에서는 정말로 협업하는 것처럼 보인다. 하지만 그것은 그저 낮은 수준의 신뢰 조정과 다르지 않다. 그것은 소모적이고 더디고 비용이 많이 든다. 우리에게 필요한 것은 그런 게 아니라 고신뢰 협업이다.

이것은 의견일치와 다르다. 오히려 협업은 필요할 때만 관여하는 것을 의미할 수도 있다. 동료 협력자들을 믿기 때문이다. 타당성이 있다고 판단할 때는 위임하기도 한다. 당신과 다른 팀원들은 부담 없이 계산된 위험을 감수한다.

명령·통제 방식에서는 혁신이 일어나도 명목상일 뿐이며 실제로는 점진적인 변화, 그저 틀에 박힌 개선에 불과하다. 본질적으로 그것은 잘못된 것이 아니지만 큰 가치를 활용하지 않고 방치한다는 점에서 문제가 있다. 우리가 얻는 성과와 잠재력에는 커다란 간극이 존재한다. 사람들이 제약조건과 규정 범위 안에서 일해야 하기 때문이다. 아무도 규정에서 벗어나는 위험을 감수하려 하지 않을 것이다.

명령·통제 문화는 꾸준한 창조, 통찰, 획기적인 발전을 이끌지 못한다. 혁신 전문가 로버트 포터 린치는 신뢰하는 환경 아래 사람들 간 차이점이 충돌하는 곳에서 혁신이 일어난다고 단언한다. 사람들 간 차이가 뚜렷할수록 혁신 가능성은 커진다.[8]

혁신은 일종의 팀 스포츠다. 명령·통제 환경에서는 차이가 의심이나 분열을 낳는다. 반면 신뢰·고무 문화에서는 차이가 창조, 시너지, 혁신의 원천으로 작용한다. 혁신은 다양성에서 나오는 법이다.

더구나 사람들은 꾸준히 혁신하기 위해 기꺼이 위험을 감수하고 실수를 하며 그 실수에서 배울 것이다. 그들은 빨리 실패하고, 실패하면서 나아가고, 자주 실패하고, 더 빨리 배워야 한다. 사람들이 신뢰받지 못한다고 생각하고 누군가가 자신을 뒷받침해준다고 여기지 않으면 그런 실패는 일어나지 않는다. 핵심은 사람들에게 실패할 기회를 주지 않을 경우 혁신이 일어나지 않는다는 데 있다.

윤리적 기업환경 컨설팅회사 LRN은 이 부분과 관련해 놀랄 만한 데이터를 보유하고 있다. 그 데이터에 따르면 고신뢰 문화에서 사람들이 책임지고 위험을 감수하는 비율은 저신뢰 문화보다 32배 높았고 혁신이 발생할 확률은 7배, 성과향상률은 6배 높았다.[9] 이 모든 것은 신뢰를 기반으로 일어난 일이다.

> 우리는 때로 실패를 낳는다는 것을 알면서도 위험을 감수한다. 실패 가능성이 없으면 성공 가능성도 없다.[10]
>
> −팀 쿡(애플 CEO)

창의성은 고무에서 나온다. 사람들은 제약받지 않고 목적이 있을 때 고무되는데 이는 신뢰·고무 문화의 특징 중 하나다. 아이디어를 진솔하게 나누고, 위험을 기꺼이 감수하고, 실수하고, 팀 전체가 창의적으로 협력하고, 누구에게 공이 돌아가는지에 관심이 없는 것 등 창의성과 혁신이 일어나는 데 필요한 다른 조건도 신뢰·고무 문화만의 특징이다. 3M, 자포스, 넷플릭스, 줌 같은 위대한 기업은 꾸준한 협업과 혁신이 이뤄질 수 있는 문화를 만들어냈다.

두 번째 중대한 과제, 그러니까 시장 경쟁에서 승리하기 위해 협력하고 혁신한 사례로 내가 함께 일해본 주목할 만한 리더를 소개하겠다. 그는 바로 줌 비디오 커뮤니케이션스 설립자 겸 CEO인 에릭 유안이다.

그는 이른 나이에 혁신적 사고를 시작했다. 전 세계를 접수한 화상회의 서비스 줌을 만들어낸 아이디어는 열일곱 살 때 그의 머릿속에서 움텄다. 모국 중국에서 대학교 1학년 때, 그는 여자친구 셰리를 만나기 위해 10시간이나 기차를 타야 했다. 시간이 많이 드는 그 기차여행은 소모적이었고 그는 그녀를 만날 수 있는 더 쉬운 방법을 원했다. 바로 그 방법을 궁리하던 중 화상 회의의 씨앗이 태동했다(결국 유안은 5년 후 세리와 결혼했고 소모적인 기차여행은 끝이 났다).

유안은 1995년 일본에서 열린 첨단기술 회의에 참석한 뒤 첨단기술 산업에서 일하겠다는 꿈을 꾸었다. 비록 그는 영어를 잘하지 못했지만 1997년 중국을 떠나 실리콘 밸리로 이주했다. 그에게 그것은 혁신과 끈기가 필요한 결정이었다. 1년 6개월 동안 비자 신청에서 무려 여덟 번이나 거부당했기 때문이다. 그는 계속 시도하면서 요건을 충족할 다른 방법을 찾아냈고 마침내 아홉 번째 시도에서 성공을 거두었다.

이제 10년을 뛰어넘어 보자. 시스코에서 웹엑스 관리를 맡은 유안은 여전히 기차여행에서 비롯된 딜레마를 어떻게 해결할지 고민하고 있었다. 그는 그곳 경영진에게 스마트폰으로 화상회의를 할 수 있는 시스템에 관한 아이디어를 프레젠테이션했다. 경영진은 받아들이지 않았다. 실망한 유안은 2011년 6월 시스코를 떠나 꿈을 실현하기 위해 자기 사업을 시작했다. 2012년 8월 줌 비디오 커뮤니케이션스는 첫 번째 제품을 출시했다. 그리고 코로나19 바이러스가 전 세계를 휩쓸면서 결국 시장 경쟁에서 승리했다. 매달 1300만 명 이상이 줌 기술을 사용하고, 줌 모바일 앱은 2020년에만 4억 8500만 다운로드를 기록했다.

줌의 진화를 뒷받침한 혁신 이야기는 그 자체로 흥미진진하다. 그보다 더 흥미로운 것은 놀랄 만큼 헌신적인 유안의 자세다. 그는 계속해서 신뢰를 보여주었고 결국 그 자신도 신뢰를 받았다. 그는 최근 익명의 직원평가를 발표하는 사이트 글래스도어에서 함께 일하고 싶은 중

국 최고의 CEO에 올랐다. 중국인들은 그에게 전무후무한 99% 지지율을 보냈다.[11]

그뿐 아니라 그의 영향력은 회사 안에 그치지 않고 전 세계로 퍼져 나갔다. 유안은 2020년 〈타임〉 선정 올해의 기업인에 이름을 올렸으며 〈타임〉이 꼽은 가장 영향력 있는 100인에도 포함되었다.[12]

신뢰는 유안의 혁신적 리더십 곳곳에 스며들어 있다. 또한 속도를 중시하는 것으로 유명한 그는 속도를 기업가정신이 살아 있는 기업이 지닌 '주무기'라고 부른다. 그는 그 속도를 얻는 중심축은 바로 신뢰라고 말한다.

"신뢰가 없으면 속도를 얻지 못한다."

유안은 주장한다.

"신뢰가 있으면 빠르게 움직인다. 그래서 신뢰가 가장 중요하다."[13]

유안은 사람들이 기민하게 움직이고, 변화에 잘 적응하고, 협력하고, 혁신적으로 행동하도록 고무했다. 물론 그는 사회공헌도 잊지 않았다. 예를 들면 코로나19가 처음 발생했을 때 줌은 학생들의 교육 욕구를 충족하는 데 도움을 주기 위해 K-12(유치원부터 고등학교까지의 미국 학제) 학교에 화상회의 서비스를 무료로 제공했다. 휴일에는 방역이나 여행제한에 구애받지 않고 가족이 함께 시간을 보내도록 무료 사용자에게 40분 시간제한을 해제했다.[14] 이는 유안의 협력 정신과 옳은 일에 헌신하는 자세를 보여주는 좋은 예다.

"우리 이거 이미 알고 있지 않아?"

아마 이렇게 말하는 사람도 있을 것이다.

"우리 이거 이미 알고 있지 않아?"

맞다. 알고 있다. 명령·통제 방식이 효용성을 잃어가는 경향은 오래전부터 리더 집단에서 분명하게 나타났다. 그중 가장 흥미로운 점을 소개하겠다. 개량한 명령·통제 방식은 대다수 조직에서 지배적인 리더십 방식으로 자리를 잡았다.

최근 나는 저명한 리더십 전문가들이 함께하는 리더십 회의에 패널로 참석해 그 증거를 보았다. 패널 자격에는 제한이 없었는데, 청중 역시 리더십 전문가였다. 나는 토의내용을 준비할 때 다소 두려운 마음이 있었다. 패널에 속해 기쁜 동시에 회의에 도움을 주고 싶었기 때문이다. 리더이자 리더의 도움을 받는 사람으로 지내온 지난 세월의 경험을 되돌아보니 내가 해줄 수 있는 가장 중요한 조언은 사물 중심 패러다임 thing paradigm과 사람 중심 패러다임 people paradigm을 분명하게 구분해주는 것이었다.

회의 중에 나는 '사물은 관리하고 사람은 이끌어라' '일은 효율적으로 처리하고 사람은 효과적으로 대하라' '우리는 관리는 넘치고 이끌어주는 것은 부족한 세계에 살고 있다' 같은 리더십 기본원칙을 상기시키며 이 생각을 강조하려 했다. 이러한 원칙이 새롭거나 획기적인 내용이라 여긴 것은 아니었다. 다만 신선함이 부족하다고 그 원칙의 의미가 퇴색하는 것은 아니라고 생각했을 뿐이다.

그런데 의외로 대다수 참석자가 이들 원칙이 마치 혁명적인 것처럼 반응했다. 사람들은 열심히 받아적었고 이후 많은 사람이 이 원칙들을 주제로 나와 토의하고 싶어 했다. 일부에게는 이 원칙들이 모르는 걸 알려주기보다 이미 아는 것을 떠올리게 하는 정도였을지도 모르지만, 아무튼 내 말이 그토록 큰 영향력을 발휘해서 대단히 기뻤다.

회의가 끝났을 때 한 참석자가 말했다.

"이 회의에서 우리는 많은 것을 배웠지만 나는 그 모든 것을 당신이 소개한 하나의 문장으로 요약할 수 있다고 생각합니다. 그것은 관리는 넘치고 이끌어주는 것은 부족하다는 말입니다. 다른 모든 것은 일과 사람을 관리하거나, 일은 관리하고 사람은 이끌어주는 것처럼 우리가 선택하는 리더십 방식에 속하는 방법에 불과합니다."

그날의 경험은 내가 진실이라 생각하는 것을 더욱 확신하게 해주었다. 우리는 그런 것을 알고 있고 이야기하기도 한다. 다만 실천하지 않을 뿐이다. 만일 우리가 실천한다면 그것은 규범이 되고 그 방식으로 운영하는 조직과 리더를 경험하는 것이 예외적인 일로 남지는 않을 것이다.

우리는 아주 많은 발전을 이뤘으나 별로 실천하지는 않았다.

흥미롭게도 청중에게 내가 생각하는 명령·통제 방식이 무엇인지 설명할 때마다 모든 사람이 거의 즉각 그 용어의 의미를 이해하고 확인한다. 사람들이 명령·통제 방식을 거의 즉각 이해하는 이유는 우리가 일상에서 그것을 매일 보기 때문이다. 신뢰·고무형 리더십 방식을 들었을 때 고무되는 이유도 마찬가지다. 우리가 일상에서 그것을 매일 보지 못하기 때문이다. 만약 우리가 배워온 것을 모두 실천한다면 그 가르침에 별다른 효용성이 없는 것처럼 느껴질 것이다.

명령·통제 방식은 두 개 범주(명령·통제, 신뢰·고무)를 양 끝에 표시한 일종의 스펙트럼을 따라 어느 한 지점에서 이뤄진다. 우선 권위적인 명령·통제 방식은 두려움을 기반으로 한다. 이것은 내가 '사람들에게 할 수 있는 것'에 초점을 맞춘다. 개량한 명령·통제 방식은 거래에 따른 공정성과 교환을 기반으로 한다. 이는 내가 '사람들을 위해(그리고 사람들이 나를 위해) 할 수 있는 것'에 초점을 맞춘다. 이와 달리 신뢰·고무 방식은 고무와 목적을 기반으로 하며 내가 '사람들과 함께 할 수 있는 것'에 초점을 맞춘다.

명령·통제 방식이 여전히 지배적 규범이라는 것을 보여주는 데이터는 상당히 많다. LRN은 조직과 개인의 행동 그리고 그 행동이 성과에 미치는 영향을 알아보기 위해 17개국의 직원 1만 6천 명을 대상으로 대대적인 조사를 했다. 조사는 '맹목적 복종' '사전 묵인' '자율' 스펙트럼에 기초해 지배구조, 문화, 리더십이라는 세 가지 핵심 범주로 분류해서 이뤄졌다.[15] 그 결과는 내가 명령·통제 방식이라 부르는 방식이 전 세계에서 지배적임을 확인하게 해주었다.

이를 우리의 논의와 연관 지어 생각해보면 '맹목적 복종'은 기존의 권위적 명령·통제 방식과, '사전 묵인'은 점진적 개선을 포함한 개량한 명령·통제 방식과 비교할 만하다.

이 조사에서 '자율'이라 언급한 것은 내가 말하는 신뢰·고무형 리더십 방식을 포함한다.

조사한 조직의 8%만 자율 또는 신뢰·고무 방식으로 나타났다. 나머지 92%는 명령·통제 방식을 변형한 형태였다. 이것은 내가 전 세계 조직 혹은 리더와 함께 일할 때 경험한 것과 일치한다. 이 추세는 강해지고 있는데 권위적 명령·통제 방식(맹목적 복종)은 30%에 불과하고 다른 62%는 보다 개량한 명령·통제 방식(사전 묵인)으로 바뀌었다. 나중에 이 조사보고서는 신뢰·고무 방식(자율)에서 비롯된 뛰어난 경제적 성과를 증명했다.

이와 관련하여 세계 최고 기업들을 포함해 조직 리더 수천 명을 대상으로 한 우리의 조사에서도 대다수가 그들 조직의 기본 리더십 방식을 신뢰·고무 방식이 아닌 명령·통제 방식이라고 말했다. 이는 위 통계가 예외적인 경우가 아니며 많은 직장이 생각보다 더 명령·통제 방식에 기울어져 있음을 보여준다.

나는 다양한 업종에 종사하는 사람들과 함께 일하는데, 내가 볼 때 기술 기업과 전문서비스 기업은 신뢰·고무 방식으로 가는 경로를 따르는 것 같다. LRN 조사는 이 전제가 옳았음을 증명한다. 그만큼 우리 시대의 중대한 두 가지 과제는 특정 분야의 성공에서 필수요소다. 기술 기업과 전문서비스 기업은 직장 경쟁에서 이기기 위해 신뢰·고무 문화를 형성해야 한다. 또한 끊임없이 변화하는 시장 경쟁에서 뒤처지지 않기 위해 협업하고 혁신해야 한다.

종류의 변화인가, 정도의 변화인가?

우리는 의미 있는 발전을 이뤘다. 그러나 이 모든 발전에도 불구하고 우리가 한 모든 것은 권위적 명령·통제 방식에서 보다 세련되고 친절하며 부드럽게 개량한 명령·통제 방식으로 전환한 것뿐이다. 우리는 여전히 명령·통제 패러다임에서 벗어나지 못하고 있다. 많은 조직이 강요하는 방식에서 보다 동기를 유발하는 방식으로 바뀌었다. 역시 많은 조직이 인적자원과 인재관리에 더 많은 힘을 쏟고 있다. 그렇지만 이러한 변화는 정도degree의 변화일뿐 종류kind의 변화가 아니다.

심지어 더 좋은 관리 방식을 도입하고 모든 리더십 이론을 적용해서 개선할지라도 그것이 통제 방식이라는 사실에는 변함이 없다. 착하고 선의가 있고 성품이 훌륭한 리더라 하더라도 통제 방식을 포기하는 것은 쉽지 않다.

앞서 이야기한 '어르신' 이야기를 떠올려보자. 그는 아들이 회사를 물려받을 준비가 되었음에도 불구하고 지휘봉을 아들에게 넘기려고 하지 않았다. 그 어르신을 내가 최근에 만난 비슷한 회사의 한 리더와 비교해보자. 그 회사 역시 가족이 설립하고 운영했는데 회사를 이끄는 사람은 아버지와 딸이었다. 아버지가 60대 초반이고 딸은 30대 초반이었다. 어르신과 유사하게 아버지는 회사를 전통적인 명령·통제 방식으로 운영했다. 그는 모든 결정의 실행자였다. 그의 딸은 달랐다. 그녀는 신뢰받는 팀원들에게 더 많은 책임을 위임하는 방식으로 그들에게 힘을 실어주었다. 그런데 승리하는 쪽은 늘 아버지의 방식이었다.

예기치 못한 건강 문제로 아버지가 물러나면서 젊은 딸은 예상보다 훨씬 일찍 CEO 자리에 올랐다. 그렇게 리더십 교체가 이뤄진 직후 나는 어떤 일이 벌어졌을지 짐작하지 못한 상황에서 경영 팀을 만났다. 그 팀은 딸의 새 구상과 경영 방식에 저항할까? 이사들 중 딸이 가장 젊고 경험이 없는데 그들은 그녀를 신뢰할까? 그들은 다기능 고성과 팀을 만들 수 있을까?

나는 그 팀과 딸이 신뢰와 존중에 관해 상호이해에 이른 것을 보고 안심했다. 딸은 자신에게 주변 사람들의 경험이 절실하게 필요하다는 것을 피력했고 아이디어와 제언에 열린 자세를 보였다. 결국 팀원들은 그녀의 말에 귀를 기울였고 그녀와 함께 새로운 것을 시도하려 했다. 딸이 책임과 과제를 위임했을 때, 나는 내 눈앞에서 고신뢰 협력 팀이 탄생하는 장면을 볼 수 있었다. 비록 아버지는 불가피한 사정으로 통제를 포기했지만, 그 결정은 회사와 직원들에게 새로운 변화와 성장 기회를 주었다. 딸은 경력이 풍부한 직원들을 신뢰했고 덕분에 미시관리에 따른 스트레스를 날려버렸다. 새로운 기회를 얻은 직원들 역시 의미 있는 방식으로 공헌할 수 있었다.

두 회사의 경우 모두 아버지는 나쁜 사장이 아니었다. 하지만 명령과 통제에 의존하는 그들의 회사 운영방식은 조직의 잠재력을 온전히 끌어내지 못했다. 만일 그들이 잠재력을 제대로 발휘할 수 있게 했다면 어떻게 되었을지 상상해보라.

나는 전 세계 리더들에게 리더십 방식을 전환하고 싶다는 말을 많이 듣는다. 그중 두 가지 얘기를 간단히 소개하겠다.

1. 최근 연례회의를 준비 중인 대형 제약사와의 미팅에서 경영 팀이 내게 말했다. "우리는 관리와 통제에 의존하는 1990년식 리더십에서 벗어나 우리에게 필요한 새로운 몰입과 협업에 적합한 방식으로 전환하려 합니다."

2. 나와 함께 일한 한 군수업체 CEO는 내게 말했다. "우리는 명령하

고 통제하는 방식에서 벗어나 더 투명하고 협업하고 사람들을 신뢰하는 방식으로 전환하려 합니다.”

명령·통제 방식은 여러 세대가 함께 일하고 또 서로 연결된 역동적인 세계에서 점점 더 그 효용성과 효과성을 잃어가고 있다. 명령·통제 방식이 과거에도 그렇게 효과적이었을까 하는 생각이 들 정도다.

꼭 필요한 것이 아니고 그저 문화적으로 받아들여진 것뿐이라 마치 효과가 있는 것처럼 보였을 수도 있다. 이제는 그렇지 않다. 낡은 스타일을 감추고 싶은 마음에 단순히 외형만 뜯어고치는 일은 더 이상 소용없다. 이제 변화할 때가 되었다. 명령·통제 방식에서 신뢰·고무 방식으로 전환하는 데 필요한 것은 점진적 개선이 아니라 전면적 변화다. 다시 말해 정도의 변화가 아니라 종류의 변화다.

우리는 왜 여전히
명령·통제 방식에 머물러 있는가?

우리는 산업 시대의 관리 방식에서 탈피하지 못했다. 아직 패러다임을 전환하지 못한 탓이다. 우리는 여전히 사람들과 리더십에 관한 부정확한 생각의 지도(왜곡된 견해)를 가지고 있다. 우리에게는 완전하고 정확한 기본 믿음이 없다. 점진적인 행동 변화는 해결책이 아니다. 진정한 행동 변화를 위해서는 패러다임을 바꿔야 한다.

잘못된 패러다임 아래서는 잘못 맞춘 안경을 쓴 사람처럼 시야가 불

분명하고 현실을 있는 그대로 볼 수 없다. 어쩌면 우리는 안경 도수가 잘못되었다는 것을 미처 깨닫지 못하고 있을지도 모른다. 우리 시각이 오랫동안 그렇게 조정되어 그 상태에 익숙할 수도 있다. 심지어 그 인식은 현실이 되었다. 적절하게 도수를 맞춘 새 안경을 써보기 전까지 우리는 계속 능력을 제대로 발휘하지 못하는 상태로 활동할 것이다. 진단받은 도수가 잘못되었다는 것을 모르기 때문이다. 이제 진단을 업데이트할 때가 되었다!

변화하려면 우리가 지금까지 왜 변하지 않았는지 알아야 한다. 새 안경을 쓰면 세상을 더 분명한 시각으로 볼 수 있다. 마인드셋, 즉 패러다임을 바꾸면 행동을 바꾸기가 더 쉬워진다.

우리가 명령·통제 방식에서 벗어나는 걸 어렵게 만드는 것에는 여러 가지 요인이 있는데, 그중에서도 다음 세 가지를 이해하는 것이 중요하다.

1. 물고기가 물을 가장 늦게 발견한다

현대를 산업 시대로 분류하는 사람은 없을 것이다. 실제로 사람들은 산업 시대를 이야기할 때 1800년대 말이나 1900년대 초를 가리킨다. 그런데 우리는 왜 여전히 산업 시대의 리더십 방식에 의존하고 있는가? 나는 그 이유가 우리가 그 낡은 방식에 얼마나 깊이 빠져 있는지 깨닫지 못하기 때문이라고 생각한다. 우리는 모르는 사이에 여러 가지 산업 시대 유물의 덫에 걸려 있었다. 이는 우리의 언어, 시스템, 프로세스, 관행에서 잘 드러난다.

언어를 생각해보자. 일과 관련된 산업 시대 언어 중에는 군대용어에서 비롯된 것이 많다. 우리는 매일 '기업'이나 '사명' 같은 말을 사용하고 '현장' 직원이라고 부른다. 사람들을 채용할 때는 '충원한다'고 한다. 또한 우리는 사람들에게 '규정을 따르라'고 말한다. 부하직원, 통솔범위, 지휘계통, 사일로도 언급한다. 사람들이 군대 리더십을 설명할 때 자연스럽게 사용하는 용어가 명령과 통제(역시 군대용어다)라는 건 놀라운 일이 아니다. 우리는 이런 용어와 그 밖에 다른 용어를 아무 생각 없이 사용한다. 그러한 언어습관과 사고방식이 우리 생활에 깊이 뿌리박혀 종종 그것을 인식하지도 못하는 것이다.

이 현상에 적절한 표현은 "물고기가 물을 가장 늦게 발견한다"는 속담이다. 우리는 물고기이고 명령과 통제는 물이다. 내가 방금 소개한 용어를 알고 있었지만 군대와의 연관성은 알지 못한 사람이 있다면, 그 사람은 방금 물을 발견한 물고기라고 할 수 있다. 어린 시절부터 철저하게 명령·통제 방식으로 교육받은 우리는 그 방식에 익숙해져 우리가 그런 교육을 받았다는 사실조차 인식하지 못하고 있다.

우리가 오랫동안 이뤄온 발전은 점진적 변화였고 명령·통제 패러다임 안에서 이룬 것이었다. 이 패러다임이 표준 모델로 만들어지면서 우리가 그 모델을 배우고 사용한 것이다. 우리는 스스로 방치한 것이 있을지도 모른다는 사실을 생각조차 하지 못하고 오랫동안 그 모델을 관행적으로 사용해왔다. 그것은 우리가 얻는 성과와 우리의 잠재력에 얼마나 큰 간극이 있을 수 있는지 생각하지 않고 사용한 모델이다. 이 패러다임에 갇혀 우리는 오스카 와일드의 표현대로 '모든 것의 비용은 알지만 그 가치는 전혀 모르고 있었던' 것이다.[16]

어떤 방식에 깊이 빠져 있으면 그것을 규정할 필요성을 느끼지 못한다. 하지만 산업 시대 유물에 둘러싸여 있음을 분명히 알아채고 난 뒤에는 다른 방식을 선택할 수 있다.

당신 자신의 언어를 생각해보라. 당신 조직에는 명령·통제 방식의 어떤 요소가 나타나고 있는가? 당신 팀은 어떤가? 명령·통제 방식은 당신 가정에서도 나타나는가?

학생일 때 당신은 명령·통제 방식을 경험했는가? 이러한 유물은 언어 외에 다른 여러 곳에서도 나타난다.

구조	위계질서, 하향식, 관리자와 직원, 의사결정자와 실행자, 상사와 부하직원
시스템	강요된 서열, 연례성과 평가, 사람은 비용이고 기계는 자산에 속하는 회계 시스템
관행	당근과 채찍 보상체계, 중앙집중화된 예산, '샌드위치 기법' 피드백
스타일	명령·통제, 미시관리, 권한 포기, 감독
패러다임	사물 중심 vs. 사람 중심, 결핍 vs. 풍요, 동기부여 vs. 고무, 지위형 리더십 vs. 선택형 리더십

2. 알고도 행하지 않으면 모르는 것이다

지금까지 이 책을 읽으면서 누군가는 이렇게 생각했을지도 모른다.

'아, 이거 오랫동안 해온 이야기인데!'

제시한 내용 가운데 상당수는 수십 년 동안 토의해온 것이며 체계적인 관리 기법이 등장한 이후 우리의 경영 사상은 큰 발전을 이뤘다. 인간관계 연구는 1930년대 무렵 시작되었고 1950년대와 1960년대에는 인적자원 집중 연구로 발전했다. 1980년대와 1990년대에는 품질quality,

권한 부여, 감성지능과 관련된 연구가 시작되었으며 그 직후 강점 관련 논의가 일어났다. 그 추세는 오늘날까지 이어지고 있다.

그러나 이러한 경영 사상의 발전에도 불구하고 대다수 개인, 팀, 조직, 가정에는 거의 변화가 일어나지 않았다. 괴테가 말했듯 "알고도 행하지 않으면 모르는 것이다."**17**

우리는 경영 사상들을 머리로는 잘 이해하고 있지만 일관성 있게 의도적으로 실천하는 것은 규범화하지 못했다. 상식은 그렇게 일반적이지 않다고 항변할지 모르지만 알게 된 이상 '아는 것'과 '행하는 것' 사이의 갭을 메우려고 노력해야 한다. 그 노력은 사고와 행동의 일치를 향한 위대한 여정의 시작이다. 실제로 말과 행동의 간극을 해결하지 않으면 불가피하게 문제가 생긴다. 자신이 한 말을 실천하지 않는 사람은 신뢰받지 못한다.

나는 충분히 교육받고 자격을 갖췄지만 다른 사람을 신뢰하지도 고무하지도 않는 교육 분야 리더를 알고 있다. 미국 서부 해안의 대규모 교육구에 속하는 한 고등학교 교장이던 그는 교육 리더십 박사로, 학생들에게 리더십을 가르쳤고 좋은 리더가 되는 방법을 중심으로 훈련도 진행했다. 그는 오랜 세월 리더십을 공부하고 가르쳤기에 리더십이 그의 전공이라 할 수 있었다. 그 자신도 스스로를 리더십 전문가로 규정했다. 그는 대학에서도 외래교수로 리더십을 가르쳤다.

아이러니한 것은 리더십에 관해 많이 알고 있는 그가 정작 좋은 리더가 아니었다는 점이다. 교장 직책을 맡은 그는 권위적인 독재자와 통제광의 모습으로 학교를 운영했다. 신뢰에도 인색해 사무실 직원부터 미식축구 팀 코치에 이르기까지 주변의 모든 사람을 미시관리했다. 더

구나 학생들을 강압적인 방식으로 이끌어 학생과 학부모로부터 불만과 반발이 쏟아졌다. 결국 학생, 교사, 행정관리자, 학부모 등 모든 이해당사자의 사기가 땅에 떨어지면서 이직률이 이전 교장들 때보다 훨씬 높아졌다. 학교에서 오랫동안 근무한 수십 명의 경력직 교사가 갑자기 그만두거나 다른 학교로 옮겨갔다.

그 교장은 자신이 아는 것과 행하는 것의 갭을 인식하지 못했다. 리더십 원칙과 훈련법을 이해하려는 그의 노력에도 불구하고 그는 좋은 리더가 아니었다. 내 동료는 그를 두고 "지적으로는 모든 것을 알고 있지만 현실에 관해서는 아무것도 모르고 있다"고 묘사했다.

'아는 것'과 '행하는 것' 사이에 엄청난 괴리가 있었다.

3. 부정확한 패러다임은 무한히 계속될 수 있다

당신이 다른 나라로 이주했다고 해보자. 당신은 거기서 오랫동안 지내면서 그 나라 언어를 배운다. 어느 날 당신은 벽에 그림을 걸어놓으려 한다. 그런데 벽에 못을 박다가 잘못해서 망치로 엄지손가락을 내리친다. 과연 입에서 어떤 언어로 욕설이 나올 거라고 생각하는가? 그 욕설은 대개 모국어로 나온다.

어떤 의미에서 명령·통제 방식은 우리의 모국어라고 할 수 있다. 아주 많은 사람이 명령·통제 방식의 리더 아래서 자라 그 방식에 길드는 바람에 그 방식으로 글을 쓰고 그 방식에 제일 능통하다. 그것은 우리가 아는 유일한 방식이자 우리가 가정, 학교, 직장에서 본 유일한 리더십 모델이다.

반대로 신뢰·고무 방식은 습득한 언어라고 할 수 있다. 이 방식은 우리 주변에서 잘 사용되지 않는다. 확실히 명령·통제 방식만큼 자주 사용되지 않는다. 우리는 그 방식에 익숙하지 않다. 신뢰·고무 방식이 의식 속에 뿌리를 내리려면 외국어를 배우듯 오랜 연습과 반복이 필요하다. 특히 스트레스를 받을 때는, 즉 망치로 엄지손가락을 내리쳤을 때는 모국어로 되돌아가는 경향이 있다. 우리가 가장 잘 아는 방식으로 돌아가는 것이다.

좋은 의도로 가족여행을 떠났다가 아이들이 서로 싸우고 놀리는 것을 보고 참다못해 운전을 시작한 지 2시간 만에 철저한 명령·통제 방식으로 돌아간 적이 있는가? 스트레스가 심해질 때 우리는 무의식적으로 명령·통제 모드로 돌아가는 경향이 있다. 우리는 자연스럽게 느껴지는 것, 가장 효율적인 단기 해결책이 될 만한 쪽을 선택한다. 명령·통제 방식은 자연스럽게 느껴진다. 그것은 본질적으로 '목적이 수단을 합리화'하는 것이자 효과성을 효율성과 바꾸는 것이다. 아이들 입장에서는 차를 타는 것이 조용한 순응이 되는데 이때 재미를 느끼는 아이는 아무도 없다.

각색하고 대본을 다시 쓰는 데 시간이 걸리듯 문화적 전환이 일어나려면 시간이 걸린다. 우리가 더 좋은 방법을 배울 때도 항상 저항이 따른다. 동의하지 않고, 두려워하고, 잃을 것이 많고, 변화를 원하지 않는 사람도 있는 법이다. 불완전하거나 결함이 있는 패러다임이 수십 년, 심지어 수백 년 지속될 수도 있다. 더 완전하고 정확한 패러다임을 발견한 이후에도 말이다.

대표적인 역사적 사례가 사혈 관행이다. 사혈은 의사들이 3천 년 이상 시행한 가장 일반적인 의료 관행 중 하나로, 19세기 후반까지 이어졌다.[18] 그 방법을 개발했을 때 사람들은 질병이 혈액 속에 산다고 믿었다. 그들에게 질병을 치료하는 유일한 방법은 피를 빼내는 것이었다. 이집트에서 시작된 이 믿음은 그리스와 로마로 퍼져갔고 유럽에서 중세 시대 내내 지속되었으며 미국 건국 초기에도 영향을 미쳤다. 그리고 19세기 유럽에서 정점에 이르렀다. 심지어 조지 워싱턴도 사망하기 몇 시간 전에 사혈 요법으로 치료받았다.

물론 16세기와 17세기에도 많은 의사와 연구자가 사혈이 건강에 좋다는 통념에 반기를 들었고 일부는 그 효과가 거짓임을 증명하기도 했다. 그러나 많은 것을 발견하고 보급한 이후에도 사혈 관행은 수백 년 동안 끈질기게 존속했다. 의학연구자 이안 커리지와 마이클 로우는 이렇게 말했다.

"사혈 요법이 그토록 오랫동안 존속했다는 사실이 지적 불합리성을 보여주는 것은 아니다. 그것은 사회적·경제적·지적 압박이 활발하게 상호작용한 결과로 나타난 관행이며 이는 의료 관행을 결정하는 하나의 프로세스라고 할 수 있다."[19]

우리가 가정, 기업, 팀, 학생을 이끄는 방식도 간혹 비슷한 압박을 받는다. 더 좋은 방법이 있다는 것을 알아도 현대 사회의 모든 요구를 충족해주어야 하는 까닭에 그 방법으로 바꾸기가 어렵다. 특히 주변 사람이 모두 같은 방식으로 하고 있을 때는 더더욱 어렵다.

내 아버지는 가끔 내게 가장 의미 있는 획기적 변화는 '전통과의 단절'이란 점을 상기시켰다. 우리에게 필요한 것은 전통 사고방식과의 단절이다. 신뢰·고무 방식은 획기적인 변화다. 전통적인 명령·통제 사고와 단절하는 것이기 때문이다. 무언가가 사회 속에 자리를 잡으려면 시간이 걸리는데 이는 개개인이 전통과 단절하고 새로운 방법을 실행할 때만 가능하다. 충분히 많은 사람이 행하면 '전통과의 단절'이 보편적인 지식과 관행으로 자리를 잡는다.

어떤 의미에서 명령과 통제는 현대판 사혈 요법이다. 그것이 오늘날까지 존속되고 있다는 것이 놀랍다. 신뢰·고무 방식은 획기적인 변화로 이어질 수 있는 '전통과의 단절'이다.

명령·통제 방식에서 신뢰·고무 방식으로

앞의 세 가지 요인은 우리의 변화 욕구에 찬물을 끼얹는다. 그것들은 '내재된 위험'을 지나치게 강조한다. 그 요인들은 우리가 변화하는 방법을 모른다는 생각에 뿌리를 두고 있다. 하지만 우리가 그것을 변화하지 않을 핑계로 사용할 필요는 없다. 위험과 수익은 함께 가며 신뢰·고무형 리더가 되는 것이 명령·통제형 리더가 되는 것보다 이익이 헤아릴 수 없을 만큼 크다는 것은 여러 조사가 증명했다.

그 이익은 놀랄 만한 성과 향상, 에너지와 즐거움의 극적인 증가, 행복감 증대로 측정된다. 나는 개인, 가정, 조직 들이 명령·통제 방식을 버리고 신뢰·고무 방식을 받아들였을 때 어떤 변화가 일어나는지 목격했다. 또한 아무런 성찰 없이 명령·통제 방식에 맹목적으로 매달리다가 결국 명령과 통제가 둘 다 먹히지 않는 경우도 목격했다.

이해가 가지 않는 문제는 해결할 수 없다. 이제 우리는 이러한 변화를 방해하는 사고와 태도를 확인하고 이해했기 때문에 그것을 극복하는 데 집중할 수 있다. 이 책을 마쳤을 때 우리는 그 방법을 배울 것이다. 낡은 방식을 버리고 신뢰·고무형 리더가 되기 위해 명령·통제 방식에 계속 매달리게 하는 구체적인 장애 요인을 어떻게 극복하는지 말이다.

당신이 살면서 명령·통제형 리더를 경험했을 때를 다시 떠올려보라. 그 리더가 신뢰·고무 방식으로 관리했다면 그 영향은 어떠했을까? 당신의 세계는 얼마나 달라졌을까? 당신이 진정 고무되고 그 고무에 영향을 미치는 데 필요한 신뢰를 받았다면 당신은 무엇을 성취할 수 있었을까? 신뢰와 고무가 표준 규범이었다면 어떻게 되었을까? 당신은 어떤 결과를 창출할 수 있었을까? 출근할 때의 기분은 어땠을까? 당신이 얻는 성과와 잠재력의 간극은 어떻게 좁혀졌을까?

오늘날의 세계에서 명령·통제 방식은 성공에 도움을 주지 못한다. 그 방식의 유효기간은 이미 지났다. 지금 우리 세계를 이끌 새롭고 효과적인 리더십은 신뢰·고무 방식이다.

"모든 항공병은 모든 날 혁신자다"

명령과 통제를 비롯해 우리가 사용하는 많은 경영관리 용어가 군대에서 나왔다는 것은 이미 말한 바 있다. 그런데 많은 군대 지휘관이 본래 분명한 명령과 강력한 통제가 필요했던 영역에서도 명령·통제 방식을 버리고 신뢰·고무 방식으로 나아가고 있다.

나는 각종 군부대의 최고 리더들과 일하는 영광을 누렸는데, 내 경험에 따르면 그들은 가장 뛰어난 리더에 속했다. 그들은 주변 사정에 밝았고 선견지명이 있었으며 군부대와 부하들에게 영향을 미치는 새로운 현실을 파악하고 있었다. 그들 가운데 하나가 바로 3성장군 도로시 호그다.

호그 장군은 전형적인 군인이다. 1984년 미 공군에 입대한 그녀는 이후 초고속 승진을 거듭해 영향력 있는 지휘관이 되었고 그 과정에서 여러 차례 상과 훈장을 받았다. 현재 그녀는 공군의무감으로 일하고 있다. 나는 그녀와 대화를 나누며 그녀가 군대에서 필요한 리더십(신뢰와 고무)의 시대적 가치를 높이 평가한다는 것을 알 수 있었다. 우리는 생각이 일치했다. 특히 나는 그녀가 항공병과 반복적으로 나누는 주문 같은 구호에 깜짝 놀랐다.

"모든 항공병은 모든 날 혁신자다Every Airman, Every Day, an Innovator."[20]

그녀는 그것을 말로만 하는 게 아니라 실천으로 보여준다. 그러니까 그녀는 부하들에게 무한 신뢰를 보내면서 창의적으로 생각하고, 새로운 시도를 해보고, 창조하고, 혁신할 것을 요구한다. 그리고 부하들은 신뢰를 바탕으로 한 그 요구에 고무된다.

혁신 부분을 좀 더 얘기해보겠다. 한 가지 예로 호그 장군과 그녀의 팀이 코로나19에 어떻게 대응했는지 살펴보자. 미국과 세계의 많은 지역이 코로나19로 휘청거리는 동안 그녀와 그녀의 팀은 즉시 새로운 해결책을 마련하는 데 집중했다. 먼저 그들은 개인 보호 장비를 어떻게 사용할지 궁리했다. 그 결과 자외선을 사용해 N-95 마스크를 안전하게 살균하는 혁신안을 고안했고, 획기적인 원격근무 모델을 실행했으며, 새로운 감염 환자 이송 방법을 마련했다. 또한 그들은 지휘관이 안전하게 연락할 수 있는 상태를 유지하는 한편 그들의 지시를 받는 항공

병을 돕기 위해 지휘관 툴키트도 만들었다.

이 모든 것은 그들이 이룬 굵직한 업적의 일부일 뿐이며 그 밖에도 그들은 더 작은 일을 무수히 이뤄냈다. 호그 장군은 계속해서 신뢰를 보냈고 그녀가 이끄는 사람들은 꾸준히 고무되었다. 세계와 문제의 본질이 변할 때마다 호그 장군과 그녀의 팀은 계속 함께 변화해갈 것이다. 혁신적인 문제해결로 변화에 대응하면서 말이다.

이런 일은 우리에게도 일어날 수 있다. 우리의 팀, 조직, 가정, 지역사회에도 마찬가지다.

그런 일이 일어날 때 위대한 성과가 발생한다.

명령·통제	신뢰·고무
산업 시대	지식노동 시대
안정	변화와 파괴
알면서 행하지 않음	알고 행함
사전 묵인	자율
강요	설득
모국어	습득한 언어

선한 의도가 선한 결과를
낳지 못한 이유

의도가 좋아도 방법이 나쁘면 종종 형편없는 결과가 나온다.[1]
-토머스 에디슨

나는 〈포천〉이 선정한 50대 기업의 리더들의 팀과 함께한 날을 잊지 못할 것이다. 그들 기업을 조사한 결과 우리는 시니어 리더가 스스로를 보는 시각과 직원들이 그 리더를 보는 시각에 차이가 있음을 발견했다. 그 갭은 아주 컸다. 시니어 리더는 직원에게 얼마나 관심을 기울이는지 자신을 평가해달라는 질문을 받았을 때 99%가 최고 수준으로 관심이 있다고 응답했다. 하지만 직원들은 '시니어 리더가 당신에게 관심을 보이는가?'라는 질문을 받자 같은 리더에 대해 불과 31%만 그렇다고 평가했다. 무려 68%라는 충격적인 차이가 있었다!

그럼 누가 옳은 것인가? 직원인가, 리더인가? 현실에서는 그들 모두 옳을 수 있다. 리더가 정말로 직원에게 관심을 기울일 수 있다. 내 경험으로 볼 때 대다수 리더가 그랬다. 그러나 리더가 관심을 기울인다고 생각하는 것과 직원들의 해석 사이에 68%의 갭이 존재한다면, 그 리더에게 심각한 문제가 있다고 봐야 한다. 결국 모두가 그 대가를 치를 것이다.

프랭클린코비센터에서 우리는 팀과 조직의 신뢰 측정 도구인 '팀 신뢰지수Team Trust Index'를 사용한다. 이 조사를 수천 번 실시하자 놀라운 추세가 나타났다. 성과를 얻는 개인과 팀에게 가장 중요하고 가장 놀라운 사실은 아마도 그들이 자신을 보는 시각과 다른 사람이 그들을 보는 시각에 큰 격차가 존재한다는 점일 것이다. 사람들이 힘들어하는 주요 분야 중 하나는 의도가 행동과 경험으로 어떻게 나타나느냐(혹은 나타나지 않느냐)였다.

나는 이베이 설립자 피에르 오미디야르가 믿었던 것을 믿는다.

"사람들은 기본적으로 선하다."[2]

순진하게 들릴지도 모를 위험을 무릅쓰고 말하자면 나 역시 대다수 사람에게 긍정적 의도가 있고 그들이 다른 사람에게 관심을 기울인다고 믿는다. 펩시코 회장 겸 CEO로 비즈니스 분야에서 매우 영향력 있는 여성 가운데 하나로 꼽히는 인드라 누이는 자신이 받은 최고의 조언은 아버지가 해준 이 말이라고 말한다.

항상 긍정적 의도로 받아들여라. 누가 무슨 말을 하든, 어떤 행동을 하든, 긍정적 의도로 받아들여라. 그러면 사람이나 문제를 대하는 태도가 전체적으로 얼마나 달라지는지 발견하고 놀랄 것이다.[3]

사람들이 대부분 긍정적 의도를 지닌 것이 사실이라면 실패는 어디에서 생기는 것인가? 바로 우리가 사람들을 이끄는 방식에서 생긴다. 우리의 스타일과 우리가 일하는 방식 말이다. 우리의 스타일은 우리의 의도를 방해하고 있다.

거의 모든 리더는 이 부분에서 어려움을 겪는다. 가정에서도 마찬가지다. 나는 세상 그 무엇보다 내 아이들을 사랑한다. 그렇지만 스트레스를 받고 있을 때나 무언가가 잘못되었을 때는 나도 모르게 명령·통제 방식이 나온다. 그렇게 행동할 때도 나는 내가 아이들을 진정 사랑하고 위한다고 여기지만 아이들은 전혀 그렇지 않다고 느낀다. 내가 상황을 다루는 방식이 내 사랑을 가린 것이다.

어느 날 내 아내 제리가 내 사무실을 청소해서 나를 놀라게 했다. 나를 잘 모르는 외부인과 아내에게는 내 사무실이 난장판처럼 보였을지도 모른다. 그러나 내 관점에서는 모든 게 제자리에 있었다. 나는 무엇이 어디에 있는지 정확히 알고 있었다. 나는 그것을 '정돈된 어수선함'이라고 부른다. 소매를 걷어붙이고 모든 것을 정리한 제리는 파일, 폴더, 서류를 모두 한군데에 모았다. 그리고 바닥을 비롯해 물건의 겉면을 깨끗하게 청소했다. 사무실에서 먼지 한 톨 발견할 수 없었다!

당신은 내가 사무실에 들어갔을 때의 내 표정을 보았어야 한다. 나는 화가 머리끝까지 치밀었다. 도무지 내 물건을 찾을 수가 없었다. 불과 하루 전에 내 손이 닿았던 물건을 찾는 데 몇 시간이 걸렸다. 제리의 의도는 사랑과 배려에서 비롯된 것이었지만 나는 그와 정반대 경험을 했다. 하지만 스타일과 의도 사이에 생긴 격차의 원인은 내게 있었다. 나는 점잖게 반응하지 않았다. 이는 제리를 향한 깊은 사랑과 그녀의 노력에 느낀 고마운 마음과 일치하지 않는 행동이었다.

자기 마음과 의도는 본인이 가장 잘 안다. 그러면 스타일은 그 의도와 일치하는가? 문제는 우리가 대부분 자신은 자기 의도로 판단하는 반면 다른 사람은 그들의 행동을 보고 판단한다는 데 있다. 이는 다른 사람들도 마찬가지다. 그들은 자신은 자기 의도로 판단하지만 우리는 우리의 행동을 보고 판단한다. 우리 스타일이 우리의 의도와 일치하지 않는 상황을 피하려면 때때로 현실을 점검해봐야 한다. 우리는 거울을 들여다보며 자신에게 물어야 한다.

"내가 의도한 것이 내 의도대로 되고 있는가?"

우리 스타일이 우리의 의도와 일치할 때 놀라운 일이 일어난다.

스타일은 패러다임에서 나온다

여기서는 두 가지 리더십 '스타일'을 구분해서 사용하겠다. 하나는 메타 스타일meta-style 혹은 포괄적 스타일이고 다른 하나는 서브 스타일sub-style 혹은 상황적 스타일이다.

명령·통제와 신뢰·고무는 모두 메타 스타일이다. 이것은 모든 조직 운영의 바탕인 정신적 프레임워크를 나타낸다. 즉, 우리의 패러다임이자 우리가 사람들과 리더십을 바라보는 방식을 안내하는 기본 믿음이다. 우리는 모두 양쪽 끝이 각각 명령·통제, 신뢰·고무로 되어 있는 스펙트럼 위의 어느 지점에 존재한다. 사람들은 대부분 그 스펙트럼에서 명령·통제 쪽에 가까운 지점에 있다.

서브 스타일은 대다수가 자신의 '리더십 스타일'을 생각할 때 떠올리는 것이다. 인터넷에서 리더십 스타일을 검색하면 '아홉 개의 흔한 리더십 스타일'과 '일곱 개의 주된 리더십 스타일' 그리고 '여덟 개의 가장 흔한 리더십 스타일'과 '나의 리더십 스타일은 어떻게 찾는가?'라는 결과가 나온다.[4] 이것이 내가 말하는 서브 스타일이다. 권위적, 거래적, 코칭, 민주적, 자유방임적, 비전 제시 리더십 등 서브 스타일은 그 종류가 매우 많다. 각각은 상황이나 형편에 따라 효과적일 수 있다. 나는 그 스타일 자체에 찬성하거나 반대하지 않는다. 내가 말하고 싶은 것은 서브 스타일의 상위에 있는 것은 각자의 패러다임에서 나오는, 즉 포괄적 메타 스타일이라는 점이다. 그 메타 스타일은 신뢰·고무 방식이나 명령·통제 방식이다.

물론 상황과 형편도 중요하지만 패러다임은 그보다 더 중요하다. 어떤 역할을 맡든, 어떤 상황에 있든, 메타 스타일은 세상을 보는 지배적인 렌즈다.

사람들을 이끄는 새로운 방식은 '인적 효과성'이라는 영원한 원칙 위에 형성된 패러다임에 뿌리를 두고 있다. 자신의 메타 스타일이 신뢰와 고무일 때 더 정확하고, 더 완전하며, 더 적절한 마인드셋으로 리더십에 접근할 수 있다.

잠시 다음 질문들을 고려해 자신이 어떤 리더가 되고 싶은지 생각해 보라.

○ 리더로서 당신의 의도를 설명하라.
○ 당신은 다른 사람들이 당신을 어떻게 보기를 원하는가?

○ 당신의 팀·동료·가족이 동의하겠는가? 왜 동의하겠는가? 왜 동의하지 않겠는가?

스타일은 선택이다

어쩌면 당신은 이렇게 생각할지도 모른다.

'늙은 개에게는 새로운 재주를 가르칠 수 없다. 내 스타일이 곧 나다!'

그럼 나는 지금 당장 모든 사람에게 새로운 재주를 배울 자세를 갖추라고 제안하겠다. 왜냐하면 스타일은 선택하는 것이기 때문이다. 우리는 스타일을 조정하고 이끄는 방식을 바꿀 수 있다.

내 친구 아트 바터는 스타일은 물론 기본적인 리더십 패러다임을 바꾼 좋은 예를 보여준다. 그는 사람들을 이끄는 방식을 바꾸는 데 그치지 않고 그 방식의 홍보대사가 되었다.

아트는 오랫동안 글로벌 통신장비회사의 CEO로 있었다. 그의 회사는 전 세계 정부기관과 함께 일했다. 초기에 아트는 항상 모든 것을 걸고 치열하게 경쟁해야 하는 환경에서 일하며 심한 명령·통제 방식을 사용했다.

그러던 중 리더십 회의에 참석한 그는 자신의 마인드셋에 영향을 미친 강렬한 개인적 경험을 했다. 그리고 그 경험은 그가 '서번트 리더십'을 채택하는 계기로 작용했다.[5] 서번트 리더십이란 힘을 기반으로 한 전통 리더십을 뒤집어 리더가 사람들을 섬기는 것을 목표로 하는 리더십이다. 그에게 이 변화를 시도하는 것은 꽤 위험이 따르는 일이었지만 그는 회사가 제대로 성과를 내지 못할 때, 직원들이 일에 몰입하지 못할 때, 리더십 전환을 단행했다. 기존 리더십 스타일을 더 세게 밀어붙이는 대신 뒤도 돌아보지 않고 새로운 스타일에 뛰어든 것이다. 서번트 리더십에 집중한 결과 그는 자신의 패러다임을 바꾸고 명령·통제 방식에서 신뢰·고무 방식으로 전환할 수 있었다.

직원들의 잠재력과 재능을 끌어낸 결과로 일어난 변화는 회사에 극적인 영향을 미쳤다. 이 회사는 불과 6년 만에 80개국 이상의 고객을 확보했고 매출이 1천만 달러에서 2억 달러로 폭증했다.

이후 아트는 서번트 리더십 연구소를 설립해 운영하고 있다. 그의 목표는 전 세계 사람들이 그와 같은 변화를 일으키도록 도와주는 것이다. 여기서 중요한 것은 아트가 서번트 리더십을 채택하면서 사람들에게 관심을 기울이기 시작한 게 아니라는 점이다. 이전부터 그는 직원들에게 관심이 있었다. 하지만 이제 그는 자기 스타일을 자신의 의도와 일치시키는 신뢰·고무형 서번트 리더가 되었다. 이미 보았듯 그 결과가 모든 것을 말해준다.

우리도 그런 변화를 이룰 수 있다. 패러다임 전환으로 행동을 바꿈으로써 스타일을 의도와 일치시키고 신뢰·고무의 메타 스타일을 채택할 수 있다. 우리가 사용하는 서브 스타일이 무엇이든 이는 신뢰·고무 패러다임이나 명령·통제 패러다임으로 운영하는 것이 가능하다. 심지어 서번트 리더이면서 신뢰·고무형 서브 스타일을 지지하는 사람도 개량한 명령·통제 패러다임을 메타 스타일로 조직을 운영하기도 한다. 겸손하고 사람들에게 관심을 기울이며 고무하는 리더도 그럴 수 있다. 그들은 신뢰할 만한 진실성을 지니고도 사람들을 먼저 신뢰하지도, 통제를 놓아버리지도 못한다.

조직 운영의 바탕인 포괄적 패러다임은 같은 행동을 다르게 보이거나 다르게 느껴지도록 할 수 있으며, 완전히 상반된 영향력을 드러내기도 한다. 우리가 신뢰·고무 패러다임으로 운영할 때 우리 주변 사람들은 그 신뢰에 깊은 영향을 받고 이는 팀, 조직, 지역사회 전체에 파급효과를 일으킨다.

우리가 어떤 역할을 맡고 있고 어떤 상황에 놓여 있든 명령·통제가 아닌 신뢰·고무의 렌즈로 접근하면 우리의 영향력은 완전히 달라질 것이다.

┌ 미시관리는 최악의 명령·통제 방식이다 ┘

최악의 미시관리자인 목사와 일한 적이 있다. 그는 개량한 명령·통제 방식을 제대로 사용하고 있었지만 그 이상 발전하지는 못했다. 사실 그는 자기 믿음을 실천하면서 살았고 친절했으며 너그러운 사람이었다. 심지어 그는 자신을 서번트 리더라고 부르기까지 했다.

그러나 그는 신뢰·고무형 목사가 아니었다. 왜냐고? 통제를 놓아버리지 못했기 때문이다. 그는 아무도 믿지 않았다. 그 자신은 신뢰할 만한 사람이었으나 그는 다른 사람들을 그렇게 인식하지 않았다. 사람들을 사랑과 존중으로 대하면서도 늘 그들의 결정을 의심했다. 이것은 그를 향한 사람들의 생각과 그들에게 미칠 수 있는 그의 영향력에 문제를 일으켰다. 한때 그의 설교에 고무되었던 사람들은 그가 자신의 아이디어를 매번 묵살하자 불쾌감을 느꼈다. 만약 그가 미시관리자가 아니었다면 아마 훌륭한 리더로 불렸을 것이다. 그의 스타일은 늘 그의 의도를 방해했다. 사람들은 그를 신뢰하고 존경했지만 그들은 그가 자신을 신뢰하고 존중한다고 느끼지 않았다.

이 목사가 자신의 패러다임을 전환해 사람들을 약간이라도 신뢰하는 마음으로 대했다면 어떤 영향이 있었을지 생각해보라. 그는 미시관리자에서 거시 리더macro-leader로 바뀌었을 것이다. 하지만 그는 모든 것을 통제하고 싶은 욕망에서 헤어나지 못했다.

세부적인 것을 관리하는 것도 좋지만 항상 사물은 효율성에, 사람은 효과성에 집중하는 것이 무엇보다 중요하다. 때로는 신뢰·고무형 리더도 과정과 절차를 미시관리하지만 사람에 대해서는 결코 그렇게 하지 않는다. 사람들은 관리받기를 원하지 않으며 그들은 이끌어주기를 원한다는 점을 잊지 마라.

> 사람들은 선택적으로 리더를 따른다. 신뢰가 없으면 리더는 기껏해야 순응만 얻을 뿐이다.[6]
>
> —제시 린 스토너(저술가 겸 컨설턴트)

메타 스타일 스펙트럼

개량한 명령·통제 방식은 암흑시대의 '구석기인Neanderthal' 명령·통제 방식이나 프레드릭 윈슬로 테일러의 과학적 관리가 등장한 때의 권위적 명령·통제 방식과는 많이 달라 보인다. 그것은 시간이 흐르면서 점차 발전해 여러 가지 면에서 개선되었다. 그래서 '개량'이란 말이 붙은 것이다. 설령 그럴지라도 신뢰·고무 방식에는 한참 미치지 못한다. 패러다임 전환을 이루기 전까지는 그 갭을 메울 수 없다. 하지만 사람들이 이 스펙트럼에서 어느 지점에 속하는지 탐구해볼 가치는 있다.

어떤 사람은 강압적이고 권위적인 명령·통제 방식으로 운영한다. 그들은 순응을 요구하며 주어진 상황의 모든 측면을 통제하려 한다. 또한 그들은 공감 능력이 떨어지고 사람들에게 관심이 없으며 기본적으로 사람이 아닌 수익과 효율성에 집중하면서 신속성을 강조한다.

다행스럽게도 상황은 우리가 신뢰·고무 방식으로 향하게 할 만큼 현저하게 발전했다. 첫 번째 변화는 성실과 윤리에 집중하면서 신뢰성이 높아졌다는 점이다. 그다음에는 인간관계 개념에 친절과 자비심이 더해졌다. 이를 농장에 비유하면 더 쉽게 이해할 수 있을 것이다. 농부들은 축사에 음악을 틀어놓으면 암소가 더 많은 우유를 생산한다는 것을 발견했다. 관리자 역시 사람들을 행복하게 만들려고 혜택과 수당을 추가했다. 우리는 사람들이 더 행복해지기를 원한다. 문제는 농부가 암소의 행복을 위해 음악을 트는 게 아니라는 데 있다. 그들이 음악을 트는 이유는 행복한 암소에게서 더 많은 우유를 얻기 위해서다.

관리자는 이 점에서 더욱 정교해졌다. 그들은 감성지능 쪽에도 눈을 돌렸다. 그다음에는 사람들을 자산으로써 개발하기 위해 강점과 역량을 추가하고 인적자원 개념을 만들어냈다. 회사의 사명선언서와 강점도 집어넣었다. 이 모든 것이 합쳐져 '개량한' 명령·통제 방식이 되었다.

이 리더십을 사용하는 사람들은 대체로 선하고, 배려심 있고, 신뢰성이 있다. 그렇지만 다른 사람을 먼저 신뢰하지는 못한다. 그들은 사람들의 잠재력을 끌어내는 것을 불편해하며 오히려 억제한다. 그들은 사람들에게 동기를 부여하지만 고무하지는 못한다. 그들은 사람들의 강점은 개발하지만 열정을 끌어내지는 못한다.

관리자는 다섯 가지 변화 요인에 대응해 그들의 스타일을 발전시키고 있다. 하지만 그러한 발전에도 불구하고 대개는 여전히 스펙트럼에서 '더 친절하고 부드럽게' 개량한 명령·통제 방식으로 이동했을 뿐이다. 그들은 사람들이 제대로 대우받기를 원하고 스스로도 사람들을 제대로 대우하고 싶어 한다. 그러나 명령·통제의 기본 패러다임을 벗어던지지는 못한다. 심지어 대다수는 그런 사실을 인식조차 하지 못하고 있다.

우리가 선택할 때는 무의식적 편견이 작용한다. 아무리 우리의 의도가 좋아도, 아무리 우리의 기술이 뛰어나도 명령·통제 렌즈에 따라 운영하면 신뢰·고무 방식으로 점프할 수 없다. 갭을 뛰어넘으려면 신뢰·고무형 리더의 기본 믿음을 채택해야 한다. 다음 장에서는 이 믿음을 보다 깊이 살펴보겠다.

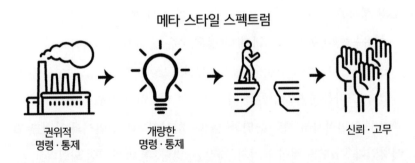

메타 스타일 스펙트럼

권위적
명령·통제

개량한
명령·통제

신뢰·고무

당신이 어느 스타일에 해당하는지 궁금한가? 잠시 간단한 연습을 해 보자.

메타 스타일 스펙트럼에서 자신이 어느 위치에 있는지 생각해보고 해당 위치에 동그라미를 그려라. 또한 다른 사람이 당신을 어느 상태로 보고 있는지 생각해보고 그 위치를 짐작하라(정말 흥미로운 결과는 다른 사람이 이 스펙트럼에서 당신을 익명으로 평가할 때 나온다. 우리에게는 대부분 맹점이 있다고 말할 수 있다).

	권위적 명령·통제			개량한 명령·통제			신뢰·고무		
나는 나 자신을 어떻게 보는가?	1	2	3	4	5	6	7	8	9	10
내 상사는 나를 어떻게 보는가?	1	2	3	4	5	6	7	8	9	10
내 동료는 나를 어떻게 보는가?	1	2	3	4	5	6	7	8	9	10
내 직속 부하는 나를 어떻게 보는가?	1	2	3	4	5	6	7	8	9	10
내 가족은 나를 어떻게 보는가?	1	2	3	4	5	6	7	8	9	10

원칙이 지배한다

원칙은 어떤 문화에서든 어떤 상황에서든 언제나 적용이 가능한 보편적 자연법칙이다. 권력과 지위는 궁극적으로 인적 효과성을 좌우하지 않는다. 원칙이 지배한다. 신뢰·고무 방식은 영원한 원칙과 보조를 같이해 어떤 시간, 어떤 상황, 어떤 관계, 어떤 변화에서나 작용한다. 오늘날 이것은 가장 적절한 접근 방식이며, 내일도 가장 적절한 접근 방식일 것이다. 어떤 의미에서 '새로운 리더십 방식'인 신뢰·고무 방식은 실제로는 새롭지 않다. 그것은 시대에 상관없이 지금까지도 가장 효과적인 리더십 방식이었고 앞으로도 그럴 것이다. 왜냐하면 그 방식은 인간과 리더십에 관한 가장 정확하고 완전한 패러다임에 기반을 두고 있기 때문이다.

다른 리더십 스타일은 사회가 바뀌고 새로운 대응책이 필요해지면서 궁극적으로 완전히 실패하거나 결함을 노출할 가능성이 크다. 개량한 명령·통제 방식은 이미 유통기한이 지났다. 다섯 가지 변화 요인은 어떤 추세가 유행하든 관계없이 항상 가장 효과가 있었던 스타일을 맞아들이기 위해 문을 열어놓고 있다.

신뢰·고무 방식을 더 잘 이해하고 활용했다면 역사는 얼마나 달라졌을까?

명령·통제	신뢰·고무
미시관리	거시 리더십
리더십은 지위다	리더십은 선택이다

II

한 사람 한 사람의 잠재력을 꽃피우는 방법

이제 신뢰·고무형 리더가 어떻게 생각하고 어떤 행동을 하는지 자세히 살펴보자. 명령·통제형 리더십 스타일에서 신뢰·고무형 리더십 스타일로 어떻게 전환하는지 실질적으로 도움을 줄 이야기를 풀어내도록 하겠다. 2부는 소매를 걷어붙여야 하는 플레이북이다. 먼저 사람, 리더십과 관련된 자신의 패러다임 그리고 그에 따른 행동을 잘 살펴봐야 한다. 그다음에는 삶을 변화시킬 수 있는 신뢰·고무 방식으로 어떻게 전환하는지 안내할 것이다.

신뢰·고무형 리더의 기본 믿음

앞서 우리는 원칙이 어떻게 리더십 스타일을 지배하는지 간단하게 살펴보았다. 신뢰·고무형 리더의 기본 믿음은 영원하고 강력한 원칙에 기반을 두고 있다. 모든 원칙이 그렇듯 이러한 믿음은 놀라운 것이 아니다. 실제로 그것은 우리가 동의하고 있거나 희망하는 것들이다. 그 믿음을 강력하게 만드는 것은 신뢰·고무형 리더가 여기에 단순히 이론적으로만 동의하지 않는다는 점이다. 그들은 그 믿음을 일관성 있게 실천하며 살고 있다.

앞으로 우리는 이 믿음을 하나씩 살펴볼 것이다. 사람과 리더십을 어떻게 생각하고 신뢰해야 하는지 그 마인드셋도 배운다. 이 패러다임은 당신의 행동은 물론 다른 사람과의 상호작용을 의미 있는 방향으로 안내한다. 암벽등반가가 중력의 법칙에서 벗어날 수 없듯 신뢰·고무형 리더는 이 믿음에서 벗어날 수 없다. 이 믿음을 무시하면 위험해지지만 이 믿음에 따라 행동하면 도움을 받을 것이다.

신뢰·고무형 리더의 세 가지 스튜어드십

신뢰·고무형 리더의 기본 믿음은 '리더십은 스튜어드십 stewardship'이라는 것이다. 다시 말해 리더는 집사 steward라는 얘기다. 스튜어드십은 최고 수준의 신뢰를 포함하는 책무다. 사람들은 집사를 믿고 집사에게 모든 일을 맡긴다. 집사에게는 그 신뢰를 저버리지 않기 위해 주어진 일을 완수할 때까지 그 일을 계속 지켜볼 책임이 있다. 나는 스튜어드십을 '신뢰를 동반한 책무'라고 부르고 싶다.

이 책에서 소개하는 기본 프레임워크는 함께 합쳐져 서로를 강화하고 효과를 높이는 세 가지 스튜어드십으로 이뤄져 있다.

○ 모범 보이기: 당신은 어떤 사람인가?

○ 신뢰하기: 당신은 어떻게 이끄는가?

○ 고무하기: 목적과 연결시키는가?

세 가지 스튜어드십, 즉 모범 보이기, 신뢰하기, 고무하기에는 각각 간단한 설명이 붙어 있다. '당신은 어떤 사람인가?'는 리더의 신뢰성과 도덕적 권위 그리고 오늘날 필요한 '덕행 behavioral virtue'을 말한다. '당신은 어떻게 이끄는가?'는 리더가 신뢰하는 방식과 주변 사람을 키우는 방식이다. '목적과 연결시키는가?'는 리더가 다른 사람을 고무할 때 사람이나 목적과 연결하는 방식이다.

많은 리더가 일차원적이다. 그들은 이 책무 가운데 하나는 잘할지 모르지만 다른 모든 책무를 다 잘하지는 못한다. 좋은 리더는 이차원적이다. 그들은 더 발전한 스타일이나 모습을 보이지만 그래도 완전하지는 않다. 사람들은 세 가지 스튜어드십을 모두 체화한 리더, 즉 모범을 보이고 신뢰를 보내고 고무하는 리더를 찾고 있다.

이 책 속 방법들은 당신의 삶을 풍요롭게 해줄 것이다. 나아가 당신이 이끄는 사람들의 삶도 풍요롭게 해줄 것이다.

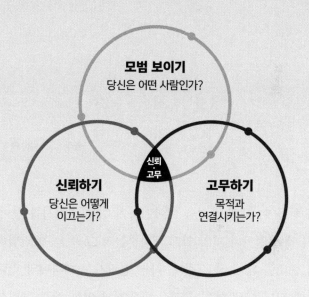

신뢰·고무형 리더의 기본 믿음

> 나는 당신에게 이 네 단어를 선물로 주겠다. I believe in you(나는 당신을 믿는다).
>
> —블레즈 파스칼(수학자, 철학자)

내가 처음 이 책의 구상을 이야기하기 위해 출판사를 찾아갔을 때, 나는 이 책을 얼마나 가치 있게 생각하는지 그 뜻을 잘 전달하고 싶은 마음에 준비를 많이 하고 갔다. 나는 편집자 스테파니와 만나기로 약속했는데 그녀는 내 책의 출판을 책임지고 있는 상사 조너선도 함께 불렀다.

나는 스테파니와 조너선에게 이 시대에 필요한 새로운 유형의 리더십을 주제로 책을 쓰고 싶다는 뜻을 전했다. 그리고 명령·통제 방식과 신뢰·고무 방식을 비교한 표를 꺼냈다. 개량한 명령·통제 방식이 여전히 여기저기에서 성행하는 산업 시대의 유물이라는 것도 설명했다.

그들은 즉시 내 뜻을 알아들었다. 조너선은 출판계가 대부분 명령·통제 방식 중심으로 책을 낸다고 말했다(출판계를 변호하려고 하는 말인데, 내가 대화를 나눈 거의 모든 사람이 자기 업계는 기본적으로 명령·통제 방식 중심으로 시장이 형성되어 있다고 말했다). 스테파니가 끼어들어 말했다.

"재미있네요. 우리 업계가 명령·통제 방식에 치우쳐 있다는 데 동의합니다. 하지만 조너선, 당신은 그렇지 않아요. 당신은 사람들을 신뢰하고 고무합니다. 사실 내가 여기서 일하는 유일한 이유는 당신이 사람들을 이끌고 신뢰하고 힘을 불어넣는 방식이 마음에 들어서입니다."[1]

스테파니는 계속해서 자신의 역할과 그녀가 출판사에서 경험한 힘을 실어주는 문화를 설명했다. 그녀의 주장은 타당해 보였다. 출판업은 늘 변화의 압박을 받는 산업이다. 업무 성격 자체가 명령·통제 방식이 감당하지 못할 정도로 높은 수준의 창의력, 혁신, 유연성을 요구한다. 나는 특히 내가 이 장을 쓸 때 조너선이 그 출판사의 새 CEO가 되었다는 것에 놀랐다. 그가 CEO로 임명된 것은 그가 오랜 시간에 걸쳐 좋은 성과를 낸 사실뿐 아니라 성과를 낸 방식도 영향을 미쳤을 거라고 본다.

신뢰·고무형 리더의 기본 믿음

조너선 같은 신뢰·고무형 리더는 여러 사람과 함께 있어도 쉽게 눈에 띈다. 그런 리더 주변에 있을 때와 다른 리더 주변에 있을 때의 느낌에는 확연한 차이가 있다. 그러한 리더의 이끎과 가르침, 코칭, 육성, 도움을 받는 것은 신나고 즐거운 일이다. 그들과 함께 일하는 것은 다른 사람과 같이 일하는 것과는 다르다. 그 차이는 확연히 느껴진다.

우리는 왜 다르게 느끼는가? 그 리더들은 사고와 행동이 모든 면에서 다르기 때문이다. 그들은 우리를 대하거나 우리에게 말하는 방식이 다르고, 우리에게 기대하는 것과 그들이 우리 내면에서 보는 것도 다르다. 그들은 우리에게 의견을 요청하고 우리의 말에 귀를 기울인다. 또 그들은 무엇이 가능한지 그 청사진을 그리고 우리는 그 미래에 속하길 열망하게 된다. 이 모든 행동은 신뢰·고무형 리더의 기본 믿음에서 나온다.

명령·통제형 리더는 사람과 리더십에 관해 편협하고 제한적인 시각을 보인다. 다른 사람들을 향한 그들의 믿음에는 한계가 있고 불충분하며 고루하다(꼬리표 붙이기에 의존한다). 그들의 행동은 대체로 이런 믿음과 일치한다.

반면 신뢰·고무형 리더는 사람과 리더십에 관한 시각이 광범위하다. 그들의 믿음은 인적 효과성의 변치 않는 원칙에 뿌리를 두고 있으며 행동은 그 믿음과 일치한다. 그들의 행동은 한 인간으로서 존재의 한 부분을 구성하는 깊은 믿음의 샘에서 흘러나온다.

그 믿음이 모이면 더 완전하고 정확하며 적절한 패러다임을 구성한다. 패러다임은 안경처럼 우리가 세상을 보고 해석하는 렌즈다. 정확한 패러다임에는 효과적으로 설명하고 안내하고 예측할 수 있는 힘이 있다. 반대로 부정확하거나 불완전한 패러다임은 한계가 분명하고 제한적이다.

신뢰·고무형 리더의 믿음 역시 렌즈와 같아서 우리의 시력을 높여준다. 그들은 사람과 사물을 보는 분명한 초점을 제공하고 세상을 새롭게 보도록 도와준다. 그 분명한 시야로 우리는 더 높은 성과를 내고, 더 잘 섬기고, 더 크게 공헌하고, 더 많이 배울 수 있다. 또한 우리는 사람들을 현재 모습으로 보는 게 아니라 잠재력을 발휘했을 때의 모습으로 본다.

이와 달리 명령·통제형 리더의 믿음은 구닥다리 처방으로 만들어진 초점이 맞지 않는 안경 같아서 시야를 흐리게 하고 현실을 그릇된 시선으로 보게 한다.

누구나 다음에 제시하는 기본 믿음을 이해하고 그에 따라 행동할 때 신뢰·고무형 리더가 될 수 있다.

- 사람들은 각자 내면에 위대함을 지니고 있다. 그래서 리더로서 내 임무는 그들의 잠재력을 통제하는 게 아니라 끌어내는 것이다.

- 사람들은 전인적 인간이다. 그래서 리더로서 내 임무는 단순히 동기를 부여하는 게 아니라 고무하는 것이다.

- 모두에게 돌아갈 만큼 무엇이든 충분히 있다. 그래서 리더로서 내 임무는 다른 사람들과 경쟁하기보다 그들에게 관심을 기울이는 것이다.

- 리더십은 스튜어드십이다. 그래서 리더로서 내 임무는 자기 이익보다 봉사를 우선하는 것이다.

○ 내면에서 만들어져 시작된 영향력은 사라지지 않는다. 그래서 리더로서 내 임무는 솔선하는 것이다.

나는 이렇게 믿는다 | 그래서 리더로서 내 임무는

1 사람들은 각자 내면에 위대함을 지니고 있다 | 그들의 잠재력을 통제하는 게 아니라 끌어내는 것이다

2 사람들은 전인적 인간이다 | 단순히 동기를 부여하는 게 아니라 고무하는 것이다

3 모두에게 돌아갈 만큼 무엇이든 충분히 있다 | 다른 사람들과 경쟁하기보다 그들에게 관심을 기울이는 것이다

4 리더십은 스튜어드십이다 | 자기 이익보다 봉사를 우선하는 것이다

5 내면에서 만들어져 시작된 영향력은 사라지지 않는다 | 솔선하는 것이다

사람들은 각자 내면에 위대함을 지니고 있다

신뢰·고무형 리더는 모두의 내면에 위대함이 있다고 믿는다. 당신 팀의 모든 사람, 당신 반의 모든 학생, 당신 가정의 모든 아이의 내면에

는 위대함이 있다. 리더는 의도적으로 사람들이 자기 내면에 있는 위대함을 보게 하면서 그 위대함을 계발하고 끌어내야 한다.

신뢰·고무형 리더의 특별한 점은 사람들을 잠재력이 넘쳐나는 위대함의 샘으로 본다는 것이다. 그는 세상을 정원으로, 자기 자신을 정원사로 본다. 그는 진짜 힘은 씨앗 속에 있음을 안다. 정원사는 씨앗이 잘 자라도록 적합한 환경을 만들어야 한다. 물론 씨앗이 자라는 것은 씨앗 안에 성장할 잠재력이 있기 때문이다. 정원사는 씨앗을 지원해줄 뿐 씨앗이 자라게 할 수는 없다.

데스 밸리의 야생화처럼 위대함은 휴면상태에서 적합한 환경이 만들어져 깨어나기를 기다린다. 씨앗 속에 성장 잠재력이 있는 것처럼 진짜 힘은 사람들의 내면에 있다.[2] 유치원생이 가득한 방에 들어가면 그것이 분명히 보인다. 각각의 작은 아이 속에 커다란 잠재력과 가능성이 숨겨져 있는 것이다! 이 점을 기억하면 사람들 내면에서 위대함을 찾기가 쉬울 것이다. 우리가 사람들의 내재적 가치와 잠재력을 인정하는 패러다임으로 그들을 바라볼 때 사람들을 신뢰하고 고무하고자 하는 욕구는 더욱 커진다.

> 모든 사람이 천재로 태어나지만 살아가는 과정에서 천재성은 사라진다.[3]
>
> ―버크민스터 풀러(건축가)

명령·통제형 리더는 사람들의 내면에 있는 힘을 못 본다. 오히려 그는 자신의 지위가 주는 힘을 본다. 부모든, 코치든, 교사든, 상사든, 마인드셋이 이러한 사람은 자신에게 정답이 있고 자신이 모든 상황을 만들 수도 있고 깨뜨릴 수도 있다고 믿는다. 그들은 자신에게 그런 힘이 있다고 믿는다. 미시관리하는 상사든, 시시콜콜 간섭하는 부모든, 이러한 유형은 자신이 이끄는 사람들이 자기 말대로 하기만 하면 모든 것이 수월할 거라고 믿는다. 그들은 오직 자기 자신만(때로는 선택한 소수만) 믿기 때문에 통제를 포기하지 못한다. 그런 태도는 순응만 불러올 뿐 잠재력의 싹을 잘라버리고 성장할 여지를 틀어막는다.

반대로 당신이 다른 사람들의 내면에 있는 위대함을 믿으면 가능성이 꽃을 피운다. 당신은 그렇게 열린 시야로 아이들에게 전혀 다른 태도로 접근하고, 동료들과 소통하며, 친구들과 대화를 나눈다. 사람들을 믿고 그들 내면에 잠재된 위대함을 볼 때 새로운 가능성의 세계가 열린다. 리더가 마스터할 수 있는 어떤 기술도, 리더가 시도할 수 있는 어떤 전술도, 다른 사람들을 신뢰하는 것의 효과를 대체하지는 못한다. 그 믿음은 무한한 잠재력의 문을 열어주고 차원이 다른 성과를 얻게 해주는 열쇠다. 또한 다른 사람들을 고무하는 열쇠이기도 하다.

다른 사람들을 신뢰하는 것은 신뢰·고무형 리더십의 기본이지만, 그 믿음을 당사자가 알게 하는 것 역시 그만큼 중요하다. 신뢰·고무형 리더는 사람들이 자신의 가치와 잠재력을 스스로 볼 수 있도록 가능한 모든 일을 한다. 리더가 전하는 믿음의 표현은 다른 사람들에게 주는 선물이다. 그것은 누군가에게 새 안경을 줄 때처럼 그들이 자기 안에 있는 위대함을 볼 수 있게 해준다. 그들은 세상과 세상에서의 자신의 가능성에 관해 새로운 인식을 얻고 자신감도 커진다.

이를 바탕으로 신뢰·고무형 리더는 사람들의 잠재력을 계발하기 위해 노력한다. 그 잠재력을 발견하고 말로 인정해주는 것만으로는 부족하다. 진짜 리더는 그것을 보고, 계발하고, 원활히 소통함으로써 위대함을 끌어낸다.

명령·통제형 리더는 다른 사람들의 내면에 있는 위대함을 못 보므로 당연히 소통하지도, 그것을 계발하지도 못한다. 이것은 개인, 팀, 문화의 사기에 부정적 영향을 미친다. 리더는 그러한 마인드셋으로 현상 유지를 하거나 점진적 개선을 이룰 수 있을 것이다. 물론 기껏해야 부서 간 이해관계 조정만 할 뿐 실질적인 협업과 창조적 혁신은 거의 이루지 못한다. 나아가 무관심이 만연해지면서 기대 이하의 성과를 내고 궁극적으로는 신체적·정신적 소진상태에 이르고 만다.

이와 대조적인 내 경험을 소개하겠다. 나는 외국의 대형 공익기관 고위경영자 팀과 함께 일한 그때를 잊지 못할 것이다. 회의가 끝날 무렵 그 회사 CEO가 일어나 팀원들의 이름을 차례로 불렀다. 그렇게 이름을 부른 그는 각 팀원에게 말했다.

"나는 당신을 믿습니다. 당신을 믿는 이유를 말씀드리겠습니다."

그는 각 팀원을 신뢰하는 이유를 구체적으로 열거하고, 왜 그들이 그와 회사에 중요한지 설명했다. 서로 믿고 존중하는 감정이 그야말로 손에 잡힐 듯 구체적으로 느껴졌다.

상사·부모·동료가 당신을 신뢰한다는 것을 알면, 그들이 당신을 믿는다는 게 느껴지면, 그들이 당신에게서 위대함을 보았다는 걸 알면 그리고 그들이 당신과 다른 사람들에게 당신을 어떻게 생각하는지 말하면, 당신은 얼마나 강렬하게 고무되겠는가? 이것은 당신 자신에 관한 인식을 어떻게 높여주겠는가? 당신이 내면에 있는 위대함을 발견한다면 상황이 어떻게 달라지겠는가?

그 패턴은 단순하고 반복적으로 선순환하는 사이클이다. 잠재력을 '보고, 알려주고, 계발하고, 끌어낸다.' 신뢰·고무형 리더는 이런 방식으로 자신이 이끄는 사람들을 고무하고 그들에게서 최고 능력을 끌어낸다. 그러면 사람들은 다시 자발적으로 나서서 공헌한다.

이 선순환 사이클에 관여하는 리더는 간헐적인 혼란에 정면 대응하고 그 혼란이 창출하는 기회를 끌어안을 수 있는 기민한 문화를 창조한다. 그 결과 사람들은 자유롭게 최선의 노력을 다하며 저마다 깊이 있는 사고를 한다. 그리고 실질적 협업과 창조적 혁신이 일어난다. 모두가 잠재력을 온전히 발휘하면서 한마음으로 목표 달성을 위해 노력할 때 사람들은 고무되고 활력을 얻는다.

사람들을 대할 때는 그들의 행동이 아닌 잠재력을 고려하며 대하라.

> 사람들을 현재 모습으로 대하라. 그러면 그들은 현재 모습으로 남을 것이다. 사람들을 그들이 될 수 있고 되어야 하는 모습으로 대하라. 그러면 그들은 될 수 있고 되어야 하는 모습이 될 것이다.[4]
>
> —괴테

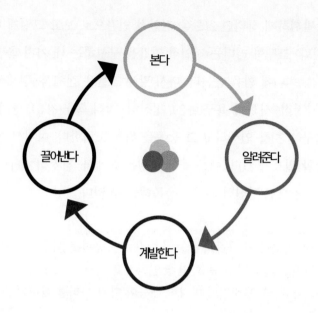

사람들은 전인적 인간이다

신뢰·고무형 리더는 사람들을 전인적 인간으로 여기고 그들 내면을 구성하는 여러 개의 계층이 있음을 인식한다. 명령·통제형 조직에서는 많은 리더가 사람들의 감정, 정신, 영적 욕구는 소홀히 하거나 무시하고 신체적 욕구 외에는 아무것도 생각하지 않는다(혹은 기계적으로 립서비스만 날린다). 직장에서 이것은 리더가 직원에게 급여를 주는 것을 의미한다. 가정에서는 부모가 아이에게 음식, 옷, 쉴 곳을 마련해주는 것을 뜻한다.

신뢰·고무형 리더는 이것이 인간을 대하는 제한적 시각이며, 사람들에게 별로 도움을 주지 않는다는 것을 알고 있다. 사람들이 잠재력을 충분히 발휘하게 하려면 그들을 전인적 인간으로 보고 그렇게 대해야 한다. 신뢰·고무형 리더는 전인적 인간을 구성하는 네 가지 측면(신체, 마음, 정신, 영혼)에 힘을 쏟는다. 다시 말해 그들은 신체적·경제적 욕구 (신체), 감정적·사회적 욕구(마음), 정신적·지적 욕구(정신), 영적·의미 추구 욕구(영혼)를 인식하고 그 충족을 위해 노력한다. 여기서 이 순서 에 주목할 필요가 있다. 예를 들어 학생은 신체적·감정적 욕구를 먼저 채워주지 않으면 정신적 욕구를 충족해줄 수 없다.

> 대조적인 가치가 공존하는 보다 여유로운 문화를 이루려면 우리 는 인간 잠재력의 모든 측면을 인식하고 독단에 치우치지 않는 사회 조직, 즉 개개인의 다양한 재능이 자기 자리를 찾아가는 사 회 조직을 엮어내야 한다.[5]
>
> ─마거릿 미드(문화인류학자)

지난 수십 년 동안 우리는 어느 정도 변화를 이룩했다. 그러나 사람 들에 관한 우리의 기본 패러다임은 대체로 변하지 않았다. 직원들이 아 직도 '자산asset'으로 불리는 이유가 여기에 있다. "사람은 우리의 가장 중요한 자산이다"라는 선의의 표현도 마인드셋 전환의 필요성을 드러 낼 뿐이다. 사람을 자산으로 보는 것은 그들을 관리, 통제, 이용의 대상 으로 보는 셈이다. 이는 그 사람의 전체가 아니라 필요하거나 원하는 한 부분만 본다는 의미다.

마인드셋이 이러하면 코치는 왜 신체적으로 유능한 선수가 경기에 서 실력이 부진한지 결코 이해하지 못한다. 교수는 왜 명석한 학생이 시험 성적이 나쁜지 결코 이해하지 못한다. 부모는 왜 고분고분한 아이가 좋지 않은 결정을 내리는지 결코 이해하지 못한다. 우리가 생각하지 못하는 이유로 어떤 일이 발생하는 경우는 많다. 만일 한 개인이 지닌 위대함을 보기 어려울 때가 있다면, 이는 삶의 네 가지 욕구 가운데 한두 가지를 간과했기 때문이다. 사람은 부분 부분으로 나눌 수 없으므로 우리가 원하는 부분에만 집중하는 것은 효과가 없다.

사람들이 직장에 일하러 나올 때 그들은 전인적 인간으로 온다. '업무 모드'에 들어가도 전인적 인간이라는 그들의 기본 속성이 변하는 것은 아니다. 만일 그 속성이 변한다면 보건의료 직원은 환자를 잃었을 때 고통을 느끼지 못할 것이다. 그러나 그들은 고통을 느낀다. 단순히 동정심 때문이 아니라 그 경험이 그들의 신체, 마음, 정신, 영혼에 영향을 미쳐서다.

다른 사람을 부분이 아닌 전체로 보는 것은 리더의 필수요건이다. 그것은 리더가 자신이 이끄는 사람들과 연결되고 그들을 이해하는 데 도움을 준다. 이제 우리는 사람들이 왜 그런 일을 하는지 알고 있다. 그들을 이해하니 말이다. 우리는 그들을 '관리'로 얻어내는 것보다 훨씬 더 많은 것을 제공할 수 있는 사람들로 보고 있다. 우리는 그들이 삶의 여러 측면을 통합하도록 도와줄 수 있다. 또한 그들이 필요로 하는 부분을 지원하는 한편 그들이 꾸준히 성공하고 모든 측면에서 행복을 느끼도록 도와줄 수 있다.

우리는 모든 측면에서 사람들의 행복에 신경 써야 한다. 그들이 일과 삶의 균형 공식에 따라 자신의 욕구와 삶을 업무 일정에 맞출 수 있는지의 측면에서만 그들을 바라보면 안 된다. 전인적 인간으로 존중받을 때 사람들은 사무실, 요양원, 학교에서 그리고 집으로 향하는 차 안에서 더 행복해하고 더 좋은 성과를 낸다.

반면 명령·통제형 리더는 고무와 동기부여의 차이를 인식하지 못하거나 신경 쓰지 않으면서 사람들을 '움직이려고' 애쓴다. 그는 인센티브, 보상체계, 판매 장려금 같은 여러 가지 전술을 사용한다. 많은 리더가 이런 방법으로 단기간에 꽤 괜찮은 결과를 얻는다. 그래서 사람들이 만족하고 있다고 생각한다. 그들은 동기부여 외에는 더 필요한 것이 없다고 여긴다. 다시 말해 사람들은 더 많은 것을 원하지 않으며 더 큰 목적의식이나 의미, 공헌을 갈망하지 않는다고 믿는다.

우리는 신체에는 명령을 내릴 수 있지만 마음과 정신과 영혼에는 그렇게 할 수 없다. 따라서 마음과 영혼은 휴면상태에 들어가고 정신은 제한된 시스템 안에서 방법을 찾으려 한다. 신체에는 동기부여를 할 수 있으나 마음과 정신은 고무하는 것만 가능하다. 비록 사람들이 목표로 한 성과를 낸다고 하더라도 외부 요소만으로는 충분하지 않다. 외적 동기부여가 혁신과 창의력을 말살하므로 최상의 결과를 얻기 어렵기 때문이다. 이는 사람들이 보상을 얻고자 또는 처벌을 피하고자 무엇이든 해야 할 것 같은 생각이 들게 만들 수 있다. 그것은 고무가 아니다.

> 궁극적 목표는 포용에 이르는 것이다. 사람들은 내면의 목소리를 들어주는 그곳에서 전인적 존재로 업무에 임한다.[6]
> –주디 마크스(오티스 월드와이드 CEO)

사람들은 고무를 원할 뿐만 아니라 필요로 한다. 우리에게는 받은 것을 돌려주고, 대의를 품고, 성취감을 찾고자 하는 욕구가 있다. 동기부여는 그 욕구의 답이 될 수 없다. 그 답은 더 깊이 있는 것, 즉 우리 내면에 있는 것에서 찾을 수 있다.

나는 가끔 리더들에 관해 이런 피드백을 듣는다. 그들은 동기부여는 하지만 고무하지는 않는다! 동기와 고무를 구분하는 것은 대단히 중요하다. 팀원들이 우리를 그렇게 인식한다면 어떤 기분이겠는가? 가족이 그런다면?

나는 2002년 솔트레이크시티 동계올림픽에서 내건 '내면의 불꽃을 지피세 Light the Fire Within'라는 슬로건을 잊지 못할 것이다.[7] 바로 그것이 고무다. 사람들 내면에 이미 존재하는 그들의 위대함과 열정에 불꽃을 지피는 것 말이다. 신뢰·고무형 리더는 외부에서 동기부여를 하려 노력하기보다 내면에 불을 붙이거나 내면에서 타고 있는 불길에 부채질을 한다.

나는 회의에 참석하거나 고객사를 방문해 강연할 때 혹은 초청을 받아 발표할 때 항상 '동기부여 강연자'로 소개받는 것을 바라지 않는다. 사람들이 내 발표를 듣고 동기를 부여받는 느낌을 얻기를 원하지만 그것이 기껏해야 한두 시간, 길어야 일주일밖에 도움을 주지 못할 것임을 알고 있어서다. 반대로 내가 고무할 수 있으면 그 불꽃은 몇 년 동안 탈 수 있다. 발표를 마치면 사람들은 보통 내게 다가와 1983년 내 아버지에게 들은 강좌나 2010년 그에게 들은 강연을 얘기한다. 그들은 그때 느낀 경험을 들려주며 장기적으로 삶에 유의미한 변화를 이루도록 고무되었다고 말했다.

무수히 많은 사람 가운데 아버지는 정말로 나를 고무했다. 아버지는 내게 강연할 때마다 다음 말을 신조로 삼을 것을 권했다.

"감명을 주려 하지 말고 축복을 빌어라."

우리가 어떤 리더의 역할을 맡고 있든 우리는 사람들이 리더를 위해 일하는 게 아니라 그들이 우리와 함께 일하도록 고무하고자 노력해야 한다. 그러면 그들은 다시 그들의 재능으로 우리를 고무할 것이다.

모두에게 돌아갈 만큼 무엇이든 충분히 있다

성장기 때 우리 집에서 식사하는 것은 내게 격투기 시합 같았다. 음식을 원하면 재빨리 행동해야 했다. 10대가 된 나는 아홉 명의 아이 가운데 하나였다. 문제는 어머니의 머핀 팬이 여덟 개까지만 만들 수 있는 크기였다는 데 있다. 계산해보라. 부모님이 머핀을 포기해도 아이가 아홉 명인데 머핀은 여덟 개였다. 머핀을 먹으려면 형제 가운데 하나를 이겨야 했다. 동생이 하나를 먹으면 이는 내가 먹을 게 없다는 뜻이었다.

명령·통제형 리더는 세상을 그런 식으로 본다. 당신이 가져가면 내가 가져갈 것은 줄어든다. 당신이 성공하면 내 성공은 작아진다. 이 결핍형 마인드셋은 다른 사람의 성공을 인정해주는 것은 고사하고 질투나 다른 사람과의 협력 기피를 낳는다. 그것은 원망, 분열, 불건전한 경쟁과 논쟁을 낳기도 한다. 나아가 이는 내 아버지가 다섯 가지 '감정 전이 암'이라 부른 행동으로 이어질 수 있다. 바로 경쟁, 논쟁, 불평, 비교, 비난이다. 명령·통제형 리더는 자신에게 도움이 되지 않으면 다른 사람에게서 재능이나 긍정적 속성을 찾지 않는다. 그런 리더는 다른 사람의 재능이 자신보다 뛰어날 경우 위협을 느끼기도 한다. 결핍형 마인드셋을 지닌 리더는 절대 만족하지 못한다. 그들이 희소한 자원으로 여기는 것을 얻으려면 다른 사람을 물리쳐야 한다고 생각하기 때문이다.

반면 신뢰·고무형 리더는 풍요의 심리로 세상을 바라본다. 우리 집 저녁 식탁에서의 여덟 개의 머핀 이야기와 달리, 사실 세상에는 모두에게 돌아갈 만큼 무엇이든 충분히 있다. 우리는 머핀을 나누거나 더 만들 수 있다. 아니면 더 큰 머핀 팬을 구입할 수도 있다. 다른 사람의 성공이 내 성공을 작아지게 하지 않는다.

시장에서 타 업체와 경쟁하는 것은 좋은 일이다. 그것은 사람과 조직으로부터 최상의 노력을 끌어내고 시장에서 뒤처지지 않기 위해 개선, 혁신, 성과의 수준을 높이게 한다. 내부 경쟁은 그렇지 않다. 이는 간혹 우리를 최악으로 만든다. 협업과 참여를 현저히 줄이고 서로 치열하게 경쟁하는 해로운 문화를 만들어낸다.

> 바깥에서는 계속 경쟁하고, 안에서는 계속 협업하라.
>
> −스테파니 프레리히(출판편집자)

사람들을 풍요의 심리로 대할 때 질투는 사라진다. 이들은 다른 사람과 협력하고 그들이 성공하면 박수를 보낸다. 신뢰·고무형 리더는 다른 사람과 그들의 행복을 위해 진정으로 배려하며, 주변 사람의 선행을 축하하고 그 가치를 높일 기회를 찾는다.

> 다른 누군가가 먼저 성공하도록 기꺼이 도와주는 것이 우리 자신이 성공하는 방법이다.[8]
>
> −이얀라 벤젠트(《오늘》 저자)

풍요의 심리 소유자는 다른 사람을 배려하지만 결핍의 심리 소유자는 자기 자신만을 위하고 다른 사람과는 경쟁한다.

희소성은 우리에게 주어진 것이 모두에게 돌아갈 만큼 충분하지 않다는 확신을 강화한다. 그것을 누군가가 가져가면 우리가 가져갈 것은 줄어든다. 따라서 당신은 경쟁해야 하고 이는 다른 사람도 마찬가지다. 이때 풍요의 심리 소유자는 모두에게 돌아갈 만큼 무엇이든 충분하다고 믿고 존중, 신뢰, 체면, 인정, 수익, 의사결정 등 모든 것을 나눈다.

풍요의 심리는 개인적인 가치와 안정감이라는 깊은 내면 의식에서 나온다. 이는 사람들과 경쟁하기보다 그들에게 관심을 기울이고 싶은 자연스러운 욕구를 낳는다. 그것이 자신의 믿음과 부합하기 때문이다. 물론 우리는 승리하길 원한다. 하지만 우리는 다른 사람에게도 관심이 있어서 그들 역시 승리하기를 원한다. 우리는 서로와 경쟁하기보다 서로가 완전해지도록 해주고 함께 상호보완적 팀을 이룬다.

> 좋은 관리는 대체로 '사랑'의 문제다. 만약 이 말이 불편하다면 그것을 '배려'라고 불러도 좋다. 왜냐하면 적절한 관리는 사람들을 조종하지 않고 그들을 배려하는 것을 포함하기 때문이다.[9]
> —제임스 오트리(《포천》 선정 500대 경영자)

리더십은 스튜어드십이다

우리의 행동을 바꾸는 가장 빠르고 지속적인 방법 중 하나는 우리 이름이나 역할(혹은 우리가 우리 이름이나 역할을 보는 시각)을 바꾸는 것이다. 이름과 역할의 변화는 우리가 세상을 보는 방식과 세상에서 행동하는 방식에 영향을 미친다.

첫아이가 태어났을 때 내 세상은 순식간에 바뀌었다. 이제 나는 아버지가 되었다. 이름과 역할에 변화가 생긴 것이다. 그것이 어떤 상황에서 일어난 변화든 거기에는 상응하는 변화가 뒤따른다.

우리가 '리더십은 스튜어드십이다'라는 기본 믿음으로 시작하면 우리의 이름과 조직에서의 역할은 둘 다 바뀐다. 리더십을 스튜어드십으로 보는 것은 우리가 하는 다른 어떤 것보다 우리 행동에 더욱 강력하고 지속적인 영향을 미칠 것이다.

스튜어드십은 리더십 자체가 함축하고 있는 내재적 책무로 이뤄진다. 우리에게 스튜어드십 패러다임이 있을 때 우리에게는 해야 할 임무는 물론 그것을 완수하는 것을 지켜볼 책무까지 주어진다. 스튜어드십 렌즈로 우리의 역할을 바라볼 경우 우리는 자기 자신과 다른 사람으로부터 최고의 능력을 끌어낼 수 있다.

신뢰·고무 패러다임으로 행동하는 사람은 자신의 시간, 재능, 돈, 관계, 가족 등 모든 것에서 스튜어드십 의식을 보인다. 마찬가지로 이 패러다임으로 행동하는 리더는 자신을 집사로 보고 리더로서 자신의 역할에 분명한 책임감을 지닌다. 자신이 섬기고 이끄는 사람들의 성장과 행복에 책무를 느끼는 것이다.

전인적 인간 패러다임으로 고무하고 풍요의 심리로 힘을 받는 스튜어드십 접근법은 우리 삶에 진정성을 더해주는 것은 물론 긍정적 상호작용의 무한한 가능성을 열어준다.

스튜어드십에서 중요한 점은 높은 자리에 앉는 게 아니라 신뢰로 뒷받침하는 임무를 갖는 것이다. 이는 더 좋은 성과를 얻기 위해 책임을 지고 다른 사람을 섬기는 일이다. 이것은 우리가 그 역할을 처음 맡았을 때보다 더 좋은 상태로 올려놓는 일이다. 스튜어드십은 행정관리자, 부모, 팀원 그리고 자기 삶을 이끌어가는 개인 등 모두에게 해당한다. 특히 다른 사람들을 이끄는 사람에게는 더욱더 중요하다.

> 학습조직에서 리더는 설계자이자 집사이고 스승이다.[10]
> —피터 센게(《제5경영》 저자)

스튜어드십은 특히 자기 이익보다 봉사를 우선한다. 자기 이익은 자신과 자기 욕구를 우선하는 것이다. 다른 사람에게 봉사하는 것은 다른 누군가, 특히 약자에게 봉사하는 것을 의미한다. 자신을 집사로 보는 리더는 이것을 가장 큰 강점으로 본다. 그렇다고 그들이 자신을 소홀히 하는 것은 아니다. 다만 다른 사람의 욕구보다 자기 욕구를 더 증대할 필요를 느끼지 않을 뿐이다. 그들은 다른 사람을 섬기는 것이 삶을 풍요롭게 하는 길임을 알고 있다.

우리는 불타는 건물 속으로 뛰어 들어가는 소방관, 아이들의 꿈을 위해 자기 꿈을 희생하는 부모, 매년 시간을 내 어려운 사람들을 치료해주는 의사 등 다른 사람을 돕는 일에 자기 삶을 바치는 사람들에게 고무된다. 이들은 자기 이익보다 봉사를 우선하는 모범을 보임으로써 우리를 고무한다. 다른 사람에게 봉사하고 그들의 행복을 배려하는 것은 설사 우리에게 이익을 주지 않는 것처럼 보여도 숭고한 인간성을 가르쳐준다. 그리고 그러한 희생은 점점 더 좋은 결과를 내고 있다.

리더십은 스튜어드십이고 리더는 집사다.

> 우리는 사회 전반에 걸쳐 리더십 차원에서 스튜어드십과의 연결 고리를 잃어버렸다. 리더로서, 리더십은 당신을 위한 것이 아니다. 리더로서, 리더십은 당신에게 책임이 있는 사람들에 관한 것이다. … 그리고 결국 리더십은 스튜어드십이다.[11]
>
> -존 태프트(RBC 웰스 매니지먼트 CEO)

내면에서 만들어져 시작된 영향력은 사라지지 않는다

사람들을 이끄는 것은 의도적인 영향력(그 리더가 존재하지 않을 때도 사라지지 않는 영향력)에 관한 것이다. 그 지속적인 영향력은 내면에서 만들어져 시작된다.

> 리더십은 당신이 리더로 존재하면서 다른 사람에게 권한을 부여하는 일이다. 그 영향력이 당신이 없을 때도 지속되도록 만들어야 한다.[12]
>
> -프랜시스 프라이와 앤 모리스(《임파워먼트 리더십》 공저자)

물 한 방울이 연못에 떨어지면 물결이 안쪽에서 바깥으로 퍼져간다. 사람들과의 관계도 마찬가지다. 그 물결(지속적인 영향력)은 늘 우리로부터 출발한다. 그 영향력은 우리의 관계를 비롯해 팀과 조직으로 퍼져

간다. 그것은 계속해서 이해당사자와 외부 시장까지 확대된다. 결국 그 영향력은 사회 전체로 퍼져간다.

내면에서 외부로 향하는 지속적인 영향력을 만들어내는 가장 좋은 방법은 솔선하는 것이다. 신뢰·고무형 리더는 솔선한다. 그들은 자기 자신부터 시작한다. 그들은 자신을 돌아보고 행동으로 모범을 보인다. 그들은 솔선수범한다.

인사이드아웃 프로세스

자신
가까운 관계
팀과 조직
주주와 시장
사회 전체

방송인 프레드 로저스는 수십 년 동안 어린이 TV쇼 〈로저스 아저씨네 동네(Mister Rogers' Neighborhood)〉에서 전 세계 사람들에게 모범을 보였다. 그는 TV 화면으로 사랑과 취약성 노출의 의미를 전해 수많은 사람의 삶에 영향을 미치고 그들의 삶을 바꿔놓았다.

그의 아주 좋은 특징 중 하나는 항상 '솔선'하는 것이다. 한 가지 예를 들면 미국에서는 1969년경 인종차별 금지법이 통과되었으나 여전히 흑인 차별이 벌어지고 있었다. 로저스는 이전에도 어린이 TV쇼에 흑인 캐릭터 클레먼스를 단골로 등장하게 해 인종차별 해소를 위한 행동에 앞장선 바 있었다. 그는 한발 더 나아가 1969년 여름 한 에피소드에 클레먼스를 초대해 더위를 식히도록 신발과 양말을 벗고 물놀이장에 발을 담그라 권하는 장면을 연출했다.[13] 전국 수영장에서 인종차별을 당연시하던 그때 이는 일부 시청자에게 논란거리로 보일 수 있었다. 하지만 로저스는 아랑곳하지 않고 그를 출연시켜 TV를 시청하던 모든 아이와 부모에게 인종 평등과 이웃사랑 실천을 보여줬다. 그는 다른 사람이 어떻게 행동해야 하는지 알도록 모범을 보였다. 그렇게 그는 인종 평등에 아주 깊이 지속적인 영향을 미쳤다.

로저스의 사례가 훌륭한 것은 맞지만 그에게는 다른 대다수와 달리 영향력을 미칠 수 있는 발판이 있었다. 사람들은 이렇게 하소연할지도 모른다.

"나는 명령·통제 문화 속에 있고 책임자도 아닌데 어떻게 신뢰·고무형 리더가 될 수 있겠는가?"

한 가지 답은 그저 솔선하는 것이다. 우리는 모두 자신이 우리보다 큰 무언가에 속해 있고 공식 리더가 아니면 영향력을 발휘하기 어렵다고 생각할 수 있다. 그러나 다른 사람에게 영향력을 미치고 싶다면, 팀 내 소통을 강화하고 싶다면, 가정 문화를 바꾸고 싶다면, 다른 사람이 행동하기를 기다리지 말고 당신이 먼저 행동에 나서라.

이런 것을 솔선해서 하라.

○ 경청하라
○ 자기 잘못을 인정하라
○ 자리에 없는 사람을 험담하지 마라

- 다루기 힘든 아이를 긍정하고 칭찬하라

- 약속을 지켜라

- 결과를 스스로 책임져라

- 자신이 모른다는 것을 인정하라

- 나쁜 성과에도 책임져라

- 모두가 '숨은 의제'에 따라 움직일 때 투명하게 행동하라

- 의견을 제시하지 말고 진실을 말하라

- 먼저 신뢰하라

- 의심이 가도 일단 믿어보라

- 상대방을 존중하라

- 중요한 정보를 나눠라

- 풍요를 선택하라

- 용기 있게 행동하라

- 기대하는 바를 분명히 하라

- 긍정적 의도로 생각하라

다른 사람에게 지속적으로 영향을 미치고 싶다면 솔선하여 행동으로 모범을 보여라.

남아공 최초의 흑인 대통령 넬슨 만델라를 언급하지 않을 수 없다. 통찰력이 뛰어난 만델라는 내면에서 만들어져 시작된 영향력은 사라지지 않는다는 원칙을 이해했고 실천으로 그것을 일관성 있게 보여줬다. 그는 말했다.

"자신을 바꾸지 못하는 사람은 결코 사회에 영향을 미칠 수 없다."[14]

또한 그는 리더가 솔선하는 것의 중요성을 이해했다. 그는 대통령 취임식 때부터 사람들에게 화해와 용서를 고무하는 행동을 했다. 통로 한편에는 당원들을 배치하고 그 건너편 맨 앞줄에는 그를 27년 동안 교도소에 가뒀던 간수들을 앉힌 것이다. 이는 평화와 용서의 상징이자 솔선을 향한 그의 믿음을 보여준 행동이었다.

> 우리는 GM을 재창조하기 위해 톱 리더 각자가 먼저 겸손해지고 스스로를 재창조하기로 했다. 우리의 리더십을 창조적으로 파괴하지 않고 어떻게 자동차 산업의 창조적 파괴를 기대할 수 있겠는가?
>
> —메리 바라(GM CEO)

┌   기본 믿음이 우리의 리더십 패러다임을 만든다   ┐

이 모든 믿음이 쌓이면서 신뢰·고무형 리더십 마인드셋이 만들어진다. 우리의 패러다임은 대단히 중요하다. 왜냐하면 나쁜 패러다임으로 진실하게 행동하는 것은 무척 어렵기 때문이다. 우리가 이러한 믿음을 내면화하고 그 믿음에 따라 행동하면 그 강점(사실, 겸손과 용기)을 발견할 것이다. 우리 행동은 이 믿음을 따른다. 진실하게 살고 진정성을 보여주겠다는 마음이 있는 사람은 자신의 믿음을 배신하는 행동을 할 수 없다.

우리가 아이들의 잠재력을 못 보면 그들이 잠재력을 발휘하도록 키우기 어렵다. 우리가 노동력 측면에서 벗어나 동료를 한 인간으로 보지

않으면 동료의 성공을 도와주기 어렵다. 우리가 모든 것을 독차지하고
자 한다면 세상에 의미 있는 공헌을 하기 어렵다.

명령·통제	신뢰·고무
기계공	정원사
파편화한 개인	전인적 인간(신체, 마음, 정신, 영혼)
결핍의 심리	풍요의 심리
자기 이익 우선	배려
경쟁함	완전하게 만듦

모범 보이기: 당신은 어떤 사람인가?

> 아이들은 어른의 말을 매우 잘 들은 적은 없지만 어른을 모방하는 데 실패한 적은 없다.[1]
>
> -제임스 볼드윈(저술가, 시인)

내가 함께 일한 적 있는 한 리더는 CEO가 된 지 1년이 되자 자신이 회사에서 올바른 문화를 형성하고 있고 팀을 신뢰한다는 것을 분명히 알리고 싶어 했다. 그는 1천 명이 넘는 전 직원에게 이메일을 보냈다.

사랑하는 팀 동료 여러분께

진정한 리더는 이사회와 주주들이 선택하지 않습니다. 진정한 리더는 자신이 얻은 존경심, 성과 그리고 팀이 그 리더와 함께 승리하리라는 자신감을 기초로 동료들의 선택을 받습니다. 주주들과 이사회는 저를 여러분의 리더로 선택했습니다. 5월 1일은 제가 CEO가 된 지 1년이 되는 날입니다. 여러분이 제가 이 위대한 팀을 계속 이끌기를 원하는지 판단하기에 충분한 시간이 흘렀습니다.

투표 링크를 클릭해 제가 CEO로 남아 있기를 원하는지 알려주십시오. 그리고 회사나 제 리더십과 관련해 건설적인 의견이 있으면 말씀해주십시오. 제가 투표에서 여러분의 신임을 받지 못한다면 저는 물러나겠습니다.

이 조사는 익명으로 진행하니 솔직히 응답해주기 바랍니다. 여러분이 제가 남는 쪽을 선택한다면 이는 여러분의 자유로운 선택이고 저는 영광스러운 마음으로 온 힘을 다해 회사를 이끌겠습니다.

5월 12일까지 투표로 응답해주십시오.

고맙습니다.

응답률은 95%가 넘었다. 이런 조사를 하는 사람이면 누구나 부러워

할 만큼 높은 응답률이었다. 그리고 응답자 가운데 놀랍게도 97%가 그가 남는 쪽을 선택했다. 나라면 그런 조사 방식으로 내 아이들에게 나를 아버지로 계속 삼고 싶은지 물었을 때 50%만 찬성해도 운이 좋다고 생각할 것이다! 그가 남는 것에 반대표를 던진 3%도 다소 긍정적인 입장이었다. 몇 가지를 고쳐달라고 요청했을 뿐이다.

이 리더는 아주 놀라운 일을 해냈다. "당신은 제가 당신의 CEO가 되기를 원합니까?"라는 질문을 던지는 것은 직원들에게 무한 신뢰를 보내는 일이다. 이 리더는 어떤 용기로 이런 일을 감행했을까?

그는 리더십을 발휘하는 중에 겸손과 용기를 보여줬다. 또 그에게는 진정성이 있었고 취약성도 노출했다. 이는 직원들에게 보낸 이메일이 증명한다. 그는 다른 사람들에게 공감과 이해를 보여주는 동시에 탄탄한 실적도 쌓았다. 당연히 이것은 그의 신뢰도를 높여주었다. 나아가 그는 기꺼이 솔선했고 행동으로 모범을 보였다. 즉, 자신이 어떤 사람인지 보여주었다.

당신은 그가 계속 리더로 남는 것을 두고 사람들이 어떻게 반응할 거라고 생각하는가?

사람들은 당신의 리더십에 어떻게 반응하는가?

알베르트 슈바이처는 말했다.

"본보기가 되는 것은 다른 사람에게 영향을 미치는 주요 요소가 아니라 유일한 요소다."[2]

당신은 당신 자신을 본보기로 여기지 않을지도 모른다. 하지만 좋든 싫든 당신이 숨을 쉬고 있다면 당신은 본보기가 될 수밖에 없다. 신뢰·고무형 리더로서 당신이 보여야 할 첫 번째 모범은 스튜어드십이다. 주변 사람들은 직접 대면하든 가상으로 만나든 당신이 존재하는 것 자체만으로도 당신에게 배운다. 그들은 무엇을 배우는가? 혹은 당신은 어떤 모범을 보이는가?

모범 보이기는 내가 어떤 사람인지 보여주는 것이다. 그것은 신뢰성과 도덕적 권위의 원천이다. 모범 보이기는 '내면에서 만들어져 시작된 영향력은 사라지지 않으므로 리더가 솔선해야 한다는' 기본 믿음 위에서 이뤄진다. 신뢰성이 있을 때 영향력이 생긴다. 도덕적 권위가 있을 때도 영향력이 생긴다. 이렇듯 모범 보이기의 중심에는 신뢰성과 영향력이 있다. 이제 하나씩 살펴보자.

모범 보이기는 신뢰성이다

신뢰성을 얻으려면 성품과 역량이 필요하다. 그 자체로 각각 필요한 요소이지만 하나가 없으면 다른 하나만으로는 충분하지 않다.

최근 아내, 딸과 아일랜드를 여행할 때 나는 자원해서 차를 렌트해 전원 지역을 돌아다녔다. 둘은 운전하는 나를 보고 서로 조심스럽게 시선을 교환하더니 딸이 말했다.

"사랑해요, 아빠. 그런데 핸들을 돌리실 때 좌측 차선 운전이 영 서툴러요. 걱정이 돼요."

그들은 내 성품은 의심하지 않았으나 내 역량은 분명히 의심하고 있었다!

우리는 가끔 성품은 훌륭한데 일은 서툰 사람을 보기도 한다. 아무리 존경할 만한 사람이라도 완전한 신뢰를 얻으려면 역량이 필요하다. 반대로 역량은 뛰어난데 성품이 좋지 않은 사람도 있다. 그들은 성과는 신뢰받을 수 있으나 그 성과를 이룬 방식은 신뢰받기 어렵다. 그러한 사람은 많은 것을 이룰지도 모르지만 그 과정에서 사람들에게 상처를 주거나 조직의 가치를 훼손할 수 있다. 그런 사람은 미리 포기하는 것이 낫다. 결국은 포기하게 되기 때문이다.

신뢰성을 보여주는 것은 다른 사람이 우리에게 보내는 신뢰를 쌓는데 도움을 줄 뿐 아니라 스스로 자신을 신뢰하는 데도 도움을 준다. 사실 자신감은 신뢰성에서 나온다. 그리고 신뢰성은 오늘날의 파괴적인 혁신 세계에 필요한 모범 보이기의 한 축을 이룬다. 내 친구이자 동료인 리더십 개발 전문가 배리 렐라포드는 이렇게 말한다.

"리더십은 인기 콘테스트가 아니라 신뢰성 콘테스트다."[3]

사랑받기보다는 신뢰받는 것이 더 좋다.

모범 보이기는 도덕적 권위다

도덕적 권위는 직함이나 지위와 함께 오는 공식 권위와는 다르다. 당신이 사람들에게 관심을 기울이면서 꾸준히 행동으로 모범을 보이면 도덕적 권위가 쌓이고 이는 다시 다른 사람들을 고무할 것이다.

LRN 조사에 따르면 도덕적 권위는 중요하고도 필요한 요소로 나타났다. 응답자의 87%가 오늘날 도덕적 권위의 필요성이 그 어느 때보다 높아졌다고 했다. 또한 그들은 리더 중 7%만 일관성 있게 도덕적 권위를 보여주는 행동을 한다고 응답했다.[4] 리더의 의도가 좋았어도 그것이 행동으로 연결되지 않은 부분이 있는 듯하다. 리더, 부모, 의사, 교사, 코치 지위에 있다고 좋은 리더가 되는 것은 아니다. LRN 설립자는 이렇게 말했다.

"공식적 권위는 장악하거나 획득하고 수여할 수 있다. 도덕적 권위는 당신이 자기 자신의 됨됨이와 사람들을 이끄는 방식으로 얻어야 한다."[5]

> 직함은 잠시 빌리는 것이다. 내 성품만 내 것이다.[6]
> —타순다 브라운 더켓(TIAA CEO)

스포츠 팀의 선수라면 이것을 잘 알고 있을 것이다. 팀 주장으로 지명받는다고 팀원들의 존중을 받는 것은 아니다. 팀원들의 존중을 받으려면 팀에서 누구보다 열심히 노력해야 한다. 더 많이 뛰고 최고 성과를 내야 한다. 다시 말해 '솔선'해야 한다. 솔선은 사람들을 고무한다. 같은 LRN 조사에 따르면 일관성 있게 도덕적 리더십을 보여주는 리더의 95%가 다른 사람이 '최선의 노력'을 하도록 고무했다고 한다.[7]

도덕적 권위를 생각하면 오랫동안 아메리칸익스프레스 회장 겸 CEO를 지낸 케네스 체놀트가 떠오른다. 그에게는 역할과 직함이 있었으니 당연히 아메리칸익스프레스에서 공식 권위가 있었다. 그러나 그의 실제 영향력은 그 자신에게서 나왔다. 그의 신뢰성과 리더십에 대한 사람들의 신뢰가 워낙 커서 그는 영향력을 발휘하기 위해 자신의 지위나 직함에 의존할 필요가 없었다.

한 사람의 평판은 그가 지나간 자리에 유산을 남긴다. 케네스 체놀트의 이야기도 그 사례 중 하나다. 나는 공적 자리에서 신뢰·고무형 리더십을 발표할 때마다 그를 자주 언급한다. 내게 고무적인 일은 보통 그 이후에 일어난다. 내 발표가 끝나면 사람들은 내게 다가와 내가 소개한 다른 어떤 리더보다 케네스의 리더십에 관해 자주 한마디씩 한다. 그들이 그에게 어떤 영향을 받았고 그가 한 인간으로서 어떤 사람이었는지 말이다. 구글 회장 에릭 슈미트는 체놀트를 "지금까지 함께 일한 리더 가운데 최고의 리더십 선례를 보여준 사람"이라고 말했다.[8]

체놀트는 회사 사람들이 그를 경외의 눈으로 바라볼 만큼 존경받았다. 그의 지적 능력과 사업적 재능은 물론 감정적 측면까지 존경의 대상이었다. 직원들을 비롯해 그와 CEO 자리를 놓고 경쟁한 사람들조차 그를 존경하고 그에게 고무되었다. 이는 모두 그의 도덕적 권위와 모범 보이기의 산물이었다. 회사 부사장이자 법률고문인 루이스 파렌트는 경제지 〈블랙 엔터프라이즈〉와의 인터뷰에서 말했다.

"그는 우리가 최선을 다하고 싶은 욕구가 생기도록 고무하는 사람이다. 그렇게 된 데는 모범 보이기의 영향도 컸다."[9]

> 리더가 된다는 것은 권리가 아니라 특권이다.[10]
> –케네스 체놀트(아메리칸익스프레스 전 CEO)

우리의 본모습이 말보다 더 크게 소리를 낼 때 사람들은 반응한다. 모범 보이기는 사람들을 고무하는 데 필수이며 사람들에게서 최선의 노력을 끌어내고 긍정과 포용의 문화를 만드는 데도 도움을 준다.

모범 보이기의 영향력

한번은 내가 농구경기를 보다가 순간적으로 벌떡 일어나 심판에게 잘못된 판정이라고 고함을 질렀다. 그때 문득 아래를 내려다본 나는 내 아이도 덩달아 일어나 심판에게 소리를 지르는 것을 보았다. 민망한 모범 보이기 순간이었다. 사람들은 조언에는 귀를 닫고 본보기에는 눈을 뜬다. 신뢰·고무형 리더가 되는 가장 좋은 방법은 당신이 사람들에게 원하는 행동을 직접 해서 모범을 보이는 것이다. 사람들이 우리의 말에 귀를 기울이게 하려면 우리가 먼저 말한 것을 실천해야 한다.

> 리더십은 어떻게 하느냐의 문제가 아니라 어떻게 되느냐의 문제다.[1]
>
> –프랜시스 헤셀바인(걸스카우트 전 CEO)

우리가 철저하게 모범을 보일 때 모범 보이기의 영향력은 더욱 커진다. 팀 리더가 팀원의 모욕적인 말을 무시하면 그 행동은 팀 문화에서 용인되는 행동으로 굳어진다.

학교에서 모든 교사는 자신이 교실에서 그날의 분위기를 좌우한다는 것을 알고 있다. 교사가 학생의 대답에 킥킥거리며 웃는 것은 교실 내 다른 학생들도 같은 행동을 하도록 암묵적으로 허용하는 것이나 다름없다. 교사가 부적절한 발언이나 행동을 시정하지 않는 것은 그런 행동을 용인하는 것과 마찬가지다. 학생들이 그것을 의식하든 의식하지 않든 그들은 그 행동을 정당화한다. 그것이 본보기가 되었기 때문이다.

"존슨 씨는 다른 사람 말에 끼어드는데 왜 나는 끼어들 수 없는가?"

존슨 씨가 옳은 말을 할지도 모르지만 그 말이 행동과 일치하지 않으면 그 말은 의미를 잃는다. 그리고 그것은 그를 신뢰하기 어렵게 만든다.

철저한 모범 보이기의 훌륭한 순서와 패턴은 에토스, 파토스, 로고스로 표현되는 그리스 철학에서도 발견할 수 있다. 에토스는 사람들이 우리를 어떻게 보는지, 그들이 우리 말을 믿는지 같은 개인에 대한 신뢰성이다. 파토스는 감정과 관계를 뜻한다. 다른 사람들의 욕구와 감정적으로 조화를 이루는 것을 말한다. 로고스는 논리 방식이다. 사람들과 함께하는 일에서 우리가 합리적인 일을 하는지 따져보는 것이다.

이 세 가지 개념의 순서에 주목하라. 먼저 신뢰성, 그다음에는 다른 사람과의 관계, 마지막으로 논리에 집중한다. 리더는 보통 로고스로 시작하는 실수를 범한다. 즉, 신뢰성이나 다른 사람과의 관계에 집중하기에 앞서 다른 사람이 성취하려 하는 일이 합리적인지 판단한 다음 그 일을 도와준다. 그런 행동은 '보여주기'보다 '말하기'라는, '가르치기'보다 '지시하기'라는 인상을 준다. 그리스인처럼 우리도 사람에 관한 한 그 반대 순서로 시작하는 것이, 다시 말해 신뢰성과 관계에 먼저 집중하는 것이 더 효과적이다. 그렇게 해야 '보여주기'라는 인상을 준다.

좋든 나쁘든 우리가 주변에 세워놓은 본보기가 곧 우리의 본모습이다. 우리는 본보기를 통해 배우기 때문에 이야기에 끌린다. 우리는 용감하게 행동한 이야기를 듣고 우리도 그렇게 행동하는 것을 상상하길 좋아한다. 유명한 사람을 찾을 것도 없이 영향력 있는 본보기는 대부분 리더, 동료, 교사, 코치, 부모, 형제자매 등 우리 주변에서 매일 보는 사람들이다. 설령 우리가 그 점을 인식하지 못해도 그들의 모범 보이기는 좋든 나쁘든 우리에게 영향을 미친다.

나는 평생 많은 사람을 본보기로 삼아 존경해왔다. 하지만 누구도 내게 공헌의 가치를 가르치고 타인을 위하는 관대한 삶을 살라고 가르쳐준 내 부모님과는 비교가 되지 않는다. 비록 그들은 완벽한 부모는 아니었으나(그런 부모는 없다) 나는 좋은 사람, 좋은 본보기가 되려고 애쓰며 산 그들을 신뢰한다. 그리고 부모님은 내게 그런 사람이 되라고 가르쳤다. 그들의 모범 보이기는 나를 고무했다. 두 분 모두 돌아가셨지만 지금도 나는 여전히 그분들의 영향을 받고 있다. 사람마다 본보기 경험은 크게 다를 수 있다. 어쨌든 우리에게 가장 영향력 있는 본보기는 멀리 있는 우상이 아니라 매일 보는 우리 주변 사람들이다. 우리가 다른 사람에게 본보기가 될 기회 역시 우리 앞에 놓여 있다.

┌ 신뢰·고무형 리더는 무엇의 모범이 되는가? ┘

모범 보이기에는 여러 가지 중요한 속성이 있다. 그중에서 나는 새로운 리더십 방식에서 가장 영향력이 큰 행동을 몇 가지 찾았다. 나는 그 '덕행'을 짝지었는데 각각의 덕행은 모범 보이기에서 중요한 비중을 차지한다. 내가 이러한 덕행을 짝지은 이유는 하나가 다른 하나로부터 큰 영향을 받고, 어떤 경우에는 다른 하나로 인해 균형이 맞춰지기 때문이다. 사람들에게 큰 영향을 미치고 그들을 고무하는 리더는 이러한 덕행에서 모범을 보인다.

○ 겸손과 용기
○ 진정성과 취약성 노출
○ 공감과 성과

겸손과 용기

언뜻 서로 모순되어 보이는 덕목인 겸손과 용기는 우리가 모범을 보이는 데 대단히 중요하다.

어떤 사람은 겸손함은 나무랄 데 없으나 용기가 부족하다. 이들은 타인과의 관계 유지에는 신경을 많이 쓰지만 타인의 잘못을 바로잡거나 비판적 피드백을 줘야 할 때는 소극적 태도를 보인다. 아이 양육의 경우, 부모가 아이의 문제를 인식할 만큼 겸손하지만 아이의 잘못을 바로잡는 것을 두려워할 수 있다. 팀의 경우, 팀 리더가 팀이 제대로 돌아가지 않는다는 걸 인식할 만큼 겸손하지만 필요한 변화를 두고 팀원들과 담판하는 걸 두려워할 수 있다. 이러한 팀 리더는 옳은 일을 하는 것보다 팀원들에게 사랑받는 것에 더 관심이 많다. 결국 모두가 그러한 용기 부족으로 피해를 본다.

특히 관심이 가는 사랑하는 사람과 관련된 어려운 문제를 맡아서 처리하려면 상당한 용기가 필요하다. 길게 보면 원칙에 충실한 것이 그 사람에 대한 신의를 지키고 그 사람을 더욱 위하는 길이다.

예를 들어 환자는 의사가 자신에게 듣고 싶은 말이 아니라 진실을 말해주기를 원한다. 리더십 팀도 마찬가지다. 그렇게 하려면 용기를 내야 한다.

물론 그 반대의 경우도 마찬가지다. 용기는 넘치지만 겸손함은 부족한 명령·통제형 리더가 많이 있다. 아마 귀담아들을 만한 가치가 전혀 없는 내용인데도 회의에서 계속 목소리를 높이는 사람도 있을 것이다. 그런 사람은 거리낌 없이 말하는 것을 두려워하지 않으며 가끔은 주목받으려 노력하기도 한다. 그들에게는 용기는 많지만 겸손함은 그에 미치지 못한다.

겸손은 다른 모든 장점 중에서도 기본이 되는 장점이다. 원칙의 지배를 인정하기 때문이다. 겸손의 반대말은 오만, 자기애, 자만으로 흔히 책임지는 지위에 있을 때 그런 태도를 보이며 자기애를 원칙에 우선한다. 반면 겸손은 우리가 원칙을 이해하고 원칙에 따라 살아야 한다고 가르친다. 그런 이유로 봉사를 자기 이익에 우선한다.

겸손함이 없으면 발전할 수 없다. 겸손은 성장으로 가는 첫걸음이다. 실패를 인정하거나 사과할 수 있으려면 상당한 힘이 필요하다.

겸손을 오해하는 사람이 많은데 겸손은 종종 리더십의 본질과 정반대로 약하고 부드럽고 소심하고 수동적인 것으로 인식된다. 사실 겸손은 리더십의 본질에 부합하며 엄청나게 강하고, 단호하고, 용기 있고, 적극적인 것이다. 겸손한 사람은 자신이 옳은 것보다 옳은 것 자체에,

좋은 생각을 하는 것보다 그 생각에 따라 행동하는 것에, 공헌을 인정받는 것보다 공헌을 인정해주는 것에 더 관심이 있다.

LRN은 다른 사람을 고무하는 것과 관련된 조사에서 겸손한 리더는 그렇지 않은 리더보다 18배 넘게 동료를 고무한다는 것을 발견했다.[13]

겸손하려면 용기가 필요하다. 취약성을 노출하는 것은 사람들이 우리를 사랑하게 만드는 행동이다. 겸손한 태도를 보여줄 때 사람들은 최선의 노력을 다하고 전례를 따르도록 고무된다.

원칙에 맞게 우리의 습관을 바꿀 만큼, 취약성을 노출할 만큼, 충분히 겸손을 실천하면 우리는 신뢰성이 중요하다는 것을 다른 사람에게 보여줄 수 있다. 겸손을 실천하지 않는 사람은 실제로는 약점을 노출하는 것임에도 불구하고 자신이 힘을 각인시키고 있다고 생각한다.

용기는 보통 모범을 보이는 데 필요한 리더의 미덕으로 인식된다. 그렇지만 우리는 간혹 용기의 기초가 되는 것을 잊고 있다. 이기적 용기(자신을 위하는 것)가 적절한 때도 있지만 그것은 봉사 중심의 용기(타인을 위하는 것)만큼 영향력을 발휘할 수 없다. 모범을 보이는 데 가장 필요한 용기는 어려움이 따르거나 인정받지 못해도 옳은 일을 하는 용기다. 용기를 낼 때 비용(희생)이 따르는 경우가 용기의 첫 번째 시험대다.

용기의 두 번째 시험대는 아무도 모르는 경우다. 보는 사람이 없어도 우리는 옳은 일을 할까? 옳은 일을 할 때 그러한 용기를 발휘하려면 높은 수준의 성실성이 필요하다.

용기는 가치에 기초한 선택이며 두려움은 감정에 기초한 반응이다.

저명한 경제학자이자 경영 구루인 짐 콜린스는 그의 기념비적인 저서 《좋은 기업을 넘어 위대한 기업으로》에서 좋은 기업이 위대한 기업으로 바뀐 요인을 조사했다. 그 데이터는 리더십의 중요성을 다시 한번 입증했다. 콜린스를 놀라게 한 것은 '좋은 기업을 위대한 기업으로 전환하는 데 필요한 리더십 방식'이었다. 그가 발견한 것은 외향적이고, 사람들의 이목을 끌고, 자신을 과대평가하는 리더가 아니라 그가 가장 높은 리더십 단계로 설정한 '레벨 5' 리더였다. 그 리더의 특징은 개인적으로 아주 겸손하고 직업적 의지(용기)가 강하다는 것이다. 콜린스는 말한다.

"레벨 5 리더는 이중성의 전형을 보여준다. 겸손하면서 의욕적이고, 수줍어하면서 두려움이 없고 패튼 장군이나 시저보다 링컨과 소크라테스에 가깝다."[14]

용기가 보태지면 겸손의 힘은 강력해진다.

우리에게 겸손할 용기가 있을 때 사람들은 고무된다. 사람들이 우리의 겸손과 용기를 주시할 경우 우리의 상태와 지위는 별다른 의미가 없다. 영화 〈브레이브하트〉에서 윌리엄 월리스는 왕위 계승자 로버트 더 브루스에게 말한다.

"네 직책이 너에게 왕위에 오를 권리를 주겠지만 사람들은 직책을 따르지 않고 용기를 따를 것이다."[15]

다른 사람들을 이끌기 위해서는 우리 삶의 모든 부분에서 진정성을 보일 만큼 겸손하고 용기가 있어야 한다. 진정성은 겸손과 용기에서 나온다. 그리고 겸손과 용기는 다른 사람도 우리처럼 하도록 고무한다.

진정성과 취약성 노출

오늘날 소셜 미디어와 인터넷은 무수히 많은 사람에게 플랫폼을 제공하고 있다. 그 영향으로 이전에 들린 적 없는 목소리가 삶의 여러 분야에서 영향력을 발휘하고 있다.

그중에는 긍정적인 것도 많지만 여러 가지 문제도 있다. 아마도 우리는 모두 친구가 풍자적 뉴스를 진짜 뉴스라고 생각해 선의로 인터넷에 올린 것을 본 적이 있을 것이다. 어쩌면 우리 자신도 그렇게 했을지 모른다! 가짜 뉴스와 인스타그램 인플루언서가 범람하는 세계에서 진정성은 찾아보기 힘들다. 모두에게 의제가 있는 듯하고 모두가 무언가를 팔려고 하는 것 같다. 모두가 가능한 한 커다란 플랫폼을 원한다.

여기서 제기해야 할 질문은 이것이다. 우리에게 보이는 것을 정말 그대로 믿어도 되는 것일까?

우리는 진정성에 끌린다. 우리는 진정성이 있고, 취약성을 노출하고, 성장하는 사람에게 고무된다. 우리처럼 결점이 있고 인간적인 사람 말이다.

진정성은 진짜를 의미한다. 정직성이 우리 말이 실제와 일치하는 것을 의미한다면, 진정성은 실제가 우리 말과 일치하는 것을 뜻한다. 우리는 우리가 자칭하는 바로 그 사람이어야 한다. 이것은 우리가 이끄는 사람들이 우리와 경험을 함께하는 순간에 중대한 영향을 미친다.

실질적 의미에서 진정성은 높은 수준의 성실성(온전한 것, 완벽한 것, 통합한 것) 표현이다. 가식적으로 행동하거나 잘난 체하지 않는 것이다. 나는 노스캐롤라이나의 라틴어 모토에 함축된 진정성 표현을 좋아한다.

Esse Quam Videri(보이는 모습보다는 실제 모습).**16**

반면 비진정성은 인위적인 것, 그러니까 가짜를 뜻한다. 당신이 진정
성 없는 사람과 함께 있었던 때를 생각해보라. 아마 당신이 중요하지
않은 사람이라는 느낌을 받았을 것이다. 그럴 때는 관심을 받고 있다는
느낌도 들지 않는다. 그러면 대개는 상대방의 동기가 무엇인지 몰라 답
답해하거나 혼란스러워하며 대화를 마친다. 그 사람이 옳은 것을 말할
지라도 그 말과 행동이 일치하지 않기 때문이다. 오디오가 비디오와 일
치하지 않는 셈이다. 그래서는 누구도 고무하지 못한다.

> 사람들은 당연히 해야 하는 것을 잘하지 못하는 리더는 용서하
> 겠지만, 자신이 주장하는 것을 잘하지 못하는 리더는 용서하지
> 못할 것이다.**17**
>
> –다이앤 소여(ABC 뉴스 앵커)

세 가지 삶: 공적인 삶, 사적인 삶, 내면의 삶

우리는 모두 세 가지 삶을 산다. 공적인 삶은 모든 사람에게 드러나
는 삶이다. 소셜 미디어에 올리고, 이력서에 적고, 세상에 공표하는 것
처럼 말이다. 사적인 삶은 집에서 가족이나 가까운 친구와 함께하는 삶
이다. 내적인 삶은 혼자 있을 때 생각하고 행동하는 삶이다. 진정성이
있으려면 우리는 이 세 가지 삶이 일치하도록 노력해야 한다.

1931년 인도의 독립운동을 주도하던 간디는 영국 리더들에게 영향
을 주길 바라면서 하원에서 연설하기 위해 영국으로 갔다. 그 회의에는

의회 의원을 포함해 저명한 인사가 많이 참석했다. 간디는 평소처럼 간편한 복장으로 도착해 겸손한 태도로 무대에 올랐다. 이어 그는 2시간에 걸쳐 호소력 있는 연설을 해 청중의 마음을 사로잡았다. 원고 없이 한 연설이었다.

사람들은 그가 원고 없이 그런 훌륭한 연설을 했다는 것에 놀랐다. 연설 후 기자들은 간디가 어떻게 원고도 없이 그토록 오랜 시간 동안 그처럼 정확하게 연설할 수 있었는지 간디의 비서 마하데브 데사이에게 물었다. 데사이가 대답했다.

"여러분은 간디를 모르고 있어요. 보다시피 그의 생각은 그의 느낌입니다. 그의 느낌은 그의 말이고, 그의 말은 그의 행동입니다. 간디는 생각, 느낌, 말, 행동이 모두 일치합니다. 그는 원고가 필요 없어요. 여러분과 나는 때로 자신의 느낌과 다른 것을 생각합니다. 우리의 말은 듣는 사람에 따라 달라집니다. 우리의 행동은 지켜보는 사람에 따라 달라집니다. 간디는 그렇지 않습니다. 그는 원고가 필요 없습니다."[18]

간디는 세 가지 삶이 정확히 한 방향을 이룬 완벽하게 진실한 삶을 살았다. 그의 진정성은 일관성 있는 모범 보이기로 얻은 것이라 매우 강력했다. 그는 언제, 어떤 상황에서든 누구에게나 자신에게 솔직했다. 그에게는 공식 지위가 없었지만 진정성 모범 보이기로 누구도 넘볼 수 없는 신뢰성과 도덕적 권위를 얻었다.

> 내 삶은 나눌 수 없는 완전체로, 내 모든 활동은 서로 만난다. 내 삶은 곧 내 메시지다.
>
> —마하트마 간디

개인의 능력은 공적인 삶, 사적인 삶, 내면의 삶을 일치시키려 평생 노력하는 가운데 커진다. 사람들은 우리가 말하는 우리가, 우리의 본모습임을 알았을 때 우리에게 신뢰를 보낸다. 그것이 진짜 진정성이다.

내 아버지가 돌아가셨을 때 나는 장례식에서 하고 싶은 말을 생각해보았다. 계속 떠오르는 말은 아버지가 사적인 삶에서도 공적인 삶 다름없이, 아니 그보다 더 훌륭하게 살았다는 것이었다. 또한 아버지는 매우 성실하셔서 늘 말과 행동이 일치했다. 방송 카메라를 켰을 때 일상 모습을 그대로 보여주어도 상관없었다. 아버지에게는 그의 '일곱 가지 습관' 모드로 전환하는 스위치가 없었다. 일곱 가지 습관 모드가 늘 켜져 있었기 때문이다. 아버지는 매일 일곱 가지 습관을 실천했다. 아버지에 관한 한 일상 행동이 그의 실제 모습이었다. 아버지는 일상에서 만나는 사람들, 즉 가족과 직장 사람도 영향력 있는 사람을 대하듯 했고 오히려 더 잘 대해주었다.

취약성 노출은 진정성으로 가는 문이다

우리는 진정성을 자신이 말하는 자신이 되는 것이라고 정의했다. 취약성 노출은 자신이 정말 누구인지 다른 사람이 볼 수 있도록 자신을 열어 보이는 행동이자 자신을 투명하게 공개하는 일이다. 이것은 실질적인 친밀감을 만들어내는데 친밀감이란 '나를 들여다보는 것'을 의미한다.

우리가 자라면서 배운 것과 달리 취약성을 노출하는 리더는, 다시 말해 잘못을 시인하고 부적절한 행동을 인정하며 도움을 요청할 수 있는 리더는 결코 약하지 않다. 우리는 리더는 약점을 보이면 안 되고 마스크 뒤에 숨어야 힘이 생긴다는 생각과 결별해야 한다. 그렇다고 우리가 내면의 두려움이나 문제를 모두에게 몽땅 말해야 한다는 것은 아니다. 이것은 우리가 마스크 뒤에 숨거나 우리가 '기계적인 리더mechanical leader(하는 시늉만 할 뿐 할 마음이 조금도 없는 사람)'라고 부르는 진정성 없는 리더가 되지 않는다는 뜻이기도 하다. 신뢰·고무형 리더는 진짜 자신을 열어 보이며 취약성을 노출한다.

> 취약성을 노출하는 것은 약점이 아니다. 그것은 가장 큰 용기의 척도다.[19]
>
> —브레네 브라운(저술가, 교수)

취약성 노출이 강점으로 작용한 좋은 예로 최근 물러난 인튜이트 CEO 브래드 스미스를 들 수 있다. 브래드는 제프리 콘, 스리니바사 란간과 〈하버드 비즈니스 리뷰〉에 '취약성 노출의 모범 보이기' 관련 글을 공동 발표했는데, 여기서 자신은 이사회의 다면평가를 받아 그 결과를 이사회는 물론 그의 팀을 넘어 전체 직원과 나누고 싶다고 말했다. 실제로 그는 CEO로서 자신이 받은 피드백 결과를 모두가 볼 수 있도록 사무실 밖에 게시했다. 그렇게 함으로써 그는 자신이 회사에서 어떤 일을 하는지 보여주고 그 일을 자신이 책임지고 싶다는 뜻을 밝혔다. 그는 진정성, 취약성 노출, 솔직함의 모범을 보였다. 또한 그는 계속 발전하고 싶은 마음을 솔선해서 보여주었다. 그렇게 그는 약점도 강점으로 만들 수 있다는 모범을 보였다. 당연히 그의 신뢰도는 높아졌고 사람들은 자신도 브래드처럼 계속 발전하기를 원했다.[20]

카리스마가 동기를 유발하기도 하지만 사람들을 진정 고무하는 것은 진정성과 취약성이다.

취약성을 노출하는 부모는 어떤 모습일까? 우리는 자주 부모들은 아이 앞에서 항상 강하고 권위가 있어야 한다고 생각한다. 아이가 잘못하면 많은 부모가 아이에게 사과할 것을 요구한다. 그럼 아이는 부모가 잘못한 것이 있을 때 사과하는 것을 본 적 있을까? 부모가 사과의 모범을 보이는 것을 본 적도, 그 영향을 느낀 적도 없다면 아이가 사과하는 방법과 그 사과의 영향을 어떻게 알겠는가? 아이는 의미 있는 사과에 어떤 힘이 있는지 알지 못한 채 "미안하다"라고 말하는 것만 배운다. 때로 우리는 우리의 관계를 유지하고, 강화하도록 자신이 옳아야 한다는 마음을 접어둘 필요가 있다. 우리가 취약성을 노출할 때 우리는 아이에게 우리의 자존심이나 자아보다 그들이 더 중요하다는 메시지를 전해 준다.

그러나 지나치게 취약성을 노출하는 것은 역효과를 낼 수 있다. 사실 어떠한 덕행도 극단에 치우치면 약점이 되고 만다. 예를 들어 리더가 자신의 두려움과 불안정을 너무 솔직하게 밝힐 경우, 취약성을 과도하게 노출할 수 있는데 그러면 비전과 분명한 의지를 지닌 리더를 찾는 사람들에게 신뢰를 잃을 수 있다. 취약성 노출은 모든 상황에서 통하는 방법이 아니며 여기에는 올바른 판단이 필요하다. 한도가 있어야 한다는 의미다. 그렇지만 우리에게 항상 문제가 되는 것은 우리가 취약성을 너무 많이 노출하는 게 아니라 취약성을 충분히 노출하지 않는 것이다.

당신의 의도와 당신이 어떤 사람인지를 분명히 밝혀라

내 동생 데이비드는 직장에서 회의를 운영하는 방식이 독특한 것으로 유명하다. 회의를 시작할 때 그는 칠판 앞에 서서 이렇게 말한다.

"회의의 의제를 쓰도록 합시다."

모두가 토의하고 싶은 것을 이야기하면 그는 그것을 칠판에 적는다. 그렇게 의제 설정이 끝나고 난 뒤 그는 참석자들을 둘러보며 말한다.

"이제 숨은 의제를 쓰도록 합시다."

이 말에 모두가 웃지만 그의 말에는 진실이 담겨 있다. 그들 모두가 항상 회의에서 얻고 싶은 것을 솔직하게 말하는가? 직장에서 자신의 목표를 투명하게 공개하는가? 다른 사람이나 다른 부서보다 우위에 서려고 하는 사람은 없는가?

사람들은 숨은 의제가 있는 사람을 경계한다. 불행하게도 많은 사람과 조직에 숨은 의제가 있다.

심지어 다른 사람과의 관계에도 숨은 의제가 있다. 부모가 아이와 성적 이야기를 나눌 때 부모의 진짜 의제는 무엇인가? 아이를 도와주는 것인가, 아니면 문제를 해결하는 것인가? 진정성은 신뢰 관계 형성에 대단히 중요하다. 이는 자신의 의도를 분명히 밝혀야 한다는 뜻이다.

자기 의제를 공개하고 그 이유를 제시하는 것도 자신의 의도를 분명히 밝히는 것에 속한다. 이것은 진정성을 보여주기 위해 취약성을 노출할 때 필요한 중요한 습관이다.

이러한 습관의 좋은 예는 나비스코 푸드의 전 사장이자 캠벨 수프 컴퍼니의 전 CEO인 더글러스 코넌트가 잘 보여준다. 더글러스가 캠벨의 CEO가 되었을 때 그 회사는 전국에서 직원 몰입도가 가장 낮은 회사에 속했다. 재무성과도 글로벌 식품회사 중 거의 꼴찌에 머물러 있었다. 하지만 더글러스가 10년을 재임하며 변화를 이끌면서 직원 몰입도는 바닥에서 세계적인 수준으로, 재무성과는 꼴찌에서 최고 수준으로 올랐다.

변화를 이끈 요소는 여러 가지였으나 더글러스의 말에 따르면 성공은 대부분 자기 의도를 분명히 밝히는 것을 비롯해 '자신의 주장을 내세우는' 그의 습관에서 기인했다. 그가 내게 말하길 캠벨에서 직원, 파트너, 고객 등 함께 일하는 사람들을 새로 만날 때마다 항상 '자신이 어떤 사람인지 분명히 밝히는 것'으로 시작했다고 한다. 그는 자신이 어떤 사람이고, 자신에게 무엇이 중요하며, 리더십과 일에 어떻게 접근하는지 밝혔다. 또한 그는 회사의 목표와 함께 사람들과의 관계에 관한 목표도 말했다. 무언가를 말할 때는 그 이유도 설명했다.

더글러스와 대화를 나눈 사람들은 자신이 신뢰받았다고 느꼈다. 그리고 그들은 그가 누구이고, 무엇을 신뢰하고, 왜 그 일을 하는지 분명히 알 수 있었다. 그와의 관계에서 더 이상 비밀은 존재하지 않았다.

더글러스는 친밀감과 진정성을 행동으로 보여줄 때 취약성도 함께 노출했다. 그의 행동은 회사 전체 분위기에 영향을 미쳤다. 그는 자기 의도를 밝히는 데 그치지 않고 자신이 어떤 사람인지도 밝혔다. 그는 다른 사람이 그의 행동에 화답하고 그들 자신도 원하면 자신이 어떤 사람인지 밝히게 했다.[21]

다음 직원회의를 '자신의 의도를 분명히 밝히는 것'으로 시작한다면 어떻게 될지 상상해보라. 직속 부하와의 다음 미팅을 '자신이 어떤 사람인지 분명히 밝히는 것'으로 시작한다면 어떻게 될지 상상해보라. 배우자와 경제 상태를 논의할 때 진정성과 취약성을 주제에 포함한다면 어떻게 될지 상상해보라. 상황이 어떻게 변할까? 우리는 어떤 결과를 얻을 수 있을까? 더 이상 보디랭귀지를 읽고 말속의 숨은 뜻을 해석하려 노력하지 않게 되었을 때 얼마나 많은 시간을 절약할 수 있겠는가?

우리가 왜 그 일을 하는지 솔직해질 때 다른 사람도 그렇게 할 것이다. 사실 진정성과 취약성 노출의 모범을 보이는 것은 당신 팀에 심리적 안정을 주는 대단히 효과적인 방법이다. 이 두 가지 덕행은 신뢰 형성을 촉진한다. 이해와 신뢰가 높아질 경우 성과를 얻는 능력도 덩달아 올라간다.

우리는 우리를 고무하는 사람을 슈퍼맨으로 여기기 쉽다. 어쩌면 이렇게 말할지도 모른다.

"이미 이뤄낸 게 많은 사람이니 당연히 취약성을 노출할 수 있지."

진정성을 보여주고 취약성을 노출하는 사람이 성공을 이루거나 악명을 떨친 후에만 그런 습관을 시작하는 게 아니다. 오히려 그들은 처음부터 진정성과 취약성을 노출했기에 그 수준에 이른 것이다. 그들은 더 큰 진정성과 성공을 얻기 위해 행동했다.

《신뢰의 속도》에서 나는 리더들이 신뢰를 쌓는 데 도움을 주는 구체적이고 진정한 열세 가지 행동과 거기에 상응하는 '반대 행동' 그리고 '가짜 행동'을 언급했다.[22] 여기서 그것을 다시 살펴볼 필요는 없다. 다만 내가 하고 싶은 말은 많은 리더가 표면적으로는 진짜로 보이지만 실제로는 그렇지 않은 가짜 행동의 덫에 빠질 때 진정성을 잃어버린다는 점이다. 그러나 그 리더들이 일관성 있게 진정한 행동으로 모범을 보이려 노력하면 그들은 의도적으로 더 큰 신뢰와 성공을 얻도록 행동할 수 있다.

우리는 모두, 심지어 영웅들도 때로 말과 행동이 일치하지 않는 잘못을 저지른다. 그것은 큰일인 동시에 사소한 일이다. 리더로서 신뢰를 쌓는 가장 좋은 방법은 한 말을 실천하는 것이다. 행동이 말보다 더 큰 소리를 내야 한다는 얘기다. 우리는 사람들을 고무하고 싶을 때 그들 마음속에 무언가를 불어넣는 리더가 되려고 노력한다.

그렇다고 우리가 완벽한 사람이 되어야 하는 것은 아니다. 우리는 직원, 동료, 조카 들에게서 보길 원하는 그런 삶을 먼저 보여주려고 노력해야 한다. 우리는 영원한 원칙에 따라 그 원칙에 부합하는 삶을 살려고 노력해야 한다. 그렇게 노력하는 것 자체도 가치 있는 일이다. 우리는 우리가 보고 싶어 하는 행동으로 모범을 보일 수 있다.

우리가 가본 적 없는 곳에서 돌아올 수 없는 것처럼 우리가 아닌 것은 가르칠 수 없다.

공감과 성과

공감과 성과는 서로 완전히 독립적으로 느껴지는 두 가지 덕행이다. 그렇지만 이 둘은 놀랄 만큼 상호의존적이다.

인간의 가장 큰 욕구 중 하나는 다른 사람으로부터 이해받는 것이다. 산소가 신체에 중요하듯 이해받는 것은 마음에 중요하다. 그것은 사람들에게 감정적·심리적 공기를 준다.

분열과 양극화가 심화하는 세계에서는 모두가 말하려 할 뿐 듣는 사람이 거의 없다. 아무도 타인의 이해를 구했다고 느끼지 못한다. 약간 들으려고 노력하는 사람도 있지만 대개는 상대를 이해하겠다는 자세로 듣지 않는다. 오히려 대부분은 응답하려는 자세로 듣는다. 자신의 응답 순서를 기다리는 것은 공감이 아니다. 공감은 이해하는 것이다. 상대방의 생각, 감정, 경험, 관점을 이해하는 것 말이다. 평가하거나 해석하는 것도 아니고 동의하거나 동의하지 않는 것도 아니다. 그냥 이해하는 것뿐이다. 이는 자기만의 관점이 아닌 상대방의 관점으로 보고 받아들여야 하는 행동이다.

영국의 다이애나 왕세자비는 감동적인 공감의 예를 보여주었다. 1980년대 에이즈가 유행할 때 에이즈에 걸린 사람들을 향한 편견과 오해가 전 세계로 퍼졌다. 에이즈에 걸린 사람은 신체적 고통을 겪는 것은 물론 사회적으로 소외당하고 오해받았다. 많은 사람이 에이즈는 그 질환자와의 접촉으로 감염된다고 믿었다.

이 그릇된 믿음을 깨기 위해 다이애나 왕세자비는 에이즈 환자들이 입원한 병원을 방문했다. 거기서 그녀는 의도적으로 모든 환자와 악수하며 악수 같은 신체 접촉을 모든 사람이 보도록 공개 촬영하고 기록하게 했다.[23] 당시에 많은 사람이 그 행동이 건강이나 평판 측면에서 그녀를 위험에 빠뜨릴 거라고 생각했지만 그녀는 옳다고 여기는 일을 했다. 그녀는 동정심이 어떤 것인지 보여주는 한편 공감의 본보기가 되었다. 그러한 그녀의 공감 행동은 에이즈를 향한 사회적 인식을 개선하는데 도움을 주었다. 나아가 그녀의 솔선은 세상 사람들에게 그녀의 행동을 따르고 싶은 마음을 불러일으켰다.

오래전 내가 프랭클린코비센터의 새 CEO가 되었을 때 우리는 여덟

건의 송사에 휘말려 있었다. 그중 몇 건은 여러 달을 끌어왔고 몇 년 동안 이어진 것도 있었다. 나를 포함해 우리 팀 전체가 시간과 에너지를 들여야 하는 소송이었다. 소송 업무를 다루는 것은 소모적이었고 나는 우리가 고객에게 노력을 집중해야 한다고 생각했기에 좌절감도 컸다. 더욱이 나는 우리가 처음부터 느슨하게 대응한 점에 실망했다. 고민 끝에 나는 두 달 안에 여덟 건을 모두 해결해야겠다고 마음먹었다. 무한정 끌 수는 없는 노릇이었다.

내 기본 전략은 상대방의 관점을 이해하려는 자세로 각 당사자의 입장을 듣는 것이었다. 내가 원한 것은 그들에게 자신의 입장을 단순히 되풀이하게 하는 것이 아니라 양측이 서로 충분히 이해받았다고 느끼도록 하는 것이었다. 나는 공감의 모범을 보이고 싶었다. 처음부터 잘되지는 않았다. 내가 그들의 관점에 상당 부분 동의하지 않아 공감하기가 어려웠기 때문이다. 그러나 내 첫 번째 목표는 평가하는 게 아니라 공감하는 것이었다. 일단 상대가 우리를 이해시켰다고 느낄 때까지 그 과정에 깊숙이 관여했다. '이해'에서 중요한 점은 우리가 이해했다고 느끼는 것이 아닌 그들이 우리를 이해시켰다고 느끼는 것이다.

일단 상대가 우리를 이해시켰다고 느끼자 그들은 한층 더 열린 마음으로 우리의 입장에 귀를 기울였다. 그들은 분쟁 해결을 위해 시너지를 낼 수 있는 창의적인 해결책을 찾으려고 기꺼이 노력했다. 결국 여덟 건 중 일곱 건을 두 달 만에 해결했고 마지막 건을 해결하는 데는 시간이 몇 달 더 걸렸다.

상대방의 입장에 진정으로 공감하는 데는 오랜 시간이 걸릴 수 있지만, 일단 서로를 이해하면 신속하게 움직여 훌륭한 결과를 낼 수 있다.

사람들이 상대가 경청하지 않는다거나 자기 입장을 이해시키지 못했다고 느낄 때는 시간이 오래 걸릴 수밖에 없다. 다시 한번 강조하건대 사람을 대하는 일에서는 빠른 것이 느린 것이고 느린 것이 빠른 것이다.

그 어떤 것도 공감의 힘을 능가하지 못한다. 공감은 선물이다. 사람을 상대로 한 것이라서가 아니라 공감이 우리의 성과를 높여줄 수 있기 때문이다. 내 아버지가 강조한 일곱 가지 습관 중 다섯 번째는 '먼저 이해하고 그다음에 이해시켜라'다. 이는 먼저 경청하거나 공감의 모범을 보이라는 말이다. 사람들이 먼저 이해받았다고 생각할 때 우리는 함께 더 많은 일을 더 빨리 해낼 수 있다. 이처럼 상대에게 영향을 미치고 싶으면 당신이 먼저 영향을 받아야 한다. 그러면 사람들은 솔직하고 창의적이고 생산적으로 대화에 응한다. 그것은 서로의 성과를 높이는 데 도움을 준다.

직장과 가정의 대인관계에서는 보통 공감을 도외시하는 경우가 많다. 팀과 조직에서도 그렇다. 이는 우리의 효과성과 영향력을 제한한다. 다른 사람에게 공감의 모범을 보이는 것은 행복을 증대하고 관련된 모든 사람의 성과를 높여준다.

> [공감은] 다른 누군가를 위해 더 좋은 삶을 만들고 싶어 하는 우리 모두의 인간적인 욕구다. 그것은 당신을 더 크게 느끼도록 만든다. 또 인류가 한 가족임을 느끼게 만든다. 그것은 자기만을 위한 것보다 훨씬 더 좋은 꿈의 원천이다.[24]
>
> —도리스 키언스 굿윈《권력의 조건》저자)

성과를 냄으로써 모범 보이기

성과를 내는 것은 우리가 신뢰·고무형 리더로서 행해야 하는 핵심 덕행이다. 다른 덕행을 희생하지 않고 그 행동들과 결합해 성과를 내는 것이다. 사실 우리에게 다른 모든 덕행이 있어도 성과를 내지 못하면 리더십은 현저하게 떨어진다.

리더로서 우리의 신뢰성과 효과성에는 성과가 중요하다. 그리고 성과는 모범 보이기에 중요하다. 성과를 냈을 때 우리는 영향력이 커지고 선택의 자유를 얻는다. 유연성과 선택권(자유)을 원한다면 성과를 내야 한다.

내가 프랭클린코비센터 새 CEO로서 직무를 수행한 지 9일째 되던 날, 우리가 신용위기를 맞았다고 판단한 은행 측을 설득해야 했다. 우리는 고객들의 가치는 창조했으나 정작 우리 회사의 성과를 내지 못하고 있었다. 수익을 내는 좋은 비즈니스 모델을 찾아내지 못한 탓이다. 심지어 우리가 고성장하는 동안에도 수익이 거의 없거나 지극히 낮았다. 우리는 11년 연속 마이너스 현금흐름을 기록했고 외부 자본 유입이 전혀 없었으며 엄청난 빚더미에 앉아 있었다. 은행 측은 우리의 재무 상태를 따져보고 결론을 내렸다. 저 사람들, 파산할 거야!

성과 부재로 우리는 은행이 제시한 열일곱 개 준수사항 가운데 열 개를 지키지 못했다. 은행가들은 냉소적으로 변했다. 은행 측은 우리가 행동으로 모범을 보이려 하는 좋은 사람이라는 것이나 우리가 고객을 배려한다는 것에는 관심이 없었다. 그들에게는 성과가 중요했다. 성과가 없으면 그들은 우리를 신뢰하지 않았다.

운 좋게도 우리는 협상을 거쳐 지속적인 신용 유지에 필요한 성과 기준을 포함한 회생안을 만들었다. 다행히 사업 흐름이 좋아지고 매달 합의한 기준을 이행하면서 은행의 신뢰도는 점차 높아졌다. 이후 우리는 몇 년에 걸쳐 모든 기준을 이행할 수 있었다. 신용공여 기간이 끝났을 때 은행 측은 우리의 신용공여를 갱신해주고 심지어 신용한도를 2배로 올려주겠다고 제안했다! 성과가 냉소자들을 바꿔놓은 것이다.

나는 다른 팀에서도 비슷한 경험을 했다. 그들은 수년 동안 단 하나의 제품과 서비스도 생산하지 못했고 업계는 그들을 회의적인 시각으로 바라봤다. 성과가 전혀 없다는 것을 근거로 냉소자들은 편애 인사로 팀이 몰락하고 있다고 생각했다. 나는 그 팀에 그런 인식을 바꾸는 유일한 방법은 성과를 내는 것이라고 말해줬다. 그것도 아주 신속하게.

열심히 노력한 그들은 2년이 더 걸릴 예정이던 신제품 개발을 6개월 만에 마쳤다. 그 신제품은 나오자마자 수백만 달러의 매출을 안겨주었다. 이제 사람들은 그 팀을 고성과 팀으로 보고 있는데 이는 그 팀의 모든 관계에 영향을 미쳤다.

아무리 다른 모든 것을 잘해도 성과를 내지 못하면 소용이 없다. 물론 성과만 중요한 것은 아니다. 윤리 규범을 위반하면서, 사람들에게 혹독하게 일을 시키면서, 자기에게 이익을 주는 의제로 운영하면서 성과를 내는 리더는 용납되지 않는다. 사람은 좋은데 성과를 내지 못하는 리더 역시 용납되지 않는다. 두 가지를 다 잘하는 것이 중요하다.

리더십은 신뢰를 고무하면서 결과를 얻는 것이다. 일하는 방식은 대단히 중요하다. 마찬가지로 성과를 내는 것도 중요하다. 이것은 양자택일 문제가 아니며 모두 잘해야 한다.

실적이 좋을수록 신뢰성과 영향력은 커진다. 반면 실적이 저조할수록 우리의 건설적 비판은 더욱더 불평으로 들리게 된다.

공감과 성과는 이상한 조합처럼 보이지만 두 요소는 같이 간다. 우리가 다른 사람의 말을 경청해야 그들에게 무엇이 중요한지 알 수 있다. 그런 다음에야 비로소 그들이 원하는 것을 하겠다고 약속할 수 있다. 성과를 내는 일이 바로 그 약속을 지키는 것이다.

팀 동료, 파트너, 고객 등 다른 사람과 공감이 없는 성과는 공허하고 빈약하며 불완전하다. 이처럼 공감은 관련된 모든 사람에게 힘을 주지만 성과가 없으면 공감도 별다른 의미를 지니지 못한다.

다행히 둘 사이에는 시너지가 있다. 깊은 공감은 더 큰 영향으로 이끌어주며 이는 다시 더 좋은 성과를 낳는다. 우리는 이 두 덕행으로 모범을 보여야 한다. 각각의 행동으로 그리고 둘을 겸비한 행동으로.

덕행으로 모범 보이기 – 어떤 리더 이야기

내 친구 셰릴 배첼더는 덕행으로 훌륭한 모범을 보였다. 그녀가 패스트푸드 체인 파파이스 루이지애나 키친의 새 CEO가 되었을 때, 그녀는 혼돈의 한가운데에 서게 되었다. 가볍게 하는 말이 아니다. 셰릴은 당시 자신의 상황을 이렇게 묘사했다.

"불타는 건물에 들어갔어요."[25]

CEO 자리는 마치 회전문 같았다. 그 회사는 불과 7년 동안 CEO를 네 명이나 갈아치웠다. 셰릴은 다섯 번째였고 그녀가 얼마나 오래 붙어 있을지 대다수가 회의적으로 생각했다(그녀 이전에 세 명의 후보가 그 자리를 거절했다). 그녀가 자신의 책 《도전과 섬김의 리더십 Dare to Serve》에 썼듯 매출은 곤두박질쳤고 고객은 떨어져 나갔다. 수익은 존립이 위태로울 정도로 떨어졌으며 제품개발은 한없이 늘어지고 있었다. 주가는 최고가인 34달러에서 계속 미끄러져 셰릴이 취임한 날 11달러로 추락해 있었다.[26]

성과뿐 아니라 직원의 사기 역시 바닥에 이르러 있었다. 신뢰하는 사람도 고무하는 사람도 없었다. 회사와 프랜차이즈 가맹점과의 관계는 셰릴이 기술했듯 "파탄 직전이었다." 그녀는 회사를 맡았을 때 가맹점과의 관계에서 내가 '상속세'라 부르는 것을 내야 했다. 가맹점들은 본사를 신뢰하지 않았고 본사도 그들을 신뢰하지 않았다. 아무도 신뢰하지 않았으며 누구도 번영하지 못하고 있었다.

이제 8년 후로 넘어가자. 측정 가능한 재무적 숫자가 모든 것을 말해준다. 가맹점당 단위 매출은 45% 상승했다. 가맹점 수익은 달러 기준으로 2배로 뛰었다. 시장점유율은 14%에서 27%로 높아졌다. 주가는 11달러에서 셰릴이 10년의 CEO 임기를 마칠 무렵 79달러로 치솟았다. 셰릴이 임기를 마쳤을 때 레스토랑 브랜드 인터내셔널이 이 회사를 인수했다.

높은 성장률과 수익은 가맹점에도 변화를 일으켰다. 셰릴이 말했듯 "영업 성과에 한껏 고무된 가맹점들은 기존 식당을 재빨리 리모델링해 새로운 파파이스를 만들기 시작했다. 그것은 그들에게 높은 투자수익을 안겨주었다." 전 세계에서 새 가맹점이 6백 개 이상 늘어났다.

셰릴의 말을 요약해보면 다음과 같다.

"이 기간에 회사는 업계의 신데렐라가 되었다. 가맹점들이 가장 선호하는 프랜차이즈, 건물주들이 가장 선호하는 회사, 투자자들이 가장 선호하는 기업이 되었다. 우수한 성과를 낸 사례연구 대상도 되었다. 파파이스의 회생 비결? 우리는 과감하게 섬겼다."

셰릴과 그녀의 팀은 신뢰·고무형 리더였다. 셰릴은 삶의 도전 속으로 뛰어들며 자신에게 물었다. 만약에 우리가 목적과 원칙에 따라 회사를 운영한다면 업계를 선도하는 성과를 낼 수 있을까?

더 이상의 '만약에'는 필요치 않다. 성과가 말해준다.

CEO가 되었을 때 그녀는 힘겨운 싸움을 벌여야 했다. 이것은 그녀도 다른 모든 사람도 예견한 일이었다. 이후 그녀는 당시 최우선과제가 가맹점과의 사이에 신뢰를 구축하는 일이었다고 내게 말했다. 그녀는 리더가 솔선한다는 믿음으로 모범을 보여줬다. CEO가 된 그녀는 자신의 팀에 그들이 가맹점이 신뢰할 수 있는 파트너인지 되돌아보라고 요청했다.

그 요청과 함께 CEO 직무를 시작한 셰릴은 가맹점과의 관계에 집중했다. 그녀와 그녀의 팀은 가맹점의 관심과 욕구에 귀를 기울이고 그들이 처한 어려움에 공감함으로써 겸손과 용기를 보여주었고 스스로 취약성을 노출했다. 그녀는 처음 한 달을 이렇게 회고했다.

"내가 한 가장 중요한 일은 내 입을 닫아두는 것이었다. 나는 가맹점들을 돌아다니며 현장의 애로사항을 묵묵히 들었다."

그녀는 가맹점 점주, 매니저, 고객과 만나 그들의 말을 경청했다. 그때 그녀는 그들에게 잘못된 점이 무엇인지 들었다. 그녀는 말했다.

"답은 보통 현장에 있었다. 누구나 무엇이 잘못되었는지 알았다. 그런데 아무도 그것을 고치지 않았다."

셰릴은 가맹점의 성공을 돕고 싶다는 마음을 보여주면서 진정성 있게 경청하고 대답했다. 그다음에는 잘못된 점을 고치기 시작했다. 그녀는 자신이 들은 모든 문제의 해결책을 찾아 실행에 옮겼다. 특히 그녀는 가맹점이 그녀와 본사에 원하는 것이 본사와 고신뢰 관계를 구축하는 것뿐 아니라 성과를 내는 것이라는 점을 인식했다. 그녀는 모두에게 성공의 길을 보여줘야 했다. 그리고 결국 그 길을 보여줬다.

그녀는 시종일관 모든 이해당사자, 특히 가맹점, 직원, 고객, 주주의 욕구를 충족하는 데 집중했다. 그녀는 진정성을 보여주는 한편 월가에도 자신이 이사회에서 했던 말을 그대로 들려줬다. 그녀가 가장 우선시하는 것은 주주가 아니라 가맹점이라고. CEO가 투자자와 이사들에게 그런 말을 하는 것은 보통 용기로는 감히 할 수 없는 일이다. 결과적으로 그녀는 주주를 포함한 모든 이해당사자의 욕구를 완전하게 충족해주었다.

셰릴은 변명하는 것을 싫어했다. 그녀는 잘못을 털어놓으면 해당 계획을 포기해야 하지만 잘못을 고치는 게 더 중요하다고 말한다. 한번은 그녀의 팀이 가맹점의 의견 경청과 참여를 생략하고 결정을 내린 일이 있었는데 이는 역효과를 낳았다. 성난 점주들이 본사에 몰려왔을 때 그녀는 뒤로 물러나 침착하게 대응했다. 그녀는 겸손한 태도로 경청한 다음 잘못을 인정했고 조금도 변명하지 않았다. 그렇게 잘못을 인정하는 겸손을 보인 다음에는 그것을 시정하는 용기를 냈다. 사태 확산을 사전에 차단하고 다시 신뢰를 쌓아간 것이다. 덕분에 가맹점과의 관계에서 타오른 분노는 몇 주 내에 가라앉았다.

셰릴은 말한다.

"사람들은 대부분 주목받는 리더가 성과를 낸다고 결론을 내린다. 그것은 착한 사람이 꼴찌를 하기 때문이다. 당신은 주목받기를 좋아하는 리더 밑에서 일해본 적 있는가? 대우를 잘 받았는가? 내 메시지는 간결하지만 보통의 메시지와는 결이 다르다. 만일 당신이 스스로 주목받기를 거부하고 과감하게 다른 사람을 섬긴다면 당신은 우수한 성과를 낼 것이다."

셰릴은 모든 덕행의 모범을 보여주었다. 그녀는 겸손과 용기 그리고 진정성과 취약성 노출의 모범을 보였다. 무엇보다 그녀는 모두의 말을 경청하며 공감하는 모습을 보였다. 더욱이 그녀는 놀랄 만큼 뛰어난 성과를 올렸다. 그녀가 회사 전체에 원하는 행동을 솔선해서 보여주자 그녀의 팀과 가맹점도 같은 행동을 보였다. 우리는 그 결과를 이미 살펴보았다.

> 리더십은 당신의 꿈에 관한 것이 아니다. 그것은 당신 팀의 꿈을 끌어내는 것이다. 리더는 사람들을 위험한 목적지로 데려갈 용기와 그 여정에서 이기심을 버리고 다른 사람을 섬기는 겸손함을 지니고 있어야 한다.
>
> -셰릴 배첼더(파파이스 CEO)

나라면 나를 따르겠는가?

당신은 당신의 모범 보이기를 어떻게 평가하는가? 잠시 리더로서 당신 자신을 생각해보라. 당신에게 다음 질문을 하라.

내가 내 리더(상사/스승/부모/보호자 등)라면				
	매우 아니다	다소 그렇다		매우 그렇다
나를 따르겠는가?	1	2	3	4	5
나를 신뢰하겠는가?	1	2	3	4	5
내게 영감을 받겠는가?	1	2	3	4	5
나를 내 리더로 선택하겠는가?	1	2	3	4	5

○ 내 주변 사람(직장동료/가족/친구/이웃)이 신뢰성 있고 도덕적 권위가 있는 사람을 생각할 때, 나를 떠올릴까?

○ 그들이 겸손과 용기의 모범을 보이는 사람을 생각할 때, 나를 떠올릴까?

○ 그들이 진정성과 취약성 노출의 모범을 보이는 사람을 생각할 때, 나를 떠올릴까?

○ 그들이 공감과 성과의 모범을 보이는 사람을 생각할 때, 나를 떠올릴까?

○ 그들이 솔선하는 사람을 생각할 때, 나를 떠올릴까?

○ 왜 떠올릴까? 왜 떠올리지 않을까?

내면을 들여다보면 우리는 때때로 우리가 주변 사람들이 잠재력을 충분히 발휘하는 데 도움을 주지 않는 방식으로 팀을 운영해왔음을 깨닫는다. 우리는 의도치 않게 우리가 원하지 않는 리더가 되었음을, 또는 우리가 원하지 않는 행동의 본보기를 보여왔음을 알게 될지도 모른다. 우리는 자신에게 신뢰성이 있다고 볼지 모르지만 다른 사람들은 그렇지 않을 것이다. 우리의 스타일은 우리의 의도를 방해할 수 있다.

신뢰·고무형 리더가 되는 것은 지속적인 자기평가를 요구한다. 그 이유는 자신에게서 시작되기 때문이다. 예를 들어, 비행기를 탈 때, 다른 사람을 돕기 전에 본인이 먼저 산소마스크를 쓰라고 요청하듯 우리는 자신을 먼저 챙기지 않으면 주변 사람을 효과적으로 성장시켜줄 수 없을 것이다.

> 내가 협상할 때 배운 것 중 하나는 내가 나를 바꾸기 전에는 다른 사람을 바꿀 수 없다는 것이다.[27]
>
> -넬슨 만델라

짐 콜린스는 "사람이 먼저고 목표는 그다음이다"라고 멋지게 조언했다.[28] 진실로 중요한 것은 우리의 본모습이다. 우리는 거짓으로 우리가 아닌 다른 사람인 체할 수 없다. 사람들이 결국 그것을 알아챌 테니 말이다. 그 시간이 더 오래 걸릴수록 그들이 알아챘을 때 우리는 더 큰 타격을 받는다. "될 때까지 그런 척하라"라는 말은 일부에게는 유익한 출발점인지 모르겠지만 그것은 지속가능하지 않다. 몰입도를 높이기 위해 보여주기식 기술 향상에 집중하거나 새로운 전술을 시도하는 데 집중하는 것으로는 충분하지 않다. 기술은 성품을 대체할 수 없다. 전술도 역량을 대체할 수 없다. 완벽할 필요는 없지만 완벽해지려는 노력은 해야 한다.

자신이 리더로서 어디에 있든 상관없이 이러한 덕행을 오늘 시작할 수 있다는 점을 잊지 마라.

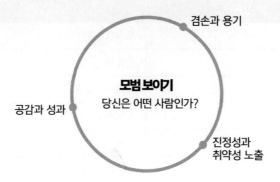

모범 보이기의 멋진 점은 우리 말고는 그 누구도 우리에게 시작을 요구할 수 없다는 것이다. 우리는 겸손과 용기, 진정성과 취약성 노출, 공감과 성과의 모범 보이기를 선택할 수 있다. 이 중 어느 것도 다른 사람에게 의존하지 않는다. 모두가 본보기다. 우리가 무엇의 모범이 될지는 우리가 결정할 문제다.

> 그곳에 항상 빛이 있기에, 우리가 빛을 '볼' 수 있을 만큼 용감하다면. 우리가 빛이 '될' 수 있을 만큼 용감하다면.[29]
>
> —아만다 고먼(시인)

명령·통제	신뢰·고무
공식 권위	도덕적 권위
지위	영향력
우리의 행동	우리의 본모습
말한다	보여준다
지시	교육
용기	겸손과 용기
외형	실체
숨은 의제	공개된 의제
할 일을 준다	해야 할 이유를 제공한다
주주	모든 이해당사자

신뢰하기: 당신은 어떻게 이끄는가?

우리가 자유로울 때 다른 사람도 자유롭게 해주는 것이 우리의 진짜 임무임을 잊지 마라. 우리에게 권한이 있다면 우리의 임무는 권한을 다른 사람에게 부여하는 것이다.[1]

-토니 모리슨(소설가)

신뢰하기
당신은 어떻게 이끄는가?

누가 당신을 신뢰했는가?

당신을 신뢰한 사람을 생각해보라. 당신을 향한 그 사람의 신뢰는 당신이 당신 자신을 신뢰한 것보다 더 컸을지 모른다. 당신에게 신뢰를 보인 사람, 당신을 믿은 사람, 당신에게 신뢰를 보낸 사람.

상사, 동료 직원, 코치, 부모, 가족, 스승, 성직자, 친구 등이 그런 사람일 수 있다. 신뢰받은 때가 예닐곱 살 때일 수도 있고 예순일곱 살 때일 수도 있다. 그 사람이 누구이고 언제 있었던 일인지는 중요하지 않다. 그것은 사람마다 다를 것이다. 중요한 것은 그 사람과 그 사람이 한 일이 우리에게 어떤 느낌을 주었는가 하는 점이다.

나는 대학 졸업 후 들어간 첫 직장에서 나를 신뢰한 사람을 잊지 못한다. 그는 당시 부동산개발회사 트래멀 크로 컴퍼니의 파트너로 일하고 있던 존 월시였다. 나는 지역 파트너가 아니라 그 회사 매니징 파트너에 의해 채용되었다. 그는 자신의 지역 파트너들 가운데 적어도 한 명은 나와 함께 일하길 원할 거라 예상해 나를 직접 채용한 것이다. 그때 나는 내게 적합한 지역 사무소를 찾기 위해 여러 파트너와 인터뷰했다.

공교롭게도 아무도 나를 원치 않았다. 나는 나와 함께 일할 의향이 있는지 확인하기 위해 6주 동안 열세 명의 파트너와 인터뷰했다. 그런데 내게 관심을 보이는 사람은 아무도 없었다.

나는 대학을 막 졸업하고 첫 직장을 구하는 중이었다. 사무소마다 퇴짜를 놓는 바람에 무려 열세 번이나 거절당한 나는 어느 때보다 기분이 가라앉아 있었다. 내 신뢰 수준은 최저 상태였다. 처음에 나를 채용한 매니징 파트너는 틀림없이 속으로 이렇게 생각했을 것이다.

'내가 무슨 짓을 한 거지? 큰 실수를 한 것 같은데.'

그다음에 나를 인터뷰한 사람이 존 윌시였다. 나는 그와 정말로 잘 통한다는 느낌을 받았다. 그는 인터뷰를 마치고 다른 파트너들에게 말했다.

"스티븐이 마음에 듭니다. 경험은 없지만 믿음이 갑니다. 그가 여기서 할 일이 있을 것 같아요. 가능성이 보입니다. 그를 믿어보겠습니다. 그가 내 팀에서 일했으면 좋겠습니다."

존은 나보다 더 나를 신뢰했다. 그는 내게 신뢰를 보냈다. 그 믿음과 신뢰는 내게 영향을 미쳤고 나는 존을 실망시키고 싶지 않았다. 나는 어느 때보다 열심히 일했고 그를 위해 성과를 내는 데 집중했다. 그의 신뢰가 옳았음을 증명하고 싶었기 때문이다. 나는 그의 신뢰에 보답하고 싶었다.

그가 내게 준 신뢰에 고무된 나는 어려운 상황에 잘 대처할 수 있었다. 결국 나는 존이 믿고 의지할 수 있는 사람이 되었고 그를 위해 성과를 냄으로써 그의 신뢰에 보답했다. 그 일은 그에게도 도움을 주었다.

이 경험은 내 삶에 지대한 영향을 미쳤다. 내가 어떻게 스스로에게 자신감을 불어넣었는지, 나 자신을 어떻게 성장시키고 스스로 기대한 것보다 더 좋은 성과를 내도록 만들었는지 되돌아보면 가슴이 벅차오른다.

이제 당신도 생각해보라. 당신에게는 누가 그런 사람이었는가? 그런 사람이 한 명은 아닐 것이다. 내게 믿음을 보여줌으로써 나를 고무한 여러 사람이 떠오른다. 누가 당신에게 믿음을 보였는가? 누가 당신을 신뢰하고 고무했는가?

그런 사람을 확인했으면 세 가지 질문을 생각해보라.

첫째, 상황이 어떠했는가? 내 경우 존 외에는 아무도 나를 채용하고 싶어 하지 않았다.

둘째, 누군가가 당신을 믿었을 때 어떤 느낌을 받았는가? 나는 고무된 느낌을 받았다. 나는 그 신뢰에 보답하기 위해 그에게 고마운 마음을 표현하고 다른 사람이 예상하는 것보다 더 열심히 일하고 싶었다. 나는 그 신뢰가 옳았음을 증명하고 싶었다.

셋째, 그것은 당신과 당신의 삶에 어떤 영향을 미쳤는가? 내 경우에는 내 삶의 방향이 완전히 바뀌었다.

당신의 경우는 어떤가?

신뢰성 vs. 신뢰

최근 나는 150개 국가 이상에서, 사업을 하는 리더들을 상대로 강연을 했다. 55개가 넘는 국가에서는 현장에서, 그보다 많은 국가에서는 인터넷으로 강연을 마친 뒤 문화는 서로 달라도 문화를 관통하는 한 가지 공통점이 신뢰라는 것을 깨달았다. 모든 사회, 조직, 가정은 신뢰가 존재하는 만큼만 기능한다. 신뢰는 이 세상이 돌아가게 만든다.

'신뢰'라는 명사는 복합적이다. 나는 전 세계 청중 앞에서 토의를 시작할 때 생각할 거리를 주고 싶어 다음과 같은 내용의 슬라이드를 화면에 띄웠다.

신뢰성을 갖춘 두 사람이 함께 일해도, 두 사람 사이에 신뢰가 없을
수 있다.

나는 청중이 모인 각 테이블에서 이 말의 의미를 토의할 시간을 5분
주기 전에 이 말을 천천히 크게 읽어준다. 나는 그들이 왜 이 말이 사실
일 수 있는지 토의하길 원했다. 그리고 무대에서 내려왔다.

당신이 이 책을 더 읽기 전에 똑같이 따라 해보길 권한다. 잠시 이 말
의 의미를 생각해보기 바란다. 그 의미는 내가 오랫동안 신뢰를 가르치
는 동안 내가 얻은 가장 깊은 통찰 가운데 하나다.

당신에게 무엇이 떠오르는가?

신뢰성을 갖춘 두 사람이 함께 일해도 두 사람 사이에 신뢰가 없을
수 있다는 생각은 팀 내에서든, 팀과 팀 사이에서든, 조직에서든 그리
고 파트너·고객·개인 차원에서든 사람들과 함께 일할 때 내가 직면하
는 가장 큰 문제 중 하나다.

다시 전 세계 청중에게로 돌아가겠다. 나는 그들에게 토의할 시간을
준 뒤 그 말을 이렇게 마쳤다.

신뢰성을 갖춘 두 사람이 함께 일해도 두 사람 사이에 신뢰가 없을
수 있다. … 한 사람이 먼저 다른 사람을 신뢰하지 않는다면.

사람들은 대부분 신뢰를 떠올릴 때 신뢰성만 생각한다. 그것이 꼭 나
쁜 것은 아니다. 정확히 말하면 나쁜 출발이 아니다. 한쪽이나 양쪽이
그 가치를 느끼지 못할 때 사람들 사이에 의미 있는 신뢰가 실제로 생

기기는 어렵다.

다른 각도에서 이 문제에 접근해보겠다. 명령·통제형 리더에게는 대부분 신뢰성이 있다. 개량한 명령·통제형 리더는 더욱 그렇다. 그러면 여기서 의외의 결말을 말해주겠다. 내 경험상 문제가 되는 점은 대개 신뢰할 만한 사람이 부족한 게 아니라 신뢰할 만한 사람이 다른 신뢰할 만한 사람을 먼저 신뢰하지 않는다는 것이다.

내가 함께 일한 신뢰성과 진정성을 갖춘 수많은 리더가 자신의 일과 사람에게 깊은 관심을 보였지만 먼저 신뢰하지 않거나 의미가 있을 만큼 충분한 신뢰를 표하려 하지 않았다.

신뢰에 관해 내가 자주 하는 질문은 이것이다.

"신뢰는 얻어지는 것인가, 주어지는 것인가?"

많은 젊은 세대가 신뢰를 주어지는 것으로 보는 경향이 있다. 이는 '당신이 나를 신뢰할 생각이 아니라면 왜 나를 채용하지?'라는 식이다. 반면 많은 전통주의자는 신뢰를 얻어지는 것으로 여긴다. 그러면서 종종 다른 사람에게 신뢰를 주지 않는 이유로 그들이 먼저 신뢰받을 만한 모습을 보여주지 않았다는 점을 든다.

과연 신뢰는 얻어지는 것인가, 주어지는 것인가? 나는 항상 웃으면서 말한다.

"둘 다입니다!"

그렇다. 신뢰는 얻어지는 것이자 주어지는 것이다. 나는 신뢰성 없는 사람을 신뢰하는 것을 옹호할 생각이 없다. 그것은 지속가능하지도 않고 현명한 일도 아니다. 나는 이 주제를 다룬《진정한 신뢰Smart Trust》라는 책을 쓰기도 했다. 신뢰성을 갖추면 신뢰를 얻는다. 하지만 신뢰를 얻기 위해서는 단순히 신뢰성을 갖추는 것 이상의 노력이 필요하다. 또한 신뢰는 주어지는 것이어야 한다. 먼저 다른 사람을 신뢰해야 신뢰를 받을 수 있다. 이것은 간단한 공식으로 표현할 수 있다.

신뢰성 × 신뢰하기 = 신뢰

신뢰는 누군가가 상대방을 기꺼이 신뢰할 때만 이뤄진다. 다른 사람을 먼저 신뢰하기 시작할 때 만족감, 성과, 일을 해내는 속도가 증가하기 시작한다.

> 나는 영원히 불신 속에서 살기보다 백 번 신뢰하고 두세 번 실망할 위험을 감수하는 쪽을 선택하겠다.[2]
> -카를 프로이덴베르크(프로이덴베르크 그룹 설립자)

신뢰하기-당신은 어떻게 이끄는가?

이전 장에서 살펴보았듯 신뢰·고무형 리더의 첫 번째 스튜어드십은 모범 보이기다. 그리고 두 번째 스튜어드십은 신뢰하기다. 신뢰하기란 '당신은 어떻게 이끄는가?'를 말한다. 당신은 먼저 신뢰하지 않는 방식으로 이끄는가, 먼저 신뢰하는 방식으로 이끄는가?

신뢰와 고무에서 신뢰trust라는 말은 신뢰하는 것을 뜻한다. '명사' 신뢰(우리가 얻는 것)는 '동사' 신뢰(우리의 행동)의 열매다. 신뢰하기(당신은 어떻게 이끄는가?)는 사람들의 내면에 있는 위대함을 향한 기본 믿음에서 나온다. 리더로서 우리의 임무는 사람들을 통제하지 않고 그들의 잠재력을 끌어내는 데 있다. 우리는 그들을 신뢰함으로써 사람들 내면에서 위대함을 끌어낸다. 맹목적 또는 무차별적으로 그들을 신뢰하는 것이 아니라 명확한 기대사항과 책임감 아래 진정성 있게 신뢰하는 것이다.

우리는 대부분 다른 사람을 꽤 잘 신뢰한다고 생각한다. 하지만 데이터는 그 반대임을 보여준다. 우리가 틀렸음을 보여준다. 내 팀과 나는 15년 넘게 개인, 팀 내부, 조직 전반의 신뢰를 측정해왔다. 특히 리더 자신이 다른 사람을 얼마나 신뢰하고 있다고 생각하는지, 다른 사람들이 리더가 자신을 얼마나 신뢰하고 있다고 인식하는지 평가했다. 그 질문 가운데 하나는 리더에게 스스로 얼마나 자주 먼저 신뢰하고 있는지 측정하도록 요청한 것인데, 그들은 대부분 일상적으로 자주 신뢰한다고 생각했다.

우리가 리더와 함께 일하는 사람들에게 리더가 얼마나 자주 먼저 신뢰하는지 물었을 때, 그들은 리더가 스스로를 평가한 것보다 277% 낮게 평가했다. 거의 3배 가까운 차이다. 리더는 "나는 다른 사람을 꽤 신뢰하는 편인데"라고 말하고 싶겠지만 그들과 함께 일하는 사람들은 하나같이 말한다. "아니, 그렇지 않아. 그건 당신 생각이고. 당신은 그렇지 않아."

당신은 그렇게 느끼지 않았지만, 당신을 꽤 신뢰한다고 말하는 당신의 상사들을 떠올려보면 이 사실을 확인할 수 있을 것이다. 물론 예외는 있다. 스스로 생각하는 것만큼 실제로 먼저 신뢰하는 리더도 있다. 우리는 이 예외가 규범으로 자리 잡았으면 한다. 아무튼 우리는 그 갭을 메워야 한다. 그 갭, 즉 신뢰 부족은 사람들이 그들의 리더를 명령·

통제형 리더에 더 가깝다고 인식하게 하기 때문이다.

다시 앞부분으로 돌아가자. 이 같은 추세가 나타나는 기본 이유 중 하나는 사람들이 대개 아무리 신뢰성이 있어도 먼저 신뢰하는 능력과 기술이 부족한 까닭이다. 그들의 스타일이 그들의 의도를 방해하고 있다. 아무리 아는 게 많고 신뢰성이 있는 리더라도 자주, 자연스럽게, 진정으로, 심지어 넘치도록 먼저 신뢰하는 방법을 배우지 않으면 신뢰·고무형 리더가 될 수 없다.

신뢰하기의 '무엇 What':
더 좋은 삶의 방법

다른 사람을 먼저 신뢰하는 것은 더 좋은 삶의 방법이다. 이것은 모든 계층의 사람들에게 해당한다. 다른 사람을 신뢰하는 리더들은 신뢰받는 사람의 능력과 자신감을 키워준다. 그들은 다른 사람의 잠재력을 끌어내고 성과를 크게 높이도록 한다. 또한 그들은 더 좋은 성과를 내고 활력과 즐거움이 넘치는 더 좋은 문화를 만들어낸다. 먼저 신뢰하는 것은 위대한 리더십의 본질이다. 리더의 첫 번째 임무는 신뢰를 고무하는 것이고 두 번째 임무는 먼저 신뢰하는 것이다.

신뢰하기가 더 좋은 삶의 방법인 이유에는 여러 가지가 있다. 여기에 더해 내가 생각하는 또 한 가지 강력한 이유는 그것이 행복에 영향을 미친다는 점이다. 연구에 따르면 타인을 신뢰하는 사람은 더 행복하고 더 건강하며 더 오래 산다고 한다. 캐나다 경제학자 존 헬리웰에 따르면 행복을 높여주는 첫째 요소는 수입이나 건강이 아니라 신뢰 관계다. 한 조사에서는 응답자의 75%가 직장에서 가장 스트레스를 받는 이유로 상사를 꼽았다. 고신뢰 관계와 팀을 이룬 경우에 신뢰가 낮은 경우보다 회사 생활이 더 유쾌하고 재미있고 즐겁다고 한다.[3]

이제 이것을 개인 관점에서 살펴보자. 대다수에게 가장 행복한 관계는 서로 신뢰하는 사람들과의 관계다. 신뢰가 없으면 관계는 소모적이고 재미가 없다.

그러고 보니 영화 〈한 솔로: 스타워즈 스토리〉가 생각난다. 범죄 집단의 비공식 리더 토비아스 베켓(우디 해럴슨)은 젊은 한 솔로의 멘토가 된다. 영화에는 베켓이 솔로에게 조언하는 장면이 나온다.

"내가 어떻게 이토록 오랫동안 생존했는지 알고 싶은가? 나는 아무도 믿지 않아. 그러면 모두가 너를 배신해도 실망하지 않을 거야."

솔로가 대답한다.

"외롭게 사는 방법 같군요."[4]

실제로 아무도 신뢰하지 않는 것은 아주 외롭게 사는 방법이다. 또한 스트레스가 많고 소모적이고 재미없게 사는 방법이다.

신뢰하기의 '어떻게How': 기대하는 바를 분명히 하고 성과 책임지기

내가 첫 책 《신뢰의 속도》를 출판했을 때 신뢰가 역량competency(의도적으로 집중하고 개선하는 기술)이라는 생각은 대다수에게 패러다임의 전환이었다. 나는 의도적 신뢰 향상을 위한 포괄적이고 현실성 있는 프레임워크를 내놓았다. 사람들이 무의식적인 행동 때문에 신뢰를 잃어버리는 경향이 있다면, 마찬가지로 의도적인 행동으로 신뢰를 형성할 수 있다고 제안한 것이다.

아마도《신뢰의 속도》에서 가장 실용적인 부분은 내가 고신뢰 리더가 되고 고신뢰 문화를 형성하는 데 큰 효과가 있는 구체적인 행동을 소개한 부분이리라. 그 행동에 순서가 있는 것은 아니지만 처음 열두 가지는 마지막 열세 번째인 '먼저 신뢰하라'에 잘 안착하기 위한 행동이다. 먼저 신뢰하고 신뢰가 작동하도록 하는 데 가장 중요한 행동은 기대하는 바를 분명히 하고 성과를 책임지는 일이다.

사람들이 먼저 신뢰하는 행동에서 어려움을 겪는 데는 다 이유가 있다. 여기서 분명히 밝히건대 그 이유는 사람을 신뢰하는 것에는 위험이 따르기 때문이다(위험이 없으면 신뢰할 필요가 없을 것이다). 하지만 사람들을 신뢰하지 않는 것에도 위험이 따른다. 이 점은 대단히 중요하다. 사실 사람을 신뢰하지 않는 것이 더 위험하다. 조직이나 사회에서 우리는 깊이 신뢰하는 것의 비용을 대단히 잘 측정한다. 반면 신뢰가 충분하지 않은 것의 비용은 잘 측정하지 못한다.

나는 신뢰하는 것이 문화에 얼마나 빠르고 강력하게 영향을 미칠 수 있는지 경험으로 깨달았다. 2019년 짐 개시는 페퍼다인대학교 로스쿨 부원장에서 대학 총장으로 승진했다. 총장이 된 지 며칠 만에 짐은 내게 그의 새 팀과 함께 일해줄 것을 요청했다. 짐은 그의 조직 구성원을 대부분 알았으며 그가 아직 모르는 사람은 소수에 불과했다.

그가 총장이 될 무렵, 학내에서는 학장 중 한 명인 마이클이 관리한 학부에서 결정한 일을 둘러싸고 논란이 발생해 긴장이 고조되고 있었다. 마이클은 짐과 만나 그 상황에 대해 논의하고 짐이 그 문제를 어떻게 다뤘는지 설명해주길 원했다. 마이클은 짐을 잘 몰랐고 짐이 자신을 어떻게 대할지도 알지 못했다. 짐과 대화할 준비를 마친 마이클은 배경과 세부 사항을 설명하기 위해 한 시간 면담을 요청했다.

그 자리에서 짐이 마이클에게 말했다.

"면담 일정을 잡기 전에 몇 가지 물어볼 게 있습니다. 먼저 이 결정은 당신과 당신의 팀이 숙고해서 내린 것입니까?"

마이클이 대답했다.

"예, 그렇습니다."

짐이 다시 물었다.

"그 결정을 내릴 때 모든 당사자와 함께 공정한 프로세스를 거쳤습니까?"

마이클이 다시 그렇다고 대답했다. 그러자 짐이 말했다.

"마이클, 나는 당신을 믿습니다. 그냥 추진하세요. 우리가 다시 만날 필요는 없습니다."

짐은 마이클을 알지 못했다. 그러나 짐은 마이클이 존경받고 있고 신뢰할 만한 사람이며 평판이 좋다는 것을 다른 동료들에게 들어서 알고 있었다. 흥미로운 점은 짐이 내게 이 이야기를 할 때 마이클도 함께 있었다는 것이다.

나는 마이클에게 그 경험이 그에게 어떤 영향을 미쳤는지 물었다. 그는 그날의 경험이 다른 어떤 것보다 자신에게 깊은 울림을 주었다고 말했다. 그는 그 신뢰가 옳았음을 증명하고 싶어 했다. 신뢰를 바탕으로 새로운 관계를 시작한 짐의 결정은 마이클과 짐, 모든 팀원, 교수, 스태프와의 관계에서 신뢰, 솔직함, 협력의 분위기를 조성했다. 짐의 신뢰로 마이클은 자신이 소중하게 여겨지고 있다는 느낌을 받았으며 이후 계속 짐에게 신뢰로 보답했다고 말했다.[5]

짐이 먼저 신뢰하지 않았다면 마이클은 짐을 의심하면서 그 미팅을 더 조심스럽게 마쳤을지 모른다. 그러면 신뢰 관계를 형성하는 데 훨씬 더 많은 시간이 걸렸을 것이다. 나아가 각 상황이나 짐과의 관계를 가늠하는 데 시간을 들이면서 팀 구성원 사이에 완전히 다른 분위기가 형성되었을 가능성이 크다.

다음번에 짐의 조직 구성원에 속한 어떤 사람이 문제나 어려운 상황에 부딪혔다고 상상해보라. 그들은 최선을 다하고 공정하게 처리하기만 하면 짐이 신뢰하고 지원해줄 것임을 알기에 기꺼이 그에게 달려갈 것이다. 한 사람과 신뢰를 형성하는 것은 결국 많은 사람과의 신뢰 형성으로 이어진다.

기대하는 바를 분명히 하는 것의 중요성

짐이 잘한 것 중 하나는 마이클에게 보인 첫 반응이다. 그는 자신이 기대하는 바를 미리 분명히 했다. 즉, 그는 그 결정이 숙고에서 나온 것인지, 모든 당사자에게 공정한지 물었다. 이는 신뢰하는 것에 담긴 위험을 완화해주었다. 짐이 기대하는 바를 분명히 하지 않고 마이클의 생각을 받아들였다면 그 신뢰가 무책임하게 보였을 수도 있다. 마이클은 대화를 마치고 나가면서 그를 호락호락한 사람으로 여겼을지도 모른다.

기대하는 바를 분명히 하는 것은 명확성, 책임감, 책무감 원칙에 기반을 두고 있다. 그 반대는 기대하는 바를 정하지 않고 방치한 채 다른 사람들이 이미 알고 있다고 가정하거나 기대하는 바를 드러내지 못하게 하는 것이다. 이 경우 기대하는 성과 비전을 공유할 수 없다.

기대하는 바를 분명히 하는 것의 가짜 행동은 '연기 smoke와 거울(마술에 사용하는 수단)'을 만드는 것이다. 이는 기대하는 바를 분명히 하겠다고 립서비스는 해도 의미 있는 성과확인이 이뤄지도록 성과, 시한, 목표액 같은 구체적 사항을 못 박지는 못한다. 또 다른 가짜 행동은 기대하는 바가 사람들의 기억이나 해석에 따라 변하거나 그때그때 편의에 따라 변하게 하는 경우다.

기대하는 바를 분명히 할 때 사전에 무엇을 해야 하는지 공유하는 비전과 합의서를 만들 수 있다. 이것은 예방 행동이다. 비전과 합의를 미리 공유해두면 나중에 두통과 심적 고통을 피할 수 있다. 그렇지 않으면 나중에 불신이 생기고 만다.

간혹 시간이 없다면서 기대하는 바를 분명히 하는 것을 미루는 사람도 있다. 역으로 생각해보면 그런 태도는 타당하지 않다. 기대하는 바를 분명히 할 시간을 내지 않았다가 사후에 문제를 해결해야 한다면, 얼마나 많은 시간과 에너지를 낭비하겠는가?

아울러 기대하는 바를 분명히 하는 것은 항상 양방향으로 이뤄진다는 것을 잊지 마라. 서로 합의한 기대사항이 일방적으로 지시받은 기대사항보다 훨씬 더 중요한 의미를 지닌다. 사람들은 서로의 관점을 이해하고 기대치를 현실적으로 조정하고 그에 맞게 일정을 미룰 수도 있다. 양측이 합의할 때 그 기대사항은 힘을 지닌다. 이는 서로 이해하고 이해시키고자 하는 욕구에서 나온다. 반면 리더의 지시에 따라 기대사항을 정할 때는 그 기대사항에 관해 상대편에서 정당한 질문이 나와도 리더는 "내가 그렇다면 그런 거야"라고 반응할 것이다. 이는 사실상 '나는 당신을 신뢰하지 않지만 당신은 나를 신뢰할 것으로 기대한다'라는 식으로 반응하는 셈이다.

고객과 동료부터 배우자와 아이에 이르기까지 모든 사람이 신뢰받고 기대하는 바가 충족되길 원한다. 우리가 리더로서 사람들을 신뢰할 때 우리는 사람들의 내적 욕구에 다가설 수 있다. 우리가 리더로서 신뢰를 중심으로 기대하는 바를 서로 분명히 정할 때 모두가 승리할 수 있다.

글로벌 기업 지멘스는 이와 관련해 최근 모범적인 조치를 했다. 그들은 코로나19가 한창일 때 이동 근무라는 새로운 원격근무제를 개발해 내놓았다. '뉴 노멀 워킹 모델New Normal Working Model' 규정의 주요 내용은 다음과 같다.

우리는 직원들을 신뢰하고 그들이 가능한 한 최고 성과를 거두도록 그들에게 자신의 업무를 스스로 정할 권한을 부여해야 한다.

일부 기업이 사무실 밖에서 근무하는 직원들을 원격으로 단속하기 시작했을 때, 지멘스는 정반대 길을 선택했다. 그들은 직원에게 더 큰 신뢰를 보냈다. 씨앗 속의 위대함과 잠재력을 신뢰한 것이다. 직원 수가 40만 명이 넘는 지멘스 같은 대기업이 심하게 통제하기는커녕 오히려 더 큰 신뢰를 보내는 식으로 세상의 변화에 대응했다는 사실이 놀랍다.

이 규정에는 명백한 신뢰 선언이 들어 있다. 다른 사람을 신뢰할 때는 신뢰한다는 사실을 알려주는 것이 중요하다. 무엇을 왜 신뢰하는지 알려줘야 한다. 그래야 신뢰의 중요성과 함께 분명한 기대를 나타낼 수 있다. 우리는 보통 주변 사람에게 신뢰한다는 사실을 표현하지 않는다. 그러나 사람들에게 우리가 신뢰한다는 것을 알려주면 그들의 마음은 달라진다. 우리는 그들에게 왜 그들을 신뢰하는지 말해줘야 한다. 사람들이 신뢰받고 있음을 느끼게 하는 것도 우리가 원하는 성과에 속한다. 그렇게 될 때 사람들은 고무될 것이다.

신뢰를 선언한 지멘스가 기대하는 것은 무엇일까? 그들의 규정은 다음과 같다.

43개국 125개 이상 지역에서 직원들은 일주일에 평균 2~3일 동안 그들의 생산성을 가장 높여주는 곳에서 일할 수 있다.[6]

이것은 신뢰의 내용(직원들의 생산성을 가장 높인다)을 알려주고 직원들이 스스로 결정할 수 있는 요소를 제공한다. 다시 말해 기대하는 바를 분명히 함으로써 위험을 낮추고 직원들이 능력을 최대한 발휘할 수 있는 여건을 조성한다.

GM의 CEO 겸 회장인 메리 바라는 신뢰와 관련된 분명한 기대사항과 함께 GM의 원격근무 규정 '유연근무제Work Appropriately'를 이렇게 설명했다.

"근무가 가능한 경우, 직원들은 우리의 목표를 이루는 데 가장 큰 효과를 낼 만한 곳에서 유연하게 근무할 수 있습니다."

또한 그녀는 이 신뢰 규정을 만든 이유를 다음과 같이 말했다.

"우리 직원들은 지시나 지도를 받지 않아도 현명하게 결정할 수 있습니다."[7]

이런 조치가 자신의 재능을 받아줄 곳을 찾는 젊은이들에게 지멘스와 GM을 얼마나 매력 있게 만들었을까? 신뢰·고무형 리더의 기본 믿음에 바탕을 둔 이러한 신뢰 규정은 재택근무를 하는 사람들이 '원격 미시관리'를 받는다고 느끼는 일부 조직의 과도한 검증이나 감독 스타일 관행과 대비된다.

성과책임 실행의 중요성

이 행동은 책무감, 책임감, 스튜어드십, 오너십 원칙에 기반을 두고 있다. 그 반대는 "내 잘못이 아냐"라고 말하며 책임을 회피하는 것이다. "그들 잘못이야"라고 하면서 다른 사람들을 탓하는 것은 가짜 행동이다.

성과를 책임지려면 먼저 기대하는 바를 분명히 해야 한다.

성과를 책임지는 데는 핵심이 두 가지 있는데 그 순서가 중요하다. 신뢰·고무형 리더로서 먼저 리더 자신이 성과를 책임진다. 그다음에는 다른 사람에게 결과에 따른 책임을 묻는다. 사람들은 대부분 성과책임을 리더 관점에서 생각해 두 번째 차원에 끌리는 경향이 있다. 개량한 명령·통제형 리더는 기민하게 "사람들에게 책임을 묻겠어!"라고 말하며 그런 행동에 명예훈장처럼 대단한 가치가 있는 듯 여긴다. 내 말을 오해하지 마시라. 다른 사람에게 책임을 묻는 일에는 당연히 가치가 있다. 그러나 훨씬 더 효과적이려면 리더가 먼저 책임을 진 다음에 그렇게 해야 한다. 결국 성과책임이 없으면 신뢰는 지속되지 않는다. 리더 자신의 성과책임은 그가 사람들에게 바라는 행동을 직접 보여주는 것이나 마찬가지다. 이런 행동은 진정성을 보이고 취약성을 노출하는 것과 일맥상통한다. 그렇게 행동하려면 겸손과 용기도 필요하다. 사람들, 특히 리더가 스스로 성과책임을 실행할 때 이는 다른 사람도 그렇게 하도록 고무한다.

이것은 결혼생활과 가정에도 적용된다. 누군가가 "그 돈을 충동적으로 써서 미안해. 그것은 우리의 합의에 어긋나는 일이야" 혹은 "네게 소리 지르지 않아야 했는데. 그건 존중하는 것이 아니야"라고 말할 때, 그런 자기 책무감은 다른 사람도 같은 행동을 하도록 고무한다. 마찬가지로 "내가 거기에 가겠다고 약속했는데 가지 못해서 미안해"라고 말하는 것도 그들이 당신을 신뢰할 만하다고 느끼게 해준다. 이것은 그들을 향한 당신의 신뢰 확대를 보다 의미 있게 만들어주기도 한다.

리더가 먼저 성과책임을 실행하지 않으면 다른 사람에게 책임을 물으려는 노력은 효과가 떨어진다. 그런 노력은 공정하지 못한 것으로, 남 탓을 하는 것으로, 미시관리하는 것으로 보일 수 있다. 내면에서 만들어져 시작된 신뢰·고무형 리더의 기본 믿음은 영향력이 사라지지 않는다. 그러니 리더로서 당신의 임무는 솔선하는 것임을 기억하라. 특히 이것은 성과책임과 관련해 매우 중요하다.

그렇지만 다른 사람에게 책임을 묻는 것은 여전히 어려울 수 있다. 사람들은 보통 자신의 성과에 강한 감정을 느낀다. 때로는 다른 사람에게 책임을 물으려는 시도가 신뢰 부족처럼 느껴질 수 있다.

나는 사람들이 이렇게 질문하는 것을 들었다.

"나를 믿을 겁니까, 아니면 내게 책임을 물을 겁니까?"

마치 두 가지가 서로 배타적인 것처럼 말하지만 실은 그렇지 않다. 현실에서는 서로 긴밀한 관계다. 사람들은 실제로 성과책임에 반응한다. 그래서 스포츠 팀은 점수를 기록한다. 이것은 현재 어떻게 하고 있고, 앞으로 어떻게 할 것인지 아는 데 도움을 준다. 끝날 때까지 자기 팀이 어떻게 하고 있는지 모르는 경기를 하는 것은 얼마나 어려울까(혹은 얼마나 재미없을까).

기대하는 바를 분명히 하는 행동처럼 성과책임 실행에서 핵심은 상호 합의한 성과책임을 확인하는 과정이다. 누군가에게 일방적으로 책임을 묻는 것은 대단히 쉽다. 하지만 그것은 함께 책임을 따져보는 것만큼 효과적이지 않다. 상대편이 기대하는 바를 정할 때 참여하지 않았는데 책임을 물으면 오히려 책임감이 떨어지고 만다. 그런 상태로 누군가에게 헌신적으로 하지 않았다고 책임을 물은 적 있는가? 그랬다면 해야 할 일이 더 늘어난다. 그것은 모두에게 소모적인 일이다.

다른 사람들의 참여는 더 큰 헌신을 만들어내는 경향이 있다. 상호 합의한 성과책임 확인 과정은 먼저 신뢰를 보낼 것을 요구한다. 이때 상호합의는 필수요소다. 매주 프로젝트를 확인하기로 합의했으면 당신의 점검은 약속 이행으로 보일 것이다. 반대로 합의하지 않은 경우 그런 행동은 미시관리한다는 느낌을 준다.

신뢰하기의 '왜Why': 사람들을 성장시키기

아마도 신뢰하기의 가장 중요한 차원은 애초에 그것을 하는 이유일 것이다. 신뢰·고무형 리더의 중요한 책임은 사람들을 성장시키는 일이다. 반면 명령·통제형 리더는 사람들을 바로잡는 데 집중한다.

신뢰하기로 사람들을 성장시키는 것은 사람들을 이끄는 좋은 방법이다. 뛰어난 리더는 신뢰하기로 사람들을 성장시키는데 먼저 신뢰하는 것보다 사람들을 더 크게, 더 빠르게 성장시키는 것은 없다. 그 메시지는 분명하다. 사람들이 성장하고 상황이 좋아질 때 성과는 올라간다.

그것은 앞서 말한 존 월시 이야기뿐 아니라 모두에게 적용된다. 내가 경험하고 다른 사람에게서 본 가장 중요한 성장은 사람들을 진심으로 신뢰하는 것에서 시작되었다. 그것은 삶의 모든 단계에서 작용한다.

내가 이 책을 시작할 때 들려준 '푸르고 깨끗한 잔디' 이야기를 기억하는가? 내 아버지의 리더십은 신뢰·고무 방식에 가깝다. 내가 잔디 관리 약속을 이행하지 않았을 때 명령·통제 방식(그의 표현에 따르면 '승-패' 방식)을 선택했으면 얼마나 쉬웠을지 생각해보라. 아버지는 내게서 책임을 거둬들일 수도 있었다. 본인이 직접 그 일을 할 수도 있었다. 요즘 일반적으로 사용하는 더 나쁜 방법인 미시관리로 내가 그 일을 완수하게 했을 수도 있다.

그러나 내 아버지는 자신의 말을 실천하는 삶을 살았다. 아버지는 늘 '끝을 생각하며' 시작했는데, 사실 푸르고 깨끗한 잔디는 아버지가 의도한 결과의 일부일 뿐이고 더 큰 그림은 잔디가 아니라 바로 '나'였다. 아버지는 내 잠재력에 더 관심이 있었으며 거기에 몰두했다. 사실은 내 성장에 더 관심을 두고 거기에 몰두한 것이다. 당시 아버지가 말씀했듯 더 큰 목적은 "잔디가 아니라 아이들을 키우는 데" 있었다.

나는 그것을 느꼈다. 그것은 나를 고무했고 내가 그것을 마음속에 간직한 덕분에 나는 크게 성장했다.

내가 일곱 살 때 아버지가 선택한 신뢰·고무형 리더십 방식은 단순했지만 내게 큰 울림을 주었고, 그 영향은 내 삶 전체에 여전히 남아 있다. 이 분야에 몸담은 이후 나는 줄곧 그 리더십 방식이 다른 사람에게도 열정, 창의력, 오너십, 헌신에 불을 붙이는 것을 보아왔다. 타인 신뢰는 사람들을 보는 리더의 시각을 바꿔놓고, 신뢰받는 것은 사람들이 리더를 대하는 방식을 바꿔놓는다. 즉, 리더가 다른 사람들을 신뢰할 경우 그들도 리더를 신뢰한다. 그리고 그 신뢰는 모든 것을 바꿔놓는다. 리더십 컨설팅사 젠거 포크먼의 조사는 '어떤 리더십 행동이든 그 행동이 신뢰와 결합하면 극적인 개선이 일어난다'는 것을 보여준다. 그들은 열여섯 가지 리더십 역량에 초점을 맞춰 40만 명 이상에게서 얻은 데이터를 분석했는데, 각각의 역량에 신뢰를 결합했을 때의 영향을 계산해보니 직원 몰입도가 평균 23% 상승한 것으로 나타났다.[8]

이 조사에 담긴 의미는 분명하다.

"어떤 기술, 어떤 능력이 당신의 강점이든 신뢰를 높일 수 있으면 그 기술은 향상되고 성과는 늘어난다."

신뢰하기는 신뢰·고무형 리더가 되려고 하는 사람에게 필수적인 행동이다. 이것은 사람들을 신뢰하지 않는 것을 신조로 삼아 자주 인용하는 "신뢰하지만 검증한다"는 말이 '모두 검증하고 모두 신뢰하지 않는' 것처럼 느껴지는 명령·통제 방식과는 분명 대조적이다.

왜 사람들을 신뢰하는 것이 더 좋은 리더십 방식인가? 간단히 말하면 그것이 사람들에게 효과가 있기 때문이다. 더 구체적으로 말해 그것은 사람들의 성장을 도와준다. 신뢰하는 것의 영향은 매우 크며 사람들을 신뢰하면 세 가지 성장 결과를 얻을 수 있다. 그 결과를 하나씩 살펴보자.

1. 사람들은 기회를 살리고 더 좋은 성과를 낸다

미시관리는 창의력과 헌신성을 말살하지만 사람들을 신뢰하면 그 반대 현상이 일어난다. 사람들에게 신뢰를 보낼 때, 그것은 당신이 그들을 믿는다고 말하는 것과 같다. 당신은 그들이 합리적으로 결정하고 정확하게 판단할 거라고 믿는다. 그러한 신뢰와 함께 책임이 주어지면 사람들은 그 신뢰를 저버리지 않으려고 노력한다. 그 신뢰가 옳았음을 증명하고 싶어 한다. 그들은 통상적인 노력을 뛰어넘어 내면의 더 큰 에너지, 창의력, 헌신을 끌어내고 궁극적으로 더 좋은 성과를 낸다. 장기적이고 광범위하게 받아들여지는 '모범사례'의 배경에는 이런 신뢰 행동이 있다.

전통 기업의 콜센터를 생각해보자. 콜센터는 오늘날까지 남아 있는 산업 시대의 대표적인 유물이다. 이곳은 대부분 전형적인 명령·통제 방식으로 운영된다. 전화 통화에는 대본이 있고 기계를 이용하는 것이라서 많은 부분을 아웃소싱할 수 있다. 이들은 효율성을 극대화하기 위해 모든 것의 시간을 초 단위까지 기록하고 분석한다.

업계 규범과 달리 온라인 소매업체 자포스의 고객서비스 직원들은 대본 없이 통화하는데 그들의 통화는 효율성을 이유로 시간적 제약을 받지 않는다. 자포스는 이것을 비용이 아니라 관계를 형성하고 고객 감동을 선사하며 고객을 행복하게 만들어줄 기회로 본다. 작고한 전 자포스 CEO 토니 셰이는 이렇게 말했다.

"우리는 고객을 대할 때 직원들이 올바르게 판단하리라 믿기 때문에 대본이 필요하지 않다. 우리는 직원들이 훌륭한 서비스를 제공하고 싶어 한다는 것을 믿는다. 그들은 실제로 그렇게 한다."[9]

'신뢰하기'를 이야기해보자. 결국 자포스 고객서비스 직원들의 성과는 늘어났다. 그들은 리더의 신뢰에 반응해 리더를 실망시키지 않으려 했다. 그들은 더 많이 찾아오고, 더 많이 구입하고, 친구들에게 추천하는 더욱 충성스러운 고객을 만들어냈다. 그 결과 세계적인 수준의 고객서비스로 발돋움한 자포스는 업체 최고의 생산성을 올리게 되었다.

최근 나는 대형 글로벌 비정부 금융조직의 CEO 그리고 그의 최고 리더 팀과 함께 일했다. 그 CEO는 조직 성장과 이해당사자들의 더 큰 이익을 위해, 사명과 비전에 좀 더 가까이 다가가기 위해 자신을 포함해 전 조직 차원에서 '더 신뢰해야' 한다고 말했다. 그들이 성장률을 높이고 영향력을 확대하는 데 필요한 것은 '더 신뢰하는' 것이었다.

나는 그녀가 정확히 보았다고 생각한다. 다른 일들도 필요했겠지만 우리의 성과와 영향력을 확대하고 가속하게 해준 것은 신뢰하기였다.

신뢰하기가 사람들을 어떻게 변화시키는지 월트 디즈니 캐릭터 '머펫'의 창안자 짐 헨슨이 좋은 예를 보여준다. 〈머펫쇼〉가 TV 코미디 시리즈로 성공하자 짐과 그의 팀은 머펫 영화를 제작하기 시작했다. 그는 유명한 작곡가 폴 윌리엄스에게 영화에 쓸 노래를 만들어달라고 요청했다.

폴은 짐이 그를 얼마나 신뢰했는지, 그리고 그것이 짐에게 어떤 영향을 미쳤는지 들려주었다.

짐은 내가 지금까지 함께 일한 사람들 가운데 가장 대하기 편하고 신뢰할 만한 사람이었다. 우리가 그 영화 스토리의 기본 윤곽을 잡기 위해 내 작업실에서 팀으로 처음 만났을 때, 나는 소중한 선물을 하나 받았다. 나는 짐과 그의 차로 걸어가면서 케니(케네스 아셔)와 내가 그가 선물해준 영화음악을 쓸 때 그에게 계속 보고하겠다고 했다. 그가 말했다.

"오, 괜찮습니다. 폴, 나는 그 음악을 녹음할 때 스튜디오에서 들을 겁니다. 나는 그 곡이 훌륭할 것이라 확신합니다."

수십 년 동안 생계를 위해 음악을 써오면서 그런 신뢰는 처음 받아봤다. 그러한 자유도 처음 얻었다. 짐은 먼저 우리를 신뢰했다. 우리는 그에게 〈레인보우 커넥션〉(《머펫쇼》의 OST)을 주었다.[10]

신뢰받는 것은 가장 고무적인 형태의 동기부여다. 그것은 우리에게서 최고의 능력을 끌어낸다.

2. 사람들은 새로운 능력을 개발한다

리더로서 우리는 이미 역량을 발휘하고 있는 유능한 사람을 더 신뢰하는 경향이 있다. 이것은 일반적으로 진정한 신뢰에 속한다. 그런데 신뢰하기에서 주목할 만한 점은 우리가 사람들을 먼저 신뢰할 때 종종 그들이 새로운 능력과 역량을 개발한다는 사실이다.

예를 들어 글로벌 온라인 티켓팅 회사 이벤트브라이트의 CEO 줄리아 하르츠는 자신이 CEO 지위에 오를 만큼 준비되어 있거나 유능하지 않다고 인정했다. 그녀는 말했다.

"내가 캔디 랜드Candy Land에 있는 것 같았어요. 그러고는 트론Tron으로 들어간 거예요."

그녀의 경력을 보면 기술기업 CEO로서 기업 운영에 필요한 많은 역량을 쌓지 못했음을 알 수 있다. 실제로 그녀는 기술 분야에서 일하겠다고 생각한 적이 없었고, 그 업계에 들어와서도 CEO가 될 생각은 없었다.

대학에서 방송 저널리즘을 공부한 줄리아는 졸업 후 처음 몇 년 동안 케이블방송국에서 일했다(방송업계 커리어는 MTV에서 시작해 FX에서 끝났다). 케이블방송국에서 5년을 지낸 뒤 그녀는 새 방송국으로부터 영입 제안을 받았다. 구미가 당기는 제안이었지만 당시 그녀의 수입에 비해 급여가 너무 낮았다. 그때 연쇄 창업가인 현재의 남편 케빈 하르츠가 자기 쪽에 합류해 함께 새로운 기업을 시작하자고 제안했다. 그들은 2006년 이벤트브라이트를 설립했고 지금까지 계속 회사를 운영해오고 있다.

이벤트브라이트는 창업 이후 놀라운 성장세를 기록했다. 2016년까지 10년 동안 CEO를 지낸 케빈은 진정한 기업가정신으로 새로운 프로젝트를 시작할 준비를 했다. 그는 줄리아에게 CEO 승계를 제안했는데 이사회가 여기에 동의하면서 그녀에게는 그녀가 원한 적도 의도한 적도 없는 CEO의 스튜어드십이 맡겨졌다. 줄리아가 말했다.

"CEO라는 직함에는 정신적으로 모든 것을 바꿔놓는 무언가가 있어요. 나는 어떻게 나를 중심에 놓고 사명에 집중해야 하는지, 그 사명의 거창함이 나를 방해하지 않게 하고 내가 나아가는 것을 더디게 만들거나 나를 마비시키지 않게 하려면 어떻게 해야 하는지 재빨리 알아내야 했습니다."

그녀가 이사회에서 받은 신뢰와 케빈에게 받은 신뢰는 그녀가 10억 달러 규모의 회사를 지원하고 이끄는 데 필요한 새로운 능력을 개발하도록 고무했다. 그녀는 말했다.

"케빈은 내가 어떤 것이든 다 할 수 있다고 믿어요."

그리고 자신의 생각을 덧붙였다.

"당신에게 '당신은 어떤 것이든 다 할 수 있다'고 말해주는 사람이 있으면, 당신은 그 말을 믿기 시작합니다."

줄리아가 신뢰·고무 문화를 구축하고 신뢰하기의 영향력으로 다른 사람들이 새롭고 특별한 능력을 개발하도록 도와주면서 그녀에게 주어진 신뢰는 다시 출발점으로 돌아왔다.

"나는 문화를 강제하고 싶지 않았어요. 사람들이 탁월한 능력을 발휘하는 걸 방해하고 싶지 않았지요. 지속가능한 문화를 만들고 싶다면 확고한 철학으로 사람들이 하려고 하는 것을 하도록 내버려두고, 그렇게 해도 괜찮은 문화를 만들어야 합니다."[11]

이제 그들에게는 그런 문화가 있다. 줄리아의 리더십 덕분에 이벤트브라이트의 기업문화는 외부의 극찬을 받으며 GPTW 연구소가 선정한 '일하기 좋은 100대 기업'과 직장 평가 사이트 글래스도어의 '직원들이 선택한 일하기 좋은 직장'에 이름을 올렸다.

리더로서 먼저 신뢰하는 것과 신뢰·고무 문화를 만드는 것은 변화하는 세계에서 효용성 유지에 필요한 능력을 개발하는 데 필수적인 요소다.

3. 사람들은 신뢰에 보답하고 신뢰를 되돌려준다

사람들은 신뢰를 받으면 그 신뢰에 고무되어 신뢰를 되돌려줌으로써 보답한다. 이 경우 신뢰가 더 많은 신뢰를 낳는 선순환 구조가 만들어진다. 신뢰받는 사람은 당신에게 신뢰를 되돌려줄 뿐 아니라 당신의 예를 따라 다른 사람에게도 신뢰를 보냄으로써 신뢰를 확대한다. 이것은 다른 사람들도 성장하게 하고 성과도 높이는 결과를 낳는다.

최근 나는 미주리대학교의 노박 리더십 연구소Novak Leadership Institute에서 강연을 했다. 그 조직의 명칭은 1999년 KFC, 피자헛, 타코벨을 소유한 얌 브랜즈의 CEO가 된 데이비드 노박의 이름을 딴 것이다. 그보다 5년 전 KFC 사업을 소생시켜 달라는 제안을 받았을 때 데이비드에게 첫 번째 기회가 찾아왔다. 데이비드가 들어갈 당시 KFC는 가맹점들과 갈등을 겪고 있었다. 회사 리더들과 가맹점 사이에는 불신, 분노, 원한이 가득 차 있었다. 데이비드는 여러 사람에게 그가 '경영자의 무덤'으로 들어가게 될 것이라며 그 제안을 수락하지 말라는 조언을 들었다.

어쨌든 그는 그 일을 맡기로 했다. 그는 가맹점들을 어떻게 대해야 하는지는 물론 변화에 필요한 것이 무엇인지도 알고 있었다. 그는 성공 여부는 가맹점과 신뢰를 쌓는 데 달려 있다고 생각했다. 단순히 본사가 신뢰할 만한 모습을 보이는 것만으로는 부족하고 실질적으로 가맹점을 신뢰해야 했다. 그리고 가맹점들이 본사의 그러한 신뢰를 믿고 느껴야 했다.

그는 가맹점을 문젯거리가 아닌 진정한 파트너로 인식하고 그렇게 대했다. 그는 모든 사람이 가맹점과 일하는 것을 꺼릴 때 자신의 팀에 "나는 가맹점과 함께 일하는 게 좋습니다"라고 선언했다. 회사의 많은 사람이 우려하며 데이비드에게 가맹점에 문제가 있고 그의 방법은 실패할 것이라고 말했다.

하지만 가맹점들은 신뢰받은 것에 반응했고 더 열심히 일함으로써 그에게 신뢰를 되돌려주었다. 그들이 받은 신뢰는 그들에게 동업자 의식을 심어주었으며 이는 점포를 더 잘 운영하도록 고무했다. 데이비드는 그들과 함께 일하며 소비자에게 내놓을 상품을 개발하고 개선하는 가맹점들의 셰프 협의회를 만들었다. 가맹점들은 이 조치를 환영했다. 이전 경영진은 그들이 혁신을 위해 내놓은 어떠한 방안도 규정에 어긋난다며 거부했었다. 그들은 회사 측 계획만 따라야 했다.

이전의 리더십은 명령·통제 방식에 가까웠다. 이 방식은 관리의 중점을 순응에 두었다. 이 방식을 변호하자면 국제적인 프랜차이즈 브랜드가 일관성을 유지하기 위해서는 순응이 필수적이다. 그러나 순응만으로는 끊임없이 진화하는 시장 환경에 기민하게 대처하여 가맹점을 성공적으로 운영하기 어렵다. 더구나 그 방법은 팀의 창의력을 무시한다. 따지고 보면 가맹점 점주들도 모두 기업가다. 많은 점주가 기업 성장을 위해 평생 모은 재산을 투자했다! 그들은 열정적으로 사업에 뛰어들었고 의미 있게 공헌해 성공을 거둘 수 있기를 바란다.

가맹점들을 신뢰한 것은 회사를 극적으로 소생시켰다. 가맹점 한 곳이 '크리스피 스트립스'를 개발했고 이는 오리지널 레시피 이후 가장 성공적인 상품이 되었다. 그들은 셰프 협의회를 활용해 또 하나의 대박 상품 '치킨 팟 파이'를 개발했다. KFC는 다시 성장하기 시작했고 불과 3년 만에 수익을 거의 2배로 높였다.

데이비드는 KFC에서의 성공을 두고 질문을 받자 이렇게 대답했다.

"모든 것이 '가맹점을 신뢰한다'는 한 가지 간단한 결정으로 시작되었습니다. 그 결정은 그들이 나와 본사를 신뢰할 수 있는 길을 열어주었죠. 우리는 함께 KFC 사람들에게서 성공의 동력을 끌어냈습니다."

KFC에서의 성공을 발판으로 데이비드는 얌 브랜즈의 CEO가 되었다. 그가 재임하는 동안 회사 수입은 40억 달러에서 320억 달러로 상승했고 전 세계 가맹점 수도 2배로 늘었다. KFC 사람들을 신뢰하고 그들의 업적을 인정해주는 것은 데이비드가 고신뢰 문화를 형성하는 데 도움을 주었다. 나아가 고신뢰 문화는 사람들이 성장하고 주목할 만한 성과를 내는 데도 도움을 주었다. 데이비드의 리더십은 그의 책 《이기려면 함께 가라》에 잘 정리되어 있다.[12]

리더십 코치 마셜 골드스미스도 비슷한 방식으로 고객들을 대한다. 그는 고객과 만날 때 그들이 지불해야 할 코칭 비용을 미리 말해준다. 그리고 이렇게 말한다.

"내 코칭이 당신의 기대를 충족시켰다는 생각이 들 때만 그 돈을 지불하십시오. 당신이 내 도움을 가치 없다고 판단한다면 돈을 받지 않겠습니다."[13]

그는 어떤 계약서나 합의서도 제시하지 않는다.

신뢰를 기반으로 코칭하는 마셜은 즉시 양쪽 당사자 사이에 상호 신뢰감을 구축한다. 고객은 그에게 신뢰를 되돌려줌으로써 그의 신뢰에 보답한다. 마셜은 이러한 상호 신뢰를 바탕으로 고객이 성장하고 그들이 원하는 변화를 이루도록 고무하며 도와준다. 그들은 마셜이 돈벌이만 고려하는 게 아니라 진심으로 그들의 이익을 생각한다는 것을 알기에 기꺼이 그의 말을 경청하고 신뢰한다. 신뢰와 경청은 고객이 성장하고 성공적인 코칭 관계를 형성하는 데 필수적인 요소다.

> 더 많은 신뢰를 얻기 위해 노력하라. 신뢰가 인간의 궁극적 화폐이므로.[14]
>
> -빌 맥더멋(서비스나우 CEO)

신뢰하기의 '언제When': 더 잘 시작하는 방법

신뢰하기는 각자 내면에 위대함이 있으며 리더로서 우리의 임무는 그들의 잠재력을 끌어내는 것이라는 믿음에서 시작된다. 또한 신뢰하기는 잠재력이 정원사가 아니라 씨앗 속에 있음을 인정한다. 우리는 억지로 씨앗 속에 잠재력을 만들어내지 못한다. 다만 우리는 씨앗이 꽃을 피울 환경을 조성함으로써 이미 존재하는 잠재력을 키워줄 뿐이다. 잠재력을 계발하고 그 결과를 실현하기 위해서다.

신뢰는 적합한 환경을 조성한다. 신뢰는 사람들을 깨우고 그들이 이전보다 더 좋아지도록 고무함으로써 그들의 마음에 불을 붙인다. 그것은 팀, 조직, 가정에 도움을 준다. 아이들과 집안일 분담 방법을 상의하면 아이들이 얼마나 기쁜 마음으로 집안일을 도와주겠는가? 다른 사람에게, 심지어 아이에게도 신뢰를 보내면 그들은 성장할 기회를 얻으며 혼자 해낼 수 있는 것보다 더 많은 성과를 올리고 더 좋은 아이디어를 떠올릴 것이다. 신뢰라는 선물만큼 사람을 고무하는 것은 없다!

신뢰로 시작하면 훨씬 더 멀리, 더 빨리 갈 수 있다. 그리고 리더는 솔선해야 한다. 그것을 먼저 신뢰하는 사람의 이점으로 생각하라. 우리가 먼저 신뢰할 때 그에 따른 수익도 먼저 거둔다. 또한 우리는 다른 사람을 먼저 신뢰함으로써 우리의 상호작용, 관계, 팀의 성격을 바꿔놓는다. 다른 사람을 먼저 신뢰하는 것은 일반적으로 인정받고 평가받는 가치를 지닌 덕목이다.

> 세상을 더 나은 곳으로 만들기 위해서 아무도, 단 한 순간도 기다릴 필요가 없다는 것은 얼마나 멋진 일인가.[15]
> —안네 프랑크

다시 말하건대 다른 사람을 신뢰하는 데는 위험이 따르지만 신뢰하지 않는 데는 더 큰 위험이 따른다. 앞으로 우리가 신뢰·고무형 리더를 가로막는 일반적인 장애요소를 다룰 때 신뢰하기의 '어떻게How', 즉 다양한 상황과 배경 속에서 능숙하고 적절하게 신뢰하는 방법을 더 자세히 살펴볼 것이다. 이것은 신뢰하기로 운영할 수 있게 해주는 또 하나의 실제적인 방법이다.

내 딸 맥킨리는 몇 년 전 남자고등학교 배구 팀 코치를 맡았을 때 이것을 처음 경험했다. 그 학교에 교사로 부임한 첫해였던 딸은 학생들을 전혀 몰랐다. 그래서 출근 둘째 날 학생들을 상대로 트라이아웃tryout(선수 선발 테스트)을 할 때 어떤 일이 벌어질지 알지 못했다. 열여섯 살에 턱수염이 수북하고 키가 190센티미터에 가까운 마른 체형의 레오가 체육관 안으로 성큼성큼 걸어왔다. 목소리가 크고 말이 많은 그는 트라이아웃에서 게으름을 피우며 다소 반항적인 태도를 보였다. 팀에는 그처럼 기술이 뛰어나고 키가 큰 선수가 필요했지만 맥킨리는 트라이아웃 중에 보여준 그의 부적절한 행동을 근거로 그가 팀에 맞지 않는다고 판단했다.

팀의 최종 선수명단을 게시했을 때 레오는 자신이 거기에 없는 것에 실망했다. 그는 맥킨리에게 면담을 요청했다. 그 자리에서 그는 농구가 자신에게 얼마나 큰 의미가 있는지 설명하고 누구보다 열심히 뛰겠다고 말했다. 그녀는 레오와 팀에 기대하는 바를 분명히 밝혔다. 그리고 이렇게 말했다.

"내 기대에 동의한다면 너를 믿고 기회를 줄게. 할 수 있겠니?"

레오는 동의했다. 그녀는 레오가 나중에 최고의 선수를 넘어 최고의 리더가 되고 팀에서 가장 존경받는 선수가 되리라고는 꿈에도 생각하지 못했다. 레오는 난관을 헤쳐갔고 뛰어난 경기력을 보여주었다. 팀의 간판이 된 그는 다른 선수들을 고무하는 한편 어려운 순간에 팀을 구해내기도 했다. 그는 경기장 안팎에서 맥킨리에게 도움이 필요할 때 달려갈 수 있는 선수가 되었다.

레오는 새로운 능력도 개발했다. 그는 매일 연습이 끝난 뒤 체육관에 남아 한 시간 동안 더 연습하며 개인 기량을 연마했다. 특히 경기 영상을 보며 주도적으로 팀 전체 상태를 기록하고 분석한 그는 지역 챔피언

전 우승을 이끌어 최고의 시즌을 만들었다.

그렇게 레오는 신뢰에 보답하고 나아가 다른 사람들을 신뢰했다. 레오가 최고 학년이 되었을 때 키가 190센티미터에 이르는 한 소심한 신입생이 트라이아웃에 참가했다. 맥킨리는 아무 말도 할 필요가 없었다. 레오가 그의 멘토가 되어 그를 챙겨주며 기량과 자신감 향상에 도움을 주었기 때문이다.

레오의 활약은 거기서 끝나지 않았다. 그는 자신이 뛴 다른 운동경기에서도 리더십을 발휘해 학교 운동선수 평의회 설립 멤버가 되었다. 맥킨리가 레오를 만난 지 2년 후 그는 학교에서 '올해의 선수'로 선정되었다. 운 좋게 내 딸이 그 상을 수여했다.

그와 관련해 질문을 받았을 때 맥킨리는 이렇게 말했다.

"나는 한 것이 없어요. 내가 한 거라곤 레오에게 기회를 준 것뿐입니다. 그가 기회를 잡아 성공한 거죠. 레오 내면에는 그런 위대함이 있었어요. 본인도 그걸 알고 있었던 것 같아요. 그에게는 그걸 펼쳐 보일 기회가 필요했던 것이죠. 만일 그가 우리 팀에 들어오지 않았다면 그의 삶과 내 삶이 어떻게 달라졌을지 상상이 가지 않아요."[16]

레오는 자신에게 주어진 도전에 맞섰다. 덕분에 그는 이전보다 더 성장했다. 그는 맥킨리가 준 신뢰에 보답했으며 어린 동료들을 신뢰했다. 레오를 신뢰하는 것의 위험은 작지만 그에 따른 이익은 놀랄 만큼 컸다.

> 나는 우리가 현재 신뢰하는 것보다 안전하게 더 많이 신뢰할 수 있다고 생각한다.[17]
>
> –헨리 데이비드 소로(《월든》 저자)

행동 요구

우리가 이 장을 시작할 때 했던 연습(당신을 신뢰한 사람 생각해보기)이 기억나는가? 이제 그 방향을 자신에게로 돌려 이렇게 물어보라.

'나는 누구를 먼저 신뢰했을까?'

당신의 개인적인 삶에서 '레오'에 해당하는 사람은 누구인가? 당신의 직업적인 삶에서는? 맥킨리가 레오에게 그런 사람이었듯, 존 월시가 내게 그런 사람이었듯, 내 아버지가 내게 개인적으로 그런 사람이었듯, 당신은 누구에게 그런 사람이었는가?

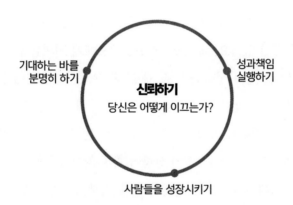

다시 말해 당신이 받은 신뢰를 누구에게 주었는가? 당신은 누구에게 그런 사람이 될 수 있는가? 그들을 믿는 사람. 그들을 신뢰하는 사람. 그들 내면의 위대함을 보는 사람. 그들을 고무하는 사람. 그들을 신뢰하는 사람. 항상 이 점을 기억하라. 신뢰는 다다익선이다. 그 가치는 상호성에 있는 게 아니라 신뢰하겠다는 결정에 있기 때문이다.

206

우리 세계에는 더 많은 신뢰가 필요하다. 우리는 더 많이 신뢰해야 한다. 우리에게는 더 많은 신뢰·고무형 리더가 필요하다. 신뢰가 생기려면 두 사람 이상이 필요하지만 그 시작은 한 사람이면 충분하다. 다른 사람들을 신뢰하는 데 기꺼이 앞장서는 단 한 사람.

명령·통제	신뢰·고무
신뢰할 만하다	신뢰할 만하고 실제로 신뢰한다
정원사에게 힘이 있다	씨앗 속에 힘이 있다
검증한다	신뢰한다
기대하는 바를 지시한다	서로 기대하는 바를 분명히 한다
성과책임을 지시한다	성과책임 과정에 서로 동의한다
사람을 바로잡으려 한다	사람을 성장시키려 한다

고무하기: 목적과 연결시키는가?

위대한 리더는 사람들이 행동하도록 고무할 수 있다. 고무할 수 있는 리더는 다른 사람에게 목적의식과 소속감을 불어넣는다. 사람들이 지배받아서가 아니라 마음이 움직여서 행동하도록 할 수 있다.[1]

–사이먼 시넥《스타트 위드 와이》저자)

고무하기
목적과 연결시키는가?

위대한 하키 선수 웨인 그레츠키는 어떻게 하키에서 최고가 되었는지 질문받은 적이 있다. 그는 대답했다.

"나는 퍽이 있던 곳이 아니라 퍽이 갈 곳으로 스케이트를 탑니다."[2]

망설임 없이 나는 퍽이 고무하는 리더십 쪽으로 향할 것임을 알 수 있다. 세상이 변했음에도 우리는 계속 리더십이 있던 곳으로 가고 있다. 우리는 리더십이 갈 곳으로 이동해야 한다. 고무하는 리더십 쪽으로 가야 한다.

향후 몇 년 동안 우리는 전략상 긴요한 사람들을 고무하는 쪽으로 향하는 의미 있는 움직임을 볼 것이다. 사람들에게 동기를 부여하고 사람들이 일에 몰두하게 하려는 시도만으로는 충분하지 않다.

우리는 모두 고무되어 일하기를 원한다. 이는 사람들이 신체, 마음, 정신, 영혼으로 이뤄진 전인적 인간이므로 리더의 임무는 단순히 외부에서 동기부여를 하는 것이 아니라 내면으로부터 고무하는 것이라는 믿음에서 나온다. 또한 리더십은 스튜어드십이므로 리더의 임무는 자기 이익보다 봉사를 우선하는 것이라는 믿음에서 나온다. 이런 믿음이 고무되어 일하기를 원하는 사람들의 욕구와 결합해 신뢰·고무형 리더의 '왜Why'가 된다. 고무하는 것이 마지막 세 번째 스튜어드십이다.

┌ 사람들은 조직을 떠나는 게 아니라 나쁜 상사를 떠난다 ┘

최근의 갤럽 조사에 따르면 직원들의 50%가 "어느 순간 자신의 관리자에게서 벗어나기 위해 직장을 떠났다."[3] 그들은 아무리 일이 즐거워도 나쁜 상사와 일하는 것은 원치 않았다.

나도 그 50%에 속한다. 나는 내가 좋아하는 일이 아니라 내 상사 때문에 직장을 떠났다. 많은 사람이 그 점에서 나와 같을 것이다. 한편 직원들의 80%는 일에서 스트레스를 받았는데 75%가 가장 스트레스를 준 존재는 직속 상사였다고 응답했다.[4] 나쁜 상사는 생산성을 약화하고 에너지와 즐거움을 빼앗는다. 한마디로 그들은 직원들의 행복을 파괴한다.

직장에서만 그런 일이 벌어지는 것은 아니다. 조사에 따르면 학교에서 학생들의 성과와 학업성취도에 가장 중요한 요소는 교사였다.[5] 학생들은 직장인처럼 학교를 그만두는 선택을 할 수 없고, 외톨이가 되거나 공격성을 드러내거나 무단결석을 하면서 학교를 떠난다. 가정에서도 마찬가지다. 가족과 몹시 부자연스러운 관계를 유지하고 있거나 어떤 일을 계기로 관계가 완전히 끊어진 사람도 있을 것이다.

상황이 어떻든 우리가 알아야 하는 것은 돈, 명품, 생활방식은 사람과의 관계만큼 중요하지 않다는 점이다. 그래서 우리의 신뢰·고무 슬로건이 '사물은 관리하고 사람은 이끌어라'다. 사람들은 존중받는다고 생각하지 않으면, 자신의 가치와 잠재력으로 소중히 여겨지지 않으면, 부모나 상사나 동료가 고무하지 않으면 떠나버린다. 그들이 그대로 머물 경우 얼마나 많은 혜택과 편의가 그들에게 열려 있는지는 중요하지 않다. 관계가 나쁘면 사람들은 머물지 않는다. 외톨이가 된 사람은 설령 몸은 머물러도 정신과 감정은 그곳에 있지 않을 것이다.

자신의 역할이 무엇이든, 자신에게 부하직원이 있든 없든, 당신은 자신이 리더라는 점을 기억해야 한다. 리더로서 당신의 임무는 사람들을 그냥 붙잡아두는 게 아니라 그들이 의식적, 자발적으로 머물면서 성장하고 의미 있는 공헌을 하도록 이끌어주는 일이다. 사람들을 팀, 회사, 자원단체에 단순히 붙잡아두는 것에 만족하지 말아야 한다.

그럼 어떻게 해야 하는가? 젠거 포크먼 조사에서는 어떤 역량이 '뛰어난 리더로 보이는' 가장 중요한 예측인자인지 확인하기 위해 리더십 역량 열여섯 가지를 살펴보았다. 그 역량은 주도성 갖기, 변화에 앞장서기, 적극 소통하기, 혁신 촉진하기 등의 특징을 포함한다. 열여섯 가지 역량 중 분명하게 눈에 띈 것은 고성과를 내도록 고무하는 능력과 관련이 있었다.

직속 직원들에게 '자신의 리더에게 원하는 역량 순위'를 매겨달라고 요청하자 고무하는 능력이 1위에 올랐다. 사람들이 리더에게 원하는 가장 중요한 특징으로 꼽은 이 능력은 다른 특징들과 커다란 득표 차가 났다. 이 조사보고서는 "단연코 첫 번째로 꼽았다"라고 적었다.[6]

이 조사는 사람들이 가장 원하는 것은 리더에게 고무받으며 일하는 것임을 보여준다. 그런데 우리의 조사를 포함한 여러 조사에서는 대다수 리더의 고무 능력이 낮은 순위를 차지했다. 사람들이 원하는 것과 리더가 주는 것 사이의 단절이 상당히 심한 것이다. 이는 개인과 조직의 행복 그리고 생산성에 많은 에너지를 소모하게 만든다.

> 우리가 리더십에 '묘책'이 있다고 말하는 것은 아니다. 하지만 리더가 주변 사람들을 고무하는 능력은 만능 해결책에 가장 가깝다. 그 능력이 얼마나 강력하고 지배적인지는 아무리 강조해도 지나치지 않다.[7]
>
> –잭 젠거와 조지프 포크먼(저술가, 연구자)

모두가 고무할 수 있다

우리는 그 어느 때보다 많은 미디어와 함께 '인플루언서' 시대에 살고 있다. 우리는 가끔 멍한 상태로 즐거움에 빠지는 것을 좋아하고 또 가끔은 마음에 울림을 주는 사람과 이야기에 끌린다. 우리가 좋아하는 밴드, 감탄하는 배우, 존경하는 사고 리더 등이 여기에 속한다.

무엇이 사람들을 고무하는가? 그들의 인지도인가, 아니면 지위인가? 그들의 개성인가, 아니면 잘생긴 외모인가? 그들의 유머 감각인가? 그들의 매력인가? 우리가 보고 경험하는 것 때문에 고무되는 느낌을 받는 것은 흥미롭지만 그것은 마음을 억압할 수도 있다. 물론 우사인 볼트는 우리를 고무한다. 그는 시속 60킬로미터에 가까운 속도로 달린다![8] 스티브 잡스도 많은 사람을 고무했다. 그는 여섯 개 산업 전체에 혁명을 일으켰다! 잔잔해 보이는 평범한 삶의 관점에서도 우리를 고무하는 사람은 쉽게 볼 수 있다. 그런데 우리는 묻는다.

"나는 어떻게 다른 사람을 고무하지?"

문제는 우리가 사람들을 고무하는 것과 카리스마가 있는 것을 너무 자주 동일시한다는 점이다. 많은 사람이 다른 사람들을 고무하고 그들의 마음을 움직이려면 뛰어난 카리스마를 지녀야 한다고 믿는다. 사회학자 막스 베버는 말했다.

"카리스마는 평범한 사람과 달리 초자연적, 초인간적, 아니면 최소한 구체적인 면에서 예외적인 힘이나 자질을 타고난 것처럼 대하게 해주는 개인적 성격의 한 특징이다."[9]

만약 카리스마를 지녀야 고무할 수 있다면 그런 사람은 초인간적이거나 예외적인 재능을 타고난 사람이니 아주 극소수일 것이다. 나를 포함해 사람들은 대부분 자신을 그런 초능력자로 보지 않는다. 우리는 카리스마와 고무의 연결을 끊어야 한다. 사실 누구나 고무할 수 있다!

일부 사람은 카리스마도 지니고 있고 고무도 잘한다. 또한 카리스마는 있는데 고무하지 못하는 사람도 많다. 혹시 이걸 알고 있는가? 훨씬 더 많은 사람이 카리스마는 없지만 다른 사람들을 고무한다. 당신을 고무한 2학년 때 선생님은 매력이 뛰어나지도 개성이 특출나지도 않았다. 그래도 그는 당신을 배려했고 당신과 잘 통했다. 당신을 고무한 이웃은 권력자나 부자가 아니었을지 모른다. 하지만 그녀는 당신을 믿었고 당신을 응원했다. 카리스마를 지니고 사람들을 고무하는 초인간적인 사람도 있지만 현실에서는 매일 친구, 이웃, 동료, 가족을 고무하는 평범한 사람이 훨씬 더 많다.

당신이 고무하기 위해 카리스마를 갖출 필요는 없다. 수천 명의 인스타그램 팔로워도 필요하지 않다. 미모가 뛰어날 필요도 없다. 특별한 자격을 갖출 필요도 없다. 다른 사람을 고무하는 것은 신체적·감정적 특징이나 자질과 관계가 없다. 오히려 고무하는 것은 가식 없는 우리 모습과 우리 자신이 사람들을 이끄는 방식이다. 카리스마가 동기를 부여할지도 모르지만 사실 사람들 마음에 울림을 주는 것은 진정성이다.

스스로 세상에 아무 쓸모가 없다고 생각하는 사람도 누군가에게는 세상의 전부일 수도 있다.

무엇보다 좋은 것은 다른 사람을 고무하는 것은 배울 수 있는 기술이라는 점이다.

사람과 연결하기 & 목적과 연결하기

모두가 고무되기를 원한다. 그렇다면 중요한 질문은 이것이다.

'우리는 어떻게 고무하는가?'

처음 두 가지 스튜어드십 모범 보이기와 신뢰하기는 훌륭한 출발점이다. 행동으로 모범을 보이거나 진정성 있고 취약성을 노출하는 리더는 당연히 우리를 고무한다. 누군가가 먼저 우리를 신뢰하는 것 역시 우리를 고무한다.

다음으로 이 '고무하기' 스튜어드십에서 우리는 연결의 원칙, 즉 사람과 연결되기 그리고 목적과 연결되기를 연습한다. 우리가 정말로 사람들과 연결될 때, 우리가 그들을 보살피고 그들에게 진정 관심이 있다고 그들이 느낄 때, 이것은 사람들을 고무한다. 또한 사람들이 목적·의미·공헌, 즉 그들이 행동하는 이유와 연결되어 있다고 느낄 때 그것 역시 사람들을 고무한다.

신뢰·고무형 리더는 사람과 연결되고 또 목적과 연결된다. 그들은 먼저 주변 사람과 연결된다. 그들은 다른 사람이 왜 중요한지 확실히 이해하고 있다. 그리고 목적·의미·공헌, 즉 그 일이 왜 중요한지와 연결되는 방법을 알고 있다.

사람과 연결되는 세 가지 차원:
자신, 관계, 팀

주변 사람들과 연결될 때 우리는 세 가지 차원 연결에 집중함으로써 고무하는 능력을 높일 수 있다.

1. 자신
2. 관계
3. 팀

우리가 세 가지 차원 모두에서 사람들과 연결된 후에는 일 그 자체와 튼튼하게 연결되어 일 주위를 목적의식과 의미, 공헌이 에워싸게 할 수 있다.

이해해야 하는 핵심은 어떤 종류의 일도 의미 있고 중요해질 수 있으며, 어떤 리더도 고무할 수 있다는 점이다. 그럼 이 세 가지 연결되기 차원을 하나씩 살펴보자.

1. 자신의 차원: 나의 'Why' 찾기

다른 사람이 목적에 연결되도록 도와주려면 먼저 당신 자신이 그렇게 되어야 한다. 당신의 Why를 찾는 것은 창조와 다름없는 발견 과정이다. 이는 진정성에서부터 시작한다. 그러면 솔직한 자기성찰로 출발해보자.

- 내게는 무엇이 중요한가?
- 내게는 누가 중요한가?
- 내가 아침에 일찍 일어나게 만드는 것은 무엇인가?
- 내 일의 어떤 것이 나를 행복하게 만드는가?
- 내가 직장에서 하는 어떤 일이 내게 의미와 목적의식을 주는가?
- 나는 언제 가장 살아 있음을 느끼는가?
- 내가 지금 하는 일을 왜 하는가?
- 나의 Why는 무엇인가?

Why는 사람마다 다르다. 당신에게 그것은 당신의 가족, 일 또는 당신의 전체 목표와 관련이 있을지도 모른다. 그것이 무엇이든 당신이 자신의 Why를 발견하고 거기에 연결될 때, 당신은 다른 사람도 그렇게 하도록 도와줄 수 있다. 그들은 당신의 진정성을 느끼고 당신에게 목적이 있음을 알 것이다. 당신 자신이 그런 것에 고무되지 않으면 다른 사람을 고무하기 어렵다. 당신에게 중요한 것을 보다 분명히 할 때 다른 사람들은 그렇게 하도록 고무되는 한편 당신과 의미 있게 연결되길 원할 것이다.

> 네가 태어난 이유를 알 만큼 오래 살기를.
>
> -체로키족의 탄생 축원

꽤 오래전 나는 일과 관련해 중요한 선택에 직면했다. 나는 멋진 부동산개발회사 트래멀 크로 컴퍼니에서 계속 일할 수도 있었고, 내 아버

216

지가 설립한 프랭클린코비센터의 영입 제안을 수락할 수도 있었다. 과연 어떤 것이 올바른 선택인지 고민하면서 나는 좀 혼란스러웠고 목적과 단절되어 있다는 느낌을 받았다. 내 아버지는 대화 중에 이런 질문으로 내 Why를 상기하게 해주었다.

"너는 건물을 만들고 싶니, 아니면 사람을 만들고 싶니?"

이 질문은 내가 처음 사업에 뛰어든 이유를 떠올리게 했다. 나는 인재 개발을 좋아했고 사람들의 잠재력을 극대화하고 싶었다. 이것은 내 초점과 에너지를 다시 조정하게 만들었으며 내게 적합한 길을 아는 데 도움을 주었다. 다른 사람의 Why는 건물을 짓는 것이었을지도 모른다. 그것 역시 사람들의 삶을 개선해주는 가치 있고 중요한 Why다. 다만 그것은 내 Why가 아니었다. 중요한 것은 모든 사람의 Why는 개인적이란 점이다. 거기에 연결될 때 새로운 에너지, 열정, 신바람에 불이 붙는다. 당신이 고무되었다는 느낌이 들 때 그것은 다른 사람들의 고무도 도와준다. 고무에는 전염성이 있다.

> 우리에게는 모두 소명이 있습니다. 당신이 여기서 숨을 쉬고 있다면 당신은 인류공동체에 공헌하고 있는 셈입니다. 당신 삶에서 정말로 해야 할 일은 가능하면 빨리 자신의 기능을, 전체 속에서 자신의 역할을, 찾아내는 것입니다. 그다음에는 그 역할을 다하는 데 힘을 쏟아야 합니다. 오직 당신만이 그 일을 할 수 있습니다.[10]
>
> -오프라 윈프리

2. 관계의 차원: 관심 갖기

'이것은 모두에게 돌아갈 만큼 충분히 있다. 리더로서 내 임무는 다른 사람과 경쟁하기보다 그들에게 관심을 기울이는 것이다.'

이 믿음은 풍요의 심리를 갖는 데 도움을 준다. 또한 그것은 다른 사람에게 관심을 기울이도록 고무한다. 신뢰·고무 방식의 지배적 동기는 다른 사람들을 향한 관심이지만, 명령·통제 방식의 지배적 동기는 자기 이익이다. 그런 관심을 어떤 사람은 사랑이라 부른다.

실제로 사람들은 연결되기를 원한다. 그들은 당신이 그들에게 관심이 있는지 알고 싶어 한다. 그래서 이런 표현도 있다.

"사람들은 당신이 얼마나 관심을 보여주는지 알기 전에는 당신이 얼마나 많이 아는지에 관심이 없다."

당신의 상사가 진심으로 당신 가족의 안부를 물을 때 일하는 느낌이 얼마나 달라질까? 당신의 팀원들이 당신이 주말에 지역사회에 헌신할 중요한 일이 있음을 기억하고 진심으로 행운을 빌어주거나 사려 깊게 제언하거나 도움을 줄 때는 어떤가? 다른 사람들이 당신의 중요한 일에 관심을 보인다는 것을 느낄 때 당신은 같은 방식, 그러니까 관심을 기울이고 싶어 한다.

직속 부하들을 '통제 범위span of control'라는 전통 렌즈로 보지 말고 배리 웨밀러의 CEO 밥 채프먼이 조언할 때 그랬던 것처럼 그들을 '관심 범위span of care'의 변혁과 확장 렌즈로 보라. 그렇게 할 때 당신의 관심은 그들과 연결되고, 이는 당신을 당신과 접하는 모든 사람과 연결해 준다.

대인관계에서 "그게 내게 무슨 이익이 있지?"라고 묻지 말고 "나는 어떻게 제대로 도와줄 수 있는가?"라는 마인드셋을 가져라. 주변 사람들을 진심으로 알려고 하고 그들과 연결되려 할 때, 당신의 관심은 높아진다. 그리고 당신의 사랑도 커진다.

당신의 Why를 발견할 때 자신에게 물었던 것과 비슷하게 당신은 동료, 파트너, 아이들에게 'Why가 무엇인지, 무엇을 중요하게 여기는지' 물어야 한다. 당신이 먼저 자신의 Why를 찾고 자신이 누구인지 밝힘으로써 그것을 다른 사람과 나누면, 그들은 거기에 응답해 그들의 Why를 찾고 그것을 당신과 나눌 가능성이 대단히 크다.

직장에서 일 이외에 다른 사람에게 중요한 것이 무엇인지 찾으려고 노력하라. 그들은 왜 직장에 나오는가? 가족을 부양하기 위해서인가? 그들이 일하는 분야가 좋아서인가? 그들은 새로운 게임용 컴퓨터를 살 만큼 충분한 돈을 버는가? 그들의 Why가 무엇이든 그것을 아는 것은 그들을 이해하는 데 도움을 준다. 그리고 그들을 이해할 때 당신은 그들과 연결될 수 있다.

회사에는 중요한 임무를 맡은 사람들도 있지만 그들의 유일한 목적은 임대료를 내기 위해 계속 직장에 남아 있는 것인지도 모른다. 그들은 자신의 목적을 충족하기 위한 급여를 계속 받고자 정해진 일만 한다. 그렇다고 그들에게 열정이나 추구하는 의미 있는 일이 없다는 것은 아니다. 그들은 자신의 이익과 자기 일을 연결하는 데 도움이 필요할지도 모른다.

관심이 있음을 보여주는 두 가지 핵심요소는 공감과 동정이다.[11] 사람들에게 공감할 때 우리는 그들을 이해하려고 적극 나선다. 즉, 판단하거나 평가하거나 해석하지 않고 오직 이해하려고 노력한다. 사람들은 우리가 그들을 진정 이해한다고 생각할 때 우리를 신뢰하고 우리의 영향으로 고무된다는 느낌을 받는다. 아니면 적어도 우리의 노력에 마음을 연다.

우리에게 동정심이 있을 때 우리는 그들을 이해하는 것을 넘어 돕기 위한 행동을 한다. 우리는 주변 사람들에게 필요한 것을 이해할 때 그들을 돕기 위해 나선다. 동정심은 '다른 사람의 경험에 동참하는 것'을 의미한다. 이것이 간호사가 병실에서 가장 신뢰받는 사람인 이유다. 보건의료 데이터에 따르면 환자 경험에 가장 큰 영향을 미치는 것은 공감과 동정에 따른 보살핌이라고 한다. 간호사는 대부분 환자를 보살피기 위해 그곳에 있다. 환자들이 보살핌과 관심을 받거나 이해받는다고 느낄 때, 환자의 경험은 향상된다.

> 우리는 리더십 향상을 결정할 때 늘 사랑과 관심의 장점을 고려해야 한다. 우리는 역량 강화에 그치지 않고 사랑과 관심도 높여야 한다.[12]
>
> —존 매키(홀푸드 CEO)

당신의 마인드셋은 무엇인가? 만약 당신이 직속 부하에게 "내 열정은 당신의 잠재력입니다"라고 진심으로 말하면, 그 말은 그들과 다른 사람들에게 많은 것을 전해준다.

내 팀과 나는 이발소 체인점 그레이트 클립스와 함께 일한 적이 있다. 그때 우리는 핵심 리더 린다가 20년 넘게 일한 이발소에서 그녀와 토의했다. 내 동료가 그녀에게 왜 그토록 오랫동안 그레이트 클립스에서 일했는지 묻자 그녀가 대답했다.

"사람들 때문에 남아 있는 거예요. 나는 헤어컷을 좋아하지만 이 일은 어느 이발소에서나 할 수 있을 겁니다. 내가 계속 여기서 열정을 다해 일하는 이유는 사람들과 함께하며 그들의 성장을 지켜보는 것이 좋기 때문입니다."[13]

그녀의 직원들이 그녀에게 어떤 감정일지 짐작이 갈 것이다.

리더로서 당신의 Why 중 하나가 사람들의 성장과 그들의 잠재력 발휘를 도와주는 것이라면 어떨까? 그것은 당신이 인생에서 경험할 수 있는 가장 보람된 일 중 하나일 것이다. 나아가 그것은 당신이 그들에게 관심이 있음을 보여준다.

최근 나는 내가 30년 전에 프랭클린코비센터에서 채용했던 한 동료를 만났다. 당시 나는 젊은 이사였고 그녀는 갓 대학을 졸업한 상태였다. 우리가 첫 번째 면담을 회고할 때 나는 그녀가 되살린 기억에 감동을 받았다. 그때 그녀의 마음을 끌어당긴 것은 그녀가 지원한 자리에 보인 관심이나 면담 질문이 아니었다. 그녀에게 가장 큰 영향을 준 것은 면담을 시작하기도 전에 내가 조직에서 다루던 특정 문제에 관해 그녀의 개인 견해를 물은 것이었다. 나는 곤란한 내 상황을 솔직히 설명하고 그녀에게 의견을 나눠줄 수 있는지 물었다. 그녀는 내가 한 개인으로서 보여준 진정한 관심과 그녀의 의견에 보인 내 관심에 정말 놀랐다고 말했다.

우리는 그 문제가 무엇이었는지 기억하지 못했지만, 그녀는 내가 한 개인으로서 그녀에게 보여준 관심에 어떤 느낌을 받았는지 잊지 못하고 있었다. 나는 그 사실이 전혀 기억나지 않았다.

> 나는 배웠다. 사람들은 당신이 한 말을 잊고 당신이 한 행동도 잊겠지만, 당신이 그들에게 준 느낌은 결코 잊지 못한다고.[14]
>
> —마야 안젤루(시인, 배우)

3. 팀의 차원: 소속되기

관심 갖기로 주변 사람들과 튼튼하게 연결되었다면 그들이 팀을 형성했을 때 소속감을 심어줄 준비는 마친 셈이다. 소속되기는 한 집단 사람들을 팀으로 바꿔놓는 것이다. 그냥 아는 사람들을 진짜 친구와 이웃과 공동체로 바꿔놓는 것 말이다. 그것은 가족을 하나로 묶는 것이자 집단이 일하는 방식이다. 팀 내 유대와 관계는 팀원들이 공유하는 공동 작업보다 더 강하다.

강한 팀을 만들려면 모두를 어떻게 연결하고 모두에게 어떻게 소속감과 포용심을 심어주는지 알아야 한다. 우리는 각 개인과 팀 전체에 중요한 것을 찾아내야 한다. 사람들은 자신이 팀에 소속되는 것이 팀에 얼마나 중요한지 보고 느껴야 한다. 주변 사람들이 자신보다 더 큰 어떤 것의 중요한 한 부분이 된 듯 느끼면 그들은 힘을 얻고 새로운 방식으로 공헌하도록 고무된다.

이런 일이 일어날 때 팀은 의미를 찾고 그 바탕 위에서 성과를 거둔다. 때로는 리더가 누구에게 지시할 필요도 없을 것이다. 팀 문화가 워낙 강해 팀원들이 자발적으로 지시하기 때문이다. 이 경우 팀은 누구의 조종도 받지 않고 활기차게 움직인다. 다시 말해 사람들이 서로에게 연결되고 공동 목적을 중심으로 단합할 때 더 좋은 성과를 거둔다. 모든 팀원이 오너십을 가지면 공동 창조 과정이 진행된다. 이런 이유로 자기 주도적 팀이 그렇게 강할 수 있는 것이다.

> 우리 개발 팀은 스토리를 찾지 않는다. 그들의 임무는 협력을 잘
> 하는 사람들의 팀을 만드는 것이다.[15]
>
> —에드 캣멀(픽사 CEO)

부모는 가족 내에 이런 느낌을 만들 수 있다. 코치는 스포츠 팀 내에 이런 느낌을 만들 수 있다. 외과의사는 수술실 내에 이런 느낌을 만들 수 있다. 그리고 군대 지휘관은 부대 내에 이런 느낌을 만들 수 있다. 나는 셰익스피어 연극에서 헨리 5세의 성 크리스핀 데이St. Crispin's Day 연설을 좋아한다. 거기서 헨리 5세는 그들을 성공으로 이끌 서사시 같은 전투를 시작하기 전, 숫자상 완전 열세에 놓인 병사들 앞에서 사기를 북돋는 연설을 한다.

"우리는 소수다, 우리는 행복한 소수지만 한 형제다. 오늘 나와 함께 피를 흘리는 자는 내 형제가 될 것이다."[16]

이러한 연결감과 소속감을 한번 경험한 사람들은 계속해서 그런 경험을 원한다. 그것은 기대치를 높여주고 해낼 수 있는 것의 기준을 세워준다. 조직학습 전문가 피터 셍게는 그것을 정확히 포착했다.

사람들에게 위대한 팀의 일원이 되는 게 어떤 것인지 물었을 때, 가장 인상적인 대답은 의미 있는 경험을 한다는 것이다. 사람들은 자신보다 더 큰 어떤 것에 속하는 것, 연결되는 것, 생성력을 갖는 것을 이야기한다. 진정 위대한 팀의 일원으로서 했던 경험은 많은 사람에게

그들의 인생에서 최선을 다한 유일한 기간이라는 특별한 의미가 있음이 분명하다. 어떤 사람들은 그 정신을 되찾을 방법을 찾으면서 남은 인생을 보내기도 한다.[17]

소속감과 포용에 따른 이러한 유대는 특별한 감정을 남긴다. 그것은 어느 곳에서나 다 찾을 수 있는 게 아니다. 그래서 사람들은 그것을 찾아 나선다.

사람들은 나쁜 상사만 떠나는 것이 아니다. 그들은 아무리 일이 즐거워도 나쁜 팀에 속해 있으면 또한 떠난다. 물론 그 반대도 성립한다. 일이 그 사람에게 특별한 의미가 없어도 상사나 팀원들과의 연결은 그것을 보상해줄 수 있다. 그래서 많은 경우 일의 성격이 그리 재미있지 않아도 팀에 속하고 소속감을 느끼는 것만으로 사람들을 고무할 수 있다.

나는 지난 몇 년 동안 학비를 벌기 위해 커피숍에서 일한 한 젊은 여성을 알고 있다. 사실 그녀는 사람들에게 커피를 서비스하는 것에는 별다른 관심이 없다. 아마 그녀는 학교 근처에 더 가까운 일자리가 있었으면 거기로 갔을 것이다. 하지만 그녀는 상사를 좋아하고 팀을 사랑했다. 그녀의 상사는 모든 직원 사이에 동료의식과 우정을 형성했다. 그것이 그녀가 거기서 일하는 것을 의미 있고 즐겁게 만들었다.

신뢰·고무형 리더는 모두에게 이익을 주는 연결을 촉진한다. 그 연결은 사람들을 고무하고 고무된 사람들은 믿을 수 없는 성과를 보여준다. 앞서 말한 베인 앤 컴퍼니 조사에 따르면 몰입도는 56%가 높아지고, 만족도는 125%나 증가한다.[18]

목적과 연결시켜 고무하기

우리는 의도적으로 우리 자신과 주변 사람 그리고 팀과 연결될 수 있다. 우리 자신과 연결되는 것은 우리의 Why를 찾을 때 진정성을 의식하는 것이다. 주변 사람과 연결되는 것은 우리가 관계를 형성할 때 그들에게 관심이 있음을 의식하는 것이다. 팀과 연결되는 것은 우리가 사람들을 포용할 때 팀에 소속되어 있음을 의식하는 것이다. 우리가 하는 실제 업무와 무관하게 우리는 이 연결 자체만으로도 사람들을 고무할 수 있다.

이 세 가지 차원이 모두 연결되면 그다음에는 일 그 자체와 연결될 수 있다. 일과 연결되는 것은 사람들이 공헌을 의식하는 것, 즉 목적과 의미에 연결되고 우리가 하는 일이 중요한 이유에 연결되는 것을 말한다.

성공을 넘어 의미를 찾아서

사람들은 자신이 성공이라고 정해놓은 것을 추구하며 평생을 보낸다. 많은 사람에게 성공은 단순히 의식주 해결을 위해 열심히 일하지 않아도 되는 수준에 이르는 것을 의미한다. 이는 물질적으로 걱정할 것 없는 상태일 수 있다. 어쩌면 자신의 지위에 관해 확고한 의식을 갖는 것인지도 모른다.

어떤 사람에게는 더 높은 목표가 있다. 많은 재산을 모으길 원하는 사람도 있다. 올림픽 금메달을 목표로 하거나 자기 분야에서 최고가 되는 것을 원하는 사람도 있다. 자신이 속한 조직에서 최고 위치까지 올라가길 원하는 사람이 있는가 하면, 자기 업적을 평가받거나 인정받고 싶어 하는 사람도 있다.

그러나 대개는 성공만으로는 충분하지 않다는 것을 깨닫는다. 사람들에게는 성공 이상의 무언가가 필요하다. 매슬로는 말년에 자신이 만든 욕구 단계를 직접 수정했다. 그것은 보통 꼭대기에 자아실현(우리가 '성공'이라 부를 수 있는 것)이 있는 피라미드 구조로 표현한다. 매슬로는 나중에 자기초월(우리가 '존재감'이라 부를 수 있는 것)을 '가장 높고 가장 포괄적이거나 전체를 아우르는 수준'으로 인식했다.[19]

이렇게 생각해보라. 매일 다른 목적 없이 구덩이를 팠다가 메우는 작업을 한다면 그 대가로 얼마만큼의 돈을 받아야 하는가? 그 일을 얼마나 오래 하겠는가? 만일 상당한 보상이 주어진다면 그 일을 하고 싶을 것이다.

하지만 어느 순간 돈은 중요해지지 않는다. 정말 중요한 것은 더 나아지게 만드는 일이다. 사람들은 그들의 삶과 일이 중요하고 그들의 존재감이 중요한지 알고 싶어 한다. 그들은 일한 대가로 받는 돈이 아니라 그 일에 쓰는 시간이 의미가 있는지 알고 싶어 한다. 그들은 그냥 기계처럼 작동하길 원하지 않는다. 그들이 하는 일, 그들이 그 일을 하는 이유가 중요하지 않다고 느껴지는 것을 원하지 않는다. 물론 사람들은 대가를 원한다. 정당한 대가를 원하지만 조만간 돈은 삶의 일부일 뿐 최종 목표는 아니라는 것을 깨닫는다. 그렇게 생각하지 않는 사람은 반드시 실망하고 만다. 그것이 성공과 존재감의 차이점이다.

> 돈은 위대한 사람에게서 동기를 유발하지 못하며 보통사람의 위
> 대함도 끌어내지 못한다. 오로지 목적만 그렇게 할 수 있다.[20]
>
> -닐로퍼 머천트(애플 전 기술이사)

세계 여러 지역에서 우리의 심리적 안정 욕구를 충족해줄 수 있는 능력이 늘어나고 있다. 덕분에 우리는 자아실현을 넘어 자기초월에 더 많은 시간과 노력을 집중할 수 있게 되었다. 무한 선택 세계에서 직업의 선택 폭이 넓어짐에 따라 지금의 성공은 과거의 성공과 무게가 같지 않다. 오늘날 사람들은 자신의 재능, 기술, 시간을 의미 있는 공헌을 하는 데 쓰고 싶어 한다. 의미 있는 삶을 살고 싶어 하는 것이다.

아카이브 컨설팅의 조사에 따르면 "밀레니얼 세대의 97%가 그들의 개인 기술을 대의를 위해 쓰는 것을 선호한다."[21] 이 결과는 때로 '목적 세대purpose generation'라고 불리는 밀레니얼 세대에 해당하는 것으로 해석되지만, 사실 전 세대에 적용된다. 임페러티브와 링크드인의 조사에 따르면 실제로 세대를 가로질러 올라가면서 사람들의 '목적 지향성'이 높아지는 것으로 나타났다. 그중에서도 베이비부머 세대가 가장 높았다.[22] 결국 모든 세대, 모든 사람이 삶의 의미 찾기를 갈망하는 것이다.

> 밀레니얼 세대가 목적을 원한다는 것은 많은 글에서 다루고 있
> 다. 내가 믿게 된 것은 모두가 목적을 원한다는 것이다. 그것이
> 삶의 비법이다.[23]
>
> -캐슬린 호건(마이크로소프트 최고인력관리자)

사이먼 시넥이 "Why로 시작하라Start with why"라고 말할 때 그는 정확히 알고 있었다.[24] 모든 사람·팀·조직에는 Why, 즉 그들이 하는 일을 해야 할 의미 있고 설득력 있는 이유가 있어야 한다. 하지만 Why가 있는 것만으로는 충분치 않다. 신뢰·고무형 리더는 Why로 시작하지만 한발 더 나아가 사람들이 자신이 하는 일을 Why와 연결하도록 도와야 한다. 다시 말해 사람들이 Why에 연결되도록 해야 한다.

사람들은 급여 이상을 원한다. 그들은 의미를 원한다. 더 나아지게 만들고 유산을 남기길 원한다. 사람과 연결되고 목적과 연결되는 것은 이러한 고무하기 스튜어드십에 필수요소다. 무한 선택 세계에서, 존재감을 찾고자 하는 사람들의 욕구가 점점 커지는 상황에서, 리더는 다른 사람을 고무할 수 있는 게임 체인저다.

사명·비전·가치 vs. 목적·의미·공헌

어떤 사람은 조직이 쓴 Why는 잘 외워도 실제로는 거기에 연결되어 있지 않을 수 있다. 많은 조직이 그들의 사명, 비전, 가치를 직원들이 확실히 알게 하는데 많은 시간과 훈련과 자원을 투입한다. 나도 그런 것을 중요하게 생각한다. 그것이 조직의 강력한 나침반(진북true north) 역할을 하고 조직의 Why를 잘 표현할 수 있기 때문이다. 그러나 사람들이 거기에 의미 있게 연결되지 않으면 그것은 한낱 벽에 붙은 구호에 불과하다.

많은 조직 구성원이 그들의 가치를 말할 수 있지만 그것이 그들의 행동이나 결정을 이끌지는 못한다. 이런 선언을 넘어 사람들이 정말로 원하는 것은 목적과 의미와 공헌에 관한 내면 의식과 연결되는 일이다. 내면으로 들어가 그 생각을 실제로 적용하는 것은 아주 중요한 연결이다. 나 역시 Why와 실제로 연결된 조직과 함께 일했는데 그들의 문화와 성과는 밤과 낮처럼 달랐다.

> 어떤 목적을 위해, 누구의 이익을 위해 우리의 직원들은 헌신적으로 일하라는 요구를 받는가? 우리는 그들이 진정으로 주도성, 상상력, 열정을 바칠 만한 목적을 위해 우리 자신을 바친 적이 있는가?[25]
>
> ―게리 해멀(저술가, 교수)

교육은 이 현상의 좋은 예다. 가르치는 것만큼 고상한 사명은 없다. 교육의 비전은 젊은이들이 성숙하고 책임 있는 시민이 되도록 도와주는 데 있다. 그 비전을 믿고 그 직업에 자기 삶을 바칠 수 있는 사람은 교육자로서 성공가도를 달릴 것이다. 그런데 교사의 44%가 첫 5년 안에 교직을 떠나고,[26] 50%가 어느 순간 이직을 고려한다고 한다.[27] 실제로 갤럽의 교사 몰입도 조사는 30%를 약간 넘는 교사만 완전히 몰입하고 있음을 보여준다.[28]

내 경험으로 볼 때 이것은 교직의 고상함이나 교사들의 특징과는 아무 관계가 없다. 교사가 교직을 떠나는 것은 산적한 교육 난제 앞에서 좌절감을 느끼고, 본연의 사명에 연결되어 있다고 느끼지 못하기 때문이다. 교사가 일상적으로 안고 있는 현실적 장애요인은 과밀학급, 학교 직원 부족, 자원과 지원 부족, 낮은 교원평가 점수 등이다. 그러나 다른 업종과 마찬가지로 가장 큰 장애는 교육행정가 사이에 널리 퍼져 있는 명령·통제형 리더십 방식이다. 그들은 교사를 신뢰하지도 고무하지도 않는다.

교사에게 신뢰받는다거나 고무되는 느낌이 없으면 그들이 어떻게 학생들을 고무할 수 있겠는가? 교육체제 변화와 더 충분한 자원이 필요한 것도 사실이지만 교사가 난제를 헤쳐가는 데 도움을 주는 고무 방법은 바로 목적, 의미, 공헌에 진정으로 연결되는 일이다.

사명, 비전, 가치가 분명하고 그것을 내재하고 있는 교직에서 Why와의 단절이 일어날 수 있다면 그런 것이 없는 직종에서는 그 단절이 얼마나 클지 상상해보라.

나는 월드 비즈니스 포럼에서 하버드 비즈니스 스쿨의 마이클 포터 교수가 강연한 직후 발표를 한 적이 있다. 그는 미래지향적인 기업과 리더는 현대 세계에서 기업의 사회적 책임Corporate Social Responsibility, CSR만으로는 충분치 않다는 것을 인식해야 한다고 주장했다.[29] 사람들은 기업이 단지 '해를 끼치지 않기'에 머물지 않고 기업에 '공유 가치 창출'을 원한다. 사회봉사를 비즈니스의 파생물이 아니라 비즈니스 모델 그 자체에 포함할 것을 원한다. 사람들은 기업이 책임 있게 행동할 뿐 아니라 의미 있는 활동을 하고, 이윤을 넘어서는 목적을 세우고, 사회에 공헌하길 원한다.

기업의 사회적 책임은 좋은 것이지만 많은 기업이 무책임하다는 이미지를 피하고자 형식적으로 활동하는 것에 그치고 있다. 그들은 순응하고 있다. 이것은 명령·통제 방식이다. 아마 개량한 명령·통제 방식일 것이다. 이제 기업의 사회적 책임과 신뢰와 고무 접근법(포터의 '공유

가치 창출' 개념)을 비교해보자. 사회적 공헌은 해야 할 항목 리스트에 체크하고 끝나는 게 아니라 기업의 명백한 목적인 이윤만큼 중요한 일이다. 그 차이는 분명하며 이것 역시 신뢰·고무 방식이 사람들을 고무하고 있음을 증명한다.

나는 길을 가다가 '의미를 위해 노력할 것이다Will Work for Meaning'라고 인쇄한 티셔츠를 입은 사람을 보고 놀라서 다시 한번 바라보았다. 사명, 비전, 가치 선언서가 있거나 단지 그것을 받아들이는 것만으로는 부족하다. 우리는 자기 자신을 위해 그리고 다른 사람을 위해 그것과 분명하게 연결되어야 한다. 우리는 실제 목적과 의미, 공헌에 다가서야 한다. 우리가 그러한 원천에 고무되기 때문이다. 사람들은 다른 어떤 역량보다 리더가 고무해주는 것을 원한다. 그렇게 고무된 그들은 그 마음으로 더 좋고, 더 가치 있는 것을 성취할 것이다.

삶은 축적이 아니라 공헌이다. "이 문제를 해결하면 주주들이 만족할 것이므로 우리에게는 당신의 깊은 생각과 최선의 노력이 필요합니다"라는 말로는 누구도 고무하지 못한다. 주주를 만족시키는 것도 필요한 일이지만 그 자체만으로는 사람들을 고무하지 못한다.

이제 주로 군인들에게 대출을 해주는 대부업체 퇴역군인 연합 주택대출Veterans United Home Loans을 살펴보자. 그들의 가치는 말에 그치지 않는다. 그들은 그 가치를 정말로 믿고 있고 가치에 따라 운영한다. '열정을 가지고 즐겁게 일하라' '성실하게 성과를 내라' '매일 삶의 수준을 높여라' 그들은 말한다.

"우리는 팀으로서 국가에 봉사한 사람들을 위해 자랑스럽게 봉사한다. 우리는 우리가 하는 일이 중요하다는 것을 아는 데서 목적을 찾는다."[30]

그들은 실제로 그렇게 한다. 그들이 매년 〈포천〉 선정 '일하기 좋은 100대 기업'에 이름을 올리는 것은 놀라운 일이 아니다.[31] 내가 지난 몇 년에 걸쳐 그들과 함께 일하며 느낀 경험으로 말하건대 그들은 비범한 목적에 연결되어 있다. 그리고 그 목적에 고무된 그들은 삶의 수준과 성과를 높이고 있다.

일: 공헌 의식

우리가 사명·비전·가치에 걸려 목적·의미·공헌에 이르지 못하는 이유는 가장 중요한 연결을 뛰어넘으려 하기 때문이다. 자기 자신에게 서 진정성을 의식하고, 다른 사람들에게 관심이 있음을 의식하고, 팀에 소속되어 있음을 의식하는 절차를 생략하는 것이다. 강력한 관계와 공 동체 느낌이 없으면 그 일이 얼마나 대단한지는 중요하지 않다. 그 일 은 공허하거나 강요받는다거나 인위적이라는 느낌을 줄 수 있다.

사람들은 생명을 구하는 분야에서 일하기도 한다. 만약 그들이 관심 받지 못하거나 소속감을 느끼지 못하면 그들은 남아 있으려 하지 않을 것이다. 사람들에게 원래 의미가 없는데 의미를 만들어내려 하면 그 노 력은 성공하기 어려우며 오히려 역효과를 불러오고 만다. 그 반대의 경 우는 다르다. 당신이 의미와 목적에 다가설 때 당신은 모든 차원에서 특별한 가치를 만들어낼 수 있다. '위기의 시대에 개인의 목적에 불 붙 이기'라는 제목의 글에 실린 컨설팅사 맥킨지 앤 컴퍼니 관련 내용을 살펴보자.

목적은 직원 경험에 중요하게 공헌할 수 있으며 그 목적은 다시 더 높은 수준의 직원 몰입도, 더 강력한 조직 헌신 그리고 높아진 행복 감과 연결될 수 있다. 자신의 업무와 일치하는 개인 목적을 찾은 사람은 자기 역할에서 더 큰 의미를 얻고, 더 높은 생산성을 올리고, 동료보다 더 높은 성과를 낼 가능성이 크다. 우리는 조사에서 직원들의 목적의식과 회사의 이익률 사이에 긍정적 상관관계가 있음을 발견했다.[32]

결국 우리는 먼저 개인적인 연결로 의미와 목적을 만들고 거기에 다가설 권리를 얻어야 한다. 우리가 이렇게 하면 사람들은 업무에서 그들에게 영향을 미치고 고무하는 것을 우리에게 허락한다. 그러면 우리의 성과는 우리가 상상한 것보다 훨씬 더 좋아질 수 있다. 사람들과 연결될 때 했던 사전 작업이 그들을 더욱 고무하기 때문이다. 사람들은 최선을 다해 공헌하고 창조하길 원할 것이다. 또한 당신이 리더로서 새로운 사업을 강화하려 할 때, 팀이 더 적극 나서서 그 노력에 동참할 가능성이 크다. 왜 그럴까? 그들이 당신을 알고, 당신을 신뢰해서다. 나아가 그들은 당신의 Why를 알고 있다. 그들은 당신이 공허한 순응이 아닌 진정한 헌신을 원한다는 것을 알고 있다. 거기에 고무된 그들은 헌신한다.

한 사람과 쌓은 신뢰는
더 많은 사람을 고무한다

이 모든 것은 사물은 효율성을 생각하고 사람은 효과성을 생각하라는 원칙과 연결된다. 어떤 사람은 일대일로 연결되는 것, 한 번에 한 사람씩 관계를 형성하는 것은 너무 비효율적이라고 생각할지도 모른다. 여기에는 너무 많은 시간이 걸린다고 말할 수도 있다. 효율적이지 않은 것도 맞지만 대단히 효과적이고 장기적으로는 이익이라는 것 또한 사실이다. 우리는 장기간의 게임을 펼치고 있으므로 단기간에는 비효율적일지 몰라도 궁극적으로는 이것이 더 효율적이다. 아마도 리더로서 우리가 할 수 있는 가장 생산성 높은 활동은 부하직원과의 일대일 면담일 것이다. 이 일대일 미팅은 우리 모두에게 고무적인 영향을 미칠 수 있다.

또 다른 생산적인 활동은 이미 말했듯 캠벨 수프 컴퍼니를 바꿔놓은 더글러스 코넌트가 모범을 보였다. 그는 오랜 기간에 걸쳐 3천 명이 넘는 동료에게 손으로 직접 쓴 편지를 보내는 방식으로 사람들에게 시간을 들임으로써 그렇게 할 수 있었다.[33] 그는 사람들을 대하는 방식에 관한 한 빠른 것이 느린 것이고 느린 것이 빠른 것임을 알고 있었다. 비록 편지 하나하나로 천천히 갔지만 궁극적으로 그는 놀랄 만큼 빨리 나아갈 수 있었다. 우리가 사람들에게 빠른 속도를 시도하려고 몇 단계를 건너뛸 때, 우리는 속도가 느려지고 삐걱거리다 결국 멈추고 말 것이다.

내 조직 혹은 내 역할이 원래 고무와 거리가 있다면 어떻게 해야 하는가?

어떤 조직은 속성상 그들의 목적이 사람들을 고무하는 측면이 매우 강하다. 예를 들면 환자의 생명을 구하는 병원이나 안전과 보호를 제공하는 위기센터가 여기에 해당한다. 또 어떤 조직은 평범해 보이는 일을 맡아 거기에 목적을 둠으로써 특별한 일로 바꿔놓기도 한다.

내 경험으로 그 예를 들어보겠다. 페퍼다인대학교 그라지아디오 비즈니스 스쿨을 방문했을 때 내가 얼마나 큰 영향을 받았는지 나는 지금도 그 기억이 생생하다. 목적, 봉사, 리더십 등 그 대학의 이상에 걸맞게 그들은 세계 최고가 되는 리더가 아니라 세계를 위하는 데 최고가 되는 리더를 길러내는 일에 집중한다고 했다. 그들은 이렇게 말했다.

"세계를 위하는 데 최고가 되는 리더는 최고가 되기 위해서가 아니라 최선을 다하려고 노력한다. 세계를 위하는 데 최고가 되는 것과 세계 최고가 되는 것은 하늘과 땅 차이라고 생각한다."**34**

정말로 사람들을 고무하는 비전과 공헌이 아닌가! 당연히 그 대학 학생과 교수 들은 배우고 가르칠 때, 그리고 이후에도 그 변혁적이고 고무적인 목적에 연결되어 있다고 느낄 것이다. 그런 종류의 영향력은 오래간다. 우리의 기본 믿음 가운데 하나는 내면에서 만들어져 시작된 영향력은 사라지지 않는다는 것이다. 페퍼다인대학교에서 그들은 그렇게 하고 있었다.

반면 목적의식이 쉽게 느껴지지 않는 업무도 많다. 바닥을 청소할 때 당신은 어떻게 의미를 만들어낼 수 있는가? 사실 당신은 모든 사람과

거의 모든 업무 혹은 상황에 목적, 의미, 공헌을 부여할 수 있다.

그 예는 케네디 대통령이 잘 보여주었다. 그는 미국이 10년 안에 "인간을 달에 보냈다가 무사히 귀환하도록" 하겠다고 공언한 뒤 얼마 지나지 않아 NASA를 방문했다. 그때 한 청소부를 만난 케네디 대통령은 그에게 무슨 일을 하는지 물었다. 청소부가 대답했다.

"인간을 달에 보내는 것을 도와주고 있습니다."[35]

NASA 내 사람들은 목적의식이 아주 투철했고 그 의식은 청소부에게까지 퍼져 있었다. 그는 건물 안의 다른 모든 사람처럼 자신의 공헌이 전체 목적과 연결되어 있음을 이해했으며 그 목적에 고무되었다.

그가 그 관점에 연결되었을 때 일하는 자세가 얼마나 많이 달라질 거라고 생각하는가? 바닥 청소와 인간을 달에 보내는 것 사이에는 큰 갭이 있는 것처럼 보이지만 모든 일은 그 기본 목적에 기여한다. 어떤 일을 하든 누구나 자신의 일에 자부심을 보일 수 있다. 반대로 누구나 자부심 없이 일할 수도 있다. 목적에 연결되면 모든 것이 달라진다.

출처가 불분명한 벽돌공 세 명의 우화를 생각해보라. 작업을 하던 중 벽돌공들은 어떤 일을 하고 있느냐는 질문을 받았다. 첫 번째 벽돌공이 대답했다.

"나는 벽돌공입니다. 가족을 먹여 살리기 위해 열심히 벽돌을 쌓고 있습니다."

두 번째 벽돌공이 대답했다.

"나는 건축업자입니다. 나는 벽을 쌓고 있습니다."

세 번째 벽돌공이 말했다.

"나는 성당 건축가입니다. 나는 전능하신 신께 바칠 대성당을 짓고 있습니다."

똑같은 작업을 하면서 세 사람의 관점은 완전히 달랐다. 첫 번째는 생업을, 두 번째는 직업을 그리고 세 번째는 소명을 가지고 있었다. 실제로 목적은 생업을 소명으로 바꿔놓는다.

> 당신은 직장을 바꾸지 않고 생업을 가질 수도, 직업을 가질 수도, 소명을 가질 수도 있다.[36]
>
> –앤절라 더크워스(《그릿》 저자)

소아암 치료와 회복을 전문으로 하는 세인트 주드 아동 연구병원 같은 대조직에는 조직의 속성상 사람들을 고무하는 목적이 있다.[37] 다른 많은 조직의 경우 약간의 창의력이 있어야 목적의식이 보인다. 그렇지만 당신은 거의 모든 조직이나 업종에 공헌의식을 부여할 수 있다. 어떤 조직은 운영 방식의 일부로 '하나 사면, 하나 기부' 같은 좋은 사회적 대의를 바탕으로 그렇게 한다. 또 어떤 조직은 사람들이 그들의 목적을 보고 읽을 때 사려 깊고 창의적인 방식으로 사람들을 고무한다.

업종 속성상 의미가 자연스러워 보이지 않는다고 생각하는 여러 업종에서 의미를 내세워 사람들을 고무하는 기업을 몇 군데 소개하겠다. 이들 기업은 각각 사람들이 의미를 의식하게 하는 한편, 그들의 일을 그 일이 중요한 이유에 연결함으로써 사람들을 고무하도록 목적 선언서를 만들었다.

나이키: 운동복

세계 모든 선수에게 혁신과 영감을 가져다준다. 신체가 있다면 당신도 선수다.[38]

스타벅스: 커피숍 소매체인

인간의 정신에 영감을 불어넣고 더욱 풍요롭게 한다. 이를 위해 한 명의 고객, 한 잔의 음료, 우리의 이웃에 정성을 다한다.[39]

디즈니: 미디어, 연예

매혹적인 경험으로 행복을 창조한다.[40]

파타고니아: 아웃도어 장비

우리는 우리의 터전인 지구를 살리기 위해 사업을 한다.[41]

할리데이비슨: 모터사이클 제조업체

우리는 기계 제작을 넘어 영원한 모험 추구를 지지한다. 영혼에 자유를.[42]

당신이 하는 일이 당신보다 큰 어떤 것에 공헌한다고 믿을 때, 당신은 얼마나 더 많은 공헌을 하고 싶은 마음이 들겠는가? 얼마나 더 헌신하고, 몰입하고, 고무되겠는가? 무엇이 다른가? 목적에 연결되고 그것이 왜 중요한지에 연결되는 것이다! 의미를 찾을 가능성은 늘 존재한다. 그것을 보고 연결하면 된다. 그렇게 하면 자연스럽게 그 목적에 고무된다.

리더로서 우리는 특별한 기회와 도전을 맞는다. 우리는 어느 조직, 어떤 역할에도 목적·의미·공헌을 만들어 심어둘 수 있다. 어느 조직이든 조직의 본질은 목적과의 관계에 있다.

동기부여는 하지만 고무하지는 않는다

당신에게는 당신을 진짜로 고무하는 리더가 있는가? 그런 동료 직원은? 그러한 친구는? 이번에는 반대로 질문하겠다. 당신에게는 동기만 부여할 뿐 고무하지는 않는 사람들이 있는가? 앤드럴(앤디) 피어슨은 놀라운 성과를 얻어낼 수 있는 동기부여 리더였다. 그는 1971년부터 1985년까지 펩시코를 운영해 수입을 11억 달러에서 80억 달러로 올려놓았다. 그는 성과를 요구했고 성과를 얻어내는 그의 방식은 성공했다.

당시 피어슨의 기본 동기유발 수단은 공포, 놀라움 그리고 목표 수치에 광적으로 집착하는 것이었다. 그는 매년 분명한 메시지를 보내 직원 가운데 생산성이 떨어지는 10~20% 직원을 가차 없이 해고했다. 그러한 등급 평가 후 해고와 공포에 따른 동기부여 방식은 효과가 있었다. 그는 가장 뛰어난 성과를 내는 직원들에게는 기대치를 높였다. 피어슨은 직원들에게 가한 무자비한 요구로 악명이 높았다. 어느 직원이 표현했듯 피어슨의 재능은 "야만적일 정도로 불쾌했다."[43] 실제로 〈포천〉은 그를 미국에서 가장 거친 보스 중 한 사람으로 꼽았다.[44]

당신이 그 시절 펩시코 직원이었다면 아마 이렇게 말했을 것이다.

"그는 동기부여는 하지만 고무하지는 않는다."

나는 앤디 이야기가 거기서 끝난다고 말할 수 있어서 기쁘다. 나중에 그는 또 다른 시도를 하기 위해 퇴직한 뒤 완전히 다른 접근 방식을 취했다. 남은 그의 이야기는 이 책 후반부에서 하겠다.

당신이 받을 수 있는 가장 큰 칭찬

다른 사람들이 당신에게 보낼 수 있는 가장 큰 칭찬은 "당신은 나를 고무합니다"라는 말이다. 그 칭찬에는 다른 모든 칭찬이 들어 있다. 당신이 사람들을 고무한다면 이는 그들이 당신을 존경하며 당신의 삶과 경험을 중요하게 여긴다는 뜻이다. 그들은 당신을 신뢰한다. 당신이 큰 과제를 완수했든, 사람들의 마음을 끄는 어떤 중요한 특징을 보여주었든, 당신은 그들이 달성하려 하는 무언가를 해냈다. 그들은 당신이 그들을 목적의식에 연결해주었다고 느낄지 모른다. 아니면 그냥 당신이 그들과 연결되었다고 여길 수도 있다. 그것이 무엇이든 당신은 그들의 삶에 더 큰 의미를 안겨주었다.

> 고무되는 것도 좋지만 고무하는 것은 영광스러운 일이다.[45]
> −줄리엣 고든 로(걸스카우트 창립자)

사람들이 당신에게 당신이 그들을 고무한다고 말할 때, 이는 당신이 그들의 성공을 보기 위해 스튜어드십을 의식하게 해준다. 당신은 그들의 성공을 도와주고 싶어 한다. 당신은 그들이 더할 나위 없이 최고 버전이 되기를 원한다. 보상이나 보너스를 받기 위해서가 아니라 타인이 삶을 개선하도록 돕는 것이 당신에게 의미가 있기 때문이다. 이러한 관심의 동기와 봉사 윤리는 신뢰·고무형 리더를 움직이는 엔진이다.

타인을 고무하는 것에 익숙해져라

앞서 살펴보았듯 누구나 다른 사람을 고무할 수 있다. 신뢰·고무형 리더로서 당신의 임무는 사람들을 고무하는 일이다. 스튜어드십의 처음 두 가지 행동, 즉 모범 보이기와 신뢰하기로 자연스럽게 사람들을 고무할 수 있다. 직장에서 당신이 사람들과 연결되고 다시 그들을 목적, 의미, 공헌 의식으로 연결해 그들이 새로운 차원에 이르는 것을 도울 때 사람들은 고무된다.

개인과 조직의 목표를 중첩하는 과정을 나는 '목적 일체화co-purposing'라고 부른다. 어떤 사람은 자신의 개인적인 목적이 조직의 목적과 상당 부분 일치한다. 또 어떤 사람은 일부분만 겹친다. 물론 양자의 목적이 전혀 일치하지 않는 사람도 있다. 사람은 누구에게나 내면에 목적, 즉 그들을 움직이게 하는 어떤 것이 있다. 리더로서 당신의 임무는 다른 사람들이 그것과 연결되도록 도와주는 일이다. 일단 그렇게 하면 그들은 새로운 에너지와 이해로 충전되어 헌신하고 몰입한다. 당신이 사람들의 개인 목적과 조직 목적이 중첩하도록 도와줄 때, 고무될 가능성은 더욱 커진다.

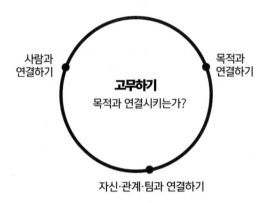

사람과
연결하기

목적과
연결하기

고무하기
목적과 연결시키는가?

자신·관계·팀과 연결하기

　항상 거울을 들여다보고 당신 자신부터 먼저 시작하라. 내면에서부터 시작하라. 당신 자신의 Why를 찾아라. 그다음에는 사람들의 관계 형성과 그들의 삶에 관심을 보이는 것에 익숙해져라. 그리고 팀에 소속감이 생기도록 도와줘라. 마지막으로 사람들을 그들이 하는 일이 중요한 이유와 연결하라. 우리에게는 사람들을 고무하는 리더가 필요하다. 그것은 당신의 임무이며 거기에 익숙해질 수 있다! 다른 사람들을 고무하는 것은 배울 수 있는 기술이다.

> 당신이 어떤 일을 하든 당신이 청소부든 CEO든 당신은 당신이 하는 일을 꾸준히 지켜보고 그 일이 다른 사람들과 어떻게 연결되는지, 그것이 전체 그림과 어떻게 연결되는지 그리고 그것이 당신 내면 가치의 표현인지 질문해볼 수 있다.[46]
> ―에이미 브제스니에프스키(예일대학교 경영학 교수)

다음 네 가지 서술을 읽고 당신이 사람들과 연결되는 방식, 목적과 연결되는 방식과 가장 잘 맞는 숫자에 동그라미를 쳐라.

	매우 아니다		다소 그렇다		매우 그렇다
나는 내 Why를 분명히 밝혔다. 내 목적, 의미, 공헌 의식은 명확하다.	1	2	3	4	5
나는 팀의 구성원과 개인적으로 연결되어 있다. 내 사람들은 내가 진심으로 그들에게 관심이 있다는 것을 안다.	1	2	3	4	5
나는 팀 내에 소속감과 포용 의식을 키웠다. 각자 안심하고 맡은 일에 전인적으로 접근한다.	1	2	3	4	5
나는 개인적으로 그리고 팀으로서 우리가 하는 일에 목적, 의미, 공헌을 심어두었다.	1	2	3	4	5

세 가지 스튜어드십 요약

지금까지 세 장에 걸쳐 우리는 신뢰·고무형 리더의 세 가지 스튜어드십(모범 보이기, 신뢰하기, 고무하기)을 살펴보았다. 각각의 스튜어드십도 중요하지만 우리가 이 세 가지를 동시에 충족하며 살려고 노력할 때 진짜 힘이 나온다. 그럴 경우 우리는 변혁과 성과의 놀라운 촉매가 될 수 있다.

신뢰·고무형 리더의 세 가지 스튜어드십에서 모범을 보여준 사람은 이 책을 시작할 때 소개했듯 마이크로소프트를 재창조한 CEO 사티아 나델라다. 그가 쌓은 빛나는 업적은 그의 리더십 스타일 덕이다. 그는 사람들에게 모범을 보였고 사람들을 신뢰했으며 고무했다.

많은 사람이 빠져나가는 상황에서 CEO 자리를 물려받은 나델라는 겸손과 용기의 모범을 보였다. 그는 "우리의 꿈은 대담합니다. 우리의 문화를 바꾸고 진화시키고자 하는 욕구도 그래야 합니다"라고 말하며, 병든 기업문화를 대담하게 바꾸고 시대 흐름에 뒤쳐져 시장성을 잃고 있던 기업을 회생시켰다.[47] 그는 누구도 기대하거나 예상하지 못한 방식으로 기업문화와 시장성을 되살려놓았다.

또한 나델라는 겸손과 감사함의 모범을 보였다. 최고 지위에 올랐지만 나델라는 거만한 티를 전혀 내지 않고 조용하고 신중하게 업무를 시작했다. 기업 역사상 가장 놀랄 만한 변화를 이루고도 자화자찬하지 않았고 공을 독차지하려 하지도 않았다. 오히려 그는 이렇게 말하면서 그 공을 자신이 고무한 사람들에게 돌렸다.

"고맙습니다. 강인함, 회복력 그리고 여러분 각자의 노력이 없었다면 불가능했을 겁니다. 우리가 여기까지 왔다는 생각에 전율이 느껴집니다. 진심으로 감사드립니다. 고맙습니다."[48]

사람들을 고무하는 리더의 여러 가지 특징 중 나델라는 팀워크와 동료의식에서 모범을 보이며 회사의 경쟁문화를 정밀 진단하고 마이크로소프트의 궤도를 완전히 바꿔놓았다. 불과 몇 년 만에 그와 그의 팀은 부인할 수 없는 성과를 안겨준 '성장형 마인드셋 문화'를 창조했다. 또한 그는 경청하는 자세로 공감하기의 모범을 보여주었다. 경청하는 자세는 그의 리더십에서 기본요소다. 그는 이렇게 말한다.

"사람들의 말을 귀 기울여 듣는 것은 내가 매일 하는 가장 중요한 일이다. 앞으로 오랫동안 경청은 리더십의 기초가 될 것이다."[49]

마이크로소프트의 회생은 나델라가 직원들에게 보낸 신뢰를 바탕으로 이뤄졌다. 그는 성공이 사람들의 적응과 혁신을 도와주는 데 달려 있음을 알고 있었다. 그는 사람들이 그것을 가능하게 만들 것임을 신뢰했다. 그는 사람들이 더 기민해지고 파격적으로 창조할 것임을 신뢰했다. 그는 그들 모두가 창조할 수 있는 수준에서 협력할 것임을 신뢰했다. 그는 그들이 마이크로소프트의 유효성을 되찾을 것임을 신뢰했다. 그리고 사람들은 그 신뢰를 배신하지 않았다. 그들은 그 모든 것을, 아니 그 이상을 해냈다.

나델라는 사람들을 고무했다. "내 방법은 목적의식으로 사람들을 이끄는 것입니다"라고 그는 말했다.[50] 그는 '공유하는 단 하나의 사명을 중심으로 단합하는 개인들의 조직'이 목적과 의미 발견으로 고무되고, 잠재력이 깨어나는 10만 명 이상이 팀이 될 때 놀라운 일이 일어날 것을 알았다. 그리고 실제로 그런 일이 일어났다. 나델라는 다음과 같이 말했다.

"나는 우리 각자가 우리 일에서 의미를 찾을 것이라고 진심으로 믿었습니다. 그것이 그냥 일이 아니라 사람들의 삶을 개선하는 일이란 것을 알았을 때 최선을 다하게 됩니다."

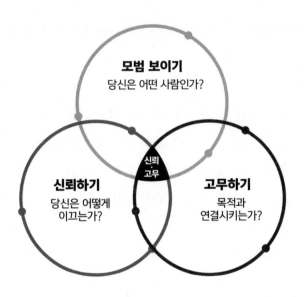

모범 보이기
당신은 어떤 사람인가?

신뢰
·고무

신뢰하기
당신은 어떻게
이끄는가?

고무하기
목적과
연결시키는가?

나델라와 그가 이끄는 사람들은 불과 몇 년 만에 주주와 모든 이해 당사자에게 엄청난 가치를 창출해냈다. 그 기간에 그들은 우버, 에어비앤비, 넷플릭스, 스포티파이, 스냅챗, 위워크를 모두 합친 것보다 더 많은 가치 증가를 이뤄냈다. 나델라가 CEO를 맡았을 때 주가는 37달러였지만 이 글을 쓰고 있는 시점(2021년 7월)에는 301달러였다.[51] 그가 예상을 뛰어넘은 성과라고 말한 것은 겸손한 표현이라 할 수 있겠다.

나델라가 신뢰·고무형 리더십 스타일과 세 가지 스튜어드십을 갖추고 마이크로소프트에 들어왔을 때 그 회사는 죽어가고 있었다. 오늘날 마이크로소프트는 2조 달러 이상의 가치를 지닌 몇 안 되는 기업에 속한다.[52] 그 놀라운 업적은 사람들에게 모범을 보이고, 사람들을 신뢰하고 고무해 그들 스스로 최선을 다하게 만드는 신뢰·고무형 리더의 힘을 보여준다. 다시 그의 말을 들어보자.

"리더로서 해야 할 첫 번째 일은 당신이 이끄는 사람들의 자신감을 떠받쳐주는 것이다."[53]

우리가 나델라처럼 모범을 보이고 신뢰하고 고무할 때 우리는 어떤 상황에서든 우리가 이끄는 사람들의 자신감을 떠받칠 수 있다. 그러면 사람들은 우리에게 끌리는 것은 물론 성장하고 최선을 다하도록 고무된다.

우리가 동료, 파트너, 학생, 친구, 아이, 가족이 그렇게 느끼도록 할 수 있다면 우리는 그들 내면의 위대함을 끌어낼 수 있을 것이다.

> 누구에게나 위대해질 힘이 있다. 유명해질 힘이 아닌 위대해질 힘. 왜냐하면 위대함은 봉사로 결정되기 때문이다.[54]
>
> —마틴 루서 킹 주니어

명령·통제	신뢰·고무
자기 이익	타인에게 보이는 관심
통제 범위	관심 범위
"그것은 내게 어떤 이익이 있지?"	"내가 어떻게 제대로 도와줄 수 있을까?"
연합	소속
배제	포용
성공	의미
할 일로 시작	그 일을 해야 할 이유로 시작
할 일에 연결됨	그 일을 왜 하는지에 연결됨
사명, 비전, 가치	목적, 의미, 공헌
기업의 사회적 공헌	공유 가치 만들기
축적	공헌

스튜어드십 합의서

나는 내가 이 회사의 여성 CEO라고 생각해본 적이 없다. 나는 나를 이 위대한 조직의 집사라고 생각한다.[1]

-버지니아 '지니' 로메티(IBM CEO)

잘못된 이분법 해결하기

첫 번째 스튜어드십 모범 보이기에서 살펴보았듯 리더는 성과를 내야 한다. 성과를 내는 것은 리더십의 필수조건이다. 냉소주의자를 돌려놓는 것이 바로 성과다. 리더는 자신에게 자신의 성과와 팀이 이뤄낼 성과에 책임이 있음을 알고 있다. 그들은 활동이 아닌 성과를 책임을 진다.

최고 리더는 자신이 성과를 얻는 동시에 관계도 형성해야 한다는 것을 알고 있다. 그런데 많은 리더가 자신도 모르게 다음과 같이 잘못된 이분법에 빠진다.

'과제를 완수할 것인가, 아니면 관계를 형성할 것인가?'

우리는 종종 "이 사람은 과제 지향적이야" 혹은 "이 사람은 사람 지향적이야"라는 말을 듣는다. 사람들은 대부분 이것을 이분법적으로 생각한다.

현실적으로 이런 고민도 한다.

"이 일을 마쳐야 하는데 사람들과 관계도 맺어야 할 것 같다."

리더로서 우리는 리더십 권위자 더글러스 코넌트와 메트 노가드가 말했듯 굳세면서도 친절하기를 원한다.[2] 많은 리더에게 이 둘은 별개의 책임처럼 보인다. 때로는 상충하는 우선순위로 나타날 수 있다. 이 잘못된 이분법은 개량한 명령·통제 패러다임에 자리 잡고 있다.

반면 신뢰·고무형 리더는 자신의 임무가 '신뢰를 고무하는 방식으로 성과를 내는 것'임을 알고 있다. 그들은 이분법적 사고를 뛰어넘는다. 둘 중 하나를 선택하는 게 아니라 둘 다 함께 이뤄내는 것이다. 그 열쇠는 방법에 있다. 당신이 일을 어떻게 하는지가 일도 완수하고 그 과정에서 관계를 형성하는 데도 도움을 준다. 이것은 분리된 별개의 과제가 아니며 이분법을 적용하지도 않는다.

과제 완수를 위해 어떻게 노력하느냐가 과제와 관계 모두의 성과를 결정한다.

스튜어드십의 흔적

우리는 리더십은 스튜어드십이며 리더는 집사라는 기본 믿음에서 시작한다. 간혹 스튜어드십은 좁은 의미로 영적 맥락에서 적용하거나 환경의 지속가능성 문제와 관련된 것으로 정의한다. 사실 신뢰·고무형 리더는 모든 것, 특히 그들이 사람들을 이끌기 위한 리더 역할에서 스튜어드십 의식을 지니고 있다. 우리가 자신을 집사로 볼 때 우리는 우리와 다른 사람에게서 모든 능력을 끌어낸다. 또한 우리는 난관을 헤쳐가고, 더 책임지고, 더 헌신적이고, 더 고무하고, 더 고취하게 된다.

이러한 스튜어드십 의식은 개인의 진실성, 진정성, 안정성에 관한 내적 의식에 바탕을 둔 풍요의 심리에서 나온다. 이러한 심리는 모두에게 돌아갈 만큼 충분하다는 기본 믿음으로 우리는 사람들의 내면에 위대함이 있고 그들이 전인적 인간임을 믿는다. 사람과 리더십을 보는 이 정확한 지도 또는 패러다임은 모든 것을 바꿔놓는다. 이 패러다임에 '리더는 집사'라는 믿음을 추가할 때 변화의 힘은 훨씬 더 커진다. 그것은 우리를 고무한다. 사실상 스튜어드십 자체가 우리를 고무한다.

도구: 스튜어드십 합의서

스튜어드십 합의서는 기대하는 바와 상호 합의한 결과책임을 명시한 상호신뢰 도구다. 스튜어드 합의서의 가장 간단한 형태는 아버지와 내가 일곱 살 때 경험한 '푸르고 깨끗한 잔디' 이야기에서와 같은 합의서다. 내게 주어진 책무 또는 스튜어드십은 잔디를 관리하는 것이었다. 내 스튜어드십에서 기대한 것은 잔디를 '푸르고 깨끗하게(두 단어 모두 결과를 표현하는 말이다)' 관리하는 일이었다. 나는 지침과 가용자원을 제공받아 어떻게든 내가 원하는 방식으로 그 일을 해낼 수 있었다(아, 한 가지 예외가 있다. 나는 그 잔디를 푸르게 칠할 수 없었다!). 아버지는 내가 요청하면 그리고 시간이 나면 도와주겠다고 약속했다. 결과를 책임지기 위해 우리는 일주일에 한 번씩 잔디를 둘러보았다. 나는 아버지와 내가 합의한 결과(푸르고 깨끗한 잔디)를 기준으로 나 자신을 평가하고 판단했다.

나는 그 합의가 일곱 살 아이에게 효과가 있었다면 그것이 어느 상황에서든 거의 모든 사람에게 효과가 있으리라는 판단 아래 그 간단한 예를 사용한다.

그 예에서 내 아버지가 사용한 요소는 스튜어드십 합의서의 간단한 구조에 그대로 적용할 수 있다. 그 요소는 회사 측과 직원, 리더와 직속 부하직원, 서로 다른 부서의 팀, 부모와 자식 사이 등 생각할 수 있는 모든 상황에 적용이 가능하다. 기본적으로 스튜어드십 합의서는 공동 목표를 달성하기 위해 함께 노력해야 하는 두 사람 또는 집단 사이에 사용할 수 있다.

스튜어드십 합의서는 신뢰·고무형 리더의 도구이자 상호의존적으로 노력하는 사람들 사이에서 기대하는 바를 분명히 하고 결과에 책임을 지는 방법이다.

스튜어드십 합의서의 목적은 사람들이 성장하는 방식으로 성과를 내는 데 있다.

50여 년 전 내 아버지는 내게 스튜어드십 합의서 개념을 가르치기 시작했다. 그 원칙은 지금도 변함이 없으나 명칭은 성과 합의서, 윈윈Win-Win 합의서, 윈윈 성과합의서 등 여러 가지로 바뀌었다. 아버지는 그 과정을 '스튜어드십 위임'이라 불렀다. 이 모든 것은 같은 개념이다.

스튜어드십 합의서의 원칙은 변하지 않았지만 그 적용과 관행은 오늘날 같은 원격근무와 일터 분산 시대에 그 어느 때보다 높은 효용성과 중요성을 지니게 되었다. 우리가 활동하는 새로운 세계에서 다른 사람들과 효과적인 스튜어드십 합의서를 작성할 수 있는 능력은 우리 시대에 가장 중요한 리더십 기술이라 할 수 있다.

스튜어드십 합의서는 상호작용 패러다임을 수직 관계에서 수평 파트너 관계로 전환한다. 사람들을 감독하고 점검하는 것에서 자율감독과 성과책임으로 전환한다. 미시관리에서 자율관리로 전환한다. 하향식 태도에서 성공 파트너로 전환한다. 다른 사람들을 판단하는 리더에서 자신을 판단하는 리더로 전환한다. 간단히 말해 패러다임이 관리자에서 코치로 전환한다.

일의 본질이 변하면서 파트너 관계로, 코칭 관계로, 자기 책임으로 전환하는 것이다. 얼마나 많은 사람이 원격근무나 혼합근무를 하고 있는지 생각해보라. '어디서나 근무하는' 방식은 오랫동안 서서히 증가했다. 근무 일수의 8%가 사무실 밖에서 이뤄졌다.[3] 그러나 2020년 봄 코로나19가 덮치자 원격근무는 예외 규정에서 일반 규정으로 바뀌었다. 하룻밤 사이에! 근무 일수 중 60% 이상이 원격근무였다.[4]

많은 사람이 집에서 일을 해낼 수 있으면 더 이상 사무실로 나올 필요는 없었다. 이는 사람들을 감독하고 점검하는 것을 대단히 어렵게 만들었다. 상사들의 가장 흔한 불만은 이것이었다.

"실제로 일하고 있는지 우리가 어떻게 알지?"

스튜어드십 합의서는 원격·혼합 근무, 분산 근무 그리고 더 광범위하게는 새로운 근무 방식에 딱 맞는 도구다.

불행하게도 많은 조직이 새로운 환경에서 직원들의 성공을 도와줄 방법을 찾기보다 '원격 미시관리'를 하는 창의적 방법을 찾는 데 투자하는 방식으로 이 도전에 대응했다. 일부 조직은 '생산성 소프트웨어' 같은 도구와 사람들이 직원을 감독한다고 느낄 만한 다른 관행을 사용했다. 그런 방식으로는 아무도 고무하지 못한다.

하지만 많은 사람과 조직이 새로운 환경에서 성공을 거두고 있다. 사람들의 성공을 도와줄 방법을 찾아 이 도전에 대응한 조직은 사람들이 원격근무로 얻은 자유에 얼마나 잘 대응하는지 보고 놀랐다. 또한 그들은 성과 향상도 목격했다.

그렇다면 무엇이 달라진 것인가? 만일 당신이 가장 성공적인 원격근무 준비상태를 보고 있다면, 완전한 스튜어드십 합의서 요소를 발견할 수 있을 것이다. 분명한 기대사항과 상호 합의한 성과책임 확인 과정을 말이다.

가장 중요한 부분은 이것이다. 이 과정은 현장과 개인 업무환경은 물론 원격·혼합 근무, 분산 근무 환경에도 적용할 수 있으며 똑같이 효과적이다!

> 우리가 자신을 관리할 필요성이 인사 업무에 혁명을 일으키고 있다. 그것은 새로운 도구와 함께 전통 사고와 관행에 철저한 변화를 요구한다.[5]
>
> —피터 드러커(현대 경영학의 아버지)

내 아버지가 말했듯 스튜어드십 합의서는 "공식 직무기술서도 아니고 법률계약서도 아니다. 그것은 기대하는 것을 명시한 심리적, 사회적 계약이다. 그 합의서는 먼저 사람들의 마음과 정신 속에 쓰인다. 그다음에는 쉽게 지울 수 있도록 잉크가 아닌 연필로 종이에 쓰인다. 양측이 그것을 적절하고 현명하다고 생각하면 변화하는 상황에 맞게 마음대로 토의하고 협상할 수 있다."[6]

또는 '푸르고 깨끗한 잔디' 이야기에서처럼 종이에 적지 않을 수도 있지만 그 내용이 분명하고 서로 이해할 수 있어야 한다. '스튜어드십 합의서'란 명칭이 중요한 것은 아니다. 오히려 중요한 것은 가장 중요한 목표에 관한 양측의 공통적인 이해와 헌신이다. 합의서라는 표현을 피하는 것이 더 쉽고, 안전하고, 공식적·법률적 성격을 띠지 않는다고 느낀다면 그렇게 해도 괜찮다. 그냥 '스튜어드십 계획'이나 '스튜어드십 협의서'라고 불러도 좋다.

스튜어드십 합의서는 신뢰·고무 패러다임의 산물이다. 물론 튼튼한 신뢰 관계가 효과적인 스튜어드십 합의서를 우선한다. 스튜어드십 합의서는 다른 방식으로 작용할 수도 있다. 좋은 스튜어드십 합의서는 신뢰 관계 형성과 패러다임 전환에 도움을 줄 수 있다. 예를 들면 통제하기보다 위대함을 끌어내는 것 같은 기본 믿음을 채택하는 것이 있다.

스튜어드십 합의서에 명령·통제 패러다임으로 접근할 수도 있는데, 이는 우리가 산업 시대 이후 해온 방식이다. 그렇지만 이 방식은 결국 잘 작동하지 않는다. 스튜어드십 합의서는 신뢰·고무 패러다임을 기반으로 사람들을 신뢰하고 고무하고 그들의 잠재력을 끌어내는 것을 방해하는 장애요소를 극복하는 데 도움을 주는 효과적이면서도 권한을 부여하는 도구가 될 수 있다.

스튜어드십 합의서는 우리에게 신뢰·고무 방식을 채택하는 데 사용할 수 있는 도구 세트tool set를 제공해 스킬 세트skill set(다양한 능력 혹은 기량)가 작동하게 한다. 이것은 다시 우리 시대의 두 가지 요구, 즉 인재 경쟁에서의 승리(문화)와 시장 경쟁에서의 승리(혁신)를 충족하는 데 도움을 준다. 하지만 스튜어드십 합의서를 효과적으로 실행하는 능력은 신뢰·고무형 리더의 기본 믿음에서 나오는 올바른 마인드셋을 지닐 때 생겨난다. 모든 것은 이 마인드셋에서 출발하므로 무엇보다 기본 믿음이 중요하다. 아래 내용은 그 기본 믿음을 한눈에 알아보도록 정리한 것이다. 다음에는 스튜어드십 합의서의 요소를 살펴보겠다.

나는 이렇게 믿는다 / 그래서 리더로서 내 임무는

1. 사람들은 각자 내면에 위대함을 지니고 있다 / 그들의 잠재력을 통제하는 게 아니라 끌어내는 것이다

2. 사람들은 전인적 인간이다 / 단순히 동기를 부여하는 게 아니라 고무하는 것이다

3. 모두에게 돌아갈 만큼 무엇이든 충분히 있다 / 다른 사람들과 경쟁하기보다 그들에게 관심을 기울이는 것이다

4. 리더십은 스튜어드십이다 / 자기 이익보다 봉사를 우선하는 것이다

5. 내면에서 만들어져 시작된 영향력은 사라지지 않는다 / 솔선하는 것이다

리더로서 당신의 기본 임무는 다른 사람들이 위대한 일을 할 수 있는 운영환경을 만드는 것이다.[7]

-리처드 티어링크(할리데이비슨 전 CEO)

스튜어드십 합의서의 다섯 가지 요소

스튜어드십 합의서에는 반드시 포함해야 하는 다섯 가지 요소가 있다. 처음 세 가지는 기대하는 바를 분명히 하는 것이고 나머지 두 가지는 성과책임을 명시한 것이다.

1. 기대성과 ⎫
2. 실행지침 ⎬ 기대하는 바를 분명히 하라
3. 가용자원 ⎭
4. 성과확인 ⎫
5. 상벌결과 ⎬ 성과를 책임져라

이 다섯 가지 요소를 하나씩 살펴보자.

1. 기대성과: 우리는 무엇을 달성하려 하는가? 그 이유는 무엇인가?

좋은 스튜어드십 합의서는 기대성과를 미리 구체적으로 밝히는 것으로 시작한다. 우리가 목표로 하는 것은 무엇인가? 달리 표현해 당신의 '푸르고 깨끗한 잔디'는 무엇인가?

사람들이 우리가 정확히 무엇을 성취하려 하는지 알도록 합의서는

258

가능한 한 구체적이어야 한다. 방을 청소하는 아이에게 "잘해라"라고 말하는 것만으로는 부족하다. 우리는 보다 분명히 정해주고, 예를 들어주고, 시범을 보여야 한다. 목표 달성 날짜와 기한을 정하고 양과 질도 구체적으로 정해야 한다. 사람들이 성과를 얻는 데 헌신하게 하되 그 성과를 얻는 가장 좋은 방법을 그들 스스로 정하게 한다. 사람들에게 성과를 얻는 방법을 결정하도록 허용하면 그들은 더욱 헌신적으로 일하고 더 좋은 성과를 낼 것이다. 그렇게 하는 데는 위험이 따르지만 우리는 훨씬 더 큰 수익과 더 큰 헌신 가능성을 얻는다. 기대성과는 분명하게 정할수록 좋다.

스튜어드십 합의서 개념은 우리가 함께 기대하는 바를 분명히 하고, 기대성과를 얻는 데 함께 헌신한다는 뜻이다. 하지만 우리가 목표를 달성하는 동시에 관계도 형성해야 한다는 점을 잊지 마라. 리더로서 우리는 질문해야 한다.

"우리는 무엇을 원하는가?"

우리는 그 일을 해내야 한다는 것을 알고 있다. 그렇다면 우리와 상대방에게 그 밖에 무엇이 중요한가? 우리는 그들의 스튜어드십을 분명히 해야 하지만 상대방에게 중요한 것도 분명히 해야 한다. 그럼으로써 우리는 상호이해와 신뢰를 바탕으로 합의서 작성을 위해 함께 노력할 수 있다. 신뢰를 토대로 우리는 함께 성과를 얻고 관계도 형성할 수 있는 것이다.

나는 다른 리더들과 스튜어드십 합의서를 많이 작성했다. 그때 양측 모두 그들 팀이 판매와 수익 목표를 달성하는 것 외에 고무된 팀원들의 고신뢰 문화를 만들어내는 것도 중요했다. 우리는 정량적 목표수치와

정성적 목표수치를 모두 측정했다.

2. 실행지침: 어떤 범위 내에서 실행할 것인가?

실행지침은 성과를 달성할 때 지켜야 할 한계, 원칙, 규정을 명시한다. 이러한 실행지침으로 실패할 가능성이 있는 경로나 성과 달성을 방해할 수 있는 위험 상황을 확인할 수 있다. 또한 실행지침은 성실 운영이나 윤리기준을 벗어나지 않는 운영 같은 조직과 가족의 가치를 유지하는 것을 포함한다. 따라서 푸르고 깨끗한 잔디를 만들려고 할 때 '잔디를 칠하지 마라' 같은 적절한 한계를 정한 가드레일(안전장치)을 마련할 수 있다. 언제 어느 수준에 도달해야 하는지 모두가 알 수 있도록 중간단계도 역시 포함해야 한다.

실행지침과 가드레일은 분명한 성공 경로를 정하는 데 도움을 준다. 이 실행지침은 협력해서 만들지만 과제완수 방법의 궁극적인 결정권은 과제 수행자에게 있음을 인정해야 한다. 바로 이것이 과제 자율권이다. 만약 그 방법을 지시하면 사람들에게 성과책임을 물을 수 없다.

3. 가용자원: 우리는 무엇을 가지고 일해야 하는가?

기대성과와 실행지침을 정했으면 사람들은 그 기대성과를 달성하기 위해 그들이 재량권을 갖고 사용할 수 있는 모든 자원을 알아야 한다. 이 자원은 받을 수 있는 지원을 비롯해 재정, 기술, 인적 자원과 조직차원의 자원을 포함한다. 가용자원은 구체적으로 정해야 한다. 즉, 각 자원을 이용할 수 있는지 또 어떻게 이용할 수 있는지 확인해야 한다. 예를 들어 푸르고 깨끗한 잔디 이야기에서 내 아버지는 시간이 나면 나를 도와주겠다고 약속했다(아버지의 도움이 자원이다).

어떤 자원에 접근할 수 있는지 알아야 자원 이용법과 관련해 올바른 계획을 세울 수 있다. 다시 말해 가용자원을 미리 함께 평가함으로써 모든 관련자가 기대성과를 달성하는 데 무엇이 필요한지 분명히 알게 된다. 양측이 승리할 채비를 갖췄다고 느끼는 것이 무엇보다 중요하다.

이와 관련된 내 경험을 소개하겠다. 부하직원과 스튜어드십 합의서를 작성한 뒤 우리는 문득 내 직원이 성공하는 데 필요한 조직 차원의 자원 수준에 미치지 못하는 정도로 자원을 배분했음을 깨달았다. 우리는 그 잘못된 합의서를 고수하는 대신 내 팀원이 성공 채비를 갖추도록 중간에 합의서를 조정해 가용자원을 늘렸다.

4. 성과확인: 우리가 어떻게 하고 있는지 어떻게 아는가?

합의한 성과책임 확인 과정은 좋은 스튜어드십 합의서의 핵심요소다. 처음부터 기대성과 결과를 확인하는 과정을 정해야 한다. 이것은 당신이 그 결과뿐 아니라 그 사람과의 관계에도 관심이 있다는 메시지를 담고 있다.

성과책임 확인은 스튜어드십 합의서의 효용성을 높여준다. 이것을 확인하는 과정이 없으면 사람들은 책임의식을 상실하거나 초라한 성과가 나온 것을 두고 상황이나 다른 사람을 탓할 것이다. 그러나 사람들이 수용 가능한 성과 기준을 정하는 데 참여한 경우 기대성과를 달성하는 데 더욱 헌신한다.

'푸르고 깨끗한 잔디' 이야기에서 내 아버지가 내게 그랬던 것처럼 성과확인은 항상 기대성과에서 합의한 기대치와 연계해야 한다. 사실 성과는 여러 측면에서 평가할 수 있다. 가장 많이 사용하는 방법은 측정이다. 또 다른 방법은 관찰이다. 그렇지만 성과확인의 최고 척도는 분별력일 수 있다. 그것도 우리의 분별력이 아닌 그들의 분별력이 중요하다.

추측이 생기지 않도록 가능한 한 성과를 어떻게 평가할 것인지 분명히 합의해야 한다. 필요하다면 진행 상황을 언제 어떻게 보고해야 하는지, 성과확인 미팅은 언제 할지(내 아버지와 내가 매주 잔디 위를 걸은 것처럼) 정해야 한다. 그들이 언제 어느 수준에 도달해야 하는지 알도록 도움을 주는 중간단계가 있는가? 그 확인 미팅은 발생 가능한 조건 변화나 예상치 못한 상황에 대처할 기회를 제공한다.

한번은 내가 팀 리더로 있을 때, 팀원 하나가 자신이 역할을 어떻게 하고 있는지 내게 물었다. 우리는 그 전에 스튜어드십 합의서를 작성해두었다. 나는 그의 질문을 돌려서 물었다.

"당신은 어떻게 하고 있다고 생각합니까? 나보다 당신이 더 잘 알 것 같은데요."

사실이 그러했다. 그는 자신이 해내야 하는 것만큼 성과를 내지 못하고 있음을 인정했다. 다만 그는 내가 그것을 알고 있는지 궁금했던 것이다.

성과확인과 관련해 두 가지 중요한 사항을 말하고 싶다.

첫째, 당신에게 기대성과, 실행지침, 가용자원, 상호 합의한 성과확인 과정을 포함한 분명한 기대치가 있을 때 당신이 타인을 평가하는 방식에서 그들이 스스로 합의서와 비교하며 평가하는 방식으로 전환할 수 있다. 이는 중요한 패러다임 전환이며 솔직한 스튜어드십 합의서는 그만큼 효력을 지닌다. 이것은 모든 것을 바꿔놓는다.

둘째, 사람들은 그들의 요청으로 당신이 점검하거나 당신이 먼저 돕겠다고 제안한 뒤 도우려 할 때는 미시관리한다고 느끼지 않는다. 무엇보다 신뢰 수준이 높을 경우 사람들은 외부 평가자나 관리자가 하는 것보다 더 자신에게 엄격해진다.

또한 신뢰가 높을 때 사람들은 객관적 측정보다 더 정확히 성과를 읽어낸다. 성과는 측정 시스템으로 확인할 수 있는 것보다 그들이 훨씬 더 많은 것을 알고 있기 때문이다. 이 부분에서는 '자기평가'와 '잔디밭 걷기'가 효력을 발휘한다. 다른 사람이 평가하는 것보다 스스로 평가하게 하는 것이 사람을 더 고귀하게 만든다. 그것은 더 큰 헌신을 부르고 결국 더 좋은 성과를 내게 할 것이다. 과제와 관계 문제를 동시에 해결하는 셈이다.

나는 한 훌륭한 학교에서 이런 일이 일어나는 것을 보았다. 그 학교에서는 학생과 관련된 일을 교사가 학부모에게 보고하는 '학부모 교사 상담'이 아니라 '학생 주도 상담'을 실시했다. 학생들은 교사와 함께 자신의 일을 학부모에게 보고했다. 성과확인 주체가 교사에서 학생으로 바뀐 것, 학생이 스스로를 판단하게 해준 것은 획기적인 사건이다. 학부모와 교사에게는 여전히 개선할 부분을 찾을 기회가 주어지지만, 그 대화를 주도하는 것은 학생이라는 점이 중요하다.

5. 상벌결과: 기대성과를 달성하거나 달성하지 못하면 어떤 결과가 뒤따르는가?

이제 상벌결과를 살펴보자. 기대성과를 달성하거나 달성하지 못할 때 어떤 일이 일어나는지 양측이 분명히 이해해야 한다. 합의서에서 토의하는 상벌결과는 긍정적인 동시에 부정적일 수 있다. 긍정적 또는 부정적 상벌결과는 기회, 성장, 개발, 공헌, 경제적 의미 등을 포함한다. 그 상벌결과가 당연하고 타당하며 성취·고무 패러다임에서 나온 것이라면, 인위적이고 자의적이며 명령·통제 패러다임에서 나온 것보다 느낌이 다를 것이다.

'푸르고 깨끗한 잔디' 예에서 나는 너무 어려 용돈에 관심이 없었다. 그래서 상벌결과는 자연스럽게 공헌, 성장, 개발, 기회에 집중되었다. 나는 잔디 관리에서 자부심을 느꼈고, 새로운 기술을 개발했고, 일하는 방식을 배우는 과정에서 성장했고, 내 부모님은 일을 진척시킬 책임을 점점 더 많이 부여했다. 이 모든 과정이 자긍심을 느끼게 만들었다.

사람들은 성과책임에 동의하기에 앞서 눈을 크게 뜨고 상벌결과를 들여다봐야 한다. 합의서는 나타날 결과와 취할 행동에 영향을 끼친다. 따라서 양측은 그 점을 분명히 해두어야 한다.

성과확인과 상벌결과를 둘러싼 우리의 명확성 규칙은 추측하지 않는 것이다.

'잔디밭 걷기': 스튜어드십 합의서가 지배한다

최근 나는 '푸르고 깨끗한 잔디' 이야기에 고무되어 스튜어드십 합의서를 작성하기 시작한 치과 진료비 청구 대행업체 이어시스트와 함께 일했다. 합의서 작성이 이어시스트 사람들에게 통할 수 있었던 중요한 점 하나는 '잔디밭 걷기'라는 짧은 표현 중심으로 사람들이 서로 합쳐진다는 것이었다.[8] 내 아버지가 내게 언급한 매주 '잔디밭 걷기'는 나 자신을 보고할 기회를 준 것이었다. 즉, 내가 합의서를 책임지도록 한 셈이었다. 이어시스트 사람들은 그러한 자기 주도 성과확인 방법에 고무되었다.

그들은 상호 스튜어드십 합의서를 작성할 때 어떻게 '잔디밭을 걸을지' 기대하는 바를 분명히 했다. 그리고 그것을 흔한 표현으로 만들어 서로 성과를 책임지는 것이 그들의 문화로 자리 잡았다. '잔디밭 걷기'는 두려워할 일은커녕 긍정적인 일이다. 그것은 자의적이지 않고 사람들은 그 계획을 언제 세워야 하는지 안다.

중요한 점은 '합의서가 지배한다'라는 것이다. 이것은 사람들이 '잔디에 칠하는 것'을 막아주는 가드레일도 포함한다. 이어시스트 사람들은 합의서를 일이 어떻게 진행되고 있는지, 어느 부분에 진전이 있고 또 어느 부분에 개선이 필요한지 함께 평가하는 데 사용했다. 상호합의서 덕분에 추측이 사라졌다. 합의서가 지배했던 것이었다.

스튜어드십 합의서를 만들 때, 어떤 상황에서는 이어시스트가 그랬던 것처럼 함께 공식적인 문서를 만들 필요가 있음을 깨닫는다. 어떤 조직에서는 그 합의서가 내 아버지와 내가 '푸르고 깨끗한 잔디'에서 그랬듯 공식 합의라기보다 상호이해 수준을 의미할 수도 있다. 형식과 상관없이 잘 실행하기만 하면 스튜어드십 합의서는 사람들에게 권한을 부여하는 한편, 그들을 고귀하게 해주고 고무하며 과제와 관계 모두에서 더 좋은 성과를 내는 데 도움을 준다.

오래전 나는 보기 드문 놀라운 재능이 있는 내 부하직원과 스튜어드십 합의서를 작성했다. 그런데 그는 언제 어디서 어떻게 일하는지에 몹시 까다로웠다. 당시 집에서 원격근무하는 것(혹은 사무실 밖 어딘가에서 근무하는 것)은 거의 있을 수 없는 일이었다. 함께 합의서를 작성할 때 나는 기대성과를 명확히 하는 것에 역점을 두었지만, 그 성과를 어떻게 달성할지 그리고 언제 어디서 일해야 하는지와 관련해 내가 입증된 모범 관행이라 여기던 방식에서 완전히 손을 떼야 했다. 그는 자율과 내 신뢰를 원했고 나는 그에게 그것을 주었다.

그는 누구도 내지 못한 성과를 냈다! 우리는 아주 좋은 관계를 형성했고 나는 그처럼 기업가적 성향인 사람에게 스튜어드십 합의서가 얼마나 강력한 힘을 발휘하고 유연할 수 있는지 똑똑히 보았다. 오랫동안 나와 함께 일한 그는 마침내 회사를 떠나 여러 개의 성공적인 벤처회사를 설립했다. 나중에 그는 내가 그를 명령·통제 방식으로 '관리'하려 했다면, 단 한 해도 더 머물 수 없었을 것이라고 내게 말했다.

스튜어드십 합의서는 신뢰·고무형 리더가 되려 할 때 장애요소를 극복하는 강력한 도구가 될 수 있다. 그것은 합의 내용의 명료성을 높이고 두려움과 '~하면 어떻게 되지?' 상황을 극복하는 안전한 방법이기도 하다. 당신은 이 합의서에 명시한 경로에 따라 스스로 해결책의 일부가 되고, 프로그래머가 되고, 위기를 가늠하고, 주변 사람들의 강점을 키워줄 수 있다.

사람들이 당신을 실망시키면 어떻게 하는가?

스튜어드십 합의서가 일이 계획대로 되리라고 보장해주는 것은 아니다. 상대방이 합의를 지키지 않으면 어떻게 하겠는가? 그런 일은 일어난다. 바꾸려면 시간이 걸리고 몇 번의 솔직한 시도를 해야 한다.

내가 아버지와 함께한 경험을 생각해보자. 나는 분명 합의를 지키지 않았다. 처음에는 아무것도 하지 않아서 잔디가 누렇게 변하기 시작했다. 아버지는 내게 명령·통제 방식을 사용하고 내게서 책임을 거둬들이고 싶은 유혹을 받았다. 그가 스스로 상기한 말을 기억하는가?

"내 목적은 잔디를 키우는 것이 아니라 아이를 키우는 데 있다."

아버지는 우리가 함께 합의한 내용으로 되돌아가게 했고 나를 포기하지 않았다.

사람들이 우리를 실망시킬 때, 핵심은 그들을 공격하는 게 아니라 문제를 알려주는 행동에 있다. 합의서로 되돌아갈 때 우리는 이것을 잘 해낸다. 합의서가 지배한다.

당연한 얘기지만 최소한 몇몇 상황에서는 당신이 형성하고 있는 관계가 합의서에서 완수하려 하는 과제보다 훨씬 더 가치 있을 수 있다.

> 성공의 진짜 기회는 일이 아닌 사람에게 있다.[9]
>
> −지그 지글러(《정상에서 만납시다》 저자)

프로젝트는 왔다가 가지만 사람들에게는 거의 무한한 잠재력이 있다. 당신의 임무는 그들의 잠재력을 계발하고 끌어내는 것이다.

어쩌면 '푸르고 깨끗한 잔디' 예를 보고 이렇게 생각할지도 모른다.

"당신이 부모로서 아이를 키우는 데만 집중할 수 있으면 그렇게 해도 좋다. 하지만 나는 리더이고 성과를 내야 한다!"

아는가? 스튜어드십 합의서는 아이를 키우는 더 좋은 방법일 뿐 아니라 잔디를 키우는 더 좋은 방법이기도 했다! 잔디는 푸르고 깨끗했다! 일곱 살 소년도 자신이 얼마나 성과를 잘 내고 있는지 스스로 말할 수 있었다. 리더가 그와 함께 분명히 합의했기 때문이다.

이 경험은 내게 엄청난 영향을 미쳤다. 흥미롭게도 그것은 내 아버지에게도 영향을 끼쳤다. 아버지가 나를 보는 시각, 즉 내면에 위대함을 지니고 스스로를 제어할 수 있는 한 인간으로 보는 시각은 타당했다. 더욱이 리더로서 그의 역할은 나를 판단하는 상사 역할에서 나를 도와주는 코치 역할로 바뀌었다. 오늘날에는 이런 근본적 변화(상사에서 코치로)가 일어나고 있으며 스튜어드십 합의서는 우리가 그러한 변화를 일으키는 데 도움을 줄 수 있다.

> 간단히 말해 관리자의 역할은 코치가 되는 것이다.[10]
> —허미니아 아이바라《아웃사이트》 저자)

이 장을 시작할 때 말했듯 리더가 종종 마주치는 잘못된 이분법은 일을 해내는 것과 관계 형성이 별개라고 믿는 것이다. 그것은 틀린 생각이다. 신뢰·고무형 리더는 스튜어드십을 받아들여 일과 관계에서 모두 성공한다. 그들은 개인의 엄청난 잠재력을 보고, 알려주고, 계발하고, 끌어냄으로써 두 마리 토끼를 동시에 잡는다.

명령·통제	신뢰·고무
임무 완수	임무 완수와 관계 형성
수직 관계	수평 파트너 관계
미시관리	자율
방법 지시	도움을 주는 범위 설정
"당신 혼자 힘으로 한다"	"당신의 성공을 돕고 싶다"
"당신에게 책임을 묻는다"	"합의한 것을 당신 스스로 책임진다"
"내가 당신을 판단한다"	"당신이 당신 자신을 판단한다"
인위적이고 자의적인 상벌결과	자연스럽고 타당한 상벌결과
관리자	코치

신뢰·고무 방식이 아닌 것

> 진짜 힘은 다른 사람들의 마음과 정신을 움직일 수 있는 능력에서 나온다.[1]
>
> -달라이 라마

당신이 믿지 않는 견해의 반대 입장에서 논쟁해본 적 있는가?

고등학교 때 나는 토론 팀에 있었다. 그래서 이런 일이 거의 일상적으로 벌어졌다. 선생님은 내게 내 입장과 반대되는 견해를 논하라는 과제를 주었다. 난감해진 나는 눈을 치켜뜨고 신음을 토해냈다. 하지만 일단 토론이 시작되자 상대방을 탐구하는 과정에서 새로운 이해와 관점이 생겨나는 것을 발견했다. 그것은 대부분 내 입장을 더욱 강화하고 세련되게 만들었지만 때론 내 입장을 완전히 바꾸기도 했다. 나는 좋은 변호사는 자기편 입장에서 잘 설득하고자 상대편 논점을 철저히 살펴보는 것으로 알고 있다.

이제 당신은 신뢰와 고무 편에 서 있다. 당신은 그 방식을 이해하고, 그 중요성을 알고, 그 방식을 시도할 준비를 했다. 아니면 여전히 약간 미심쩍은 부분이 남아 있을 수도 있다. 당신 삶에서 신뢰·고무 방식이 어떤 의미일지 생각하면서 한두 가지 장애요소를 확인했을지도 모른다. 이렇게 말할 가능성도 있다.

"내 직장에서는 이게 통할 리 없어. 우리는 어느 것 하나 제대로 해낸 적이 없거든."

"애들에게 이 방법을 쓸 수 없어. 애들이 나를 함부로 대하거든."

또는 신뢰·고무 방식이 학교나 병원, 정부처럼 규제가 심한 당신의 환경에 전혀 맞지 않는다고 볼 수도 있다.

고충이 있음을 잘 안다. 그래도 내 토론 선생님처럼 반대편 입장을 탐구해볼 것을 권하고 싶다. 지금껏 신뢰·고무 방식이 무엇인지 깊이 탐구해왔으니 이제는 신뢰·고무 방식이 아닌 것을 살펴보자. 내 토론 팀에서 내가 그랬던 것처럼 우리가 반대쪽 입장을 탐구할 때 신뢰·고무 방식 이해와 즐거움은 더욱 커진다.

신뢰·고무형 리더십은 약하지도, 물렁하지도, 소심하지도, 모호하지도, 온순하지도, 합의만 찾다가 기능이 마비되지도, 감정 중심적이지도, 우유부단하지도 않다. 또한 통제가 없는 것도, 구조가 없는 것도, 비전이 없는 것도, 방향이 없는 것도, 꼬리가 몸통을 흔드는 것도, 성과를 책임지지 않는 것도, 고성과 기대가 없는 것도, 요구하는 것이 적은 것도 아니다. 그 밖에 또 아닌 것이 있으면 열거하겠다.

1. 신뢰 · 고무형 리더십은 약하지 않다

역사적으로 강한 것과 약한 것을 두고 전통 견해가 존재해왔다. 지배적 견해는 리더는 단호한 행동과 강력한 통제로 힘과 지배력을 보여줘야 한다는 것이다. 그렇게 하지 않으면 약하다고 여기기 때문이다.

많은 리더가 지시하지 않고 대화하는 것을 회의적 시각으로 본다. 리더가 상황을 장악하지 못할 수 있어서다. 진정한 힘이 무엇인지 조금씩 인식 변화가 일어나고 있긴 해도 여전히 많은 리더가 특정 관행을 강함과 약함 측면에서 바라본다. 실제로 많은 리더가 '소프트 스킬soft skills' 실행을 주저한다. 물렁해 보이는 것을 원치 않아서다. 그들은 잘못을 시인하고, 사과하고, 공감하며 경청하고, 도움을 요청하고, 감정을 논하고, 책임을 위임하고, 통제를 내려놓는 것은 전통적인 강한 리더의 의미를 퇴색시킨다고 여긴다.

어렸을 때 나는 뮤지컬 〈카멜롯〉을 좋아했다. 최근 나는 그 뮤지컬을 다시 보면서 리더십을 멋지게 묘사한 부분을 발견했다. 아서왕은 '강한' 리더십을 이해하려고 애를 썼다. 그는 자신의 뜻을 관철하기 위해 힘과 물리력을 사용하는, 즉 '힘이 곧 정의다'라는 표현으로 요약할 수 있는 당시의 지배적인 규범을 탐구했다. 이는 그의 왕국 전역에서 그를 무조건 섬기고 자신의 지배 아래에 있는 사람들에게 확고한 의지를 행사하는 영주나 기사의 행동으로 나타났다.

아서왕은 그 리더십 방식에 만족하지 못했고 그러한 생각과 표현을 포용과 발전의 의미를 담은 '정의를 위한 힘Might for Right'으로 바꿨다.[2] 잘 알려진 대로 그는 원탁회의를 도입해 기사들이 자유롭게 발언하고, 다양한 견해를 밝히고, 함께 노력하게 했다. 이는 이전에 없던 완전히 혁명적인 발상이었다. 그의 왕국은 지배하는 땅에서 협력하는 땅이 되었고 아이디어와 혁신이 봇물 터지듯 쏟아져 나왔다. 그리고 그런 분위기는 다시 더 크고 더 많은 협업과 혁신을 고무했다. 이 방식은 당시의 지배적 규범 탓에 오래가지 못했으나 가능한지와 관계없이 사람들의 기대치를 높였다. 비록 '짧게 빛난 한순간'에 그쳤지만 그것은 이상향이 되었다.

리더십의 힘은 물리력과 통제가 아닌 솔직함과 진정성과 신뢰에서 나온다. 신뢰·고무형 리더십 스타일은 물렁하지 않다. 즉, 약하지 않다. 사실 신뢰·고무 방식은 엄청난 힘을 요구한다. 종일 앉아서 감정이나 논하며 최선의 결과를 바라지 않는다. 또한 신뢰·고무형 리더십과 함께 가는 스튜어드십이라는 실질적인 조치와 성과 지향적 행동이 있다. 신뢰·고무형 리더는 결단성, 자신감, 신뢰성 같은 강한 리더의 전형적인 특징을 모두 보여준다. 그리고 이러한 특징은 의도적 경청과 신뢰하기로 강해진다.

실제로 리더가 팀원들에게 새로운 아이디어로 도전받는다고 느끼는 것보다 경청하고 피드백을 주는 것에 훨씬 더 큰 힘이 필요하다. 당신을 능가할 수 있는 다른 사람들의 힘을 인정하고 그 이익을 보는 것에 훨씬 더 큰 힘이 필요하다는 얘기다.

사람들을 미시관리하기보다 그들과 함께 협업하는 것에 더 강한 힘이 필요하다. 명령하고 그 집행을 관리하는 것보다 먼저 사람들을 신뢰하는 것에 더 강한 힘이 필요하다. 이렇게 말할 수도 있겠다. 명령·통제형 리더의 성공은 자신의 힘의 한계에 제약을 받는다. 반면 신뢰·고무형 리더의 성공에는 사실상 제약이 없다. 그들의 힘은 최대한 공헌할 준비를 하고 있고 그렇게 되도록 고무된 팀의 힘으로 확대된다. 창의력, 열정, 헌신을 보여주는 것은 약자가 아니라 강자가 할 수 있는 일이다.

> 약점을 노출하는 것은 스스로를 취약하게 만드는 것이고, 스스로를 취약하게 만드는 것은 자신의 강점을 보여주는 것이다.[3]
>
> ─크리스 자미(철학자, 시인)

2. 신뢰·고무형 리더십은 통제가 없는 것이 아니다

리더십이 필요한 지위에 있어 본 사람이면 누구나 통제의 필요성에 공감한다. 아무런 통제 메커니즘 없이 대규모 직원을 통솔하려 하거나 통제 없이 6학년 학생이 가득한 교실에서 가르치려 하면 성공하지 못한다.

모든 조직은 어느 정도 통제가 필요하다. 절차, 시스템, 구조는 조직의 핵심요소다. 조직의 통제와 기준에 순응하는 것은 안전과 윤리처럼 절대적으로 필요하다. 이런 것은 조직과 사람들을 보호하고 작업을 간소화하며 성공적인 결과를 내는 데 도움을 준다. 신뢰·고무형 리더십은 리더에게 통제를 포기하라고 요청하지 않는다. 오히려 리더가 사람들을 신뢰하고 그들의 협조를 얻음으로써 통제를 강화하게 해준다.

원칙 기반의 신뢰·고무 문화에는 규정에 기초한 명령·통제 문화에서 가능한 것보다 더 큰 통제가 존재한다. 신뢰받는다고 느낄 때 사람들의 몰입도와 자기책임 수준은 높아진다. 조사에 따르면 몰입도가 낮은 조직은 이직률이 대단히 높다고 한다. 사람들이 조직에 남고 싶은 마음이 없을 때 리더는 통제력을 상실한다. 더 나쁜 것은 비록 사람들이 남아 있긴 하지만 사실상 마음이 떠난 경우다. 그들은 급여를 받으면서 필요한 최소한의 일만 하며 심지어 일 처리를 방해하기도 한다.

진짜 통제는 서로 시간과 노력을 헌신적으로 쏟는 몰입하는 팀 동료들과 팀에서 나온다. 직원 이직률을 50% 줄이면 조직이 얼마나 많은 통제와 안정을 확보할지 상상해보라. 또는 몰입도를 20% 올리면 어떻게 되겠는가? 사람들이 정말로 고무되면 어떻게 되겠는가? 동료 직원, 파트너, 학생, 10대 청소년 들이 스스로 결과를 책임지면 일이 얼마나 능률적이고 효율적이겠는가?

신뢰·고무형 리더십은 사람들이 무조건 순응하게 하기보다 성과를 내고자 하는 내면 욕구에 다가서게 한다. 사람들이 몰입하고 헌신하고 자신의 일을 제대로 하도록 고무받을 때, 외부 통제력에 의존할 필요성은 줄어든다. 많은 조직의 직업정신 기준은 직원들이 '규정을 어기지 않는 것'이나 '해를 끼치지 않는 것'이다. 이런 것은 최소한의 기준이다. 직장에서 직원들에게 개인적으로 자신을 던져 일할 기회가 주어진다면(고무된다면) 그들은 그 이상으로 일하기를 원할 것이다. 교육자 카를 메이저는 이렇게 말했다.

나를 벽이 높고 두껍고 땅속 깊이 내려가 있는 교도소에 넣으면, 나는 어떤 식으로든 탈출할 가능성이 있다. 하지만 나를 바닥에 세워 주위에 둥그렇게 선을 긋고 그 선을 절대 넘지 않겠다는 스스로 서약을 하게 한다면 과연 그 원 밖으로 나갈 수 있을까? 나는 못 나간다. 절대로! 나는 가장 먼저 죽어버리겠다![4]

바람직한 성과를 얻고자 통제하려 할 때 많은 선의의 조직, 관리자, 부모, 친구 들이 명령·통제 방식으로 그 결과를 얻으려고 하지만 결국 벽만 더 높고 깊고 두꺼워질 것이다. 규정과 통제는 사람들이 거기에 정신이 팔리게 만들 수 있으나 이때 생기는 책임은 환상에 불과하다. 비록 사람들의 노동은 얻어내도 마음과 정신은 얻지 못한다. 너무 심한 규정과 통제는(흔히 그렇다) 어느 정도 순응(인위적이다)은 얻어내겠지만 창의력을 말살하고 효율적 운영에 필요한 고무의 불꽃은 꺼뜨린다.

과도한 규정에 반발하는 것은 인지상정이다. 많은 사람이 위험이 따르더라도 그 규정을 피할 방법을 찾을 테고 일부는 그냥 그 상황에서 벗어날 것이다.

그렇지만 사람들이 고무되고 신뢰받을 경우 그들을 억제하지 않아도 괜찮다. 그들은 스스로 원해서 자율 규제하며 어떤 규정과 사람보다 더 효과적으로 자신을 통제한다. 그들은 낮은 성과나 회사 규정 위반으로 리더나 동료들을 실망시키고 싶어 하지 않는다.

더 중요한 것은 그들이 스스로를 실망시키고 싶어 하지 않는다는 점이다. 그들의 말과 평판에는 의미가 있다. 그들은 내면에 가치가 있으며 그 가치는 외부의 인센티브, 시스템, 권위, 조직의 위계가 접근하거나 도달하지 못하는 내적 통제가 작동하게 한다. 다시 말하건대 신뢰·고무 문화에는 규정에 기초한 명령·통제 문화에서 유지할 수 있는 수준보다 훨씬 더 강한 통제가 존재한다.

순응하도록 모니터하는 게 아니라 창조하도록 모니터한다면 당신이 섬기는 사람들이 얼마나 더 많은 것을 성취할 수 있겠는가?

3. 신뢰 · 고무형 리더십은 구조가 없는 것이 아니다

극단적인 경우, 어떤 사람은 신뢰 · 고무형 리더는 조직의 모든 구조를 제거하고 사람들이 상사 없이 직감과 경험으로 자기 일을 처리하는 전체주의사회로 이동한다고 잘못 생각할지 모른다. 오해가 있을 것 같아 여기서 분명히 해둘 점이 있다. 나는 신뢰 · 고무 방식을 옹호하는 것이지 구조 제거를 옹호하는 게 아니다. 우리에게는 구조가 필요하다. 구조가 전략, 시장, 일터의 새로운 현실과 한 방향을 이룰 때 그것은 도움을 준다. 반대로 구조가 전략 등과 방향이 맞지 않을 때는 해를 끼칠 수 있다. 여하튼 어떤 형태로든 구조는 필요하다.

다섯 가지 변화 요인을 기억하는가? 처음 세 가지는 '세계의 본질이 변했다, 일의 본질이 변했다, 일터의 본질이 변했다'이다. 이 세 가지 힘의 결과로 구조 역시 한 방향을 이루고 변화한 환경에 맞도록 바꿀 필요가 있다. 많은 조직이 기술 발달 덕분에 시장에서의 비즈니스 모델과 일터에서 그 비즈니스를 수행하고 생산하는 방식에서 극적 변화를 이뤄낼 수 있었다.

코로나19 이후 많은 사람에게 어느 곳에서나 일하고, 다양한 방식으로 더 자주 다른 사람과 협력하고, 전통 사무실에서 벗어난 환경에서 생산할 기회가 생겼다. 이 모든 것은 구조에 영향을 미칠 수 있지만 그렇다고 구조의 필요성이 사라진 것은 아니다. 일과 일터의 본질 변화로 구조가 달라 보일 뿐이다. 이제 모든 상황에 맞는 구조는 존재하지 않는다.

구조는 업종, 조직, 팀, 가정에 따라 달라 보일 수 있다. 어떤 조직은 벽도 문도 없고 심지어 전통 의미의 상사도 없는 더 가볍고 수평화한 자연스러운 구조로 운영한다. 또 어떤 조직은 더 공식적이고 전통을 따르는 하향식 구조를 채택할지도 모른다. 신뢰·고무형 리더와 조직에 모두 맞는 만능 구조는 없지만 다섯 가지 변화 요인에 비춰볼 때 우리는 위계적 서열 구조에서 유동성과 기민성을 갖춘 벌집 구조로 바뀌는 것을 보고 있다.

경영사상가 게리 해멀은 전통 관료주의를 대체하는 구조를 휴머노크라시Humanocracy(사람중심주의)라고 부른다.[5] 사람중심주의의 전제는 조직 설계가 환경이나 일터 변화와 보조를 맞추지 못하고 있다면, 우리는 '조직 내에서 일하는 사람들만큼 놀랍게' 조직을 만들고 구조화해야 한다는 것이다.

당신 조직의 구조, 당신 팀의 구조, 당신 가족의 구조는 제대로 작동하는가? 도움을 주는가? 방향이 맞는가? 그렇다면 계속 유지하라. 그렇지 않다면 다시 설계하라. 당신이 어느 구조 안에서든 신뢰·고무 방식으로 운영한다면 당신은 명령·통제 방식으로 운영할 때와 전혀 다른 성과를 낼 수 있다.

구조와 시스템은 프로그램이지만 사람들은 프로그래머다. 그들은 프로그램을 짜는 사람이다. 구조와 시스템은 스타일에서 나오고, 스타일은 패러다임에서 나온다. 그래서 결핍의 심리와 통제에 관한 믿음에 기초해 부정확한 패러다임으로 운영할 경우, 우리는 그 방식으로 관리할 뿐 아니라 결핍과 통제 시스템 혹은 구조를 만드는 경향이 있다.

> 당신 세계의 설계자가 되어라. 당신 세계의 소비자가 되는 것에 그치지 마라.[6]
>
> —제임스 클리어《아주 작은 습관의 힘》저자)

구조가 작동하지 않으면 언제라도 방향에 맞게 바꿀 수 있다. 그러나 변화를 이유로 구조를 너무 자주 바꾼다면 문제가 구조에서 비롯되지 않은 것일 수 있다! 그럴 때는 그 구조 내에서 운영하는 지배적인 리더십 스타일을 면밀히 살펴볼 필요가 있다.

4. 신뢰·고무형 리더십은 비전과 방향이 없는 것이 아니다

어떤 사람은 신뢰·고무형 리더십이란 모든 사람이, 모든 결정에서 발언권을 얻는 것을 의미한다며 우려할지도 모른다. 그들의 우려에 따르면 모두가 동의할 때까지는 진척이 이뤄질 수 없다. 또한 기업의 방향과 비전은 이해당사자의 욕구에 따라 균일하게 정해진다. 실제로 사람들은 합의와 협력을 중시하는 것에 저항감을 느낄 수도 있다. 그것이 조직의 비전과 목표를 다른 사람들이 결정하거나 순간적 변덕 혹은 한 개인의 변덕으로 자주 바뀌도록 내버려두는 것처럼 여겨질 수 있기 때문이다.

이것은 사실이 아니다. 신뢰·고무형 리더십은 합의와 협업에 공헌하지만 리더는 가슴에 와닿는 분명한 비전을 세우려 노력할 수 있고 또 노력해야 한다. 당신은 조직을 이끈다. 당신은 조직이 당신을 이끌게 하지 않는다. 모든 직원이 모든 사안에 사인할 필요는 없다. 그렇게 한다면 그것은 재난이 될 것이다.

> 내가 사람들에게 무엇을 원하는지 물었다면 그들은 이렇게 대답했을 것이다. "더 빠른 말."[7]
>
> ―헨리 포드(포드 창립자)

신뢰·고무형 리더십 스타일이 리더가 팀을 위한 강력한 비전과 단호한 실행전략을 세울 수 없거나 세우지 않아야 한다는 뜻은 아니다. 부모가 해야 할 결정을 아이들이 하지는 않는다. 리더로서 우리는 우리가 섬기는 사람들을 고무하길 원한다면, 장기 성과를 내길 바란다면, 일관성 있는 비전을 세워야 한다.

수술실에 들어가는 외과의사는 수술 계획이 무엇인지 알고 있으며 수술 팀에게 그 계획을 말해준다. 수술 팀이 그렇게 하지는 않는다. 좋은 외과의사는 수술 계획을 신뢰하고 의미 있는 방식으로 수술에 공헌할 수 있는 수술 팀원이 심리적 안정 상태에 있을 때, 수술 시간 내내 더 몰입하고 더 집중력을 발휘한다는 것을 알고 있다. 진정성 있게 모범을 보이면 신뢰·고무형 리더십은 그 계획에 더욱 헌신하게 만든다. 결국 신뢰·고무형 리더십으로 마음에서 우러나온 지원은 명령·통제 방식의 영혼 없는 복종과 완전히 다른 결과를 낳는다.

신뢰·고무형 리더는 비전을 세운 다음 사람들의 반응을 경청하고, 그들이 그 비전을 이해하고 수용하고 옹호하도록 고무한다. 이때 진정한 협업이 빛을 발한다. 리더는 그 비전 향상에 도움을 줄 수 있는 사람들의 피드백을 경청할 수 있다. 또한 리더는 일상 업무환경에서 그 비전에 어떻게 접근하고 그것을 어떻게 실행하게 할지 이해당사자의 의견을 들을 수 있다.

조직이 성장, 기술 진보, 의미 있는 변신으로 꾸준히 변화해도 그리고 관행·구조·방법에서 개선을 이뤄도 그 비전을 받아들이는 직원들의 자세가 불변할 수도 있다.

결정을 내릴 때 상향식이 좋을지 하향식이 좋을지는 알아서 이해하면 될 일이다.

1971년 설립된 이후 전 세계에 매장 3만 개 이상을 개설할 정도로 폭발적으로 성장한 커피숍 체인 스타벅스가 생각난다. 하워드 슐츠가 CEO가 되었을 때 그는 회사 사명서를 중심으로 가슴에 와닿는 비전을 만들었다.

인간의 정신에 영감을 불어넣고 더욱 풍요롭게 한다. 이를 위해 한 명의 고객, 한 잔의 음료, 우리의 이웃에 정성을 다한다.[8]

스타벅스는 이 사명을 직원들에게 알리고 가르쳤다. 더 중요한 것은 전 세계 각 지역의 현지 매장들이 이 사명을 받아들였다는 점이다. 변화하는 세계에서 그 사명은 변함없이 유지되고 있다.

그 불변성은 스타벅스가 영업방식을 개선하고 새 카푸치노 향을 도입하는 것을 방해하지 않는다. 사실 그 불변성은 변화를 시도하는 데 필수적인 기민성을 제공한다. 스타벅스는 보편적이고 강력한 비전 아래 지역마다 다른 욕구를 확인하고자 직원과 고객의 의견을 청취하려 노력한다. 그들은 회사의 비전에 연결되어 있고 그 비전으로 고무된다. 신뢰·고무형 리더십은 리더에게 사람들의 가치 있는 의견과 인풋input으로 비전을 높일 기회를 제공하는 한편 리더가 분명한 비전을 세우게 해준다.

5. 신뢰·고무형 리더십은 크게 기대하지 않는 것도, 책임을 묻지 않는 것도 아니다

당신이 누군가에게 어떤 것을 해달라고 부탁했는데 그 사람이 그것을 해주지 않은 적이 있는가? 그런 경험을 하지 않았다면 당신은 정말로 축복받은 삶을 산 것이다. 우리는 대부분 그 고통을 알고 있다. 그 사람이 해주지 않았음을 확인할 때의 어색함은 또 어떤가! 당신의 10대 아이에게 방 청소를 하라고 해보라. 두 번, 세 번 … 또는 백 번. 사람들에게 책임을 묻는 것은 어려운 일이다. 일부에서는 신뢰·고무 방식으로 운영하면 다른 사람들에게 큰 기대가 없고 그들에게 책임도 묻지 않는다고 생각할 수 있다.

현실은 그 반대다. 작은 기대는 그 누구도 고무하지 못한다. 책임을 묻지 않으면 신뢰가 작동하지 않는다. 신뢰·고무형 리더는 모든 사람에게 깨워줄 필요가 있는 커다란 잠재력이 있음을 알고 있다. 그 믿음에 진실성을 담아 리더는 본능적으로 사람들에게 위대한 것을 기대한다. 이 기준에 따라 그들과 함께 성과를 확인하려 노력하는 것은 당연한 일이다.

신뢰·고무형 리더는 다른 사람들의 잠재력 발휘를 도와주기 위해 그들과 솔직하게 대화하는 것을 두려워하지 않는다. 내가 함께 일한 고객 가운데 요구사항이 많던 사람들 중에는 신뢰·고무형 리더도 있었다. 그들은 맹목적인 완벽을 요구하는 게 아니라 사람과 팀의 생산 수준이 높다는 것을 알기에 그것을 기대한다. 그들은 미시관리를 하는 대신 분명한 기대치와 상호 합의한 성과확인 과정에 근거해 사람들에게 필요한 내용을 알려주고 그들을 신뢰한다. 그들은 사람들을 고무하고 지원, 도움, 코칭, 자원을 제공한다.

무엇보다 중요한 것은 그들이 자신에게도 같은 기대를 한다는 점이다. 당신이 운전 중에 계속 문자 메시지를 보내면서 조카에게 조심해서 운전하라고 말하는 상황을 상상해보라. 큰 기대는 양측 모두에게서 시작된다.

신뢰·고무형 리더는 사람보다 원칙에 더 충실히 임한다. 그들은 사람들에게 책임을 묻는 것을 그들의 성장을 격려하고 촉진할 기회로 생각한다. 중요한 점은 신뢰·고무형 리더는 모든 사람의 내면에서 위대함을 보고 그것을 끌어내기 위해 노력한다는 것이다.

> 우리 대부분에게 가장 큰 위험은 목표를 너무 높게 잡아서 달성하지 못하는 게 아니라 목표를 너무 낮게 잡고 그것을 달성한다는 것이다.
>
> —미켈란젤로

신뢰·고무형 리더가 될 수 없을 때가 있을까?

당신은 명령·통제 방식이 가야 할 올바른 길일 때가 있는지 궁금할지도 모른다. 나는 사람들이 상황을 설명하게 한 뒤 이렇게 말한다.

"그건 내가 완전히 명령·통제 방식으로 가야 한다고 느낄 만한 때로군요."

선택의 여지가 없다고 느껴지는 때가 생각날 수도 있다. 당신의 아이가 복잡한 차도로 뛰어나가려고 하면 어떻게 하겠는가? 천천히 아이와의 관계에 집중하고 아이가 인도로 돌아오도록 고무하는 방법을 찾겠는가? 당연히 아니다.

이 상황과 다른 많은 상황은 이런 질문을 제기한다. 과연 명령·통제 방식이 더 좋은 방법일 때가 있을까? 간단히 말해 답은 '아니다'다.

왜 그런지 설명하겠다. 아장아장 걷는 아기들과 몇 분이라도 같이 있어본 사람이면 누구나 아기들에게 충동억제력이 없다는 것을 알아챈다. 그렇다. 충동억제력이 없다. 지금은 다 자란 내 아들 크리스티안이 아주 좋은 예다. 아이들이 대개 그렇듯 크리스티안에게는 자극과 반응 사이에 공간이 거의 없다. 성질을 부려 많은 것을 망가뜨렸고 아슬아슬한 상황도 몇 번 있었다. 다섯 살 때는 우리 픽업트럭을 몰고 가 이웃집 울타리를 받아버린 적도 있다. 우리 부부는 애가 말을 듣지 않고 차도로 뛰어들려고 해서 붙잡은 적도 여러 번 있었다.

아마 당신도 공원이나 식당에서 부모, 형제자매, 보모 혹은 그냥 관찰자로서 그런 경험을 한 적이 있을 것이다. 아이가 차도로 뛰어가려할 때, 뜨거운 난로에 손을 대려 할 때, 식료품점에 쌓인 깡통 더미를 차려 할 때, 아이가 마음을 바꿀 거라고 믿는 사람은 거의 없다. 아이를 고무해 차도나 난로나 깡통 더미에서 멀어지게 하려고 하는 사람도 보기 어렵다. 대개는 아이를 보호하기 위해 즉시 단호하게 행동을 취한다. 그 순간 우리는 명령·통제 방식을 사용한 것처럼 보인다. 그렇다면 이는 신뢰·고무 방식이 적용되지 않는다는 뜻인가?

아니다. 그 순간에는 신뢰·고무형 부모, 조부모, 보호자가 되는 것이 다른 어느 때보다 더 중요하다. 왜냐하면 신뢰·고무형 리더가 된다는 것은 당신이 항상 신뢰·고무형 리더라는 의미이기 때문이다. 그렇다고 신뢰·고무형 리더가 사람들에게 전혀 명령을 내리지 않거나, 권위 있게 행동하지 않거나, 규율을 내세우지 않는다는 건 아니다. 신뢰·고무형 리더는 그 모든 것을 할 수 있으며 차도로 뛰어가는 아이에게도 당연히 그렇게 해야 한다. 하지만 신뢰·고무형 리더는 필요하면, 그러니까 그런 순간이 오면 단호히 행동하게 해주는 신뢰성과 관계를 미리 쌓아둔다.

명령·통제형 리더와 신뢰·고무형 리더의 차이는 비록 행동은 같아도 그들의 행동은 완전히 다르게 해석할 수 있다는 점이다. 왜냐하면 이것은 근원이 다르기 때문이다. 확고한 신뢰·고무 방식으로 단호하게 행동하는 것, 확실한 입장을 보이는 것, 권위적 태도를 보이는 것, '엄한 사랑'을 보이는 것, 규율을 내세우는 것은 명령·통제 방식으로 같은 행동을 하는 것과는 완전히 다르다. 당신의 마인드셋과 의도는 모든 것을 변화시키고 당신의 과거 실적은 그 행동을 어떻게 해석해야 하는지 사람들에게 크고 분명하게 말해준다.

신뢰·고무형 리더는 모든 사람의 내면에 있는 위대함과 잠재력을 볼 수 있다. 심지어 아기에게서도 그런 싹을 본다. 내 아들 크리스티안은 계속해서 명령·통제 방식을 사용하지 않는 것이 어려운 시절을 몇 년 보냈다. 아이에게는 항상 고도의 주의가 필요했다. 아내 제리와 나는 아들을 신뢰·고무 마인드셋으로 보기 위해 의식적으로 선택해야 했다. 비록 우리가 때로 아이의 안전을 위해 또 아이의 학습을 도와주기 위해 아이를 더 권위적으로 대하기도 했지만. 부모는 대부분 자신이 아이를 위해 무언가를 한다고 생각한다. 아이가 똑같이 믿는다면 더욱 그렇게 할지도 모른다. 그것은 성인 리더들도 마찬가지다.

그렇지만 더러는 우리 스타일이 우리의 의도를 방해한다.

부모로서 제리와 나는 비록 완벽하지는 않아도 크리스티안과의 관계를 항상 신뢰·고무 렌즈로 바라보며 접근하려 했다. 신뢰·고무 방식을 당신의 스타일로 만들려고 노력하지 않으면 당신의 현재 스타일이나 접근 방식이 무엇이든 당신의 의도를 방해할 것이다. 우리의 방법은 명백하게 우리의 의도에 집중하는 데 도움을 준다. 아이와의 상호작용에서 우리는 무엇을 성취하려 했는가? 우리는 아이를 통제하고 벌주려고 했는가? 우리는 아이를 가르치고 아이가 잠재력을 발휘하도록 도와주려 했는가? 아이는 우리의 의도가 어떻다고 믿었는가?

때로 아이를 가르치는 일은 아이를 도우려 하는 우리의 의도(결국은 아이의 성장을 위한 것)를 보여주는 규칙과 상벌결과를 정해놓았을 때 가장 큰 효과를 거두었다. 그것은 아이가 준비되지 않은 상황에서 맹목적으로 신뢰하는 게 아니었다. 덕분에 크리스티안은 엄마와 아빠를 신뢰할 수 있음을 깨달았고 간혹 우리가 엄격하게 대해도 진심으로 자신을 위한다는 것을 믿게 되었다. 또한 아이는 우리가 자신을 신뢰한다는 것을 알았다.

자라면서 어린 시절의 성향을 버린 크리스티안이 온화하고 친절하고 배려심 많은 사람이 되었다고 말할 수 있어서 나는 기쁘다. 나는 아이가 고등학교에서 농구경기를 할 때 좀 더 악착같은 모습을 보여달라고 요구했다. 그것은 아이가 성질을 부리던 시절 그의 형과 격렬하게 게임을 하며 보여준 모습과는 딴판이었다. 크리스티안은 절도 있고 자제력이 뛰어나며 성실하고 유능한 사람이 되었다.

우리의 관계를 되돌아보면서 내가 아들을 명령·통제 마인드셋으로 대했다면 어떻게 달라졌을지 가끔 생각해본다. 크리스티안은 내면에 항상 친절함과 자제력을 지니고 있었다. 그런 품성이 나중에 꽃을 피운 것뿐이고 그렇게 자라는 데는 시간이 필요했다. 우리 부부가 아이의 성격 형성기에 명령하고 통제하려 했다면 그런 좋은 품성은 피어보지도 못하고 시들었을지도 모른다. 아이에게 복종과 순응을 강요했다면 내면에 있던 엄청난 잠재력을 제대로 발휘하지 못하는 것은 물론, 자율적으로 행동하고 공헌하는 성숙한 인간으로서 자신의 문제에 관해 중요한 선택을 할 준비도 하지 못했을 것이다.

만일 차도로 뛰어가려 하는 아이가 부모와 명령·통제 방식 관계에 있었다면 부모가 차도로 뛰어가려 하는 자신을 붙잡은 순간을 어떻게 받아들였을까? 아이는 그 순간을 아빠가 자신을 아프게 붙잡거나 자신에게 소리를 지르던 수백 번의 예 가운데 하나로 보았을 것이다. 이는 위험이 지나갔을 때 명령·통제형 부모가 아이를 대하는 방식을 보면 알 수 있다. 부모의 말에 아이를 향한 사랑과 관심이 담겨 있는지, 아니면 부모 자신의 답답함과 불편이 담겨 있는지는 쉽게 판단할 수 있다. 부모가 신뢰·고무 마인드셋으로 대하면 아이는 부모가 자신의 생명을 구해주는 그 순간을 부모의 사랑을 입증받는 순간으로 본다.

가정에서든 직장에서든 다른 사람과의 관계에 작용하는 패러다임은 살아가면서 부딪히는 스트레스와 압박이 큰 사건의 장단기 결과를 결정한다.

자신의 상사를 신뢰하고 그들에게 고무되는 직원들은 오해를 살 만한 상황을 기꺼이 용서하거나 성과평가 미팅에서 상사의 피드백을 신뢰한다.

다시 한번 강조하지만 신뢰·고무형 리더가 되지 못할 때는 결코 없다. 오늘의 명령과 통제는 내일의 큰 희생을 불러온다. 권위를 내세워 행동해야 할 때도 있을 것이다. 권위적인 사람이 아니어도 권위를 내세울 수 있다. 먼저 신뢰하지 못할 때도 있고 누군가의 잘못을 바로잡아야 할 때도 있게 마련이다. 그래도 당신이 상대하는 사람을 잠재력 있는 사람으로 보지 못할 때는 없다. 당신은 어떤 방식으로 행동을 중단시키지만 그런 행동에도 불구하고 그 사람이 훌륭하게 성장한다고 보지 못할 때도 없다.

우리가 각자의 내면에 있는 보이지 않는 잠재력을 믿을 때, 우리는 그들의 행동이 아닌 잠재력에 주목하며 사람들을 대할 것이다.

존재하는 방식

신뢰·고무형 리더가 된다는 것은 삶에 렌즈를 끼워 넣는 것이자 존재하는 방식이다. 이는 편의상 또는 이익일 때만 선택해서 사용하는 도구가 아니다. 그리고 이미 설명했듯 그것은 당신이 비전, 구조, 기대, 책임에 따른 힘이 있는 리더가 될 수 없다는 의미도 아니다. 오히려 사람들은 당신이 그들에게 보내는 신뢰와 당신의 리더십 패러다임으로 이런 것을 공유한다.

예를 들어 당신이 리더십을 스튜어드십으로 볼 때 당신의 비전, 구조, 기대, 책임은 당신이 이끄는 사람들 덕분에 힘을 얻고 그들의 동참으로 강화된다. 당신과 그들은 모두 그들이 신뢰받고 고무될 수 있으며 또 그렇게 되어야 한다고 생각한다. 당신과 그들은 모두 그들이 의미 있는 공헌을 하고 목적의식을 찾을 수 있다고 생각한다. 또한 당신과 그들은 당신이 혼자서 할 수 있는 것보다 훨씬 더 큰 일을 함께 해낼 수 있다.

당신의 삶을 잘 살펴보라. 어느 면에서 개선의 여지가 보이는가?

변화의 시간!

왜 신뢰·고무 방식이 효과적이고 우리 시대에 맞는 유일한 리더십 방식인지 알았으니, 이제는 신뢰·고무 방식을 채택하기 위해 신뢰하고 고무하는 사람이 되어야 한다. 변화가 두려울 수 있지만 그것은 가능하고 가치 있고 늘 일어나는 일이다. 좋든 싫든 우리 주변 세계는 변하고 있으며 우리는 그 속에서 변화할 기회를 잡을 수 있다.

신뢰·고무형 리더가 되면 우리와 주변 사람들의 성과는 그 어느 때보다 향상된다. 그 새로운 방식으로 사람들을 이끌 때 가정, 직장, 지역 사회, 그 밖에 삶의 모든 분야에서 성과가 훨씬 더 커지리라고 본다.

누구나 신뢰·고무형 리더가 될 수 있다. 특히 우리 자신이 먼저 변화할 때 주변 환경에 영향력을 미치고 문화를 바꿀 수 있다. 그것은 영광스러운 변이와 변혁일 것이다. 나는 당신이 할 수 있다고 믿는다.

명령·통제	신뢰·고무
힘이 곧 정의	정의를 위한 힘
위계 구조	벌집 구조
관료주의	사람중심주의
목표와 계획	비전과 전략
물리적 힘	설득

III

리더의 성장을
가로막는 다섯 가지
낡은 생각

매년 나는 오랜 친구들과 짧은 주말여행을 간다. 이것은 우리가 오랫동안 지켜온 전통으로 우리가 가깝게 지낸다는 건 많은 것을 의미한다. 여행 계획을 책임지는 사람은 매년 달라진다. 어느 해 내 친구가 할리데이비슨 모터사이클을 렌트해 북캘리포니아를 돌아다니기로 정했다.

나로 말하자면, 나는 그 여행 전날 원동기 면허를 취득해 모터사이클을 타본 경험이 전혀 없었다. 면허시험 도로 주행도 이웃의 스쿠터를 빌려서 응시해야 했다.

나는 친구들과 주차장에서 커다란 할리데이비슨 모터사이클을 타고 연습했다. 나는 속으로 생각했다.

'이거 나쁘지 않은데?'

그러나 우리가 고속도로로 나갔을 때, 바람은 돌풍으로 바뀌었고 차들은 시속 110~130킬로미터로 내 주위를 씽씽 달렸다. 나는 모터사이클을 안정적인 속도로 유지하려고 애를 썼다. 약간의 공황 상태가 왔고 나는 속으로 생각했다.

'내가 뭘 하고 있는 거지? 이거 어떻게 하지!'

사람들은 신뢰·고무 방식을 떠올리며 내가 고속도로에 들어섰을 때 받은 느낌과 같은 느낌을 받았을지도 모른다. 완전히 생소한 환경에서 통제할 수 없는 요인들이 내 라이딩의 즐거움을 막았다.

삶의 대부분을 다른 방식으로 살아온 사람이 새로운 방식 앞에서 걱정하는 것은 이해할 만하다. 많은 사람이 리더십 스타일을 전환하려 할 때 이런 불확실성을 이야기한다. 내가 모터사이클을 타면서 그랬던 것처럼 우리는 깨닫는다. "나는 신뢰·고무 방식을 훈련받은 적이 없어!" "나는 이런 식으로 멘토링한 적이 없어!" "이거 어떻게 하는지 모르겠어!" 어쩌면 누군가가 그 방식을 시도했다가 성공하지 못한 것을 보았을지도 모른다. 또는 직접 시도했다가 성공하지 못하고 다시 과거 스타일로 돌아갔을 수도 있다.

우리는 여기서 신뢰·고무 방식으로 성공하는 것을 방해하는 심리적 장애 요소를 탐구한다. 이 책 서두에서 말했듯 신뢰·고무형 리더가 되는 데 가장 큰 장애요소는 우리가 이미 그런 리더라고 생각하는 것이다. 결과적으로 문제는 항상 '저 밖에' 있다. 다시 말해 문제는 다른 모든 사람에게 있다. 그런 마인드셋이 포괄적이고 보편적인 장애요소이며, 그 외에도 우리가 신뢰·고무형 리더가 되는 것을 방해하는 다섯 가지 구체적인 장애요소가 있다.

그 다섯 가지 흔한 장애요소는 많은 사람이 리더십을 사용하는 과정에서 어느 순간 경험하는 마인드셋, 생각, 태도다. 이들 장애요소가 합쳐져 사람들은 변화하는 데 고전하며 이것은 그들이 다시 과거 스타일로 돌아가는 주된 이유이기도 하다. 사람들은 가끔 이러한 장애요소가 신뢰·고무형 리더들의 신뢰를 방해하는 것을 방치한다. 그런 장애요소가 마음속에 자리 잡고 있을 때 우리는 사람들의 위대함에 의문을 품기 시작하며 그 위대함을 끌어낼 우리의 능력도 회의적으로 생각한다.

그 장애요소 중 일부는 자신이 직접 경험한 것일 수 있고 또 일부는 다른 사람들을 보고 알았거나 간접 경험했을지 모른다. 나는 다섯 가지 장애요소에 제목을 이렇게 달았는데(보면 즉시 이해할 것이다) 각각을 살펴보고 해결책을 탐구할 계획이다.

- "이건 여기서 안 통할 거야!"
- "그런데 실패하면 어떡하지?"
- "통제를 어떻게 내려놓는지 모르겠다!"
- "여기서 내가 제일 똑똑하다!"
- "나는 원래 이런 사람이야!"

이 모든 장애요소는 우리의 변화 욕구와 반대되는 쪽으로 작용한다. 그것은 모두 타당성이 있다. 이 장애요소들은 현실에 내재된 위험을 보여준다. 하지만 우리는 그것을 변화하지 않을 핑계로 삼아서는 안 된다. 위험과 수익은 함께 간다. 조사해보면 신뢰·고무형 리더가 되었을 때의 이익이 명령·통제형 리더가 되었을 때의 이익보다 비교조차 되지 않을 만큼 큰 것으로 나타난다. 그 이익은 성과뿐 아니라 에너지와 즐거움, 즉 사람들의 행복 측면에서도 나타난다.

리더가 명령·통제 방식을 버리고 신뢰·고무 방식을 수용할 때 사람, 가족,

조직 들은 변화하기 시작한다. 반면 리더가 맹목적으로 명령·통제 방식을 고수하면 사람들은 이유도 모르고 고생한다. 이 방식의 아이러니한 점은 결국 그것은 명령도 통제도 통하지 않는 것으로 끝난다는 것이다.

우리는 우리가 이해하지 못하는 문제는 해결할 수 없다. 일단 변화를 방해하는 생각과 태도를 확인하고 이해하면, 우리는 신뢰·고무형 리더가 되도록 그것을 극복하는 데 집중할 수 있다.

다음 다섯 개 장에 걸쳐 우리는 이들 장애요소를 하나씩 깊이 있게 살펴볼 것이다. 각 장은 패러다임 차원의 해결책을 제시하는 것으로 시작하겠다. 즉, 이 장애요소에 어떻게 접근해야 하는지 생각하는 데 도움을 줄 마인드셋을 제시한다. 그다음에는 당신이 배우고 해낼 수 있는 실질적인 것, 다시 말해 이들 장애요소에 접근하고 그것을 극복하는 데 필요한 역량개발에 도움을 주는 스킬 세트를 제공한다. 마지막으로 우리는 많은 사례에서 앞서 살펴본 '스튜어드십 합의서' 과정, 그러니까 이 장애요소를 극복하는 데 필요한 도구 세트를 사용할 수 있다.

요약하면 신뢰·고무형 리더가 되기 위해 다섯 가지 흔한 장애요소를 극복하는 데는 올바른 마인드셋, 스킬 세트, 도구 세트가 필요하다.

어떤 상황에서 어떤 장애요소가 나타나든 그것을 극복하고 신뢰·고무형 리더가 될 수 있다는 점을 잊지 마라.

"이건 여기서 안 통할 거야!"

현재 상황에서 시작하라. 현재 가지고 있는 것을 사용하라. 지금 할 수 있는 것을 하라.[1]

—아서 애시(테니스 선수)

"모두 근사하게 들린다. 하지만 그것은 여기서 안 통할 거다. 당신은 내 상사를 몰라." "당신은 내 회사를 몰라." "당신은 우리 업계를 몰라. 여기는 규제와 통제가 심한 동네야." "분기 수입, 환자만족지수, 시험점수가 제일 중요하지." "시간이 없어요." "동료들의 승인을 받아내지 못할 겁니다." "당신은 우리 가족을 몰라." "이거 나 혼자 하게 될 거야."

많은 사람이 이처럼 현실적인 우려를 한다. 당신도 왜 신뢰·고무 방식이 당신의 환경에서 통하지 않을 것 같은지 그 이유를 몇 가지 적기 바란다.

당신이 열거한 이유를 보고 당신의 '관심의 원circle of concern' 안에 있는 것(경제나 날씨처럼 당신이 어떠한 행동도 취할 수 없는 것)에 밑줄을 쳐 보라.

이제 당신의 '영향력의 원circle of influence' 안에 있는 것(미약한 수준이라도 당신이 영향을 미칠 수 있는 것)에 동그라미를 쳐라.

실제 상황이 존재하고 모든 상황에 제약요소가 있다는 데는 이견이 없다. 물론 신뢰·고무 방식 리더십이 특별히 잘 맞는 업종과 조직도 있다. 그렇지만 신뢰·고무 방식으로 놀랄 만큼 많은 이익을 못 보는 업종, 조직, 팀, 가정, 관계는 없다.

더구나 당신은 어떤 상황에 놓여 있든 솔선으로 사람들을 이끌 수 있다. 당신은 상사를 관리할 수는 없어도 상사를 이끌 수는 있다. 당신은 변화의 촉매 역할을 할 수 있다. 우리 세계는 변화하고 있고 다른 사람들이 변화하도록 기다리는 것은 선택이 아니다. 팀에서든, 조직에서든, 가정에서든 그리고 동료들과 하든 친구들과 하든 아니면 오직 스스로 하든 현재 상황에서 시작하라. 내면에서부터 시작해 신뢰·고무형 리더가 되어라.

"나는 괜찮아. 당신이 문제야!"

여러 해 전 나는 신뢰·고무 방식 내용뿐 아니라 훈련도 좋아하는 리더와 함께 일하고 있었다. 그는 자기 회사에서 그것을 실시하길 원했다. 그는 이런 취지로 말했다.

"이거 내용도 훌륭하고 방법도 훌륭합니다. 우리 회사에 이게 필요해요. 문제는 내 상사가 방해할 것 같다는 겁니다. 그는 이해하지 못할 거예요. 상사가 함께할 때까지는 이걸 실행하기 어려울 것입니다."

우리는 합리적인 일 처리를 위해 그 방법을 설명하고자 그의 상사를 찾아갔다. 상사는 그 방법을 좋아했고 그걸 본 우리는 깜짝 놀랐다. 그 상사가 말했다.

"이거 훌륭하네요. 여기에 이것이 필요합니다. 그런데 부사장이 동의해야 합니다. 그녀가 지원하지 않으면 성공하기 어려울 겁니다."

우리는 부사장을 찾아갔고 그녀도 똑같은 말을 했다.

"와, 훌륭한 내용입니다. 훌륭한 프로세스예요! 이거 여기에 정말 필요합니다. 그런데 여기서는 CEO의 승인이 없으면 아무것도 할 수 없어요. 그와 대화해야 합니다."

우리는 CEO를 찾아갔다. 그의 대답이 어땠는지 아는가? 그가 우리에게 말했다.

"이거 훌륭한 내용입니다. 우리 회사와 문화에 정말 도움을 주겠어요. 하지만 내게는 힘이 없어요. 이사회에서 모든 걸 통제합니다. 이사회의 동의 없이는 아무것도 할 수 없어요. 그런데 이사회는 완전히 명령·통제 방식입니다. 이걸 해낼 방법이 없어요."

우리에게는 이사회까지 찾아갈 기회가 없었다. 만약 찾아갔다면 그들도 이렇게 말했을 거라고 본다.

"이거 훌륭한 내용입니다. 문제는 월가예요!"

데이터는 이것을 분명히 보여준다. 그들의 공통적인 기본 마인드셋은 "나는 잘하고 있어. 문제는 다른 사람들이지 내가 아니야. 문제는 '저

밖에' 있어!"다.

> 문제가 저 밖에 있다고 생각한다면 당신의 바로 그 생각이 문제다.[2]
>
> -스티븐 R. 코비

내가 팀과 조직 문화를 평가하면서 알게 된 사실인데, 사람들은 자신의 신뢰성과 행동은 높게 평가하는 반면 같은 부분에서 동료들은 낮게 평가했다. 예외 없이 대다수가 그렇다. 고무하기와 관련해서도 갭이 존재한다. 사람들은 그것을 리더의 가장 중요한 특징으로 평가하는 한편, 리더가 그 부분을 잘하지 못한다고 평가했다.

다시 말해 모두가 다른 사람이 문제라고 생각한다.

이 부조화는 많은 오해의 원인이며 기대한 바를 이행하지 못하게 한다. 무엇보다 사람들이 스스로 책임지지 않게 만든다. 그들은 다른 사람에게 책임을 묻기에 바쁘다. 모두가 책임을 전가하려 한다. 그들이 볼 때 문제는 그들이 아니다. 그들은 문제를 일으키지 않았으므로 그 문제를 해결할 필요가 없다. 그들의 관점에서 그들이 할 수 있는 것은 아무것도 없다. 그들은 피해의식 속에서 살고 있다. "이건 여기서 안 통할 거야" 같은 말을 하거나 현상 유지를 불변의 사실로 받아들인다면, 그 사람은 피해의식에 빠져 있다고 봐야 한다.

전략, 구조, 시스템이 한 방향을 이루지 못할 때는 아무것도 할 수 없다고 생각하게 된다. 빠르게 변화하는 세계에서 거의 모든 조직이 방향 정렬에 고전하고 있다. 시스템과 구조는 종종 집단 간에 서로 충돌하는 우선과제가 있을 때 직원들이 맞서 싸우게 만든다. 사람들이 희소 자원을 차지하기 위해 경쟁하느라 문화 내에서 일어나는 싸움은 조직 전체에 영향을 미친다. 그러한 방향 불일치는 극복 불가능한 것처럼 느껴질 수 있다. 그런데 그 시스템과 구조는 사람들과 무관하게 작동한다. 사실 조직에서 그런 것은 사람들보다 더 거대하고 사람들의 변덕은 여기에 개입되지 않는다.

과연 당신에게는 변화를 일으킬 능력이 없는 것인가? 아니다.

앞서 말했듯 시스템과 구조는 프로그램이고 사람은 프로그래머다. 결국 시스템과 구조는 스타일의 팔과 다리다. 그리고 스타일은 패러다임, 즉 우리의 기본 믿음에서 나온다. 우리가 사람들과 리더십에 관한 믿음을 신뢰·고무 방식으로 바꾸면, 주변 사람들도 그렇게 하도록 도와주면, 우리의 스타일과 행동이 변하고 궁극적으로 시스템과 구조도 바뀔 수 있다. 리더의 패러다임이 바뀔 때 그들은 다른 프로그램을 제작한다.

큰 그림을 보면 쉽게 압도당할 수 있다. 그래서 이렇게 말한다.

"내가 할 수 있는 일은 없어."

그러나 명령·통제 문화의 제단에 리더로서 당신이 원하는 이상형을 제물로 바치지 마라. 그 그림에는 언제나 비록 작은 부분이지만 우리가 시작할 수 있는 부분이 있다.

우리 모두에게는 최소한 삶과 일의 몇 개 부분에서 변화를 일으킬 힘이 있다. CEO든 인턴사원이든, 전업주부든 퇴직자든 우리는 변화를 일으키고 우리 환경에 영향을 미칠 수 있다. 물론 우리가 바꿀 수 없는 것도 있다. 조직에 외부에서 주어진 구체적인 준수사항이나 법규가 있다면 거기에 관해 우리가 할 수 있는 일은 없다. 그렇지만 우리는 그 법규와 관련해 소통하는 방식은 바꿀 수 있다. 그 법규를 대하는 태도도 마찬가지다. 그리고 비록 시스템을 직접 바꿀 수 있는 지위에 있지 않아도 시스템에 영향을 미칠 수는 있다.

무엇보다 우리가 문제를 일으켰는지와 관계없이 마인드셋을 바꿔 우리가 그 해결책의 일부일 수 있음을 인식하는 것이 가능하다. 이는 주변 사람들에게 긍정적 영향을 미칠 것이다.

> 해결책: 신뢰·고무형 리더는 먼저 모범을 보이고 그다음에 멘토링을 한다.
> 마인드셋: 나는 해결책이 되고 다른 사람들이 그들 최고의 모습이 되도록 도와준다.

'이건 여기서 안 통할 거야'라는 생각의 해결책은 먼저 모범을 보이고 그다음에 멘토링으로 파급효과를 만들어내는 것이다.

우리는 다른 사람들이 어떻게 행동하든 관계없이 신뢰·고무 방식 리더십의 모범을 보일 수 있다. 문제가 '저 밖에' 있다고 하는 생각은 변화를 무력하게 만들 수 있으므로 우리가 문제의 해결책이 되는 것이다.

우리가 우리 '영향력의 원' 안에 있는 한 우리는 평범함의 바다에서 탁월함의 섬이 된다. 미시관리의 바다에서 신뢰의 섬이 된다. 무관심의 바다에서 고무의 섬이 된다. 우리가 앞장선다. 거울을 보고 어떻게 바꿀 수 있는지 자신에게 물어본다. 주변 사람들에게 행동으로 모범을 보인다.

당신은 당신 자신을 바꿈으로써 문화를 바꿀 수 있다. 그다음에는 자신의 팀을 바꿈으로써 문화를 바꿀 수 있다. 그다음에는 다른 팀들에게 영향력을 미쳐 문화를 바꿀 수 있다. 당신이 그렇게 할 수 있다면 다른 사람도 할 수 있다. 그다음에 또 다른 사람, 또 다른 사람으로 계속 이어진다. 사람들은 당신을 바라볼 테고 당신의 성과와 실적은 모든 것을 말해준다. 그리고 당신은 내면에서 시작된 사라지지 않는 영향력을 만들어낸다.

그다음에는 모범 보이기에서 멘토 되기로 넘어간다. 모범적인 사람은 스스로 솔선함으로써 다른 사람들이 기대하는 것을 보여준다. 멘토는 신뢰받는 관계를 모범적으로 형성하고 다른 사람의 성공과 발전을 위해 노력한다. 사람들은 모범적인 사람을 보면 그를 따라 하고 싶어 한다. 또한 사람들은 멘토를 보면 어떻게 모범적인 사람처럼 할 수 있는지 알려고 하고 개인적인 도움을 받는다. 모범적인 사람은 자기 계발에 집중하고 멘토는 타인 계발에 집중한다. 이것은 내면에서 시작되어 외부로 퍼지는 과정이다.

> 나는 멘토가 중요하다고 생각하며 멘토의 도움 없이는 세상 누구도 성공하지 못한다고 본다. 아무도 혼자 힘으로 성공하지 못한다. 아무도 혼자 힘으로 성공한 적 없다. 그리고 우리는 모두 멘토다. 우리가 그것을 알지 못할 때도.[3]
>
> ―오프라 윈프리

훌륭한 고객 성공 이야기를 소개하겠다. 우리는 대단히 큰 기업에서 재니타라는 중상급 리더와 함께 일한 적이 있다. 재니타는 성과 지향적 밀어붙이기식 명령·통제 문화 속에서 일했다. 그 환경은 신뢰·고무 문화와는 거리가 멀었다. 우리는 재니타와 함께 팀을 이끄는 더 좋은 방법을 개발하기로 했다. 그녀는 신뢰·고무 방식이 회사가 흠뻑 빠져 있는 개량한 명령·통제 방식보다 더 좋은 운영 방식임을 확신했다.

재니타는 상부의 승인을 받지 않고 자신과 자신의 팀에 먼저 신뢰·고무 방식을 적용하기 시작했다. 그녀는 큰 성공을 거두었다. 사람들은 그녀와 그녀의 팀이 성공하는 것을 보고 그녀에게 물었다.

"어떻게 성공했나요? 어떻게 이런 성과를 얻었죠?"

그녀는 자신의 방법을 말해주고 어떻게 성공을 거둘 수 있는지 멘토링을 해주었다. 그러자 그녀의 영향력은 회사 전체로 퍼지기 시작했다.

결국 재니타의 모범 보이기와 멘토링이 유발한 파급효과는 CEO에게까지 이르렀다. 그는 그녀의 새로운 리더십 방식에 고무되었다. 그녀는 리더십의 모범을 보여주었고 자신이 원하는 성과를 냈다. 그는 재니타의 팀을 회사 전체의 모범으로 삼았고 그녀는 멘토로서 그 중심에 있었다. CEO가 조직 전체를 바꾸는 데 기여한 재니타의 영향력은 단 한 사람, 즉 재니타에서부터 시작되었다. 그것은 내면에서 시작되어 퍼져나간 영향력이었다.

이 이야기에 더 주목하게 만드는 것은 문화를 바꾸려는 노력이 한창일 때 회사가 심각한 경제적 혼란 상태에 있었다는 점이다. 재니타의 노력은 고요한 바다에서 방향을 바꾼 게 아니라 퍼펙트 스톰perfect storm(초대형 복합 위기)에서 그렇게 한 것이었다. 더구나 재니타는 경영진도 의사결정자도 아니었다. 그래도 그녀는 결국 회사 전체의 문화 수준을 높였고 덕분에 승진했다. 그녀의 앞장서서 하겠다는 결심, 팀과 문화를 책임지겠다는 결심은 회사 전체 문화를 바꿔놓았다. 그리고 회사는 그 퍼펙트 스톰에서 벗어나 이전 10년 동안 이룬 성과보다 더 좋은 성과를 거뒀다.

많은 사람이 이 예를 두고 이렇게 말할 것이다.

"와, 우리에게 기꺼이 그런 방식을 실행하는 재니타 같은 CEO가 있다면 정말 좋을 텐데."

사실 상황은 그렇게 진행되지 않았다. 재니타가 주도하긴 했어도 그녀조차 CEO가 어떻게 반응할지 알지 못했다. 그녀는 자신이 할 수 있는 것부터 시작했고 상충하는 우선과제나 방향이 맞지 않는 시스템을 짊어지는 상황은 피했다. 그녀는 허락을 요청하지 않았다. 단지 자기 영향력의 원 안에서 시작해 모범을 보이고 주변 사람들을 멘토링했을 뿐이다.

주도적 리더는 이 예를 두고 이렇게 말할 것이다.

"내가 할 수 있는 일은 뭘까? 어디서부터 시작할 수 있을까?"

그녀는 변화를 일으키기 위해 완벽한 CEO나 완벽한 상황을 기다리지 않았다. 그녀는 무조건 시작했다. 결국 그녀의 노력(그녀가 원하는 변화의 모범을 보이는 능력)은 주변의 모든 사람을 고무했고 그녀를 멘토의 자리에 올려놓았다. 사람들은 그녀처럼 되기를 원했으며 그녀는 그들의 변화를 도와주었다.

가족, 팀, 조직 등 다른 사람에게 영향을 미칠 수 있는 자신의 능력을 과소평가하지 마라. 각각 상황이 다르고 주변 환경도 완벽하지 않다는 것은 나도 알고 있다. 중요한 것은 당신이 무언가를 할 수 있다는 점이다. 이것은 행동의 문제다. 자기 자신에서부터 시작하고 모범을 보이는 데 집중하라. 그다음에 멘토가 되도록 사람들과의 관계로 나아가라.

'이게 여기서 통할 리 없어'라는 생각을 버리고 '어떻게 하면 이게 여기서 통할까?'라고 생각하라. 그다음에 행동에 들어가라! 지금 시작하라.

> 지금 시작하라. 현재 상황에서 시작하라. 두려운 마음으로 시작하라. 고통스러운 마음으로 시작하라. 의심으로 시작하라. 양손을 흔들면서 시작하라. 무조건 시작하라.[4]
>
> —멜 로빈스(《5초의 법칙》 저자)

명령·통제	신뢰·고무
다른 사람에서부터 시작	자신에서부터 시작
시스템 안에서 노력	시스템을 대상으로 노력
'이게 여기서 통할 리 없어'	'어떻게 하면 이게 여기서 통할까?'

"그런데 실패하면 어떡하지?"

> 궁극적으로 우리는 모든 두려움의 이면에 자유가 있다는 것을 마음속 깊이 알고 있다.
>
> —매릴린 퍼거슨(저술가)

우리는 어려운 결정을 내리거나 새로운 것을 시도하려 할 때 본능적으로 위험을 생각한다. 우리는 자신에게 "그런데 ~하면 어떡하지?"로 시작하는 여러 개의 질문을 던진다. 그 질문 다음에는 경험, 두려움, 최악의 시나리오에 근거해 여러 가지 가능성을 우려한다. 이 장에서는 다섯 가지 시나리오를 제시하는데 그 중심에는 두려움이 있다.

누구에게나 두려움이 있다. 어떤 두려움은 실제 위협에서 우리를 보호하지만 또 어떤 두려움은 터무니없이 우리를 마비시킨다. 이제부터 나는 명령·통제 방식에서 신뢰·고무 방식으로 전환하는 것을 방해하는 가장 흔한 두려움을 탐구할 것이다. 각 두려움을 순서대로 살펴보고 마인드셋과 스킬 세트 변경에 도움을 주는 해결책을 제시한다.

"그런데 통제력을 잃어버리면 어떡하지?"

나는 한 대형은행의 경영진 회의에 초대받아 연설하였던 적을 결코 잊을 수 없다. 그 회사의 경영 리더십 팀이 CEO도 모르게 그의 리더십 스타일을 바꾸는 데 도움을 주기 위한 노력의 일환으로 나를 초대한 것이었다. 그는 전형적인 명령·통제 방식 리더였다. 기획 팀으로부터 그 행사를 넘겨받은 CEO는 예상한 대로 회의를 자신의 네 가지 리더십 원칙을 중심으로 계획했다. 그중 두 개는 '명령'과 '통제'였다.

퇴역장성이자 CEO의 좋은 친구인 내 앞의 연사가 더 좋은 성과를 얻기 위해 명령하고 통제하는 것의 장점을 장황하게 설명할 때 내가 얼마나 어색했을지 상상이 갈 것이다. CEO에게 새로운 리더십 스타일을 요청한 팀의 탄원서가 통하지 않은 게 분명했다. 어색한 느낌에도 불구하고 나는 발표에 나섰다. 사람들을 이끄는 것의 개념과 원칙에 자신감이 있었기 때문이다. 나는 앞서 발표한 사람과 모든 면에서 완전히 반대인 내용을 발표했다. 더구나 그것을 더 나은 통제를 위해 더 많은 규칙을 원한 그 CEO의 언어로 표현했다.

내가 밝힌 입장은 이러했다. 신뢰·고무 문화에는 규칙 기반 문화에서보다 실제로 더 많은 통제가 존재한다. 신뢰하지 않거나 신뢰할 수 없는 사람들을 대상으로는 충분한 규칙을 생각해낼 수 없다. 규칙으로 사람의 행동을 통제해도 고무된 사람이 자발적으로 하는 것만큼 할 수는 없다. 정말로 통제를 강화하고 싶으면 진실한 마음으로 사람들을 신뢰하고 그들이 올바른 판단을 하도록 허용해 스스로 '관리'하게 해야 한다.

많은 사람이 그 은행 CEO처럼 리더십은 통제하는 것이라고 배웠다. 그들은 그 방식을 버리지 못했고 대부분 그러기를 원하지도 않는다. 그들은 모든 것에 자기 손을 거쳐 가기를 바라고 언제 어디에서, 어느 차원에서 무슨 일이 일어나고 있는지 알기를 원한다. 그들은 자신의 결정과 지시에 순응하는 것을 보고 싶어 한다. 그런 통제가 극단으로 치달으면 '미시관리'라는 경멸적인 꼬리표가 붙는다.

우리는 모두 이처럼 누군가를 중심으로 시간을 보냈을 것이다. 한 조사에 따르면 사람들의 79%가 미시관리를 경험했다고 한다. 선의든 아니든 어느 정도 그런 경험을 하지 않은 사람은 거의 본 적이 없다. 그것은 관련된 모든 사람에게 소모적인 일이다.

아이러니한 점은 우리가 진짜로 통제된 적이 없다는 것이다. 원칙이 통제한다. 원칙을 위반하는 것은 중력을 거스르는 것과 같다. 비행기가 날아갈 때 비행기는 중력을 거스르지 않는다. 이는 양력, 추진력, 항력, 중량 등 비행을 지배하는 원칙을 따르는 일이다. 원칙은 우리 세계를 지배한다. 아무리 열심히 노력해도 우리는 '통제'라는 환상을 만들 수 있을 뿐이다. 우리가 원칙을 따를 때 결과는 예측 가능해진다.

원칙을 지키는 것도, 거부하는 것도 모두 성과에 영향을 미친다. 우리 행동은 우리의 가치에 기반을 두고 있지만 그 행동의 결과는 원칙에 기반을 두고 있다.

예를 들어 우리가 사람들을 신뢰하지 않으면 그들은 고무되지 않고 헌신하지도 않는다. 처벌을 피하거나 보상을 얻기 위해 순응은 하겠지만 헌신하지는 않는다. 그들은 그 불신을 우리에게 되돌려준다. 반대로 우리가 사람들을 신뢰하면 그들은 다시 우리를 신뢰하고, 성과 내기를 원하며, 어려움 속에서도 수완을 발휘한다. 우리가 사람들을 신뢰할 때 그들은 더욱 헌신하고 몰입한다. 그러면 그들을 신뢰하는 것이 더욱 쉬워진다. 결국 신뢰가 더 큰 신뢰를 부르는 신뢰의 선순환 구조가 만들어진다. 신뢰에는 전염성이 있다. 다시 강조하지만 신뢰·고무 문화에는 명령·통제 문화보다 더 강한 통제가 존재한다.

소매업체 노드스트롬은 강한 통제를 특징으로 하면서도 고신뢰 문화를 만들어냈다. 하지만 그것은 종류가 다른 통제다. 오랜 시간에 걸쳐 그들은 뛰어난 고객서비스로 고객에게 좋은 평판을 얻었다. 그들은 고객을 신뢰한다. 고객을 향한 그 신뢰는 먼저 직원들에게 보낸 신뢰를 연장한 것뿐이다.

노드스트롬의 직무 규정은 내용이 간단하다. 규정으로 보기 어려울 정도로 내용이 적다. 단지 이렇게 쓴 한 장의 카드가 전부다.

노드스트롬에 오신 것을 환영합니다. 여러분을 우리 회사에 모시게 되어 기쁩니다. 우리에게는 한 가지 규정만 있습니다. 모든 상황에서 분별력을 발휘해 잘 판단해주십시오. 그 밖에 다른 추가 규정은 없습니다.[1]

노드스트롬은 단 하나의 규정으로 직원들에게 신뢰를 보여줬다. 그 간단한 규정은 많은 것을 말해준다. 회사가 사람들을 신뢰하고 존중한다는 것 말이다. 회사는 직원들의 분별력을 신뢰하며 어떤 상황에서든 그 분별력을 발휘해 올바르게 판단할 거라고 믿는다. 사람은 누구나 자신이 받는 신뢰에 부응하고 싶어 한다. 신뢰에 고무된다. 신뢰를 잃지 않는 방식으로 행동하고 싶어 한다. 동시에 사람들은 이를 위해 서로 돕고 자신이 받는 신뢰에 관해 서로에게 책임을 묻는다. 대형 상장회사 노드스트롬에는 법률적·윤리적으로 준수해야 할 기준과 함께 다른 많은 규정이 있지만 '모든 상황에서 분별력을 발휘해 잘 판단하라'는 한 줄짜리 규정만큼 직원 채용, 교육, 코칭, 멘토링, 리더십 등 회사문화 전반에 큰 영향을 미치는 규정은 없다.

　노드스트롬의 통제 방식은 스스로의 판단에 따른 자율 통제 방식이라는 특징을 보인다. 사람들에게 그 규정을 어길 생각이 없기에 과도한 규정은 불필요하고 이는 자율 문화에도 맞지 않는다. 신뢰를 고무하면 미시관리는 설 자리를 잃는다.

　해결책:　신뢰·고무형 리더는 '진정한 신뢰'를 보여준다.
　마인드셋: 나는 사람들을 신뢰하겠다는 마음으로 시작한다.

　통제력 상실에 따른 두려움은 진정한 신뢰를 보여주는 방법으로 극복할 수 있다. 여기서 '진정한 신뢰'라는 말에 주목하라. 모든 상황이 같은 것은 아니며 모든 상황에 같은 위기가 따르는 것도 아니다. 모든 상황에 무조건 신뢰를 보여줄 수는 없다. 그렇게 하면 배신당할 수 있고 이는 통제력 상실에 따른 두려움이 더욱 커지는 결과를 낳고 만다. 그런 일을 피하려면 먼저 신뢰하기 전에 주어진 상황 혹은 위기와 관련된 사람들의 신뢰성을 판단해야 한다. 신뢰할 때의 위험이 너무 크거나 사람들의 신뢰성이 너무 낮아 먼저 신뢰하는 것이 현명하지 않으면 신뢰하지 말아야 할 때도 있다.

내 경험상 좋은 사람을 채용하면 대개는 신뢰할 만하다. 또한 대체로 사람들을 신뢰하지 않는 것이 신뢰하는 것보다 위험이 더 크다. 사람들은 보통 신뢰받을 때보다 불신받을 때 더 강하게 반응한다.

먼저 신뢰하는 것은 '모든 상황에 맞는 만능' 방법이 아니다. 그것은 상황에 맞게 '분별력을 발휘해 잘 판단하라는' 의미다. 먼저 신뢰하는 문화를 만들어라. 신뢰받길 원하는 사람을 채용하라. 멘토링할 때 사람들이 분별력을 발휘해 판단하는 방법을 배우도록 도와줘라. 그것을 팀 운영의 중심으로 삼아라. 그렇게 할 때 과도한 규정을 준수하는 것에 따른 멘토링은 사라지고 당신은 사람들을 이끄는 데 집중할 수 있다. 좋은 판단력은 세분화한 규정을 대신하며 신뢰와 고무가 뿌리내리게 해준다.

프록터 앤 갬블에서 오랫동안 CEO를 지낸 A. G. 래플리는 이 방법을 다음과 같이 설명했다.

어떤 규정도 발생할 수 있는 모든 상황에 분명한 지침을 주지 못한다. 그래서 P&G는 궁극적으로 모든 일 처리는 담당하는 각 직원의 지혜로운 판단에 맡긴다.[2]

당신이 리더로서 정말로 통제력을 유지하고 싶어도 규정으로는 그렇게 할 수 없다. 통제력은 진정한 신뢰를 보일 때만 유지할 수 있다.

> 올바른 사람들은 신뢰받을 때 일을 잘해야겠다는 압박을 훨씬 더 크게 느낄 것이다.[3]
>
> —헥터 루이즈(어드밴스드 나노테크놀로지 솔루션스 CEO)

"그런데 그것이 성공하지 못하면 어떡하지?"

리더에게는 성과를 낼 책임이 있다. 새롭게 시도하는 리더십 방식이 평소에 얻는 확실한 성과를 위태롭게 할 수도 있다는 생각은 사람들을 두렵게 만들기도 한다.

'실패할지도 몰라. 성공하지 못할 거야. 위험이 있어.'

이제 게임 상황이 변했다. 평소에 쓰던 방법으로 '평소에 얻는 성과'를 계속 얻으리라고 생각하는 것에 훨씬 더 큰 위험이 있음을 곧 알게 될 것이다. 오늘날의 세계에서 어제의 명령·통제 방식 리더십으로 운영하는 것은 누구도 감당할 수 없는 위험이다.

해결책: 신뢰·고무형 리더는 위험과 수익의 균형을 취한다.

마인드셋: 나는 잠재적 수익이 위기보다 더 클 수 있다고 믿는다.

아마존 설립자 제프 베이조스는 이런 말을 한 적이 있다.

"실패와 발명은 분리할 수 없는 쌍둥이다."[4]

그는 주주들에게 보낸 편지에서 이렇게 말하기도 했다.

"당신이 방향 수정에 능하면 방향이 잘못되어도 생각만큼 비용이 들지 않는다. 반면 행동이 느리면 확실히 비용이 많이 든다."[5]

기술 분야에서 이것은 혁신의 새로운 패러다임이 되었다.

'빨리 실패하고, 더 빨리 배워라.'

위험과 수익은 함께 간다. 새로운 것을 시도할 때마다 실패할 가능성이 있다. 또한 성공할 가능성도 있다! 위험이 수익보다 더 클 수 있는 상황이 있다. 흔히 수행할 작업을 평가한 다음 '거기에 따른 위험은 무엇인가?'라는 질문을 한다. 그 위험은 어느 정도 가능성이 있고 어느 정도로 심각한가? 사람들은 그 위험을 맞을 준비를 하고 있는가? 그들이 그들을 향한 당신의 신뢰에 반응하고 위험에 슬기롭게 대처할 것이라고 믿는가? 얻을 수 있는 잠재 수익은 무엇인가? 이것은 문화에 어떤 작용을 하는가? 그것은 가치가 있는가?

항상 그렇듯 위험과 수익 사이에서 균형을 취해야 한다. 사람들은 대부분 위험 극소화에는 집중하지만 수익 극대화에는 상대적으로 신경을 덜 쓴다. 잘못될 가능성을 생각하기보다 권한을 부여받고, 몰입하고, 고무된 팀이 있을 때 잘될 수 있는 모든 것을 상상해보라.

내가 외국의 한 지방정부 기관과 함께 일할 때, 그들은 주민과 직원 모두에게 봉사하는 수단으로 신뢰·고무 문화를 원했다. 그들은 대다수 기관이 거의 전적으로 위험 최소화에 집중한다고 말했다. 사고가 발생해 책임추궁을 받지 않기 위해 잘못되는 일이 없도록 확실히 해둔다는 얘기였다.

이 기관은 정반대 방법을 취했다. 그들은 도발적인 질문을 했다.

"그래요, 우리는 위험을 알고 싶습니다. 그런데 잘될 수 있는 것을 극대화하려면 어떻게 해야 할까요? 어떻게 그 가능성을 극대화할 수 있을까요?"

그들은 여전히 위험을 신경 쓰고 적절히 관리했지만 그것이 그들을 규정하지는 못했다. 그들을 규정한 것은 잘될 수 있는 것을 극대화하는 데 집중하는 것에서 분명히 드러났다.

넷플릭스가 처음부터 강조한 것은 신뢰를 기반으로 조직을 운영한다는 것이었다. 그들은 고객과 직원 모두를 신뢰했다. 회사 설립 초기 그들은 과감하게 위험을 감수하며 스스로를 파괴했다. 그들은 별도로 회사 두 개를 설립했다. 하나는 우편으로 영화를 배달하는 전통 모델의 회사고, 다른 하나는 새로운 스트리밍 방식으로 서비스를 제공하는 회사였다.

별도로 회사 두 개를 설립한 것이 반드시 나쁜 결정은 아니었다. 그런데 그들은 고객에게 두 서비스에 각각 구독을 요구하는 큰 실수를 저질렀다. 고객은 그것을 싫어했다. 그들은 이용당했다는 느낌을 받았고 그 회사를 더는 신뢰하지 않았다.

넷플릭스는 그 잘못에 따른 대가를 치렀다. 그리고 재빨리 방향을 선회했다. 그들은 원래 상태로 돌아와 이런 취지로 말했다.

"우리는 당신의 말을 듣겠습니다. 당신이 옳고 우리는 당신을 신뢰합니다."

그들은 다시 두 가지 서비스를 제공하는 한 회사 모델로 돌아왔다. 오늘날 그들이 이룩한 성공을 보라.

넷플릭스는 그들의 직원 신뢰를 '자유와 책임'이라 부른다. 이러한 태도는 그들의 진정한 신뢰와 위험과 수익 원칙을 모두 보여준다. 그들의 리더십 팀은 그런 생각을 다음과 같은 회사문화 선언으로 직원들에게 알려준다.

우리의 목표는 사람들이 스스로를 관리하도록 고무하는 것입니다. 우리는 우리의 팀이 넷플릭스에 가장 이익을 준다고 생각하는 것을 하리라고 믿습니다. 우리는 그들의 결정을 지원하기 위해 그들에게 많은 자유와 권한, 정보를 제공합니다. 이 믿음으로 형성한 책임의식과 자기규율은 우리를 회사에 이익을 주는 훌륭한 일을 하도록 이끕니다. 그 자유가 혼돈을 낳을 수 있다고 우려하는 사람도 있습니다. 하지만 우리에게 복장 규정이 없어도 벌거벗고 출근하는 사람은 없습니다. 모든 것을 규정할 필요는 없습니다. 사람들은 대부분 옷을 입고 출근하는 것의 이점을 알고 있습니다.[6]

단적으로 말해 신뢰가 주는 수익이 위험보다 훨씬 크다는 얘기다. 그래서 어떤 결과가 나왔는가? 그들의 말은 계속 이어진다.

드물게 자유를 남용합니다. 그러나 그것은 예외적인 경우입니다. 우리는 과도한 수정을 피합니다. 몇몇 사람이 자유를 남용한다고 해서 직원들에게 신뢰받을 자격이 없다고 생각하지는 않습니다.

그들의 리더십은 신뢰·고무 방식이다. 위험도 있지만 그 수익은 훨씬 더 크다. 전통 조직으로는 어림없는 수익이다. 이는 명령·통제 방식에서 얻을 수 없는 성과를 낳는다.

이들 원칙이 넷플릭스에만 적용되는 것은 아니다. 이미 말했듯 고신뢰 조직은 저신뢰 조직보다 11배 이상 혁신적이다. 리더들이 하나같이 "이것이 성공하지 못하면 어떡하지?"라는 질문을 던지는 것은 당연한 일이다. 사람들의 위대함을 정말로 믿는다면 그 잠재력을 방치하는 것은 용납할 수 없는 위험이다.

> 창의적인 집단의 궁극적 자유는 새로운 아이디어를 실험할 자유다. 회의적인 사람들은 혁신 비용이 많이 든다고 주장한다. 그러나 길게 보면 혁신이 싸다. 오히려 평범함이 비싸며 자율이 그 해결책일 수 있다.[7]
>
> —톰 켈리(《유쾌한 크리에이티브》 저자)

보석 소매체인점을 운영하는 우리의 소기업 고객은 위험과 수익 사이에서 어떻게 균형을 맞추는지 알고 있다. 사람들을 신뢰하겠다는 마음으로 시작한 그는 직원들에게 이렇게 말했다.

"여러분이 판단할 때 다소 실수한다는 것을 알고 있습니다. 그렇지만 여러분이 알아둘 것은 내가 여러분을 미리 용서한다는 것입니다."

또한 그는 고객에게 '평생 보증'이라는 커다란 신뢰를 선사했다. 문제가 무엇이든, 그러니까 부러졌든 심지어 분실했든 고객은 전액 환불받을 수 있었다. 그는 그 정도로 고객을 신뢰했다.

이렇게 그는 위험을 떠안았지만 그럴만한 가치가 충분할 만큼 보상이 뒤따랐다. 고객만족도는 97%로 올라갔고 직원이직률은 업계 평균의 10분의 1 수준이었다. 재고율도 업계 평균의 100분의 1 수준이었다. 그는 신뢰로 직원과 고객을 고무했다.

"그런데 이전에 배신당한 적이 있는데 어떡하지?"

우리가 다루는 다섯 가지 장애요소 가운데 이 경우가 가장 해악이

크다. 사람들이 내게 다가와 큰 배신을 맛본 뒤 어떻게 다시 사람들을 신뢰할 수 있는지 물을 때 그들의 눈에 어린 고통을 보면 참으로 마음이 아프다. 우리는 모두 한 번 정도는 약속을 지키지 않거나 신뢰를 저버리거나 그보다 더 큰 배신을 경험한다. 그런 일을 당하면 당연히 선뜻 신뢰하지 못하고 사람들을 경계하게 된다.

사실 신뢰할 수 없는 사람도 있다. 신뢰를 밥 먹듯 저버리는 사람은 스스로 신뢰의 무덤을 파는 셈이다. 그런 사람은 아예 신뢰하지 않거나 최소한으로 신뢰하는 것이 옳다. 해를 끼치거나 후회하는 기색이 없거나 변화 의지를 보이지 않는 사람은 더욱더 그렇다. 이전에 믿었던 사람에게 배신당한 사람은 본능적 방어기전이 작용해 어떤 비용을 치를지 생각하지 않고 명령·통제 방식을 더욱 강화하려 한다. 다시 강조하건대 사람을 신뢰할 때는 지혜롭게 판단한 후 결정하는 것이 좋다. 신뢰성 없는 사람을 신뢰하는 우를 범해서는 안 된다. 그러나 속담에도 있듯 썩은 사과 한두 개가 사과 상자 전체를 망치지는 않는다. 내 경험으로 볼 때 사람들은 대부분 신뢰받을 수 있고 신뢰받기를 원한다.

내 동료 하나가 수간호사, 행정관리자, 퇴역군인과 함께 일하는 팀을 대상으로 '신뢰의 속도' 2일 프로그램을 이끈 경험을 들려주었다.

첫날 아침 나는 모두에게 오늘 프로그램을 마쳤을 때 무엇을 얻어가고 싶은지 물었다. 노숙하는 퇴직군인과 함께 일하는 클린트가 말했다.

"다시 신뢰하는 법을 배우고 싶습니다."

그에게 더 구체적으로 말해달라고 부탁하자 그가 말했다.

"아프가니스탄 사건 이후 사람을 믿기가 어려워졌습니다."

그는 우리에게 자신의 이야기를 들려줬다.

22년간 군 생활을 한 뒤 이라크와 아프가니스탄에 각각 두 번씩 배치
받았다. 그는 마지막으로 아프가니스탄에 파견되었다. 거기서 그는
미군이 떠날 때 치안을 맡아볼 아프가니스탄 병사들을 훈련시키는
부대를 지휘했다. 클린트와 그의 팀은 몇 주 동안 아프가니스탄 군인
들과 함께 훈련하고, 먹고, 자고, 전투를 벌이며 지냈다. 그러던 어느
날 아프간 병사들이 총구를 미국 훈련관들에게로 돌렸다. 그 전투에
서 크게 부상을 당한 클린트는 이렇게 말을 끝맺었다.

"그래서 누구도 믿지 못하게 되었죠. 그건 당신을 죽일 수 있어요."

그의 이야기를 들은 나는 그의 신뢰 문제가 가정에서 특히 아들과의
관계에 심각한 영향을 미치고 있음을 알았다.

나는 클린트에게 그가 겪은 일을 어떻게 다 이해할 수 있겠느냐고 진
지하게 말했다. 그리고 이틀 동안 도움을 줄 수단과 언어를 찾을 것
이란 희망을 안고 열린 마음으로 교육에 임해달라고 부탁했다. 그는
그러겠다고 말했으나 배신을 경험한 사람의 마음을 얼마나 크게 움
직일 수 있을지 궁금했다.

둘째 날 교육이 끝났을 때 클린트는 아들과의 신뢰를 형성하기 위해
솔선해서 나섰다. 그는 기꺼이 다시 한번 아들과의 관계 회복을 시도
했다.

몇 달 뒤 클린트를 다시 만났을 때 그는 놀랄 만큼 달라졌다. 우리가
만난 것은 그가 아들과 즐거운 캠핑 여행을 하고 돌아온 직후였다.

클린트는 완전히 딴사람처럼 보였다. 거칠고 험악하고 위협적인 사람에서 따뜻하고 솔직하고 접근할 수 있는 사람으로 변해 있었다. 아들과 좋은 관계를 형성했음이 분명했다. 아마 다른 사람과의 관계도 그랬을 것이다.

클린트의 경험은 극단적이라고 할 수 있다. 나는 사람들에게 배우자, 가족, 가까운 친구, 사업 파트너에게 배신당한 경험을 들려준다. 그처럼 고통스럽고 간혹 정신을 쇠약하게 만드는 경험은 극복하기가 정말 어렵다. 그런 관계가 평생 갈 수도 있지만 반드시 그런 것은 아니다. 관계를 복원하는 경우도 있고 그렇지 않은 경우도 있다. 그렇지만 우리가 일부 사람을 신뢰할 수 없다고 해서 다른 모든 사람을 신뢰하지 못하는 것은 아니다.

해결책:　신뢰·고무형 리더는 한 사람의 배신이 다른 많은 사람도 그렇게 배신할 것이라고 당신 자신에게 말하도록 내버려 두지 않는다.

마인드셋: 나는 사람들은 대부분 신뢰받을 수 있으며 신뢰받기를 원한다고 믿는다.

한번은 내가 발표한 뒤 한 사람이 내게 다가와 자신이 배신당한 경험을 들려주었다. 그가 어느 대기업의 감사팀장으로 있을 때 회사의 고위 임원 하나가 아주 중대한 사기행각을 벌였다. 그 감사팀장은 철저히 조사해 그 임원이 사실 왜곡과 속임수로 사적 이득을 취했다는 것을 확인했다.

그 감사팀장이 감사를 진행하던 중 회사 CEO가 그 사건을 논의하기 위해 그를 찾아왔다. 감사팀장이 CEO에게 그 임원의 행동에 깊은 실망감을 표출하자 CEO는 그를 가로막았고 그는 깜짝 놀랐다.

"당신은 다 보았는데 당신이 다시 사람들을 신뢰할 수 있을 거라고 생각하나요?"

그 감사팀장은 잠시 생각한 뒤 대답했다.

"솔직히 모르겠습니다. 이전처럼 사람들을 다시 신뢰할 수 있을지 모르겠어요."

그 CEO가 말했다.

"그래요, 그게 문제입니다. 당신이 사람들을 신뢰하지 못하면 이끌 수가 없으니까요."

그 감사팀장은 그의 말에 공감했다. 그는 그 문제를 놓고 몇 달을 고심한 끝에 CEO가 옳다는 결론을 내렸다. 신뢰가 없으면 실질적인 협업도, 파트너십도, 리더십도 불가능했다. 그 감사팀장이 내게 말했다.

"그래서 당신에게 온 것입니다. 신뢰하기에 관한 당신의 말을 제가 입증할 수 있기 때문이죠. 부정을 목격했지만 그 부정이 다른 사람들도 부정할 것이라고 내게 말하도록 내버려둘 수는 없었습니다. 그렇게 해서는 사람들을 이끌 수가 없습니다. 나는 신뢰하는 것이야말로 사람들을 이끄는 것의 요체임을 배웠습니다."

한 번의 배신이 다른 많은 사람도 그렇게 배신할 것이라고 당신 자신에게 말하도록 내버려두지 마라. 당신이 믿을 수 없는 5%가 당신이 믿을 수 있는 95%도 그럴 것이라고 당신 자신에게 말하도록 내버려두지 마라. 한 사람이 당신의 신뢰를 저버렸다고 다른 사람들도 그런 것은 아니기 때문이다.

그렇다고 모든 사람을 무조건 신뢰해야 한다는 말은 아니다. 우리는 이미 진정한 신뢰와 분별력 있는 판단을 살펴보았다. 당신이 신뢰해야 할 이유가 있는 사람들을 신뢰하라. 그 회의에서 나와 대화를 나눈 감사팀장은 다른 사람에게도 의심의 눈길을 보내는 대신 고위 임원의 부적절한 행동을 신뢰의 중요성을 강화하는 계기로 삼았다.

교사가 한 사람의 잘못을 이유로 학급 전체에 벌을 주는 것은 과거에 교실 안에서 흔히 벌어지던 일이었다. 아마 많은 사람이 그런 경험을 해봤을 것이다. 그때나 지금이나 그것은 불만스럽고 사리에도 맞지 않는 일이다. 잘못을 저질렀다고 그 사람을 신뢰할 수 없는 것은 아니다. 한 사람이 잘못했다고 다른 모든 사람을 신뢰할 수 없는 것은 아니다.

이것이 신뢰했다가 배신당한 뒤 사람들을 쉽게 신뢰할 수 있다는 뜻은 아니다. 신뢰는 쉽지 않다. 하지만 가능하다. 올바른 안전장치를 마련하고 분별력을 발휘해 신뢰받을 만한 사람을 신뢰한다면 위험보다는 수익이 클 것이다.

"그런데 인정받지 못하면 어떡하지?"

사람들은 당연히 자신이 하는 일을 인정받길 원한다. 일이 성공하도록 시간과 노력을 투입하고 있음을 다른 사람들이 알아주기를 원한다. 이는 이기적인 것도 아니고 다른 사람 앞에서 대단한 사람으로 보이고 싶어서 그러는 것도 아니다. 안정감과 자신감은 자신의 노력과 공헌이 가치 있고 필요한 것임을 아는 데서 생긴다. 자신의 노력과 공헌이 중요하지 않거나 가치를 창조하지 못하는 듯하면 그 노력이 쓸모없게 느껴질 수 있다.

인정받고 싶어 하는 우리의 욕구 문제는 결핍의 심리에 빠질 수 있다는 점이다. 결핍의 심리 상태에 있는 사람은 세상을 다른 사람이 가져갈 때마다 자신에게 돌아올 몫은 줄어드는 크기가 한정된 파이로 본다. 다른 사람이 성공하면 자신의 성공은 줄어들고 존재가치도 떨어진다고 여긴다.

인정받으려고 할 때 우리는 다른 사람의 능력에 위협을 느낄 수 있다. 내 팀의 누군가가 나보다 더 유능하면 어떡하지? 우리는 사람들의 동기를 의심하기 시작한다. 사람들이 협업하길 원하지도 않으면서 그냥 끌어들여 우리의 좋은 아이디어를 훔쳐내려 한다고 우려하기 시작한다. 리더로서 우리는 팀이 실패해 모든 책임을 떠안아야 한다면, 팀이 성공했을 때도 우리가 모든 공을 차지하거나 적어도 다른 사람보다 공을 더 많이 차지해야 한다고 생각한다.

이 결핍의 심리는 잘못된 생각이며 억울함과 경직성을 낳는다. 사람들을 신뢰하지 않거나 그들이 자신보다 더 성공하는 것을 보고 싶어 하지 않을 때는 사람들과 함께 일하기가 어렵다. 이것은 당신에게도 그들에게도 고무적인 일이 아니다.

> 누가 인정을 받는지 관심이 없는 사람들만 있는데 당신이 무언가를 이뤄낼 수 있다는 것은 놀라운 일이다.
>
> —해리 트루먼(제33대 미국 대통령)

해결책:　신뢰·고무형 리더는 풍요의 심리를 지니고 있다.

마인드셋: 모두에게 돌아갈 만큼 충분히 있어서 나는 다른 사람들의
성공으로 내 성공이 줄어들지 않는다는 것을 알고 있다.

　당신은 결핍의 심리에서 풍요의 심리로 전환할 수 있다. 풍요의 심리를 지닌 사람은 세상을 크기가 한정된 파이나 '제로섬 게임'으로 보지 않는다. 오히려 세상은 모두가 먹을 수 있는 뷔페다. 다른 사람이 닭다리를 잡는다고 해서 당신이 닭다리를 얻지 못하는 것은 아니다. 사실 우리는 모두 닭다리를 먹을 수 있다! 뷔페 음식은 항상 다시 채워진다.

　무엇이든 모두에게 돌아갈 만큼 충분히 있다. 특히 사랑, 친절, 신뢰, 고무, 관대함, 에너지, 공, 인정, 성공, 의미 등 가장 중요한 것들도 마찬가지다.

　다른 사람의 성공이 당신의 성공을 빼앗지 않는다. 다른 사람이 공을 인정받는 것이 당신의 실패를 의미하지는 않는다. 최고 리더는 사람들이 자기보다 더 잘하기를 바란다. 부모가 아이들이 자기보다 더 나은 삶을 살기를 원하지 않는다면 이는 얼마나 직관에 어긋나는 일인가. 교사가 자기보다 SAT 점수가 높은 학생에게 위협을 느낀다면 어떻겠는가. 코치가 자신이 챔피언 결정전에서 우승한 것보다 선수들이 더 많이 우승하는 것을 원하지 않으면 어떻겠는가. 다른 사람의 업적이 자신의 업적보다 더 좋든 말든 관계없이 그들이 잠재력을 발휘하도록 도와주는 데서 진정한 우수성이 나온다. 당신이 마인드셋을 축적에서 공헌으로 바꿨을 때 공을 인정받는 것은 당신에게 별다른 의미가 없다.

> 나는 성공을 다시 정의하고 싶다. 성공이란 당신의 성공에, 당신
> 이 도와서 이룬 다른 사람들의 성공을 포함한 것을 말한다.[8]
> —애덤 그랜트(《싱크 어게인》 저자)

풍요는 신뢰성에서 나온다. 성실성과 진정성이 내면의 안정을 낳기 때문이다. 우리가 신뢰할 수 있고 안정적일 때 비교나 다른 사람들의 견해에 의존하지 않는다. 그리고 다른 사람들의 성공에 진심으로 기뻐할 수 있다. 반대로 우리가 신뢰가 부족하고 안정적이지 않으면 다른 사람들의 성공에 위협을 느끼는 비교 기반comparison-based 정체성을 보인다.

가장 중요한 것은 이것이다. 풍요는 조건이 아니라 선택이다! 좋은 예가 자수성가한 억만장자 존 헌츠먼 시니어다. 판도를 바꿔놓은 자선가가 된 그는 아이들에게도 그런 베풂의 정신을 불어넣으려고 노력했다. 어떤 사람들은 그렇게 돈이 많으면 쉽게 베풀 수 있다고 말한다. 하지만 그는 기부할 여유가 없을 때도 기부했다! 그의 베풂은 조건을 따지지 않는 풍요의 마인드셋에서 비롯되었다. 가진 것 없는 사람이 많이 기부하기도 하고, 가진 것 많은 사람이 전혀 기부하지 않기도 한다. 헌츠먼은 부자가 된 이후에도 기부를 멈추지 않았다.[9]

당신이 풍요의 심리를 지니고 있다면, 당신 주변 사람들은 당신을 가치 있는 사람으로 느끼는 한편 번성할 것이다. 당신도 마찬가지다. 그들이 잘하고 있다면 이는 훌륭한 리더의 징표다. 당신은 잘하고 있지만 그들은 잘 못하고 있다면 이는 평범한 관리자의 징표다.

당신이 공을 인정받는 것에 신경 쓰지 않고 다른 사람들을 키워줄

방법을 찾을 경우 그들은 당신을 더욱 존경하고 신뢰한다. 또한 그들은 고무되어 계속해서 최선을 다한다. 당신이 그들에게 "맞아요, 내 승리에 신경 씁니다. 그렇지만 내게 하는 만큼 당신의 승리에도 신경 씁니다"라고 진심으로 말할 수 있다면, 당신은 틀림없이 풍요의 심리를 지니고 있을 것이다. 나아가 당신은 그 승리에 진심으로 신경 써주는 팀을 얻게 된다.

"그런데 당신이 생각하는 것만큼 자신감이 없으면 어떡하지?"

자격이 부족하다고 느낀 적이 있는가? 만약 그랬더라도 당신만 그런 것이 아니다! 사람들의 약 70%가 살면서 어느 순간 '가면 증후군'을 경험한다고 한다.[10] 가면 증후군이란 자신에게 주어진 일을 해낼 만큼 자격이 충분하지 않다거나 경험이 없다거나 재능이 부족하다고 느끼는 현상을 말한다. 그와 동시에 우리는 다른 사람들은 자격은 물론 경험과 재능도 충분하다고 믿는다. 아이를 키워본 사람이라면 이 느낌을 잘 알 것이다.

이런 마인드셋을 지니고 있을 때 우리는 열등감을 느낀다. 그리고 이것은 다른 사람들과 함께 일하거나 그들을 이끄는 것을 어렵게 만든다. 자신을 신뢰하지 못하면 다른 사람도 신뢰하기 어렵다. '신뢰했다가 그들이 나보다 더 똑똑하고 자격도 많이 갖추고 있는 게 드러나면 어떡하지?' 하는 생각에 사람들을 신뢰하는 것이 두려울 수도 있다.

사람들은 흔히 "될 때까지 그런 척하라"라고 말한다. 그러나 계속 그런 척하고 속이면서 마음속에는 그것이 되지 않을 듯한 느낌이 있다면 어떻게 하는가?

이런 생각은 소모적이며 우리의 능력치를 최대한 끌어올리고 다른 사람들도 그렇게 하도록 도와주는 것을 방해한다. 많은 사람이 그 부족한 부분을 양적 증가, 허세, 미시관리, 불통, 불투명성으로 메운다. 결국 그들은 스스로 성장에서 멀어지고 가면극도 끝이 날 것이다.

해결책: 신뢰·고무형 리더는 의도적으로 덕행의 모범을 보임으로써 신뢰성을 쌓는다.

마인드셋: 나는 내 신뢰성과 자신감을 높이고 다른 사람들도 그렇게 하도록 도와줄 수 있다.

자신감 상실은 어떻게 극복하는가? 우리가 첫 번째 스튜어드십 모범 보이기에서 다룬 내용으로 돌아가 겸손과 용기, 진정성과 취약성 노출하기, 공감과 성과 같은 덕행 쌍의 모범 보이기에 집중하라. 리더는 행동으로 모범을 보임으로써 자신의 신뢰성을 높인다. 리더는 자신부터 행동을 시작해 다른 사람들도 그렇게 하게 한다. 리더는 솔선한다.

자기 자신에게 집중할 때 자신감은 올라간다. 자신감을 떠받치는 것은 당신의 도덕적 권위와 함께 당신의 신뢰성, 즉 당신의 성품과 역량이다. 완벽해질 필요는 없지만 무엇을 할 수 있는지 인식하고 그것을 위해 노력해야 한다. 자신을 신뢰할 수 있을 때 타인도 그들 자신을 신뢰하도록 도와줄 수 있다.

새로운 고위 임원급 리더들과의 내 토의에서 많은 리더가 높은 자리에서 처음 사람들을 이끌게 되었을 때 얼마나 겁이 나고 어색했는지 이야기했다. 그들은 경험 많은 고위경영자들을 둘러보며 가면 증후군을 알아채기 시작했고 그들이 진정으로 소속감을 느끼는지 궁금해했다. 그렇지만 그들은 자신과 타인을 비교하는 것을 중단하고 동료와 팀원 사이에서 자신의 개인적 신뢰성을 쌓는 데 집중했다. 덕분에 그들은 자신감이 더 커지고 더 많은 성공을 맛보기 시작했다.

우리는 삶이 우리에게 던져주는 과제를 말끔히 해결할 만큼 완벽한 자격을 갖추지 못하고 있다. 그렇다고 우리가 자격을 갖출 수 없다는 말은 아니다.

두려움 혹은 비관

우리가 이 장에서 살펴본 모든 두려움은 근거가 있고 우리가 대면해야 하는 현실 속에 존재한다. 두려움의 해결책은 신뢰다. 훌륭한 리더는 다른 사람들을 신뢰할 뿐 아니라 그들이 자신감을 갖도록 도와준다. 그렇게 생긴 자신감은 두려움보다 더 클 수 있다.

> 리더십이란 사람들에게 자신감을 주는 것이다.[11]
> -잉가 빌(런던 로이즈 전 CEO)

두려움은 반응이지만 신뢰는 선택이다. 우리는 분별력을 발휘하고, 위험과 수익을 저울질하고, 풍요의 심리를 선택하고, 우리의 신뢰성을 높이는 데 집중할 때 두려움과 그에 따른 부담감을 내려놓을 수 있다.

당신은 직장생활 내내 또는 평생 "~하면 어떡하지?" 게임을 하고 일이 잘못될 온갖 시나리오를 떠올리며 살 수도 있다. 우리는 그런 식으로 자신에게 명령·통제 방식을 강요한다.

나는 이 문구를 좋아한다.

걱정은 절대 지지 않을 빚에 미리 지급하는 이자다.

이자를 낭비하지 말고 투자하라.

자신에게 "통제력을 잃어버리면 어떡하지?" "그것이 성공하지 못하면 어떡하지?"라고 묻지 말고 "그것이 성공하면 어떻게 되지?"라고 물어라.

명령·통제	신뢰·고무
위험을 극소화한다	가능성을 극대화한다
공식	판단
한정적	무한함

"통제를 어떻게 내려놓는지 모르겠다!"

> 나를 내려놓을 때 나는 내가 될지 모르던 것이 되고, 내가 가진
> 것을 놓을 때 내가 원하는 것을 받는다.
>
> —노자

10대 아이가 어떤 식으로든 마쳐야 하는 간단한 과제를 수행하느라 고생하는 것을 지켜보고 있으면 실망스러운 마음이 든다. 우리는 더 빨리 더 잘할 수 있는 일, 예컨대 식기세척기에 그릇을 집어넣거나 옷을 개는 일을 10대 아이가 시도해보거나 무성의하게 하는 것을 지켜보고 있으면 짜증이 날 수 있다. 우리는 맡긴 일을 제대로 마쳤는지 알려고 하고 결국 그 일을 다시 하는 경우도 많다. 대체로 우리는 다른 사람이 그 과제를 시도하게 놔두지 않는다. 그래서 이런 말도 있다.

"일을 제대로 하고 싶으면, 본인이 직접 해야 한다."

이러한 일은 친구나 가족 사이에만 널리 퍼져 있는 게 아니고 직장,

지역사회, 자원봉사 일에서도 자주 일어난다. 많은 사람이 통제를 내려 놓는 것을 불가능하게 느낄 수 있다. 그들에게 끊임없이 통제하고자 하는 욕구는 사치품이라기보다 필수품처럼 느껴진다. 사소한 것을 관리 하는 것도 중요한 것을 관리하는 듯한 느낌을 줄 수 있다. 어떤 사람은 이것을 그들 존재의 한 부분으로 느낀다.

내 아이들은 한 교회의 지역 신도들을 위한 청소년 행사 기획과 장식을 도와달라는 요청을 받았을 때 이것을 경험했다. 그들이 기획과 고된 작업을 마친 뒤 성인 리더들이 몰려와 모든 것을 뜯어고쳤다. 내 아들은 눈살을 찌푸리며 물었다.

"그렇게 직접 할 거면 왜 우리한테 도움을 요청했죠?"

행사는 더 근사해 보이고 운영도 매끄러웠으나 청소년들은 자신의 권리를 빼앗겨 분한 느낌을 안고 행사장을 떠났다.

통제를 내려놓지 못하는 것은 사람들의 사기를 떨어뜨리고 창의력을 말살할 수 있다. 어떤 이유에서 통제를 내려놓지 못하는 것이든 그 결과는 똑같다.

해결책: 신뢰·고무형 리더는 실패에 너그러운 태도를 보이며 학습 과 방향 선회에 집중한다.

마인드셋: 실패는 성장과 혁신의 경로상에 있다.

통제를 내려놓는다고 통제하지 않는다는 것은 아니다. 신뢰·고무형 리더는 목표 달성을 위해 기대하는 바를 분명히 하고, 실행지침을 정하고, 성과확인 과정을 거치고, 스튜어드 합의서를 포함한 구조를 사용한다. 또한 신뢰·고무형 리더는 타인을 분별력 있게 신뢰하는 것이 그들을 고무하고 그들이 몰입하게 하며 그들의 동의를 얻는 데 필수요소임을 알고 있다. 이는 사람들의 성장과 능력개발에도 중요하다.

사람들 내면에 위대함이 있고 그 힘은 씨앗에 있음을 항상 기억해야 한다. 우리는 사람들이 실패를 두려워하지 않고 실험으로 개인 경험을 얻을 환경을 만들어야 한다. 이것이 가능하려면 통제를 내려놓아야 한다. 정원사는 씨앗이 땅을 뚫고 나오게 할 수 없다. 씨앗은 스스로 싹이 터서 땅을 뚫고 나와야 한다.

한 고등학교 교사가 통제를 내려놓아 학생들의 창의력에 불을 붙이고 자율성을 높인 경험을 내게 말해줬다. 그녀는 획일적이고 표준화한 과제를 내주는 대신 학기 마지막 프로젝트로 학생들이 하고 싶어 하는 것을 제출할 수 있게 했다. 물론 프로젝트에는 학습 내용과 연관성이 있어야 하고 학생들이 배운 것을 마스터했음을 보여줘야 한다는 실행지침이 뒤따랐다. 그래도 관례적 통제는 내려놓았다.

학기 말에 그녀는 영화, 로봇, 미술품, 시 등 다양한 형태로 창의적이고 깊은 생각을 녹여낸 많은 작품을 받았다. 한 학생은 안무를 짜서 시연했다. 전통 교실 교육에 참여율이 낮았던 학생들까지도 의미 있는 작품을 내놓았다. 몇 달 뒤 일부 학생이 밴드를 조직해 한 학생이 프로젝트로 제출한 시를 첫 연주곡으로 선택했다. 그 노래는 스포티파이에 올라가 있다! 그 과제는 학생들에게 매우 의미가 컸고 그들은 그것을 개인적인 삶의 일부로 만들었다.

그 교사는 통제를 내려놓음으로써 학생들이 자기 능력을 제대로 발휘하도록 해주었다. 덕분에 그들은 명령·통제 방식에서는 불가능한,

즉 영감을 불어넣는 작품들을 만들어냈다.

많은 규정은 산업 시대의 유물이자 신뢰를 잃어버린 조직의 상흔이다. 산업 시대는 한참 전에 지나갔지만 규정에 관한 한 여전히 '통제를 내려놓을 수 없다'는 마인드셋으로 운영하는 경향이 강하다. 규정을 이런 식으로 생각해보는 것은 어떨까. 우리가 이 규정을 시행하지 않았다면 우리가 지금 그 규정을 만들까? 그 대답이 '노'라면 통제를 내려놓아라.

한번은 일반인을 상대로 신뢰 세미나를 진행하는데 그 지역 대형식료품 체인점에서 온 시니어 리더가 내 강연 중에 일어나 청중에게 그녀의 체인점이 겪은 귀에 거슬리는 학습경험과 함께 어떻게 실패를 성공과 개선으로 바꿔놓았는지 들려주었다.

어느 날 한 단골고객이 달걀 여러 개가 금이 간 달걀판을 가져와 환불을 요구했다. 그때 고객은 영수증을 집에 두고 왔다. 계산대 직원은 상점 규정상 영수증이 없으면 환불이 불가능하다고 설명했다. 그 직원은 영수증이 없으면 그 달걀을 어디서 샀는지 알 수 없다고 주장했다.

그 고객은 슬슬 화가 나기 시작했다. 달걀판에 그 체인점 로고가 분명히 찍혀 있었기 때문이다. 그래도 그 직원은 요지부동이었다. 고객은 화가 나서 언성을 높였다.

"당신, 나 알잖아! 여기 매주 오잖아요!"

직원은 규정을 고수하며 환불을 거부했다. 그러자 고객은 매니저에게 호소했다. 놀랍게도 매니저 역시 규정을 내세우며 환불을 거부했다. 고객은 화가 나서 그 체인점에 다시는 오지 않겠다고 공언했다.

누구나 짐작할 수 있듯 고객에게 그것은 단순히 달걀 문제가 아니었다. 그 사람은 자신이 신뢰받지 못하는 것에 화가 난 것이다. 그 직원과 매니저는 통제를 내려놓지 못했다. 분명 규정이 그렇게 하지 못하도록 그들을 가로막았을 가능성이 크다.

그 이야기는 시니어 리더들의 귀에까지 들어갔다. 그 이야기를 들은 리더십 팀은 놀라고 당황했다. 그들은 규정을 따른 직원과 매니저를 탓하지 않았다. 대신 그런 규정을 만들어놓고 고객에게 봉사하는 것보다 그 규정을 따르는 것에 더 큰 가치를 두는 문화를 형성한 자신들을 탓했다. 그들은 즉각 변화해야 할 필요성을 인식했다. 불신에 기초한 낡은 규정을 내려놓고 규정을 엄격히 따르게 하는 대신 사람들에게 분별력 있게 판단할 권한을 부여해야 했다.

결국 그 회사는 신뢰를 높이고 직원과 고객에게 자율적으로 판단할 권한을 부여하기 위해 그 규정과 다른 규정을 폐지했다. 지금 그들은 신뢰받는 식품 브랜드로서 9년 연속 판매액이 성장하고 있다. 그들은 기꺼이 실패에서 배우고 실패를 성장의 발판으로 삼은 덕분에 모두를 위해 더 좋은 성과를 낼 수 있었다.

명령·통제	신뢰·고무
실패는 나쁘다	실패는 성장의 발판이다

"여기서 내가 제일 똑똑하다!"

우리 중 누구도 우리 모두만큼 똑똑하지 않다.[1]

-켄 블랜차드(《1분 경영》 저자)

오래전 나는 고객 조직을 컨설팅했는데 그 회사의 한 사업부 사장이 그가 주재하는 회의를 시작할 때마다 주문처럼 되풀이하는 말이 있었다. 그는 모두에게 말했다.

"기억하십시오. 최고 아이디어가 이깁니다!"

그것이 누구에게서 혹은 어디에서 나오든 사장이 최고 아이디어를 찾고 있었기에 이는 훌륭한 표현이었다. 아이디어 능력주의라 할 수 있겠다.

적어도 그렇게 보인다.

그런데 회의 현실은 그의 구호와 정반대였다. 그는 모든 아이디어를 듣고 싶어 하는 것처럼, 그리고 그 아이디어가 모두 타당한 것처럼 행동했다. 회의를 질질 끄는 오랜 과정을 거치면서 아이디어는 고갈되고 사람들은 지쳐갔다. 마침내 사장은 회사가 자기 아이디어를 따를 것이라고 결정했다. 사실 그것은 그 회의를 시작하기 한참 전에 내린 결론이었다. 결국 그는 자신이 원하는 것은 항상 얻어냈다.

그는 최고 아이디어가 이긴다고 말했으나 실은 아무도 이기지 못했다. 사람들은 그의 공언이 그의 의도와 맞지 않는다는 것을 재빨리 알아차렸다. 그래서 그들은 아이디어 제안을 그만두었다. 그들은 시간 낭비를 멈추고 그의 아이디어대로 추진하게 함으로써 그 의미 없는 게임을 가능하면 빨리 마치려 했다. 반면 그 사장은 훌륭한 아이디어가 많이 나왔어도 그것이 자신의 아이디어가 아니라서 흘려버렸다. 속담에도 있듯 그는 "자주 틀렸지만 결코 자신을 의심하지 않았다."

그 사장은 자신이 사람들에게 그런 식으로 보인다는 것을 알고 있었을까? 그는 알지 못했다. 주목할 것은 당신이 자신을 '여기서 제일 똑똑한 사람'으로 여기지 않아도 당신의 명령·통제 방식 또는 개량한 명령·통제 방식은 당신을 그렇게 보이도록 만들 것이란 점이다. 이제 자신에게 이런 질문을 던져보라.

"내 스타일이 내가 더 똑똑하고, 더 잘하고, 더 자격을 갖췄다는 내 생각을 사람들에게 전달해줄까?"

나와 함께 일한 많은 리더가 이 질문의 답을 보고 놀란다.

우리 스타일이 우리의 의도를 방해하는 것은 '여기서 내가 제일 똑똑하다'는 문제에 나타나는 공통 특징이다. 많은 리더가 협업을 요구하면서 실제 행동은 통제 방식을 사용한다. 이 이율배반적인 모습은 사람들의 사기를 떨어뜨리고 비인간화하며 지치게 만들고 냉소적 반응을 불러온다. 결과적으로 오직 한 사람만 만족한다. 그 리더는 말한다.

"여러분, 의견을 내줘서 고맙습니다. 이렇게 끝나 기분이 좋습니다!"

그 리더를 제외한 모든 사람이 이렇게 생각한다.

'우리 중 이렇게 끝나는 것이 기분 좋은 사람은 아무도 없어.'

의견을 요청하고도 그 의견을 인정하지 않거나 완전히 무시하는 사람과 함께 일하기보다 "당신의 견해가 듣고 싶으면 말씀드리겠습니다"라고 말하는 사람과 함께 일하는 것이 더 낫다.

나는 여러 차례나 그런 불만을 드러낸 보건의료 종사자들과 대화를 나눈 적이 있다. 그들은 관리자가 의견을 요청해서 의견을 내놓으면 그것을 전혀 실행하지 않는다고 말했다. 심지어 의견을 받은 사실조차 알지 못했다고 한다. 리더로서 결정을 내리고 사람들에게 그 결정을 지지해줄 것을 요청하는 것은 좋지만, 실제로는 별로 의견을 받고 싶은 마음이 없으면서 의견을 원하는 것처럼 행동하지 마라. 그런 행동은 사람들이 자신의 본능과 경험을 의심하게 만들고 의제로 내놓을 수 있는 가치 있는 아이디어와 절연하게 만들지도 모른다.

내가 아는 한 신뢰·고무형 리더는 토의를 시작하기 전에 자신이 팀에 의견을 요청하는지 혹은 지지를 요청하는지 확인했다. 이미 결정이 내려졌으면 팀이 토의를 시작하기 전 그 결정에 분명한 입장을 밝혔다. 그녀는 다음과 같은 말을 하면서 신뢰성을 보였다. "여러 방안을 토의하고 싶습니다. 여러분의 의견을 내주십시오." "이것은 이미 결정을 내렸습니다. 이 결정을 추진할 좋은 방안을 토의해볼까요?" 아주 적절한 의견수렴 방식이다. 필요한 것은 자기 생각을 분명히 밝히는 일이다. 신뢰·고무형 리더는 권위적인 사람이 되지 않고도 권위를 내세울 수 있다. 설령 권위를 내세워도 진정성이 있으면 힘을 얻는다.

똑똑하다는 것이 단순히 지능이 높다거나 자격증명서가 있다는 것을 의미하는 건 아니다. 그것은 사람들이 회의에서 내놓는 아이디어로 모두가 이익을 보도록 사람들에게 다가서고, 사람들을 고무하고, 그들의 마음을 여는 능력을 포함한다. 그 정의에 따르면 당신이 '여기서 내가 제일 똑똑하다'고 생각할 경우 그 생각 자체로 당신은 제일 똑똑한 사람이 될 수 없다. 당신은 항상 자신이 옳다고 생각하겠지만 사람들에 관한 한 당신이 더 자주 잘못 알고 있음을 알게 될 것이다.

일부에서는 이 책의 목차를 본 뒤 이 장에 반론을 제기할 준비를 했을지도 모른다. 아마 이런 설명을 준비했을 것이다.

"아닙니다, 스티븐. 나는 여기서 제일 똑똑한 사람입니다. 다른 방안에서는 내가 제일 똑똑하지 않을지 몰라도 지금 여기서는 확실히 내가 제일 똑똑합니다."

당신만 자기 할 일을 다 하고 있다거나 당신의 동료, 팀원, 심지어 상사도 스킬 세트와 시각을 당신만큼 갖추지 못했다고 느끼는 것보다 더 답답한 일은 없다. 물론 당신이 틀리지 않는 때도 있다.

나는 가족을 보면서 이것을 확인했다. 과거에 열세 살 된 내 딸이 그해 여름 그녀의 '보스'가 무능하다고 투덜거렸다. 딸의 말이 완전히 틀린 것은 아니었다. 공교롭게도 딸의 보스는 열다섯 살 된 그녀의 오빠였다! 그는 그다지 열심히 노력하지 않았다. 그녀의 눈에도 그렇게 보였고 그것이 그녀를 짜증 나게 했다.

이제 반대 입장에서 생각해보자. 당신이 내 아들처럼 상사라고 해보자. 당신은 함께 일하는 사람들이 이해하지 못한다고 생각한다. 우리는 대개 리더는 팀에서 가장 똑똑한 사람이어야 한다고 교육받아왔다. 리더는 약점을 보여주면 안 된다. 그래서 리더는 모든 사람을 그렇게 대한다. 즉, 사람들에게 도움을 요청하고 싶은 마음이 없거나 요청하는 것을 두려워한다. 자신이 제일 잘 알아서 혹은 그렇게 보이기를 원해서 리더는 사람들에게 명령하고 그들을 통제한다.

양측 모두에게 어느 정도 타당한 근거가 있다. 때로 우리는 산만하고 스킬이 부족해 보이는 팀에 속할 수 있다. 때로는 상사나 동료에게 그런 식으로 대우받을 수도 있다. 그럴 때는 더 산만해지거나 자신의 스킬 혹은 아이디어를 내놓지 않는다. 당신이 팀에서 제일 똑똑한 것처럼 행동하고 사람들을 그런 태도로 대하면 대개는 아무리 잘 대해줘도 그들이 의견을 내려는 노력을 그만두기 때문에 결국 당신이 가장 똑똑한 사람으로 남는다. 이는 사실상 팀에 당신 혼자 남아 있는 것이나 마찬가지다. 또는 팀에서 의욕이 있는 사람은 당신뿐이다.

동료, 가족, 상사 등 주변 사람들의 리더가 되고 싶을 때, '그들 중에서 제일 똑똑한 사람'이 되는 것은 별다른 의미가 없을 것이다.

해결책: 신뢰·고무형 리더는 멀티플라이어multiplier(에너지를 채워주는 리더)다.

마인드셋: 나는 주변 사람들의 강점을 필요로 한다.

인드라 누이를 펩시코 CEO의 최종 후보 중 하나로 검토하고 있을 때, 이사회에서 고려한 다른 최종 후보는 손색이 없는 자격과 재능을 갖춘 리더 마이크 화이트였다. 두 사람 모두 오랫동안 회사에서 근무했고 어느 쪽을 선택하든 탁월한 결정일 수 있었다. 이사회는 최종적으로 인드라를 선택했다. 취임 이후 인드라는 권한을 강화하기보다 화합에 나섰다. 첫 번째 조치는 마이크가 남아서 그녀와 함께 일하도록 설득하는 것이었다. 그녀는 마이크에게 그가 머물러 있기를 얼마나 원하는지, 그녀에게 그가 얼마나 필요한 존재인지 말해주었다. 그녀가 볼 때 마이크만큼 재능 있는 사람은 어느 기업에서나 즉시 CEO가 될 수 있었다 (실제로 CEO에서 탈락한 많은 후보가 회사를 떠나 그렇게 되었다). 또한 그녀는 자신에게는 물론 회사에도 그가 남아 있는 게 훨씬 더 낫다고 판단했다.[2]

인드라는 자신을 '여기서 제일 똑똑한 사람'이라고 생각하지 않았다. 그녀는 마이크에게 위협을 받지 않았다. 오히려 그녀는 풍요의 심리를 보이며 그의 힘과 능력이 자신에게 필요하다는 것을 인정했다. 그들은 신뢰 관계를 형성했고 마이크는 자신이 최고 자리에 오르지 못한 것에 실망하고 있을 때도 인드라가 자신을 중요한 사람으로 인식하고 있음을 느꼈다. 그런 태도에 고무된 그는 디렉TV CEO가 될 때까지 몇 년 더 머물러 있었다. 그들은 함께 회사 수준을 한 차원 높여놓을 펩시코의 새로운 경로를 찾아 계획을 세울 수 있었다.

'여기서 내가 제일 똑똑하다' 증후군을 극복하는 솔루션과 마인드셋은 모두에게 돌아갈 만큼 충분히 있다는 믿음에서 출발한다. 또한 경쟁보다 관심을 우선하는 것의 중요성을 이해하는 것으로 시작한다.

내가 가장 좋아하는 아프리카 속담은 이것이다.

"빨리 가고 싶으면 혼자 가라. 멀리 가고 싶으면 함께 가라."

나는 이 말이 진실임을 내 삶과 다른 사람들의 삶에서 수없이 확인했다. 그러나 그냥 멀리 가는 것이나 빨리 가는 것만으로는 부족하다. 우리는 멀리 그리고 빨리 가야 한다. 이 말을 오늘날 우리에게 필요한 것에 맞춰 바꿔보면 다음과 같다.

"멀리 그리고 빨리 가고 싶으면 신뢰하면서 함께 가라."

우리끼리 있는 것보다 함께 있는 것이 좋지만 함께 가는 것만으로는 부족하다. 명령·통제 방식으로 함께 가려 하면 주변 세계 변화를 따라가는 데 필요한 기민성, 혁신, 고무된 마음을 만들어내지 못할 것이다.

> 당신은 내가 할 수 없는 것을 할 수 있다. 나는 당신이 할 수 없는 것을 할 수 있다. 우리는 함께 위대한 일을 해낼 수 있다.
>
> -테레사 수녀

속도의 필요성을 알고 빨리 가기를 원하는 사람은 종종 자신을 '여기서 제일 똑똑한 사람'으로 여긴다. 그들에게는 다른 사람에게 신경 쓸 시간이 없다. 그들은 자신이 그 일을 해내는 데 필요한 스킬 세트를 모두 가지고 있다고 생각한다. 다른 사람들이 필요한 경우는 그들이 자신의 지시를 이행할 때뿐이다. 간혹 이것이 그들에게 도움을 주기도 하지만 거기에는 대가가 따르고 이는 지속가능하지 않다. 더구나 대개는 평범한 성과를 낳을 뿐이다.

함께 가는 사람이 멀리 간다. 이들은 누구도 함께하는 모두보다 똑똑하지 않다는 것을 알고 있다. 집단 지성과 팀의 지식은 진정한 혁신과 창의성을 불러온다. 그것은 더 좋은 아이디어, 더 깊은 이해, 더 행복한 팀을 낳는다. 멀리 그리고 빨리 가는 사람은 자신이 팀에서 가장 똑똑하다고 생각하지 않는다. 그들은 자신보다 더 능력이 있고 다양한 생각과 의견이 있는 다른 사람들에게 의존한다. 그들은 신뢰를 바탕으로 혁신을 위해 함께 노력한다. 그들은 사람들이 가장 큰 강점에 집중하고 그 강점을 발휘하게 하면서 오해와 숨은 의제를 제거해 빨리 그리고 멀리 간다. 그들은 더 빠르고 더 효과적으로 더 좋은 성과를 이뤄낸다. 그들은 최선을 다하도록 서로를 고무한다.

> 우리만으로는 아주 작은 것만 해낼 수 있다. 우리는 함께 아주 많은 것을 해낼 수 있다.[3]
>
> -헬렌 켈러

리더는 몰입하고 신뢰하는 팀들이 함께 일하도록 노력해야 한다. 이때 당신의 의도는 당신의 말만큼 중요하다. 말하는 것과 믿는 것은 별개의 문제다. 어떤 사람은 "우리는 함께하는 게 더 좋다"라고 말하기도 하지만 그들은 여전히 '여기서 내가 제일 똑똑하다'는 패러다임에 갇혀 있다. 사람들은 그것을 금세 알아챈다.

사람들이 '팀에서 가장 똑똑한' 당신과 함께하는 것이 어떤 느낌일지 생각해본 적 있는가? 그 경험은 주변 사람들을 정신적·신체적으로 고갈시킨다. 사람들에게 모욕을 주고 그들의 가치를 떨어뜨린다. 상대방이 자기 말에 귀를 기울이거나 말을 진지하게 받아들이지 않는다는 것을 사람들이 깨달으면, 그 순간 참여하고 공헌하려는 그들의 욕구는 사라진다. 이것은 악순환을 만든다. 리더인 당신은 자신이 동기를 빼앗고 고무되는 것을 저해하는 사람임을 깨닫지 못하고 주변 사람들을 동기

유발이 부족하거나 고무되지 않는 사람으로 보는 우를 범한다.

또한 이런 일은 부모가 '가장 잘 안다'고 여겨 아이들을 순종하고 복종하도록 키우는 가정에서 자주 나타난다. 그런 아이들은 자신이 어떤 사람인지, 어떤 사람이 될 수 있는지 알지 못한다. 당신에게 이런 믿음이 있다면 당신이 자초한 가장 큰 한계가 무엇인지 알아야 한다. 그것은 "당신이 다른 사람들을 열등한 존재로 볼 때 그들을 진실하게 동등한 사람으로 대할 수 없다는 것이다."

사람들이 정말로 팀에서 가장 똑똑하다면 자신을 팀에서 가장 똑똑한 사람으로 보는 일은 일어나지 않는다. 그들이 정말로 가장 똑똑하다면 다른 모든 사람이 자신에게 없는 시각과 창의력으로 가득한 삶의 경험을 안겨줄 것임을 인식한다. 그들은 디미니셔diminisher가 아닌 멀티플라이어multiplier가 될 수 있다.

이것은 무엇을 의미하는가? 리더십 권위자 리즈 와이즈먼은 그녀의 대가다운 모습을 보여주는 책《멀티플라이어》에서 멀티플라이어 리더는 대화를 촉진하고, 아이디어를 떠올리도록 도와주고, 공을 나누고, 다른 사람들을 끌어올린다고 말한다. 그들은 더 큰 성과를 올리고 단합력을 강화한다. 또한 그들은 주변 모든 사람의 강점을 강화하고 모두를 더 똑똑하게 만든다.

> 지능 계층 구조의 정점에 있는 사람은 천재가 아니라 천재를 만드는 사람이다.[4]
>
> −리즈 와이즈먼(《멀티플라이어》 저자)

디미니셔는 의도적이든 우연이든 정확히 그 반대로 행동한다. 그들은 대화를 틀어막고, 아이디어에 코웃음을 치고, 공을 가로채고, 다른 사람들을 비판한다. 그들은 어떤 팀이든 그들을 말더듬이로 만든다. 또한 그들은 평범한 성과를 올리고 분열을 일으킨다. 사람들이 조직을 떠나는 게 아니라 나쁜 상사를 떠난다는 조사 결과가 놀랍지 않은가?

나는 한 친구가 회사에서 오랫동안 자신이 제일 똑똑하다고 생각하는 상사 때문에 고생하는 것을 보았다. 내 친구는 대단히 명석하고 열심히 일하고 주도적으로 행동했다. 그는 모든 면에서 모범적인 공헌자였다. 하지만 그는 자신이 똑똑하지 않고, 자신의 아이디어가 신통치 않으며, 항상 어딘가 부족한 데가 있다고 말했다. 그는 자신의 상사 옆에 있는 것을 싫어했다. 그가 나쁜 사람이어서가 아니라 상사가 그에게 열등감을 느끼게 만들었기 때문이다.

결국 내 친구는 회사를 떠나기로 마음먹었다. 몇 달 후 그는 다른 조직에서 새로운 일을 시작했다. 한번은 어떤 사교모임에서 우연히 그를 만났는데 그는 방 저편에서 나를 '스티븐'이라 부르며 내게 달려왔다. 이는 우리가 보통 때 서로를 맞이하는 방식이 아니었던 터라 나는 어찌해야 할지 모르고 약간 당황한 채 그에게 다가갔다.

그는 내게 와서 나를 안고 신이 나서 외쳤다.

"나, 말더듬이 아냐. 스티븐! 나, 말더듬이 아니라고!"

그는 새로운 회사에서 자신의 아이디어와 생각을 제대로 인정받았다고 말했다. 존중받고 공헌하는 팀원처럼 느껴졌다는 것이었다.

"옛 상사와 오랫동안 같이 일했는데 그는 그 오랜 시간 동안 계속해서 내 입을 닫아버렸어. 그래서 내가 정말 말더듬이라고 믿기 시작했지. 내게 제시할 것이 많다는 걸 잊어먹었어! 내게 변화를 일으킬 능력과 욕구와 추진력이 있다는 걸 잊었지. 정말 신선한 공기를 들이마신 것 같아."

대화를 나누면서 나는 그가 어깨의 짐을 내려놓았다는 것을 알 수 있었다. 그는 오랜만에 처음으로 활력이 넘쳤고 신바람이 나 있었다. 친구의 상사는 그를 개인적으로 비하한 적이 없지만, 상사가 계속 자신이 제일 똑똑하다고 내세운 것은 내 친구가 자신에게는 제시할 게 아무것도 없다고 느끼도록 만들었다.

살다 보면 내 친구의 상사 같은 사람을 만날 수도 있다. 어쩌면 어느 순간 우리 자신이 그런 사람이 될지도 모른다. 당신이 여전히 "여기서 내가 제일 똑똑하다"라고 말한다면 그 믿음이 어떤 식으로 나타나는지 인식하고 그것으로 치를 대가를 생각해보기 바란다.

다음 3단계 과정은 당신이 마주한 어려움을 해결하는 데 도움을 줄 것이다.

1. 겸손함으로 시작하라

자만심은 종종 우리를 방해한다. 진정한 리더는 겸손하다. 진정한 리더는 누가 옳은가보다 무엇이 옳은가에 더 관심이 있다. 다른 팀원들보다 기술과 경험이 더 많든 적든 그들은 자신감이 충분해 자신을 과시할 필요를 느끼지 못한다. 그들은 팀원들에게도 충분한 신뢰를 쌓아 자신의 능력과 업적을 되풀이해서 상기시킬 필요를 느끼지 못한다. 신뢰·고무형 리더는 문 앞에서 자신의 에고를 확인한다.

2. 먼저 경청하고 상대방의 말을 존중하라

내 아이들이 자랄 때, 내게 항상 했던 말이 내가 자기들 말을 잘 듣지 않는다는 것이었다. 나는 대체로 경청을 잘하는 편이다. 그렇지만 때로는 아이들이 전날 밤 꾼 꿈을 이야기할 때 고개를 끄덕이고 적절한 순간에 대충 한마디 던지고는 지나갔다. 물론 속으로는 내 업무 일정을 검토하거나 내일 발표를 생각했다. 아이들은 "아빠, 듣고 있지 않잖아요!"라고 소리치며 내가 생각에서 깨어나게 했다. 아이들이 옳았다. 나는 건성으로 듣고 있었다.

상대방 말을 경청하는 것은 신뢰의 기본처럼 보인다. 그러나 우리가 15년 이상 신뢰와 관련된 요소를 측정한 바로는 경청은 거의 모든 리더, 팀, 조직에서 가장 낮은 평가를 받은 행동 중 하나였다.

우리 모두 경청하는 데 어려움을 겪지만 특히 '여기서 내가 제일 똑똑하다'라고 생각하는 사람은 그 정도가 심하다. 스스로 가장 똑똑하고 자부하는 사람은 이해하겠다는 의도로 듣지 않는다. 자신이 이미 이해한다고 여기기 때문이다. 그들은 자신의 생각이나 관점이 최선이라는 것을 증명하기 위해 머릿속으로 다음에 펼칠 주장을 궁리한다. 이는 듣는 게 아니라 자기가 말할 차례를 기다리는 것이다. 이러한 습관 탓에 그들은 훌륭한 아이디어를 놓치고 만다.

우리는 이해하겠다는 의도로 들을 때 놀랄 만큼 많은 것을 얻을 수 있다. 사람들에게는 더 똑똑하고 더 좋은 조직을 만들 아이디어가 있다. 부모가 아이들에게 배운다고 말할 때 그것은 그냥 하는 진부한 말이 아니다. 아이는 어른보다 더 직관적이고 창의적일 수 있다. 그렇지만 우리가 먼저 경청하지 않으면 그들에게 아무것도 배우지 못할 것이다.

> 좋은 리더십은 보복의 두려움 없이 당신 의견에 반대할 수 있는 다양한 관점의 사람들을 주변에 둘 것을 요구한다.[5]
>
> -도리스 키언스 굿윈《권력의 조건》저자)

우리가 경청하지 않을 때 좋은 아이디어만 놓치는 게 아니다. 우리가 정말로 놓치는 것은 그보다 훨씬 더 중요하다. 바로 우리가 관심이 있는 사람들에게 공감과 이해를 보여줄 기회를 놓친다. 그들이 가치 있는 사람이라는 우리의 믿음을 보여줄 기회를 놓친다. 그들이 우리에게 중요하고 가치 있음을 보여줄 기회를 놓친다. 한 가지 아이디어뿐 아니라 그 사람이 내놓을 모든 아이디어를 놓친다. 물 한 동이를 놓치는 게 아니라 우물을 놓친다.

상대방의 말을 경청하지도 존중하지도 않는 것은 그들이 중요하지 않다는 신호를 보내는 셈이다. 팀원들은 존중받는다는 느낌이 없으면 공헌하려는 마음을 닫아버린다. 반면 상대방이 자기 말을 경청하고 존중한다고 느끼면 더 열심히 좋은 아이디어를 내놓는다.

사람들의 말을 경청했다면 그다음에는 상대방과 상대방이 내놓은 아이디어를 존중해야 한다. 모든 아이디어에 그렇게 하라는 뜻은 아니다. 아이들은 좋은 제안도 내놓지만 때론 완전히 터무니없는 제안을 내놓기도 한다. 그러나 우리가 반대하거나 효과가 없을 것 같은 아이디어를 내놓아도 그 아이디어를 존중해주는 것은 신뢰 관계를 형성하는 데 대단히 중요하다.

주변 사람들이 새로운 것을 시도하거나 아이디어를 내도록 격려하고 싶으면 그들과 그들의 아이디어를 존중해야 한다. 물론 모든 아이디어에 그렇게 할 필요는 없다. 그래도 존중하면서 경청하는 것은 상대방이 당신에게 중요하다는 것을 보여준다. 다른 사람들을 진심으로 존중하는 것과 건성으로 존중하는 것은 차이가 있으며 그들은 그 차이를 구분할 줄 안다.

존중하는 행동은 그 사람을 존중하는 솔직한 마음에서 나오며 그것은 사람들을 고무한다. 명령·통제형 리더는 사람들을 회유하거나 그들의 반응을 관리하기 위해 그들에게 건성으로 행동한다.

3. 성장형 마인드셋을 받아들여라–자신에게만 적용하지 마라

캐롤 드웩 박사는 자신의 독창적인 저서 《마인드셋》에서 고정형 마인드셋과 성장형 마인드셋의 차이점을 설명한다.[6] 나는 이 책의 시작 부분에서 명령·통제 방식과 신뢰·고무 방식을 비교하며 명령·통제 방식 쪽에는 '고정형 마인드셋'을, 신뢰·고무 방식 쪽에는 '성장형 마인드셋'을 배치했다. 고정형 마인드셋은 일반적으로 상황을 현재 상태로 받아들이고 변화에 잘 대응하지 못한다. 반면 성장형 마인드셋은 변화에 잘 대응하는 데 그치지 않고 변화를 적극 모색한다. 성장형 마인드셋을 수용하지 않고는 좋은 리더가 되기 어려우며 많은 사람이 자기계발을 계속할 필요성을 잘 인식하고 있다.

개량한 명령·통제형 리더는 대부분 성장형 마인드셋을 지니고 있다. 특히 '여기서 내가 제일 똑똑하다'라고 자부하는 사람은 의식적·무의식적으로 그러한 마인드셋을 선호한다. 그들은 능력향상을 위해 끊임없이 노력한다. 가령 책을 많이 읽고 일과 삶에서 절도 있는 모습을 보인다. 또한 극단적 효과성을 추구하며 함께 일하는 사람들과 자신을 철저히 구별한다.

이것은 옳은 것 같지 않다. 나는 성장형 마인드셋이 신뢰·고무 방식 쪽에 해당한다고 인정했는데, 그것이 어떻게 명령·통제 방식과도 일치하는가?

일치하는 것은 맞다. 문제는 개량한 명령·통제형 리더가 대부분 혼자만 성장형 마인드셋을 지닐 뿐이고 다른 사람들에게는 고정형 마인드셋을 투사한다는 데 있다.

그들은 다른 사람을 처음 보면 재빨리 평가하며, 그들과의 관계를 지속하는 내내 그 처음 평가를 계속 유지한다. 자신이 더 우수하다고 생각하는 사람들과 함께 일할 때 그 최초의 인식에서 벗어나는 것은 대단히 어렵다. 그것은 떼어내기 힘든 꼬리표다. 그 꼬리표를 떼어내려는 시도는 그 사람의 잘못을 입증하려는 노력으로 보일 수 있다.

이와 달리 신뢰·고무형 리더는 힘이 그 씨앗 속에 있으며, 처음 만났을 때 드러나는 사람들의 능력은 그들이 장차 펼쳐 보일 잠재력의 극히 일부에 불과하다는 것을 알고 있다. 명령·통제형 리더는 힘이 정원사에게 있고 그들은 더 좋고 더 똑똑한 정원사가 되기 위해 노력한다고 생각한다. 그 탓에 그들은 종종 그 씨앗을 키우는 데 실패한다. 씨앗이 자라지 않을 때 그들은 문제가 씨앗에 있다고 생각해 새 씨앗을 심으려고 한다.

신뢰·고무형 리더는 자신은 물론 그들이 이끄는 사람들도 성장형 마인드셋으로 대한다. 그들은 다른 사람에게서 위대함을 본다. 또 사람들에게 성장, 변화, 향상 가능성이 있음을 안다. 그들은 사람들이 스스로를 성장형 마인드셋으로 대하도록 격려한다. 나아가 그들은 다른 사

람들의 궁극적 성장을 자신이 성장하는 잠재적 원천으로 인식한다. 그
들은 자신을 성장시킬 뿐 아니라 다른 사람들도 성장시킨다.

> 올바른 마인드셋과 올바른 가르침이 있을 때, 사람들은 우리가
> 생각하는 것보다 훨씬 더 많은 것을 해낼 수 있다.
> ―캐롤 드웩《마인드셋》저자)

결합한 3단계 과정

먼저 경청하고 상대방을 존중하는 행동은 겸손에서 나온다. 나는 이
두 가지 단계의 행동을 잘하는 명령·통제형 리더를 많이 보았다. 그러
나 사람들을 보는 시각과 그들에게 꼬리표를 붙이는 행동 때문에 그들
은 결국 사람들을 고무하거나 그들의 재능을 끌어내지 못한다. 협업과
혁신 환경은 이 세 가지 단계를 결합했을 때 가능해진다. 다시 말해 겸
손함을 보이고, 먼저 경청하고 상대방을 존중하며, 자신과 다른 사람들
을 성장형 마인드셋으로 대할 때 비로소 그런 환경이 가능해지는 것이
다. 또한 주변 사람들에게 존경받고 그들 사이에서 영향력을 발휘하며
그들의 성장을 지원할 수 있다. 이는 당신을 신뢰할 만한 사람으로 만
드는 한편 다른 사람들을 신뢰하고 고무하는 사람으로 만들어준다.

똑똑한 것은 좋지만 누구도 우리 전체만큼 똑똑하지 않다는 것을 잊
지 않아야 한다. 리더인 우리에게는 주변 사람들의 결합한 힘이 필요하
다. 우리에게는 차이를 소중히 여기는 상호보완적인 팀이 필요하다. 커
다란 잠재력과 성장은 차이를 소중히 여기는 리더십에서 나온다.

명령·통제	신뢰·고무
권위적	권위 있음
"당신의 의견이 필요하면 요청하겠다!"	"당신의 의견은 무엇인가?"
디미니셔	멀티플라이어
"누가 옳은가?"	"무엇이 옳은가?"
대답하기 위해 들음	이해하기 위해 들음
자신만을 위한 성장형 마인드셋	모두를 위한 성장형 마인드셋
개별적 공헌자	상호보완적 팀

"나는 원래 이런 사람이야!"

> 우리는 학습으로 자신을 재창조한다. 우리는 학습으로 하지 못
> 하던 것을 할 수 있게 된다. 우리는 학습으로 세상을 재인식하고
> 세상과 우리의 관계를 재인식한다.[1]
>
> —피터 센게(《제5경영》 저자)

"나는 변하지 않아"

우리는 살아가면서 다양한 상황을 맞는다. 힘든 상황을 맞았을 때 많은 사람이 이렇게 말하거나 말하는 것을 들었을 것이다.

"나는 원래 이런 사람이야."

"나는 변하지 않아."

"내가 뭘 할 수 있는데?"

"원래 그런 거야."

그렇게 말할 수 있고 이해도 가지만 이러한 말은 사람들을 고무하지 못한다. 이것은 고정형 마인드셋에서 나온다. 캐롤 드웩의 마인드셋 개념에 따르면 우리는 이런 식으로 대응할 필요가 없으며 성장은 가능하고 반드시 필요하다는 것을 알아야 한다. 물론 이해는 간다. 두 손 들고 그냥 "나, 원래 이런 사람이야"라고 말하는 게 훨씬 쉽다.

현실은 사람들이 대부분 가정, 학교, 직장, 스포츠 혹은 군대에서 초기 멘토에게나 교육 과정 중에 명령·통제 방식에 길들었다는 점이다. 습관은 잘 사라지지 않는다. 가정에서 명령·통제 방식으로 성장하지 않는 일부 사람도 학교나 직장에서는 분명 그런 방식을 경험할 것이다. 우리는 언제 어디에서나 명령과 통제의 모범적 환경을 경험해왔다. 그런 이유로 사회가 이렇게 발전했어도 명령·통제 방식은 여전히 지배적 사회규범으로 남아 있다.

어쩌면 명령·통제 방식이 자신에게 꽤 도움을 주었다고 생각하는 사람이 있을지도 모른다. 이렇게 생각할 수도 있다.

"나를 바꿀 수 있을지 모르겠어. 나를 바꾸고 싶은 건지도 모르겠어."

자신의 스타일 덕분에 현재 상태까지 오게 되었다고 여길 수도 있다.

하지만 경영 코치 마셜 골드스미스가 말했듯 "당신을 이곳까지 오게 한 것이 당신을 저곳으로 데려다주지는 않을 것이다."[2] 당신의 스타일이 과거에는 통했을지 몰라도 오늘날의 파괴적이고, 여러 세대가 공존하며, 끊임없이 변화하는 세계에서는 그 방식이 효용성과 효과성을 잃고 만다.

당신이 배운 것을 잊어야 한다.[3]

-마스터 요다(《스타워즈》 등장인물)

해결책:　　신뢰·고무형 리더는 각본을 다시 쓴다.

마인드셋: 나는 프로그램이 아니라 프로그래머다.

많은 사람이 성공의 길을 가는 데 헌신해왔지만, 급변하는 세계를 맞아 그 길이 땅 밑으로 내려앉았다. 내게는 전화번호부 광고 영업을 하면서 성공 가도를 달렸던 친구가 있다. 젊은이들은 도대체 무슨 얘기를 하고 있느냐며 의아하게 생각할지도 모르겠다. 지금은 없어졌지만 과거에는 당신이 사는 지역의 모든 가정과 기업의 전화번호를 수록한 커다란 책이 있었다. 진화하는 많은 산업 분야에서 흔히 볼 수 있듯 기술 진보로 이 업종의 필요성은 사라졌다. 그 친구에게도 그 분야에 계속 머물지 아니면 변화를 모색할지 결정해야 할 시기가 왔다. 비슷한 일이 코로나19 이후 많은 사람에게 벌어졌다. 많은 전문직과 업종에 큰 변화가 일어났다. 일부 업종은 완전히 뒤집어졌고 사람들은 해고당했다.

다행히도 과거의 습관과 방식은 당신의 가능성까지 통제하지는 못한다. 우리는 이렇게 말할 수 있다.

"나는 이런 사람이 아니야."

아니면 이럴 수도 있다.

"이건 과거의 내 스타일이야."

우리는 자신의 경로를 선택하지 못하는 존재가 아니다. 다시 말해 정해진 경로에 맞춰 누군가가 만든 프로그램이 아니다. 우리는 프로그래머다. 우리는 주변 세계의 변화에 따라 우리의 경로를 다시 프로그래밍할 수 있다. 우리는 우리의 미래를 창조할 수 있다.

오래된 질문을 하나 하겠다. 리더는 만들어지는 것인가, 아니면 태어나는 것인가? 리더는 만들어지거나 태어난다기보다 자신의 선택으로 계속해서 다시 태어나는 존재다. 오늘날 리더는 달라진 세계를 고려해 선택해야 하는 과제를 안고 있다. 런던증권거래소 CEO 데이비드 쉬머는 "사람들이 다른 종류의 리더십을 찾고 있다"고 지적했는데 그런 현실이 우리에게는 기회다.

우리는 프로그래머가 업데이트를 해줄 때까지 특정 방식으로 작동하는 로봇이 아니다. 우리는 프로그램을 짜는 프로그래머다. 우리는 필요하면 언제라도 스스로를 업데이트할 수 있다! 마이크로소프트 CEO 사티아 나델라가 말했듯 "누구든 자신의 마인드셋을 바꿀 수 있다."[4] 우리는 명령과 통제에 길들었고 그것이 지금까지 통했지만 이제는 우리가 프로그램을 다시 쓸 수 있다. 다시 쓸 가능성을 생각하는 것만으로도 아주 신나는 일이다.

프로그램 다시 쓰기의 첫 번째 단계는 명령·통제 모델을 대체할 신뢰·고무 모델을 찾는 일이다. 우리의 직장, 교육, 가정, 지역사회에서 알고 있던 모든 것이 명령·통제 모델이라면 그 대체 모델로 신뢰·고무 모델을 찾아야 한다. 그 밖에 우리는 우리가 배우고 원하는 리더가 되기 위해 함께 노력할 수 있는 멘토를 찾아야 한다.

리더십에서 프로그램 다시 쓰기의 힘

프로그램 다시 쓰기의 훌륭한 예로는 에이프릴 웬셀을 들 수 있다.
그녀는 실제로 프로그래머인데 자신의 프로그램을 다시 썼다. 컴패셔
네이트 코딩이란 회사를 운영하는 에이프릴은 회사에서 프로그래머와
기술업종 종사자에게 기술 업무에 사람 중심으로 접근하는 것에 어떤
이점이 있는지 가르친다. 그녀는 〈재발견하는 얼간이 프로그래머의 고
백〉이란 글에서 자신의 노력은 사람들이 그녀가 선천적으로 '착한' 사
람이라 믿게 한다고 지적했다. 에이프릴은 그녀가 기술 분야에 들어와
"진부한 얼간이 프로그래머"로서 "기술 분야의 구시대 가치"라 부르는
가치를 따라왔음을 확인하게 해준다. 그 가치는 에고, 엘리트주의, 경
쟁, 똑똑함, '록스타' 되기 등 명령·통제 방식이 지향하는 가치와 유사
하다.

처음에 에이프릴은 이런 배경 속에서 성공했다. 그녀는 많은 돈을 벌
면서 재미있는 일을 하고 있었다. 그녀는 자기 일에 몰두했으나 곧 자
기 삶에 의미와 연결이 부족하고, 그런 게 없으면 다른 것이 있어도 충
분하지 않다는 것을 깨달았다. 기술 업종에서 번아웃과 환멸의 시기를
거친 뒤 그녀는 자기 자신을 재설계했다. 자기만의 가치를 발견하고 보

니 자신의 삶과 일에서 놓친 것이 연민의 감정임을 알게 되었기 때문이다. 그녀는 마음을 열고 다른 사람에게 더욱 관심을 쏟기 시작했고 그들이 제공하는 가치를 알아챘다. 나아가 그녀는 프로그래밍을 향한 사랑을 재발견하는 한편 타인을 돕고 고무하는 데서 의미 있는 성공을 이뤘다. 에이프릴의 회사는 전 세계 기업과 개인이 협업으로 창조적인 작업을 해내도록 권한을 부여하는 데 힘을 쏟고 있다. 또한 그녀는 계속해서 자기 자신과 자신이 몸담은 업계의 프로그램을 다시 쓰려고 노력하고 있다.

프로그램 다시 쓰기의 또 다른 본보기는 랠프 스테이어다. 그는 잔슨빌 소시지의 소유주이자 회장이고 전 CEO다. 오랫동안 적어도 재정적으로 회사를 성공으로 이끈 뒤 그는 너무 많은 가치를 방치했음을 깨달았다. 직원들의 사기 저하와 제품의 품질 하락이 느껴져도 "사람들은 관심이 있는 것처럼 보이지 않았고" "잠재력과 성과 사이의 갭"이 점점 벌어지고 있었다.

그는 깊은 자기반성 끝에 자기 자신이 문제이며 적어도 자신의 스타일이 문제라는 생각에 이르렀다. 그는 명령·통제형 리더로 회사 내의 거의 모든 결정을 자신이 직접 내렸다. 사람들이 그에게 의존하면서 그들의 능력은 떨어지기 시작했고 심지어 처음 채용했을 때보다 더 떨어졌다. 그는 항상 사람들에게 깊은 관심을 보였지만 그의 스타일은 분명 그의 의도를 방해하고 있었다. 그래서 그는 의식적이고 의도적으로 신뢰·고무 방식으로 바꾸려고 노력했다.

그와 그의 팀원들은 학습과 함께 스타일 전환을 위한 짧은 이행 기간을 보낸 뒤 새로운 스타일을 정착시켰다. 이후 그들은 재정과 문화 측면에서 엄청난 성공을 거뒀고 계속해서 그 수준을 높여갔다. 그들은 사람들을 이끌고 개발하는 원칙을 명문화해 '잔슨빌 웨이The Johnsonville Way'를 창안했다.[6]

> 다른 기업은 사람들을 이용해 사업을 키우지만 잔슨빌에서 우리는 사업을 이용해 사람들을 키운다.[7]
>
> ─랠프 스테이어(잔슨빌 소시지 회장)

앤디 피어슨도 하나의 예다. 앞서 말했듯 그가 15년 동안 펩시코를 이끌면서 〈포천〉이 선정한 경영 부문에서 가장 힘든 상사 10인에 이름을 올렸을 때, 그는 명령·통제 방식 CEO의 전형으로 여겨졌을지도 모른다. 그는 은퇴하고 하버드 비즈니스 스쿨에서 10년 가까이 학생들을 가르친 뒤 데이비드 노박의 설득에 넘어가 은퇴를 번복하고 얌 브랜즈의 회장직을 맡았다.

데이비드가 얌을, 앤디가 펩시코를 이끈 방식을 고려해볼 때 이것은 스타일상 전혀 어울리지 않는 선택처럼 보였다. 그런데 앤디 피어슨은 자기 삶의 프로그램을 완전히 개조하는 동시에 얌에서 리더십 방식을 근본적으로 바꾸는 선택을 했다. 데이비드 노박의 신뢰·고무형 리더십 스타일에 깊은 영향을 받은 그가 그 방향으로 돌아선 것이다. 앤디는 데이비드가 얌 내에서 계속 인정과 협업 문화를 일구는 데 도움을 주었다. 몇 년 후 앤디는 사람들을 이끄는 더 좋은 방법을 찾았다.

> 자신에게 물어보라. 내가 조직 내 몇몇 사람이 아닌 모든 사람의 힘을 끌어낼 수 있다면, 우리는 무엇을 이룰 수 있을까? 우리는 훨씬 더 좋은 기업이 될 것이다.[8]
>
> —앤디 피어슨(얌 브랜즈 회장)

우리에게는 모두 리더십으로 자신의 프로그램을 다시 쓰고 변환자transition figure가 될 능력이 있다. 우리의 팀과 조직, 가정과 지역사회에 관해서도 프로그램을 다시 쓸 수 있다. 우리가 어느 한 방식으로 행동했다고 그 방식을 계속해야 하는 것은 아니다. 우리의 부모가 어느 한 방식으로 우리를 길렀다고 우리도 아이들을 그 방식으로 길러야 하는 것은 아니다. 우리가 어느 한 방식으로 배웠다고 그 방식으로 행동해야 하는 것은 아니다. 과거 경험이 우리의 발목을 잡게 해서는 안 된다. 우리는 새로운 습관을 들일 수 있다.

우리 스타일은 우리와 맞지 않으며 우리는 그 스타일을 다시 쓰는 선택을 할 수 있다. 우리는 성장형 마인드셋을 선택하고 사람들도 그렇게 하도록 고무할 수 있다. 그렇게 할 때 우리와 주변의 모든 사람에게 무한한 가능성이 열린다.

알베르트 아인슈타인은 "상상력은 지식보다 더 중요하다"라고 말했는데,[9] 이는 프로그램 다시 쓰기의 가능성을 가장 잘 표현한 말이라고 할 수 있겠다.

인생에서 프로그램 다시 쓰기의 힘

2002년 엘리자베스 스마트는 열네 살 때 집에서 납치당했다. 상상할 수 없는 시련과 고통을 견뎌내며 끔찍한 아홉 달을 보낸 끝에 그녀는 마침내 구출되었다. 엘리자베스는 그 경험이 그녀의 나머지 삶에 영향을 미치게 하거나 삶을 제약하도록 할 수도 있었다. 그녀는 잔혹한 미치광이 짓의 희생자였다. 그녀가 그 진저리 나는 아홉 달 동안 어쩔 수 없이 쓰게 된 스크립트가 평생의 대본일 수도 있었다. 하지만 그 끔찍한 충격에도 불구하고 그 경험은 그녀의 삶을 지배하지 못했다. 엘리자베스의 삶은 그녀 자신이 지배했다. 그녀는 프로그램 다시 쓰기를 선택했다.

가족, 지역사회, 전문가 들의 도움을 받아 자신에게 주어진 프로그램을 초월한 엘리자베스는 그녀 자신이 자기 삶의 프로그래머가 되었다. 나아가 그녀는 자신의 경험을 토대로 다른 사람들을 도와주었다. 그녀는 납치 피해자들을 돕고 납치를 예방할 목적으로 재단을 설립했다. 그런 그녀는 시련 극복의 본보기였을 뿐 아니라 어디서든 사람들의 멘토가 되었다. 그녀는 생존자에서 성공하는 사람으로 바뀌었다. 그녀는 진정한 변환자로 계속해서 자신의 플랫폼을 이용해 전 세계 사람들에게 공헌하는 동시에 이익을 주고 있다.

> 삶은 우리 모두를 위한 여정이다. 우리는 모두 시련을 맞는다. 우리 모두 삶의 부침을 경험한다. 우리는 모두 인간이다. 또한 우리는 우리 운명의 주인이다. 삶에 어떻게 대응할 것인지 결정하는 것은 바로 우리다.[10]
>
> —엘리자베스 스마트(아동 인권 운동가)

자신의 이야기를 써라

꽉 막혀 있다는 생각이 들더라도 용기를 내라! 계속 그런 식으로 살아야 할 이유는 없다. 당신은 자신의 삶을 선택할 수 있다. 과거의 방식을 내려놓을 수 있다. 자신의 리더십을 다시 쓸 수 있다. 자기 삶의 대본을 다시 쓸 수 있다. 새로운 행동을 프로그래밍할 수 있다. 당신은 다른 사람들의 이야기에 등장하는 인물이 아니다. 자신의 이야기를 써라.

> 당신은 회사로서 또는 리더로서 당신의 핵심 부분을 제외하고 당신 자신을 완전히 바꿀 수 있다.[1]
>
> —브래드 스미스(인튜이트 전 CEO)

명령·통제	신뢰·고무
정체	성장
프로그램	프로그래머
상명 하달식 의사결정	분산된 의사결정
대본이 정해져 있음	대본을 다시 씀

심리적 장애요소 자가진단

리더의 성장을 가로막는 흔한 장애요소를 잘 이해했다면 이제 자신에게 그 장애요소가 어느 정도 있는지 평가하는 것이 리더십 변환에 도

360

움을 줄 것이다.

　어떤 장애요소가 신뢰·고무형 리더로 완전하게 전환하는 것을 방해하는지 확인하라. 각 장애요소 숫자에 동그라미를 쳐라.

	매우 아니다		다소 그렇다		매우 그렇다
"이건 여기서 안 통할 거야!"	1	2	3	4	5
"그런데 통제력을 잃으면 어떡하지?"	1	2	3	4	5
"그런데 그것이 성공하지 못하면 어떡하지?"	1	2	3	4	5
"그런데 이전에 배신당한 적이 있는데 어떡하지?"	1	2	3	4	5
"그런데 인정받지 못하면 어떡하지?"	1	2	3	4	5
"그런데 당신이 생각하는 것만큼 자신감이 없으면 어떡하지?"	1	2	3	4	5
"통제를 어떻게 내려놓는지 모르겠다!"	1	2	3	4	5
"여기서 내가 제일 똑똑하다!"	1	2	3	4	5
"나는 원래 이런 사람이야!"	1	2	3	4	5

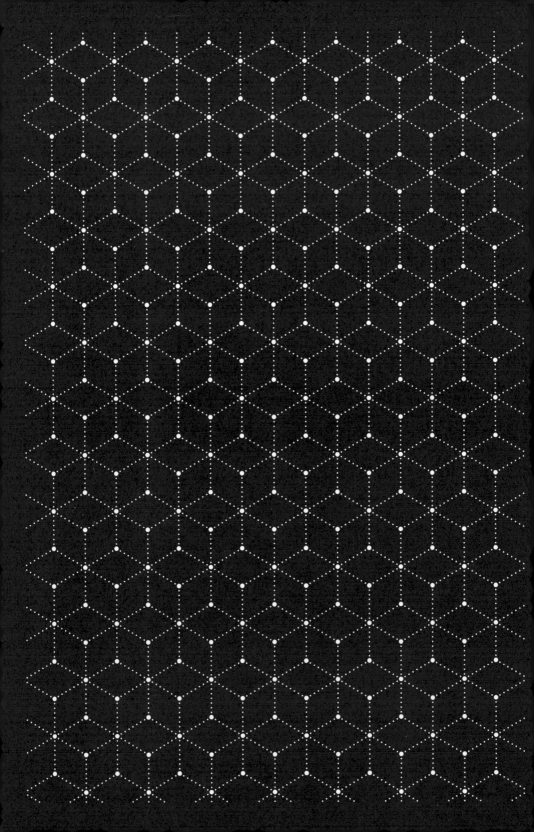

IV

다시 만난
세계에서

우리의 공적인 삶, 사적인 삶, 내면의 삶을 구분하는 벽이 점차 사라지고 있는 상황에서 사람들을 이끄는 방식의 중요성은 아무리 강조해도 지나치지 않다. 리더십은 선택이지만 현실에서 우리는 모두 어떤 리더십인가에 관계없이 무조건 이끌 것을 요구받는다. 우리는 직장, 가정, 지역사회에서 이끌고 우리 자신의 삶도 이끈다.

신뢰·고무형 리더가 되려면 먼저 사람들을 신뢰하고 고무하는 사람이 되어야 한다. 이는 인사이드아웃 프로세스를 우리 자신에게 적용하는 것이다. 우리는 우리 자신을 포함해 사람들에게 위대함이 있다는 것, 그리고 사람들이 삶의 모든 차원과 측면에서 우리를 둘러싸고 있음을 인식하는 데서 시작한다.

이제 신뢰하고 고무하는 사람이 삶의 여러 측면에서 사람들에게 미치는 엄청난 영향과 그 적용을 살펴보자. 마지막 장은 대단히 고무적인 목적 아래 상호보완적 팀으로 협업하는 신뢰·고무형 개인들의 집단이 이뤄낼 수 있는 것을 깊이 있게 보여주며 흔치 않은 결론으로 끝난다.

언제나 몇 번이라도
신뢰하고 고무하라

우리 각자의 내면에는 잠재적 위대함이 살고 있다.[1]

-월마 루돌프(육상 선수)

세 살 때 조녀선 호튼은 부모와 함께 타깃 매장 안에 있었다. 그런데 그의 부모가 몇 초 동안 등을 돌리고 있는 사이 조녀선이 사라졌다. 그의 부모가 미친 듯이 조녀선을 찾는 동안 그는 매장 한가운데의 천장까지 이어진 9~12미터 높이 기둥을 바라보고 있었다. 조녀선의 부모가 그를 발견했을 때 그는 꼭대기까지 올라가 머리가 천장에 닿아 있었다.

그런 상황이라면 대다수 부모가 당연히 걱정하고 또 화도 날 것이다. 아이를 야단치면서 다시는 그런 짓을 하지 말라고 경고하는 것은 물론이다. 조녀선의 부모도 같은 반응을 보이며 이런 대화를 나눴다.

"애한테 뭔가 조치가 필요해. 첫째, 그대로 두면 애가 죽을 거야."

그러고는 덧붙였다.

"둘째, 애한테 약간 재능이 있네."

그들은 조녀선에게 체조 교육을 받게 했다.[2]

굳은 의지로 혹독한 훈련을 이겨내고 체계적인 도움을 받으며 헌신적으로 노력한 조녀선은 마침내 올림픽 체조 부문에서 두 번에 걸쳐 메달을 획득했고 두 번이나 미국 전국종합챔피언이 되었다. 그에게서 잠재적 위대함을 본 조녀선의 부모는 그가 그 능력을 개발하고 발휘하도록 도와주었다.

> 우리가 내릴 가장 중요한 결정:
> 사람들이 고유한 능력을 발휘하는 것을 방해하는 장애물을 제거하는 방법.[3]
>
> —프랜시스 프라이(《임파워먼트 리더십》 저자)

삶에서의 여러 가지 역할

삶에서 자신에게 정말로 중요한 역할을 생각해보라. 아마 가장 먼저 가족 역할, 즉 부모, 조부모, 배우자, 형제자매, 이모, 삼촌, 자식 등이 떠오를 것이다. 그다음에는 일과 관련된 역할로 예를 들면 비서, 인적자원 관리자, 팀 리더, 부서장 등이 떠오를 수 있다. 활동가, 동네 친목회장, 여름캠프 책임자 등 지역사회와 관련된 역할도 떠오른다. 그 밖에 종교 단체나 자원봉사 단체에도 여러 가지 역할이 있다.

당신은 어떤 역할에서든 리더가 될 수 있다. 꼭 리더라고 불리지 않아도 상관없다. 그 역할에서 당신은 접촉하는 사람들에게 변화를 일으

킬 수 있다. 어떤 역할이 떠오르든 다음 질문의 빈칸에 그 역할을 넣어
보라.

나는 명령·통제형 _____인가, 아니면 신뢰·고무형 _____인가?

어떤 상황에 놓이든 신뢰·고무 방식으로 접근할 때 생기는 변화에
주목하라.

이제 자신에게 이 질문을 하라.

내가 명령·통제형 _____가 되는 것 또는 신뢰·고무형 _____가 되
는 것은 직장동료, 업계 동료, 고객, 친구, 아이들 등 내 주변 사람에게
어떤 영향을 미치는가?

우리가 명령·통제 방식일 때 주변 사람들은 그 대가를 치른다. 반대
로 우리가 신뢰·고무 방식이면 주변 사람들은 아주 큰 이익을 얻는다.
사람들은 우리를 더 신뢰하고 그들이 우리 주변에 있을 때, 심지어 우
리와 잠깐만 만나도 고무되는 느낌을 받는다.

당신의 솔선수범은 다른 사람들의 삶의 변화를 고무할 수 있다. 당신
의 양육 방식은 이웃의 양육 방식 변화를 고무할 수 있다. 당신의 고객
응대 방식은 동료들의 고객 응대 방식 변화를 고무할 수 있다. 당신이
타인을 이야기하는 방식은 친구들이 타인을 이야기하는 방식이 변하
도록 고무할 수 있다. 말할 필요도 없이 당신이 다른 사람들의 삶을 축
복해줄 때 당신 자신의 삶도 축복받는다.

당신은 어떤 상황에서든 신뢰·고무 원칙과 행동을 적용할 수 있다.
이는 당신 자신에게도 해당한다. 가령 당신 자신을 보는 시각과 대하는
태도를 개선하는 데 도움을 준다. 당신에게는 내면에 위대함이 있다는
것을 잊지 마라. 삶의 어느 한 부분에서 신뢰·고무형이 되고자 하면 삶

의 나머지 부분에도 자연스럽게 그 원칙과 행동이 스며든다. 신뢰·고무형 사람들에게는 진정성이 있다. 직장에서만 진정성을 보이고 집에 와서는 그렇지 않거나 마음속에 진정성이 없다면 그것은 진정성이 있는 게 아니다.

신뢰하고 고무한다는 것은 행동에만 국한된 것이 아니며 자기 모습을 있는 그대로 보여주는 일이다. 삶의 모든 부분에서 일관성 있는 모습을 보여야 신뢰·고무 방식이라고 할 수 있다. 이는 시간이 좀 걸릴 뿐 절대 불가능한 일이 아니다.

이제 대다수가 경험하고 관련성을 맺고 있는 몇 가지 구체적인 역할을 조명해보자. 여기서는 양육, 가르치기, 운동선수 코칭이라는 세 가지 역할에 초점을 두되 그 밖에 다른 몇 가지 역할도 간단히 다뤄보겠다. 여기서 다루지 않는 다른 모든 역할도 여기서 다루는 역할만큼 의미가 있다는 것을 잊지 않길 바란다. 이 원칙들은 영원하며 모든 역할에 보편 적용된다는 점도 말하고 싶다.

가정에서 신뢰하고 고무하라

내게 아이들이 없을 때는 양육 관련 이론이 많았다. 지금 내게는 아이들이 많은데 양육 이론은 전무하다!

누구나 부모가 되는 것은 아니지만 우리는 모두 한때 아이들이었다.

부모 역할은 어렵고 간혹 인정받지 못해도 보람 있고 기쁨을 주는 일이다! 나는 어떤 특정 자격으로 예컨대 부모, 보호자, 양부모, 조부모,

대부, 형제자매, 이모 또는 삼촌으로서 양육하는 모든 사람에게 고마움을 전하고 싶다. 그 밖에도 양육에는 동네 사람들의 도움이 필요하다. 그 노력은 매우 중요하고 가치 있는 일이다.

우리는 모두 부모나 보모가 우리를 어떻게 길렀는지 기억한다. 그들의 선택은 우리 삶에 지대한 영향을 미쳤다. 성인이 되어서도 여전히 간직하고 있는 대단히 고통스럽거나 즐거운 기억은 대개 어린 시절에 나온 것이다. 우리가 다루는 주제를 우리가 자랄 때의 가정에 적용해보자. 그때 가정은 권위적 명령·통제형이었나, 개량한 명령·통제형이었나? 아니면 신뢰·고무형이었나? 자신이 현재 양육하고 있는 아이들에게는 어떤 종류의 가정을 만들어주고 있는가?

전 플로리다 주지사 젭 부시는 어머니 바버라 부시가 그녀의 양육 스타일을 어떻게 설명했는지 들려주었다. 젭은 장례식장에서 조사를 읽으며 이런 유머 섞인 말을 했다.

"(엄마는) 그녀의 스타일을 자비로운 독재 방식이라 불렀습니다. 하지만 솔직히 말해 항상 자비로웠던 것은 아닙니다."[4]

명령·통제형 부모는 대체로 '나는 부모이고 내게는 절대적 권한이 있다'와 '내가 그렇게 말했으니까'라는 보수적 태도에 의존한다. 이들의 기본 패러다임은 아이들 내면의 선함과 잠재력을 못 보고 최근 행동을 근거로 아이들을 쉽게 평가한다는 문제를 내포하고 있다. 씨앗처럼 모든 아이는 내면에 위대함을 분출할 힘을 잠재하고 있다. 그들은 아이들이 위대한 일을 할 수 있는 전인적 인간이라는 사실도 알지 못한다. 그들이 의식하든 의식하지 않든 그들은 '여기서 내가 제일 똑똑하다' 심리에 빠져 있다. 사실 그들은 가정에서 제일 똑똑하다! 그렇지만 그런 마인드셋은 아이들이 잠재력을 발휘하도록 고무하기보다 아이들을 통제하고 억제한다.

명령·통제형 부모는 아이들이 잘 순응하도록 가르친다. 그들은 순응하는 아이로 양육하기 위해 다양한 당근과 채찍을 사용한다. 언젠가는 아이가 떠날 것이란 사실을 간과하면서 말이다. 부모로서 우리는 아이들을 부모에게 잘 복종하도록 키우는 게 아니라 둥지를 떠난 아이가 혼자 힘으로 날 수 있도록 키워야 한다. 집에 있을 때 아이들은 처벌을 피하려고 부모 말을 잘 들을 수 있다. 그럼 혼자 힘으로 무언가를 시작해야 할 때 그들은 어떤 행동을 선택할까?

명령·통제형 부모도 모범 보이기를 하지만 아이가 부모에게 배우는 것은 부모가 원하는 게 아니다. "내 말을 듣지 않을 거면 나가!"라는 말은 실제로 아직 자기 길을 찾을 준비를 하지 못한 상태에서 많은 사람을 집 밖으로 내몰고 있다. 아이들은 성장할 기회가 주어지지 않거나 가족의 일원으로서 연령에 맞는 의미 있는 결정에 참여하지 못하면 신뢰받거나 고무된다고 느끼지 못한다. 이렇게 참여하지 못하는 아이는 어떤 면에서 그냥 출근 카드를 찍고 퇴근 시간만 기다릴 뿐 일에 몰두하지 않는 직원과 비슷하다. 그들은 새로운 직장을 구할 수 있도록 열여덟 살이 되는 날을 기다린다.

명령·통제형 부모는 아이가 무엇이 될 수 있는지 아랑곳하지 않고 아이를 가장 잘 복종하고, 위험한 일을 전혀 하지 않고, 자기 자신과 스타일이 같은(이런 부모가 가장 잘 키웠다고 생각하는) 사람으로 키운다. 신뢰·고무형 부모는 아이가 본인 최고의 모습으로 성장할 수 있음을 안다. 그들은 그 씨앗 속에서 위대함을 본다. 반복되는 일상과 바쁜 하루

하루의 일정 너머로 위대함의 씨앗을 보는 것이다.

리더십처럼 양육도 기계공이 아닌 정원사에 가깝다. 부모가 아이들을 가르치고 양육하고 이끌 때, 부모는 아이에게 삶을 '주입하기inject'보다 아이 안에서 삶을 끄집어낸다. 아이에게 무언가를 해주는 것이 아니라 아이와 함께 무언가를 하는 것이다. 우리는 아이가 잘 자라도록 건강한 정원 환경을 만들어주면 된다. 우리는 정원사다.

> 씨앗을 심고, 성장을 지켜보고, 보살피고, 수확하는 것은 단순한 작업이지만 그 만족은 오랫동안 지속된다. 한 뼘에 불과한 이 작은 땅의 관리자라는 것을 의식하는 순간 작으나마 자유의 맛이 느껴진다. 그 정원은 내 삶의 어떤 측면에 관한 일종의 은유가 아닐까 생각해보았다. 리더 역시 자신의 정원을 돌봐야 한다. 씨앗을 심고, 성장을 지켜보고, 재배하고, 그 성과를 거둔다.[5]
> -넬슨 만델라

아이가 반드시 피아노를 연습하게 하는 것도 중요하지만, 더 중요한 것은 아이가 규율을 배우고 음악성을 개발하는 일이다. 규율은 아이가 피아노를 배울 때의 기본 요소로 좋은 부모는 그것을 가르친다. 그렇지만 여기서 중요한 것은 아이가 규율을 배우되 누군가가 강요하는 규율을 기계적으로 따라 하는 법(명령·통제형)이 아니라 스스로를 규율하는 법(신뢰·고무형)을 배워야 한다는 점이다.

신뢰·고무형 부모는 먼저 모범을 보임으로써 좋은 행동을 격려한다. 그들은 아이에게 좋은 행동과 윤리적 삶의 궁극적인 본보기 역할을 한다. 그런 부모는 아이에게 결정을 강요하지 않고 어떻게 결정을 내리는

지 배우도록 도와주면서 아이를 멘토링한다. 또한 그들은 아이에게 특정한 열정과 재능을 부여하려 하지 않으며 아이가 자신의 열정과 재능을 발견하도록 도와준다.

당신 자신에게 물어보라. 당신의 아이는 억압받는다고 느끼는가, 권한을 부여받는다고 느끼는가? 이것은 아이에게서 손을 떼고 풀어놓는 방임형 양육을 찬성한다는 뜻이 아니다. 체계적인 보살핌, 규율, 확고함은 필수적이다. 사물(취침 시간, 식사, 연습, 기술, 책임)은 관리하고 사람은 이끈다는 점을 기억하라. 관리받는다고 느끼는 아이들은 몰두하지 못하고, 고무되지 못하고, 불신을 받고, 무관심해진다. 당신의 아이들은 관리받는다고 느끼는가, 이끎을 받는다고 느끼는가?

당신이 행동 문제와 힘든 상황을 다룰 때는 아이의 잠재력을 보는 것이 항상 쉽지는 않다. 그러나 아이의 성공과 행복을 위해서는 그것이 반드시 필요하다는 점을 분명히 알아야 한다.

내가 성장하는 동안 내 동생 하나를 보살피는 데 애를 먹은 내 부모는 이 점을 힘들게 배웠다. 당시 내 동생은 학교 성적이 나쁜 데다 마르고 동작이 부자연스러운 등 나이에 비해 성장이 늦었다. 내 부모는 동생의 학교 성적은 물론 운동과 사회성에서도 성과를 높이도록 돕기 위해 열심히 노력했다. 그들은 항상 동생에게 할 일을 상기시켰고 동생에게 이로운 일을 하게 했다. 동생은 울면서 그 상황에서 벗어나려 했다. 그는 야구를 그만두고 싶어 했고 학교에 가는 것도 원하지 않았다.

내 부모는 깊이 성찰한 후에야 그들이 동생의 잠재력을 못 보고 있음을 알았다. 부모로서 아이를 있는 그대로 보고 받아들이기보다 다른 사람들이 그들의 아들을 어떻게 생각하는지에 더 신경을 썼을지도 모른다고 생각한 것이다. 그들은 씨앗 속의 위대함을 봐야 한다는 기본 믿음으로 돌아가야 한다는 것을 깨달았다.

> 위대한 생각은 마음의 눈으로 사물을 다른 시각으로 보는 데서 시작된다.[6]
>
> -알베르트 아인슈타인

이런 깨달음을 얻은 후 부모님은 동생을 양육하는 방식을 바꿨다. 그들은 조급함을 버리고 아이에게 하던 온갖 판단을 중단했다. 그리고 아이의 행동을 느긋하게 지켜보았다. 동생을 향한 사회적 기대는 물론 그들 자신의 기대도 강요하지 않고 아이의 개인 특성을 인정해주려 노력한 것이다. 그때까지 사용해온 방법은 이제 아이를 조종하는 것 같고 진정성 없게 느껴졌다. 나아가 아이에게 '너 자신을 고쳐야 해'라는 무언의 메시지를 보내 아이의 실패를 알려주는 대신 "너다운 행동을 하는 게 맞다"라고 말하며 아이의 가치와 잠재력을 알려주려 했다.

이 새로운 양육 방식은 시간이 걸리긴 했어도 마침내 효과를 보았다. 내 동생은 자신감을 얻기 시작했다. 또한 자기 페이스로 성장하고 변화하기 시작해 결국 주 선발 육상선수, 학생회 간부, 우등생이 되었다. 사실 내 부모의 양육 방식이 동생을 바꿔놓은 게 아니다. 아이는 원래 내면에 그런 위대함을 지니고 있었다. 그 위대함을 꽃피울 적절한 환경이 필요했을 뿐이다. 아무튼 내 부모가 동생을 보는 시각을 바꾸면서 모든 것이 달라졌다.

부모로서 우리는 아이들의 잠재된 위대함을 보고 그것을 일깨우고 계발하고 끌어내야 한다. 비록 아이들이 우리가 원치 않는 선택을 해도, 우리가 희망하는 사람이 되지 않아도, 우리가 생각한 대로 살지 않아도, 우리는 아이들을 현재 모습 그대로 그리고 될 수 있는 모습으로 인식해야 한다. 아이들이 우리에게 어떤 모습으로 다가올지는 우리 뜻대로 할 수 없지만, 아이들을 사랑하고 양육하고 인식하는 방식은 우리 뜻대로 할 수 있다. 진짜 사랑은 편견을 버리고 아이를 현재 모습 그대로, 그리고 아이가 될 수 있고 되기를 원하는 모습으로 보는 것이다.

나는 우리가 각각의 가족 구성원을 어떻게 보고 인지하는지 계속해서 점검해야 한다고 생각한다. 이와 관련해 간단한 연습을 하도록 하겠다.

○ 가족 중에 내게 신뢰받고 고무되면 가장 큰 이익을 얻을 사람은 누구인가?
○ 그 사람을 그런 사람으로 보는 것을 제약하는 게 있는가?
○ 나는 왜 그 사람을 그렇게 보게 되었는가(독특한 재능 포함)?
○ 그 사람 안에 보이는 위대함을 어떻게 알려주려 하는가?
○ 나는 그 사람의 위대함을 어떻게 계발하고 키울 수 있는가?
○ 나는 어떻게 그 사람의 위대성을 끌어내 더 위대하게 만들 수 있는가?
○ 그 영향은 어떠하겠는가?

신뢰·고무형 부모는 어떻게 되는가? 우리가 지금까지 해온 모범 보이기로 될 수 있다. 먼저 모범을 보이는 데 집중하라. 부모가 "내 말대로 해. 내 행동은 따라 하지 말고"라고 말하면 아이들은 그 말이 위선임을 귀신같이 알아챈다. 부모가 행동으로 보여주지 않고 말만 할 경우 아이들은 그 말을 믿지 않는다. 많은 부모가 훌륭한 의도와 진정한 사랑 혹은 관심에 이끌려 개량한 명령·통제형 양육 방식에 자연스럽게 빠져들지만 그들의 스타일은 그들의 의도를 방해한다. 아이들에게 규율, 자비, 노력, 용서가 무엇인지 말할 필요가 없다. 그것을 행동으로 보여주면 그만이다.

- ○ 아이들이 정직성을 생각할 때, 당신을 떠올리는가?
- ○ 아이들이 인내를 생각할 때, 당신을 떠올리는가?
- ○ 아이들이 친절을 생각할 때, 당신을 떠올리는가?
- ○ 아이들이 이타심을 생각할 때, 당신을 떠올리는가?
- ○ 아이들이 겸손을 생각할 때, 당신을 떠올리는가?
- ○ 아이들이 진정성을 생각할 때, 당신을 떠올리는가?
- ○ 아이들이 리더를 생각할 때, 당신을 떠올리는가?

부모가 일찍 일어나 운동하는 것을 보는 아이는 건강한 생활습관의 중요성을 배운다. 부모가 잘못한 행동에 대해 사과하는 것을 본 아이는 자기 잘못을 사과하는 법을 배운다. 무슨 말을 해도, 어떤 통계를 들이대도 행동을 보여주는 것만큼 아이에게 큰 영향을 미치지는 못한다.

> 세상을 바꾸겠다는 생각은 누구나 하지만, 자신을 바꾸겠다는
> 생각은 아무도 하지 않는다.[7]
>
> -레프 톨스토이

그다음에는 아이들을 신뢰할 기회와 자신이 그들을 신뢰하고 있음을 알려줄 기회를 적극 찾아라. 예를 들면 가족회의를 열어 아이들 연령대에 맞는 의견이나 조언을 요청할 수 있다. 가정 내의 체계와 규칙을 제안하도록 도와주고, 그들을 믿고, 그 체계와 규칙을 따르라.

우리 부부는 아이들이 클 때는 물론 그 이후에도 가끔 가족회의를 열어 아이들 중 하나에게 가족 봉사나 작업 또는 가족 휴가 계획을 책임져달라고 요청했다. 처음 몇 번은 그 시도가 거의 실패했으나 우리는 포기하지 않았고 결국 아이들이 신뢰받는 것에 보답한다는 것을 알게 되었다. 아이들을 신뢰할 때 그들은 그 신뢰에 고무되어 자신의 모든 능력을 보여준다. 반대로 아이들을 불신하면 그들은 부모가 자신을 신뢰할 만한 사람으로 보고 있는지 의심한다.

나는 우연히 어느 아버지가 아이를 혼내는 것을 들은 적이 있다. 아버지가 말했다.

"너, 왜 그러니? 도무지 신뢰할 수가 없어. 왜 그런 식으로 행동하는 거니?"

아이가 대답했다.

"신뢰할 수 없는 애들은 그렇게 행동하니까요, 아빠."

그들은 악순환에 빠져 있었다. 아이는 아버지가 붙여준 꼬리표대로 행동하고 있었다. 당신은 거기에 어떻게 대답하는가?

마지막으로 아이들과 개인적인 소통창구를 만들어 당신의 사랑과 그들을 향한 관심을 보이고 그들에게 중요한 것에 연결되게 함으로써 아이들을 고무하라.

내 여동생 캐서린이 자라던 시기에 아버지는 그녀에게 시리즈로 나온 영화 〈스타워즈〉를 모두 보여주었다. 사실 아버지는 SF영화 팬도 아니었고 특정 영화에 관심을 보이지도 않았다. 그래도 아버지는 여동생이 그 영화를 좋아한다는 것을 알고 함께 영화를 관람하러 갔다. 아버지는 그 영화가 자신에게 어떤 의미가 있어서가 아니라 그 영화가 여동생에게 중요해서 그리고 여동생이 아버지에게 중요해서 그렇게 한 것이었다.

이처럼 연결점을 찾으려는 노력을 소홀히 하지 마라. 아이들은 무엇에 고무되고 무엇을 바꾸고 싶어 하는가? 그들은 스스로 할 수 있다는 것을 믿는가? 그들은 가족문화에 어떻게 의미 있게 공헌할 수 있는가? 내 아버지가 '푸르고 깨끗한 잔디'를 만들기 위해 나와 합의한 것처럼 아이들에게 성장하고 발전할 기회를 주기 위해 그들과 스튜어드십 합의서를 만들어라.

우리 부부는 아이들이 운전면허를 취득할 때가 되면 그들과 스튜어드십 합의서를 만들었다. 우리는 그 합의서를 작성해 인쇄하고 심지어 서명까지 했다. 보통은 집에서 그렇게 공식 스튜어드십 합의서를 만들지 않았지만 운전처럼 중요한 일은 그런 식으로 합의서를 작성했다. 아이들이 거기에 동의했기 때문에 우리는 아이들의 안전 운전을 믿었다. 그리고 그렇게 하지 않을 경우 어떤 결과가 따르는지 알고 있었다.

이러한 행동은 합의서 이행을 보장하는가? 당연히 보장하지 않는다. 내 장남은 열여섯 살 때 이 합의를 위반했다. 그는 제한속도가 시속 40킬로미터인 도로에서 시속 130킬로미터를 넘겨 딱지를 받았다! 우리가 모두 동의해 미리 작성한 스튜어드십 합의서는 그때 효력을 발휘했다. 내 장남은 당황했고 거액의 벌금을 물어야 했다. 그래도 덕분에 스스로를 규율하는 법을 배웠다. 그는 모든 사항을 명시한 합의서에 따라 합의한 기간에 운전 권리를 박탈당했을 때 우리를 원망하지 않았다.

우리는 모든 일에 이런 합의서를 적용할 수 있다. 아이에게 자기 방청소를 시키려고 하는가? '푸르고 깨끗한 잔디'를 만든 방법을 참고해 아이와 함께 스튜어드십 합의서를 만들어라. 그 잔디 이야기에서 부모 측에 가장 중요한 것은 '잔디를 가꾸는 것이 아닌 아이를 키우는 것'임을 잊지 마라. 그 목적은 최종 성과를 얻는 것이 아니라 아이의 성장에 있다. 사물은 관리하고 사람은 이끌어라. 아이에게 방 청소를 하게 할 때 더 중요한 것은 아이가 청결을 중시하는 좋은 습관을 들이는 것이다. 물건을 줍고 치우는 것은 부차적인 문제다. 우리에게 더 중요한 목적은 방을 치우는 게 아닌 아이의 성장을 돕는 일이다. 우리는 아이의 잠재력을 보고 계발해야 한다. 위대함은 씨앗 속에 있지 정원사에게 있는 것이 아니다.

학교에서 신뢰하고 고무하라

우리에게는 대부분 우리 삶에 변화를 준 선생님이 한 분 정도는 있다. 내 경우에는 고등학교 때 역사와 심리학을 맡은 맥케이 선생님이다. 그는 역사와 심리학 과목을 우리 삶과 관련지어 재미있고 접근하기 쉽게 만들었으며 올바른 삶을 고무했다. 나는 그를 존경했고 그와 같은 사람이 되기를 원했다. 그는 내게 훌륭한 학생이 되는 방법이 아니라 훌륭한 사람이 되는 방법을 가르쳤다.

378

요즘도 매일 훌륭한 선생님의 영향으로 변화하고, 고양되고, 고무되는 나 같은 학생이 많이 있을 것이다. 이 책을 읽는 독자 여러분도 그런 경험을 한 학생 가운데 한 명일지 모른다.

많은 사람이 알고 있듯 내 아버지는 내가 성장하는 내내 대학교수로 있었기 때문에 내게는 편견이 약간 있다. 그리고 앞서 말했듯 내 딸 맥킨리도 교사다. 나는 세상에서 가장 고귀하고 중요한 일은 가르치는 일이라고 생각한다. 우리 사회의 미래는 아이들을 가르치는 사람들이 결정한다고 해도 틀린 말이 아니다. 교사는 아이들의 궁극적 삶의 모델이자 멘토다. 그들이 꼭 특정 과목만 가르치는 것은 아니다. 그들은 친절하게 행동하는 법, 열심히 노력하는 법, 배움을 사랑하는 법도 가르친다. 또한 학생들이 그들 자신을 믿도록 가르친다. 나아가 학생들에게 사회에 공헌할 기회가 주어지는 밝고 신나는 미래를 설계하도록 도와준다.

교사는 여러 가지 타당한 이유로 규제가 심한 직종에서 일한다. 학생들의 안전을 지키고, 성과를 기록하고, 그 개선 방법을 찾는 것은 교육구와 학교에서 역점을 두는 중요하고 필요한 조치다. 하지만 많은 교사가 교육계는 전체적으로 명령·통제 방식으로 기울어져 있다고 말한다. 교육 시스템은 오직 규칙과 규정에만 초점이 맞춰져 있다. 모든 교육구에 구체적인 규칙과 규정이 넘쳐나고 전국 어느 학교에서나 시험점수와 측정한 학습 성과를 중시한다. 그렇지 않아도 과밀학급과 학교의 재원 부족으로 어려운데 엄격한 규정까지 덧붙여져 교사와 행정가는 명령·통제 방식을 선택할 수밖에 없는 실정이다.

고려해야 할 게 너무 많고 교사는 학생들의 삶을 맡고 있기에 교육 분야 리더는 모든 부분을 철저히 감독해야 한다고 생각할 수 있다. 아이들은 굉장히 중요한 존재라 모든 것을 이중으로 점검하고 주의를 기울여야 하니 미시관리가 필요하다고 생각할 수도 있다.

그 결과 교사와 행정가는 짓눌리고 질식할 듯한 상태에 놓이고 만다. 명령·통제 방식은 창의력보다 순응을, 성장보다 성적을, 사람보다 규칙을 중시하는 결과를 낳는다. 아이들과 그들의 보호에 신경 쓰는 것은 좋지만 이는 교사, 행정가, 학생 모두를 다치게 한다. 신뢰·고무 방식은 규제가 심한 업종에서도 성공할 수 있다. 이 말이 규칙을 내버린다는 뜻은 아니다. 오히려 그것은 사람들의 규칙 준수 능력을 높여준다.

신뢰·고무 방식은 교육 분야에서 특히 성공할 수 있고 실제로 성공한다. 이미 전국, 전 세계 많은 학교와 학군에서 성공을 거두고 있다.

앞서 말했듯 최근 조사에 따르면 미국 교사의 절반이 다른 일자리를 찾고 있고 30%가 조금 넘는 교사만 몰입도가 높다. 이런 통계가 나온 것은 그들이 아이들을 돕는 일에 관심을 잃어서가 아니다. 이 조사에 응한 모든 사람이 교사가 되기 위해 노력했고 교직을 향한 열정이 상당했다. 그러나 교사도 다른 직종과 마찬가지로 신뢰받고 고무되어야 한다. 현실은 그 반대로 가고 있다. 학교 시스템 안에서 신뢰·고무형 리더가 되려고 하는, 신뢰·고무 문화를 세우려고 하는, 한 행정가의 '솔선'으로 교사들의 열정과 잠재력이 깨어날 수 있다고 생각해보라!

교사들은 학교 현장에서 과중한 업무에 질식당해 번아웃을 경험한다. 창의적 수업과 활동을 개발하도록 고무되기는커녕 문서작업과 회의에 시달린다. 우리가 아는 한 교사들이 교직에 있는 것은 돈을 벌기 위해서가 아니라(그래도 교사들은 돈을 더 받아야 한다) 학생들을 사랑하고 교육을 사랑하기 때문이다. 그들은 타인을 향한 관심 때문에 교사가 되었다. 그러나 데이터가 보여주듯 재정적·감정적으로 지원받지 못하면 학생들을 사랑하는 마음은 사라질 수 있다. 교사는 다른 모든 사람처럼 신체, 정신, 마음, 영혼이 있는 전인적 인간이다. 우리에게는 그들에게 감정적·신체적 행복을 희생하라고 요구할 권리가 없다. 아이들을 도와주고자 하는 그들의 욕구는 격려받고 지원받아야 한다.

교사는 다른 모든 사람이 직장에서 원하는 것과 똑같이 안전, 소속감, 자부심, 성취를 원한다. 행정가에게는 이런 일이 가능하게 할 수 있는 힘이 있다. 그들은 교사를 지원하는 정책을 입안할 수 있다. 그들은 사무실, 교육구, 학교에서 신뢰·고무 환경을 조성할 수 있다. 그들은 교육 풍토를 바꾸는 일에서 리더가 될 수 있다.

교사에게 유익하면 학생에게도 유익하다. 신뢰·고무형 행정가는 교사가 학생들을 가장 잘 알고 있고 또 가장 잘 도와줄 수 있다고 생각한다. 신뢰·고무형 행정가는 교사에게 최대한 자원을 제공하고 그들을 고무하려 노력한다.

한편 행정가는 교육계에서 커다란 도전에 직면해 있다. 그들 역시 과로에 시달리고 재정적 지원을 제대로 받지 못하고 있다. 그렇지만 그들은 전체 학교와 교육구에 전환점을 만들어낼 수 있다. 교장이 신뢰·고무형 학교로 바꾸겠다고 결심하면 어떤 일이 일어날지 상상해보라. 교육장이 자신의 교육구에 신뢰·고무 문화를 조성하기 위해 노력하면 어떻게 되겠는가? 어떤 가능성과 결과가 나타나겠는가? 어떤 열정, 창의력, 욕구에 불을 붙일 수 있겠는가? 팀원들이 신뢰받고 고무되면 팀에 어떤 목적의식을 불어넣을 수 있겠는가?

교육계 상층부에서 발견할 수 있는 명령·통제 방식은 그대로 교실로 전해진다. 물론 교실 내의 질서와 체계를 유지하기 위해 이 스타일이 필요하다고 느끼는 교사도 있을 것이다. 이해할 만한 일이지만 그 방식으로는 누군가를 고무하지도 학생들과 연결되지도 못한다.

내 딸 맥킨리가 교사로 부임한 첫해에 경력 교사가 그녀에게 말했다. "당신의 자격증들을 이야기하고 당신이 얼마나 엄격한 사람인지 보여줌으로써 아이들과 신뢰를 쌓아야 합니다. 당신이 왜 그 과목의 전문가인지 설명하고 그들이 당신을 존경해야 한다는 것을 보여줘야 합니다."[8]

맥킨리는 그의 조언대로 하려고 노력했지만 결국 그 방법이 완전히 실패로 돌아갔음을 알게 되었다. 아이들은 그녀의 학위나 그녀가 얼마나 오랫동안 가르쳤는지에 관심이 없었다. 그녀의 존경심 요구에도 역시 반응이 없었다.

그들이 관심을 보인 것은 그녀가 학생을 어떻게 대하고 그들에게 얼마나 관심을 쏟고 있는가였다. 여기에도 똑같은 격언을 적용할 수 있다. 학생들은 그녀가 얼마만큼 그들에게 관심을 보여주는지 알기 전에는 그녀가 얼마나 알고 있는지에 관심이 없었다. 그녀의 명령·통제 방식은 학생들에게 받아들여지지도 않았고 존경받게 하지도 않았다. 그녀는 학습 측면에서 그들의 성취를 전혀 도와주지 못했다.

맥킨리는 방향을 바꿔 학생들에게 자신이 어떤 사람인지 보여줌으로써 신뢰를 쌓았다. 그녀는 학생 각각의 삶을 파악하고 의미 있는 관계를 형성하는 데 많은 시간을 보냈다. 또한 학생들이 교실에서 안전함과 소속감을 느끼도록 도와주기 위해 노력했다. 그녀는 자신의 성품과 역량과 일관성을 보여줌으로써 학생들에게 신뢰를 얻었다. 무엇보다 그녀는 자신이 학생들에게 원하는 것을 직접 행동으로 보여주었다.

그렇다고 그녀가 교실 내 규칙을 포기한 건 아니었다. 그녀는 여전히 학생들에게 높은 기대치가 있었고 그 결과에 책임을 물었다. 학생들은 왜 그녀가 그런 것을 하는지 알았다. 그녀는 학생들을 벌주거나 몰아붙이기 위해서가 아니라 그들의 성장을 위해 기대치를 설정했다. 모두 학생들을 향한 관심에서 시작된 것이었다. 선생님이 어떤 사람인지 알았을 때, 즉 그녀의 의도와 목표가 무엇이고 왜 그녀가 그런 행동을 하는지 이해했을 때, 학생들은 그녀의 생각·규칙·체계에 적극 동의했다.

물론 여전히 몇 가지 문제는 남아 있었다. 맥킨리는 그 첫해를 힘들게 보냈다. 하지만 학생들과 구축한 개별적 관계를 토대로 어려운 상황을 헤쳐갔다. 긍정적인 교실 분위기 속에서 학생들은 소속감을 느꼈으며 이는 그녀에게도 학생에게도 커다란 축복이었다. 그렇게 축복받은 학생들은 다시 더욱 열심히 노력했고 그녀는 학생들을 명령·통제 방식으로 대할 때보다 더 좋은 성과를 얻었다.

맥킨리는 자신이 어떻게 해볼 수 없는 행정가나 다른 힘 있는 사람에게 의존하지 않았다. 그녀는 신뢰·고무형 교사가 되었고 그 영향은 광범위하게 나타났다. 그녀의 학급은 학교 전체에서 가장 높은 성적향상률을 기록했으며 그녀는 교육구 차원에서 학교의 최우수 교사 두 명중 하나로 인정받았다.

아마 많은 교사가 비슷한 경험을 했을 것이다. 자신이 왜 그 일을 하는지 말해주고 그것을 실천하는 교사는 개별 학생들을 향한 관심을 기반으로 관계를 구축한다. 나아가 교실 내에서 마치 팀원들과 함께 있는 것 같은 분위기를 조성하고 학생들의 학업성취도를 높여준다. 가르치면서 학생들에게 듣고 따르라고 일방적으로 요구하는 교사는 결코 그런 분위기를 만들거나 그러한 학업성취도를 이뤄내지 못할 것이다.

> 나는 가르치는 사람이 아니라 잠자는 능력을 깨우는 사람이다.
> -로버트 프로스트(시인)

그렇다고 신뢰·고무형 교사가 항상 최고의 학업성취도를 올리고 최고 성과를 낸다는 것은 아니다. 학업성취도에는 교육자들의 힘이 미치지 못하는 부분도 있다. 시험 성적과 다른 정량적 수치에 영향을 미치는 학생의 가정환경이 여기에 해당하는데, 물론 그 경우에도 할 수 있는 것은 있다. 학생을 보는 시각과 대하는 태도, 그 학생을 향한 믿음 그리고 그 학생을 위하는 마음은 언제나 교사가 결정할 수 있다. 이런 부분에 신경 쓰면 좋은 결과를 얻을 수 있다. 교사는 그 결과를 학생이 자신을 대하는 태도, 자신을 신뢰하는 마음, 스스로 노력하는 태도로 확인할 수 있다.

한 교사의 믿음으로 삶의 경로가 완전히 바뀌는 학생도 있다. 교사가 가장 다루기 힘든 학생을 대하는 태도는 교사가 그들 각자를 어떻게 보고 있는지와 관련해 학급의 다른 학생들에게 무언의 메시지를 보낸다. 순응하는 학생과는 쉽게 잘 지낼 수 있다. 그렇지 않은 학생과 잘 지내려면 상당한 노력이 필요하다. 그렇지만 그 학생을 대하는 태도는 다른 모든 학생에게 많은 것을 말해준다.

신뢰·고무형 교사는 각 학생의 내면에 담긴 가치를 본다. 이는 성적이 떨어지는 학생도 마찬가지다. 신뢰·고무형 교사는 규칙과 성과뿐 아니라 학생개발에도 집중한다. 신뢰·고무형 교사의 교실은 보호처 역할을 한다. 학생들은 교실 안에서 존중받고 있음을 알고 소속감을 느낀다. 신뢰·고무형 교사는 사람들 내면에 위대성이 있으며, 그 힘은 씨앗에 있다는 기본 믿음에 따라 행동한다. 각 학생에게는 잠재력이 있으며 그 잠재력을 발휘하려면 시간이 걸린다. 내 아버지가 말했듯 "리더십은 사람들이 자신의 가치와 잠재력을 볼 수 있도록 분명히 알려주는 것이다."[9] 교사보다 이 일을 더 잘할 수 있는 사람은 없다.

> 우리는 한 사람에게 그 어떤 것도 가르칠 수 없다. 다만 본인이
> 자기 내면에서 그것을 찾도록 도와줄 수 있을 뿐이다.[10]
> ―갈릴레오 갈릴레이

경영 구루 레스 브라운은 학창 시절 이것을 직접 경험했다. 그는 학교생활에 잘 적응하지 못했다. 심지어 정신질환 진단을 받기도 했다. 유감스럽게도 그의 쌍둥이 동생은 학교생활을 잘해서 레스는 '멍청한 쌍둥이'로 불렸다. 이 상태는 몇 년 동안이나 이어졌다. 그의 자존감은 바닥으로 떨어졌고 우울증이 생겼으며 무기력해졌다. 어느 날 고등학교에서 한 교사와 어떤 일을 하던 중 그는 그것이 무의미한 일이라고 외쳤다. 지적장애 진단을 받아 학습할 수 없다는 뜻이었다.

교사가 레스의 눈을 보며 말했다.

"다시는 그런 말을 하지 마라. 너에 관한 타인의 생각이 곧 네 현실이 되는 것은 아니다."

그 순간은 레스에게 하나의 전환점이 되었다. 그의 마음이 열리면서 자신을 바라보는 새로운 시각이 생긴 것이다. 그는 난생처음 자신의 잠재력을 보았다. 그리고 그 잠재력을 발휘하기 위해 노력했다. 결국 그는 장애를 극복하고 수많은 책을 썼으며 에미상을 수상한 연설자가 되었다.[11] 이는 그가 자신에게서 못 봤던 것을 교사가 본 덕분에 가능해진 일이다.

지금 교실에 앉아 있는 어떤 학생에게 그들의 가치와 잠재력을 알려줘야 하는가? 어떤 학생이 잠재력을 발휘하도록 도와줘야 하는가?

학생과 교사 모두 잠재력을 찾은 또 하나의 예로 '리더 인 미Leader in Me(내 안의 리더)' 프로그램이 있다. 1999년 노스캐롤라이나주 롤리에 있는 AB 콤스 초등학교 교장 뮤리엘 서머스가 내 아버지의 책《성공하는 사람들의 7가지 습관》을 읽고 그 내용에 깊은 감명을 받았다. 당시 AB 콤스 초등학교는 폐교 직전으로 내몰려 있었고 그녀는 학교를 살릴 방안을 찾고 있었다. 그녀는 내 아버지와 개인적으로 만나 아주 진지하게 "삶을 준비하는 습관을 유치원생 같은 어린아이에게도 가르칠 수 있는지" 물었다.

아버지가 대답했다.

"당연히 가르칠 수 있습니다. 일단 실험을 해보는 게 어떻겠습니까?"

모든 학생은 리더이며 그들이 리더십 원칙을 배우고 실행할 수 있다는 믿음에 고무된 뮤리엘은 학교에서 일곱 가지 습관을 가르치기로 결심했다. 그녀는 스태프와 교사들의 참여를 독려하고 그들에게 도움을 요청했다. 그리고 학생들이 이 믿음에 보답하면서 그 학교 시험 성적이 큰 폭으로 올라가기 시작했다.

그녀는 이 프로세스를 계속 진행하며 더욱 깊이를 더했다. 각각의 학생 내면에 리더가 있다고 믿고 그들이 스스로 자기 내면의 리더를 보도록 도와준 것이다. 결국 학생과 학교는 전에 없던 성공을 거두었다. 이 프로세스를 시작한 이후 AB 콤스 초등학교는 미국 최고의 매그닛 스쿨(거주지와 상관없이 모든 학생이 입학할 수 있는 공립학교로, 대개 특정한 주제에 중점을 둔 교육 프로그램을 운영한다)로 지정되었다. 그것도 두 번씩이나!

뮤리엘의 노력은 50여 개 국가의 수천 개 학교에서 채택한 학교 전체 프로그램 '내 안의 리더'로 발전했다.**12** 이것은 그녀가 학생들에게 보낸 신뢰에서 시작되었다. 그녀는 각각의 학생에게서 가치를 보았으나 통계상이나 전통 척도로는 학생들의 잠재력이 떨어지고 성과는 더 떨어지는 것으로 나타났다. 그녀는 각 학생이 '내 안에 리더가 있다'는 것을 믿어야 한다고 생각했다. 그녀는 그 믿음을 키워 각 학생에게서 리더십을 끌어내려 했다. 나아가 그녀는 교사들이 일곱 가지 습관을 배우고 가르칠 때 그들에게도 똑같은 신뢰를 보냈다. 그녀와 스태프는 행동으로 모범을 보였고 학생들도 그렇게 할 수 있다고 믿었다.

성공하는 교사나 행정가가 되기 위해 뮤리엘처럼 새로운 프로그램을 만들 필요는 없다. 그녀는 자신에게서 시작했고 인사이드아웃 변화를 일으켰다. 누구나 그렇게 할 수 있다.

교육에서는 다른 어떤 것, 즉 신기술도, 새 교과과정도, 새 건물도 신뢰와 고무의 부족을 메워줄 수 없다. 우리에게는 주변 사람을 신뢰하고 신뢰로 사람들을 이끄는 리더가 필요하다. 이는 학생들을 바라보는 시각에서 시작된다. 또 학생과 교사에게 보내는 기본 믿음에서 시작된다.

그들의 잠재력이 보이는가? 그들 내면의 위대함이 보이는가? 그 잠재력은 깨어나길 기다리고 있다. 그들의 잠재력을 깨우는 사람이 교사다. 레스에게 삶의 의욕을 불어넣은 교사처럼, 내게 삶의 의미를 일깨워준 맥케이 선생님처럼, 부임 첫해 내 딸을 신뢰한 행정가처럼, 전체 학생들의 잠재력을 끌어낸 뮤리엘 서머스처럼, 우리는 학생과 학교와 교육구와 지역사회의 행동 양식을 바꾸는 변화의 기폭제가 될 수 있다.

> 나는 변화의 물결을 일으키는 연못의 조약돌이 되고 싶다.[13]
> —팀 쿡(애플 CEO)

경기장에서 신뢰하고 고무하라

리틀리그에 가서 '그런 사람'을 본 적 있는가? 내가 이야기하는 사람이 누군지 알 것이다. 선수나 감독 및 심판에게 소리 지르는 사람, 선수(대개는 자식이나 손자)에게 "팔꿈치 들어! 아니, 그렇게 하는 것이 아니고!"라고 계속 소리치는 사람. 그 사람은 상대편 부모와 함께 혹은 심판들과 함께 소리 지르기 대회에 참가한 사람인지도 모른다.

슬프게도 그 사람은 코치일 수 있다.

불행히도 코칭은 우리 사회에서 용인할 수 있는 구시대적 명령·통제 방식의 마지막 보루처럼 보인다. 이런 코칭 방식은 선수들을 신체적, 정신적 극한으로 몰아붙여 선수들이 능력을 최대한 발휘하게 하려는 욕구에서 나온다. 그 욕구는 목이 터지도록 고함치는 모습과 격이 떨어지는 행동으로 분명히 드러난다. 우리 사회는 아주 오랫동안 그런 방식을 용인해왔고 심지어 받아들이기까지 했다.

꼭 그렇게 해야 하는가? 여덟 살 아이들의 야구경기에서 고함치는 사람을 용인해야 하는가? 성공하는 신뢰·고무형 코치는 정말로 존재할 수 있는가?

물론이다. 당신이 신뢰·고무형 코치라고 해서 기대치가 높지 않거나 선수들에게 최선의 노력을 요구하지 않는다는 의미는 아니다. 또한 그것은 당신이 선수들의 기강을 잡거나 밀어붙이는 순간이 없음을 의미하지도 않는다. 다만 그런 일을 먼저 신뢰를 쌓은 뒤 신뢰·고무 마인드셋으로 할 뿐이다. 신뢰 관계를 형성한 상태에서 선수들을 밀어붙이고 압박하면 그들은 코치가 보는 것처럼 스스로를 능력 있는 사람으로 보고 거기에 고무될 것이다.

이 선순환 구조는 이미 살펴보았듯 4단계 과정으로 이뤄져 있다. 사람들 내면의 잠재력을 보고, 알려주고, 계발하고, 발휘하게 하는 것 말이다. 신뢰·고무형 코치는 이 방식으로 선수들을 이끌고 코칭한다. 피트 캐럴과 다보 스위니는 미식축구에서 이 방식으로 코칭한다. 코리 클로즈도 그녀의 멘토 존 우든처럼 농구에서 이 방식으로 코칭한다. 현재 베키 해먼도 그렇게 한다. 딜지트 테일러는 그녀의 트랙 팀을 이 방식으로 코칭한다. 위대한 샌프란시스코 포티나이너스의 미식축구 선수 조 몬태나는 그의 전설적인 코치 빌 월시를 두고 이렇게 말했다.

"인생에서 그의 목표는 우리가 위대해질 수 있다고 설득하는 것이었다. 그는 그렇게 했고 우리는 설득되었다. 그것이 바로 그가 그토록 위대한 이유다."[14]

> 가장 강력한 네 단어는 이것이다. I believe in you(나는 당신을 믿는다).[15]
>
> —빌 월시(미식축구 코치)

최근 한 NFL 선수가 자신의 운동경기 이력을 설명하던 중에 신뢰·고무형 코칭의 중요성을 강조했다. 그는 타고난 운동선수로 체격이 우람했다. 고등학교 시절 그는 미식축구와 농구 양쪽 1군 리그로부터 영입 제안을 받았다. 고심 끝에 그는 미식축구를 선택했다. 그런데 그가 선택한 대학 농구 팀 감독이 그에게 접근해 자기 팀에서도 뛰어줄 수 있는지 물었다. 그는 두 팀 모두에서 뛰기로 했다. 그가 코트에 들어섰을 때 지켜보는 대다수의 눈에 그의 체격이 농구에 적합하다는 게 분명해 보였다. 그는 1학년 때 크게 발전했고 미식축구보다 농구에서 더 뛰어난 기량을 보여주었다.

많은 사람이 그가 결국 미식축구를 그만두고 농구에 전념할 거라고 예상했다. 놀랍게도 그는 그와 반대되는 선택을 했다. 그 농구 팀 스태프는 명령·통제 방식으로 유명했으며 과거에 선수들에게 무리한 전술을 쓰기도 했다. 그는 차라리 미식축구 코치들과 함께하는 것이 낫겠다고 판단했다. 그 코치들이 훨씬 더 선수들을 신뢰하고 고무하고 위한다고 생각했기 때문이다.

몇 년 뒤 그는 NFL에서 뛰게 되었다. 그는 농구를 그만둔 결정을 두고 이렇게 말했다.

"농구를 계속 하고 싶었죠. 제가 농구를 그만둔 이유는 핵심 코치 한 분이 떠났기 때문입니다. 저는 그가 없는 환경에서는 뛸 수 없었습니다. 만일 그가 남아 있었다면 아마 저는 지금 NFL이 아니라 NBA에서 뛰고 있을 겁니다."

그 코치는 한 젊은이의 선수 경력을 180도로 바꿔놓았을지도 모를 신뢰·고무형 리더였다. 그는 남은 코칭 스태프가 명령·통제형이고 그 것이 자신에게 부정적 영향을 미칠 것 같아 떠나는 쪽을 선택했다. 사람들은 조직뿐 아니라 때로 나쁜 상사도 떠난다는 것을 보여주는 사례다. 그 농구 팀을 떠난 코치는 다른 대학의 수석코치로서 큰 성공을 거두며 선수코칭 프로그램을 한층 더 높은 수준으로 끌어올렸다. 그는 높은 기대치를 설정하고 선수들을 밀어붙였으나 그들은 그가 자신을 대하는 방식, 보는 시각, 믿는 방식에 고무되어 그를 사랑했다.

어느 코치 밑에서 더 뛰고 싶을까?

우리는 모두 양육하고 가르치고 어떤 형태로든 코칭한다. 신뢰·고무 방식을 선택했을 때 우리는 어떤 상황에서나 누구에게서나 내면의 위대함을 끌어낼 수 있다.

언제 어디서든 신뢰하고 고무하라

우리 사회에서 그들의 중요성 때문에 언급할 필요가 있는 다른 역할도 많이 있다. 어떤 역할이든 명령·통제 렌즈로 볼 수도 있고 신뢰·고무 렌즈로 볼 수도 있다. 그중 변호사를 예로 들어보자. 변호사는 빈번하게 블랙코미디의 주인공이 되고 부정적 고정관념도 만만치 않지만 그들의 역할은 사회에 필수적이며 많은 사람에게 정의를 안겨주고 구원의 손길을 뻗친다. 신뢰·고무형 변호사는 특출나며 보기 드문 성과를 올린다. 신뢰·고무형 변호사는 명령·통제형 변호사에 비해 어떻게 다른가?

종교 지도자, 시민사회 지도자, 지역사회 지도자 들 역시 우리 이웃과 지역사회에 영향을 미친다. 하지만 그들은 신도, 선거구민, 시민 등 그들의 이해당사자를 대하는 방식을 별로 생각하지 않을 수 있다. 리더로서 그런 역할을 맡은 사람들은 자신의 스타일이 본인의 의도를 방해하는 경우가 많다.

사람들은 '군대' 하면 으레 명령과 통제를 생각하지만, 군과 관련된 사람들은 군부대는 신뢰를 기반으로 운영해야 성공할 수 있다고 말할 것이다. 나는 전 합참의장 마틴 뎀프시 장군과 함께 시간을 보내는 영광을 누린 적 있는데 그는 신뢰야말로 '군대의 비밀병기'라고 굳게 믿었다.[16] 나는 앞서 공군의 도로시 호그 장군이 그녀의 팀을 혁신가 집단으로 만들기 위해 그들을 어떻게 신뢰했는지 말한 바 있다. 또한 사령관을 역임한 스탠리 맥크리스털 4성장군은 그의 리더십 팀이 병사들을 신뢰한다는 표시로 야전에서 사용한 다음 표현을 들려줬다.

"제군들이 바닥에 엎드려 있는데 우리가 내린 명령이 틀렸다면, 우리가 제군들에게 내렸어야 하는 명령을 실행하라."[17]

군지휘관으로서 당신은 사명 완수와 신뢰 관계 쌓기 양쪽 모두에 집중하는 것이 마땅하다.

신뢰·고무는 어떤 역할을 맡고 있는지에 관계없이 존재하는 방식이다. 그 가치는 인간 조건의 중심에 있다. 여러 이야기와 상황에서 설명한 모든 역할 중 아마 가장 의미 있는 역할은 변환자 역할일 것이다. 변환자는 다른 사람의 삶의 궤도를 바꿔놓는다.

빅토르 위고는《레 미제라블》에서 두 명의 비범한 신뢰·고무형 변환자를 잘 묘사했다. 배고픈 조카에게 먹이려고 빵 한 조각을 훔쳤다가 교도소에서 19년간 강제노역을 한 장 발장은 마침내 가석방되었다. 한 여성이 머무를 만한 곳을 찾는 그에게 교회로 가보라고 말하고, 그 교회에서 장 발장은 미리엘 주교를 만난다.

주교는 장 발장을 친절하고 품위 있게 대해주며 먹을 것을 주고 잠잘 곳을 마련해준다. 그런데 자포자기한 상태로 아무런 대안이 없다고 생각한 장 발장은 밤에 주교의 은 제품을 훔쳐 달아난다. 그는 곧 경찰에 붙잡혀 주교에게 되돌아오고 처벌에 직면한다.

주교는 놀라운 자비심을 보여주며 장 발장을 맞이한다. 그는 그 은 제품은 자신이 선물로 준 것이라며 경찰의 의심을 풀고, 촛대도 주려고 했는데 잊어버려 주지 못했다고 덧붙인다. 그렇게 해서 장 발장은 체포되어 다시 교도소로 돌아가는 상황을 모면한다. 두 사람만 남았을 때 주교는 장 발장에게 그의 잠재력을 믿는다고 말한다. 그처럼 주교는 교도소에서 막 나온 거지 차림의 한 남자 내면에서 위대함을 본다. 그는 씨앗 속에 있는 힘을 본 것이다.

그 순간 주교는 장 발장의 삶에서 위대한 변환자가 된다. 그가 장 발장에게 보여준 믿음은 그의 삶의 궤도를 바꿔놓는다.

주교의 자비와 용서에 고무된 장 발장은 그 자신이 두 번째 신뢰·고무형 리더가 된다. 다음에 벌어지는 상황은 서로 연결된 사람들의 선행이 퍼져나가는 과정으로 신뢰·고무형 리더가 일으키는 파급효과를 잘 보여준다.

장 발장은 고아 코제트에게 친절하고 헌신적인 아버지가 되는 등 수많은 어려운 사람에게 자비의 천사가 되어준다. 또한 시장이 된 그는 자신이 모은 재산을 보육원, 병원, 학교를 지원하는 일에 사용한다. 그렇게 장 발장은 팡틴, 코제트, 마리우스 그리고 그의 숙적 자베르 등 수많은 사람의 삶에서 변환자가 된다.

인간으로서 우리 모두에게는 사랑하는 사람들의 삶에서 변환자가 되고자 하는 욕구가 있다. 리더로서 우리에게는 우리가 이끄는 사람들의 삶에서 변환자가 될 기회가 있다. 변환자가 되는 데 가장 중요한 것은 먼저 신뢰·고무형 인간이 되는 것이다.

진정 위대한 리더

> 그것은 나에 관한 게 아니다. 그것은 당신이 다른 사람들을 위해
> 무엇을 하는가에 관한 것이다.[1]
>
> —잉가 빌(런던 로이즈 전 CEO)

2001년 5월 25일 에릭 와이헨메이어를 포함한 사상 최대 규모의 등정 팀이 에베레스트 정상에 올랐다. 에릭은 에베레스트에 오른 최초의 시각장애인이 되었다.[2] 믿기 어려운 그의 도전기는 인간 정신 승리에 바치는 헌사다. 또한 그것은 신뢰·고무 이야기이기도 하다.

에베레스트 등정에 성공하는 확률은 약 29%다.[3] 에릭은 10대 이후부터 등산을 해왔으나 에베레스트 등정은 생각해본 적이 없었다. 장애가 없는 사람도 성공 가능성이 낮은 터라 앞을 못 보는 그로서는 엄두도 못 낼 일이었다.

그러던 중 그는 한 무역박람회에서 원정 팀 리더 파스콸레 스카투

로Pasquale Scaturro, PV를 만났다. PV가 에릭에게 에베레스트 등정을 생각해본 적이 있는지 물었을 때 에릭은 마음속에서 무언가가 꿈틀거리는 것을 느꼈다. 그들은 에릭과 함께 에베레스트 정상에 오르는 계획을 구상하기 시작했다. PV는 에릭이 잘 알고 신뢰하는 동료들이 그를 둘러싼 채 오르는 것이 성공하는 유일한 방법이라고 생각했다.

등정 성공에는 기술도 중요했지만 그 유례없는 위업을 달성하는 데 필요한 수준까지 성과를 끌어올릴 팀원 간의 태도와 관계 역시 무엇보다 중요했다. 그들이 팀을 꾸렸을 때는 물론 긴 훈련 과정 내내 에릭의 마음은 풍선처럼 계속 부풀어 올랐다.

그러나 등정 첫날 에릭이 완전히 탈진하고 신체 곳곳에 출혈상과 타박상을 입으면서 들뜬 기분은 한순간에 날아가 버렸다. 팀은 그를 도와주기 위해 한층 더 많이 노력해야 한다고 생각했다. 에릭도 자신이 시작한 일을 해낼 수 있으리라는 의지를 굳히기 위해 더 큰 노력이 필요하다고 생각했다.

팀과 함께 훈련하면서 에릭의 등반 기술은 좋아졌고 일은 순조롭게 돌아갔다. 매일 밤 PV는 낮에 본 문제를 함께 토의하기 위해 텐트 미팅을 소집했다. 그 솔직하고 잦은 소통으로 기대하는 바가 분명해졌고 서로를 이해하게 되면서 팀원들은 더욱 가까워졌다.

에릭은 헌신적 노력으로 기술을 연마하고 팀을 고무했다. 그가 베이스캠프에서 캠프2까지 이동하는 데 5시간이 채 걸리지 않았다. 이는 장애가 없는 대다수 일반 등반자보다 더 좋은 기록이었다. 팀은 더 능숙하게 에릭을 안내하기 위해 노력했다.

팀원 사이에 높아진 신뢰는 믿기 힘든 성과를 올리는 기폭제로 작용했고 이는 모두에게 활기를 불어넣었다. 훗날 에릭은 나에게 이렇게 말했다.

"크레바스가 널려 있는 빙판을 건널 때 함께 몸을 로프로 묶고 간다는 것은 신뢰 구축의 결정판이라 할만하다. 산에서 내 생명은 팀 동료들의 손에 맡겨져 있고, 그들의 생명은 내 손에 맡겨져 있었다."[4]

하지만 에릭은 정상까지 가지 못할 경우를 우려했다. 그가 등정을 포기하고 내려오면 동료들 역시 정상 정복을 포기하고 그를 도와야 할 것이기 때문이다. 모든 팀원은 그 생각에 동의하지 않았고 그들의 유일한 목표이자 목적이 그를 에베레스트 정상에 올려놓는 것이라는 점을 상기시켰다.

PV가 말라리아에 걸렸을 때 그 목표에 헌신하겠다던 약속은 중대한 시련을 맞았다. 그는 자신으로 인해 팀이 지체하는 것을 막기 위해 하산하기로 결심했다.

며칠 뒤 폭풍이 몰아쳤고 리더가 없는 팀은 계속 전진할지 돌아갈지 결정해야 했다. 촬영을 맡은 마이클 브라운이 말했다.

"에베레스트에서는 거의 모든 사람이 '정상에 서고 싶다'고 말합니다. 우리 팀에는 더 높은 목표가 있었습니다. 에릭을 최우선으로 해서 그가 안전하게 정상까지 갔다가 돌아오는 것 말입니다. 모든 팀원은 에릭의 정상 등정을 최우선으로 하고 에릭 없이 정상에 서고 싶다는 이기적인 생각을 접었습니다."[5]

팀은 계속 가기로 결정했다.

더 많은 문제가 발생했으나 팀은 그때마다 잘 극복했다. 마침내 정상에 올랐을 때 에릭은 기쁨의 눈물을 흘렸다. 물론 에릭 혼자만 오른 것이 아니었다. PV를 제외한 원정팀 열아홉 명 전원이 함께 정상에 올랐다. 에베레스트 정상에 함께 오른 사상 최다 인원 등정 팀이라는 기록을 세운 대단히 성공적인 원정이었다. PV는 그들이 정상 등정에 성공했다는 소식을 듣고 원정 준비를 위해 보낸 2년이 헛되지 않았다는 생각에 뛸 듯이 기뻐했다.

에릭의 이 놀라운 성취는 신뢰·고무형 팀이 있었기에 가능했던 결과다. 그들은 원정 전은 물론 원정 기간 내내 서로에게 의지했고 신뢰를 쌓았다. 팀원들은 하나로 연결되어 에릭이 아무도 해내지 못한 일을 성취하도록 돕는 데 집중했다. 그들은 모두 에릭과 서로에게 헌신했고 그 헌신은 모두를 고무하는 한편 그들을 정상으로 밀어 올리는 원동력으로 작용했다.

PV는 에릭의 내면에서 위대한 잠재력을 보았다. 그들은 함께하는 동안 서로를 신뢰함으로써 인류역사상 가장 놀라운 위업에 들 만한 일을 달성했다.

두려움은 없었다. 그들은 팀 내에 위대함이 있음을 알았기에 누구도 성공을 의심치 않았다. 그들은 팀뿐 아니라 서로에게서도 위대함을 보았다. 다른 사람들이 에릭을 의심할 때 그들은 굳건한 믿음을 보였다. 다른 사람들은 한계를 보았을지 모르지만 그들은 잠재력과 위대함을 보았다. 에릭도 그들을 굳건하게 믿었다.

불평도 없었다. 그들은 서로를 고무하기 위해 노력했다. 그 등정에 단순히 신체적 노력뿐 아니라 정신적·감정적·영적 능력도 필요하다는 것을 알았기 때문이다. 이는 전인적 인간으로서 그들 삶의 모든 부분에서 기쁨을 안겨주었다. 그들에게는 동기부여를 비롯해 고무도 필요했다. 그들은 이 원정을 신체 측면을 넘어 온전한 자아 실현의 여정으로 만들었다.

내부 경쟁도 없었다. 그들은 한 사람의 성공이 모두의 성공일 수 있음을 알았기에 경쟁보다 타인을 향한 관심을 우위에 두었다. 시기하는 사람도 없었다. 관심과 사랑이 그들 모두를 움직이는 힘이었다. 결국 에릭의 성공은 모두의 성공이 되었다. 에베레스트에는 모든 것이 모두에게 돌아갈 만큼 충분히 있었다.

편협한 이기심도 없었다. 팀 전체가 에릭을 정상에 보낸다는 목표를 달성하기 위해 에릭과 서로에게 스튜어드십을 발휘했다. 팀원들은 스튜어드십과 봉사 정신으로 리더십을 공유했고 그 덕분에 PV가 하산했을 때도 계속 전진할 수 있었다.

단기적 마인드셋도 없었다. 에릭과 팀의 영향력은 먼저 그들 자신에게 작용했고 그 기초 위에서 시작했기에 사라지지 않았다. 그 영향력은 지금까지 이어지고 있으며 앞으로도 계속될 것이다. 이 모든 것은 에릭, PV 그리고 다른 사람들이 솔선하고 신뢰와 행동으로 모범을 보여준 것이 그 시작점이었다.

에릭과 그의 팀은 신뢰·고무형 리더의 패러다임을 구성하는 기본 믿음을 잘 보여준다.

○ 사람들은 각자 내면에 위대함을 지니고 있다. 그래서 리더로서 내 임무는 그들의 잠재력을 통제하는 게 아니라 끌어내는 것이다.

○ 사람들은 전인적 인간이다. 그래서 리더로서 내 임무는 단순히 동

기를 부여하는 게 아니라 고무하는 것이다.

○ 모두에게 돌아갈 만큼 무엇이든 충분히 있다. 그래서 리더로서 내 임무는 다른 사람들과 경쟁하기보다 그들에게 관심을 기울이는 것이다.

○ 리더십은 스튜어드십이다. 그래서 리더로서 내 임무는 자기 이익보다 봉사를 우선하는 것이다.

○ 내면에서 만들어져 시작된 영향력은 사라지지 않는다. 그래서 리더로서 내 임무는 솔선하는 것이다.

에릭과 그의 팀은 개인과 집단 측면에서 신뢰·고무형 리더의 세 가지 스튜어드십, 즉 모범 보이기, 신뢰하기, 고무하기를 완벽하게 보여주었다.

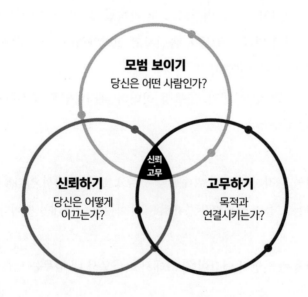

그들은 행동으로 모범을 보였다. 신뢰성과 도덕적 권위가 있는 리더로서 모범을 보이며 그들이 어떤 사람인지 보여주었다.

그들은 서로를 신뢰했고, 팀 전체를 신뢰했고, 심지어 함께하는 과정도 신뢰했다. 그럼으로써 그들은 팀의 잠재력을 끌어냈고 세계사에 남을 위업을 이뤘다. 나아가 그들은 신뢰로 어떻게 이끄는지 보여주었다.

그들은 사람들과 연결되고, 그들의 일이 왜 중요한지 그 답을 주는 목적에 연결됨으로써 서로를 고무했다. 원정의 고난에도 불구하고 그들은 목적, 의미, 공헌에 연결되어 고무됨으로써 모두가 믿기 어려운 능력을 발휘했다.

우리는 에베레스트 정복을 시도할 수 없을지 모르지만 위대한 일은 할 수 있다. 세상이 신뢰·고무형 인간과 리더로 가득할 때 세상은 한층 더 살기 좋고 고귀한 곳이 될 것이다. 놀라운 위업과 마찬가지로 놀라운 리더십은 모범 보이기, 신뢰하기, 고무하기로 가능하다.

위대함이 있는 곳, 성취가 있는 곳, 성공이 있는 곳에는 틀림없이 신뢰·고무형 리더가 있을 것이다. 사람들은 감동으로 위대해지지 않는다. 그들은 고무되어 위대해진다.

항상 길을 닦으며 모범을 보이는 사람이 있다. 항상 다른 사람들을 신뢰하고 믿어주는 사람이 있다. 항상 자신과 다른 사람들의 내면에 불을 붙이며 고무하는 사람이 있다.

> 우리 안에 있는 것이 우리를 가로막는 것보다 강하다. 나는 모두의 내면에 위대해지고자 하는 열망이 있다고 생각한다.[6]
> —에릭 와이헨메이어

우리가 모범을 보일 때 사람들은 생각한다. 나, '저 사람'처럼 되고 싶다. 우리가 신뢰할 때 사람들은 생각한다. 나, '저 사람'의 기대를 충족해주고 싶다. 우리가 고무할 때 사람들은 생각한다. 나, '저 사람'을 위해 공헌하고 싶다.

우리는 그런 리더가 될 수 있다. 그리고 그런 리더가 되어야 한다. 우리 동료에게는 그런 리더가 필요하다. 우리 조직에는 그런 리더가 필요하다. 우리 가족과 친구에게는 그런 리더가 필요하다. 우리 지역사회에는 그런 리더가 필요하다. 우리 세계에는 그런 리더가 필요하다.

우리가 되고자 노력하는 리더가 될 때, 우리는 그 덕분에 삶이 한결 더 나아진다는 것을 알게 될 것이다. 이것이 사람들을 이끄는 새로운 방식이고 삶을 살아가는 더 좋은 방식이다.

신뢰하고 고무하라.

책 한 권을 쓰려면 온 마을의 도움이 필요하다! 적어도 내게는 그렇다.

내 마을의 수많은 사람이 이 책 출판이 가능하도록 도움을 주었다. 이 책과 내 삶에 공헌하게 도와준 모든 사람에게 깊이 감사드린다. 알베르트 아인슈타인의 말이 진실처럼 들리고 나를 되돌아보게 한다.

"매일 나는 내 내적·외적 삶이 살아 있는 혹은 죽은 사람들의 노고를 토대로 이뤄진 것임을 나 자신에게 상기시킨다. 그리고 내가 지금까지 받았고 여전히 받고 있는 것을 그대로 돌려주기 위해 열심히 노력해야 한다고 다짐한다."

이 책이 그렇다. 많은 사람의 도움이 없었으면 이 책은 나오지 못했을 것이다. 그 모든 분께 감사드린다.

특히 이 책의 공저자인 데이비드 캐스퍼슨, 맥킨리 코비, 게리 주드에게 고마운 마음을 전한다. 이들이 개인 혹은 집단으로 이 책의 가치를 높여주었기에 이름을 책 표지에 올림으로써 그들의 시너지가 낸 공헌을 인정하지 않을 수 없었다.

데이비드 캐스퍼슨은 이 책 구상 단계부터 내가 빚진 원 공저자다. 그는 내 연설도 도와주곤 했는데 그때 우리는 세계는 변했어도 리더십 스타일은 변하지 않는 것을 두고 이야기를 나눴다. 우리는 대화로 오늘날 우리에게 필요한 새로운 종류의 리더십, 신뢰·고무형 리더십을 확인하고 구체화했다. 그의 놀라운 통찰력, 창의력, 사람과 리더십 이해력은 내 연설을 도와주는 능력만큼이나 뛰어났다. 특히 그는 연설 일정을 정하고 정확히 고객 욕구에 맞춰 내 발표를 준비하는 데 탁월한 능력을 보였다. 남다른 열정과 능력이 있는 데이비드는 이 책을 쓰도록 내 내면에 불을 붙여준 불꽃이었다.

무한한 재능이 있는 내 딸 맥킨리 코비도 이 책을 쓰는 데 도움을 준 공저자다. 내 최초 원고는 출판하기 민망할 만큼 부족한 곳이 많았다. 그녀는 팔을 걷어붙이고 나서서 우리의 저술 작업에 힘을 실어주고 생산성을 높이는 한편 통찰, 지혜, 예, 이야기 등을 보탰다. 또한 책을 읽기 쉽고 공감할 수 있게 만들었다. 그녀의 창의적인 도움이 없었다면 우리는 이 책을 읽기는커녕 여전히 이 책을 어떻게 쓸 것인지 토의하고 있었을 것이다.

내 오랜 비즈니스 파트너이자 우리 '트러스트 프랙티스Trust Practice'의 뛰어난 리더 게리 주드는 놀라운 이해와 지혜를 더했고, 신뢰·고무형 리더의 구성 요소와 신뢰·고무 문화를 만드는 방법의 실제 적용에 많은 도움을 주었다. 그는 자주 깊은 통찰을 보여주고 실행 관련 부분을 조언했다. 게리는 사람과 리더십은 물론 원칙과 그 원칙 적용 방법도 잘 알고 있다. 무엇보다 그는 자신의 믿음을 행동으로 보여준다.

다음 사람들에게 특별히 고마움을 전한다.

줄리 주드 길만. 내 훌륭한 비서로 재능, 전문성, 창의력, 실행 능력이 뛰어나다. 그녀는 모든 그래픽 작업을 비롯해 이 책을 내는 데 필수적인 작업을 해줬다. 그녀는 내 삶을 더 생산적으로, 더 나은 삶으로 만들어주었다!

더그 페이버. 우리의 뛰어난 프랭클린코비 글로벌 트러스트 프랙티스의 리더로 이 책에 굳건한 믿음을 보여주고 이 내용을 학습 모듈, 프로그램, 커리큘럼, 툴로 만드는 데 도움을 주었다. 그 덕분에 우리는 고객이 신뢰·고무형 리더십과 문화를 성공적으로 만드는 데 도움을 줄 수 있었다.

캐슬린 젠킨스. 비범한 글쓰기와 편집으로 쉽게 손이 가고 쉽게 읽을 수 있는 책으로 만들어주었다. 그녀의 의미 있는 공헌은 이 책의 가치를 크게 높여주었다. 그 덕에 내 목소리를 더 분명하고 자신감 있게 표현할 수 있었다. 그녀에게 깊이 감사한다.

배리 렐라포드. 지속적인 협력, 코칭, 전문지식에 감사한다. 무엇보다 그는 더글러스, 우리 팀과 함께 작업하며 신뢰·고무 내용을 모듈화하고 고객에게 운영하는 데 도움을 주었다.

그렉 링크. 상상력 넘치는 내 오랜 친구이자 비즈니스 파트너로 나와 이 책과 내 삶에 지속적인 영향을 주었다.

내 멋진 조사원들 모린 피지몬스와 신시아 홀은 근면하고 부지런하고 재치 있게 각종 데이터와 실례를 찾는 데 도움을 주었다.

사이먼 앤 슈스터의 훌륭한 편집자 스테파니 프레리히는 처음부터 이 프로젝트를 믿어주었고 내가 이 책에서 말하는 것을 행하도록, 즉 내 독자를 신뢰하도록 도움을 줄 때 긍정적이고 건설적으로 안내했다. 스테파니는 책 수준을 한층 높여준 귀중하고 창의적인 공저자다.

조너선 카프는 이 책 발행인으로 내 구상을 처음 들은 이후 이 책을 끝까지 믿어주었다. 그는 신뢰·고무형 리더의 모범을 보였고 덕택에 사이먼 앤 슈스터 팀은 내가 책에서 말하는 것을 즉시 이해할 수 있었다.

에밀리 시몬슨, 재키 서우, 마틴 칼로, 필 메트카프 등 사이먼 앤 슈스터의 나머지 팀에게도 귀중한 공헌에 고마움을 전한다.

레베카 메릴은 오랜 기간 나와 함께 많은 프로젝트를 함께했으며, 로저 메릴은 내 오랜 비즈니스 파트너다. 그들의 참여는 이 책과 내 변화에 영향을 미쳤다.

밥 휘트먼과 폴 워커를 비롯한 프랭클린코비센터의 다른 팀원들도 지속적인 도움, 지원, 격려를 아끼지 않았다.

롭 캐힐이 이끄는 프랭클린코비센터 혁신개발 팀은 이 신뢰·고무 내용을 중심으로 한 학습 훈련 커리큘럼과 모듈, 평가, 툴 개발을 주도했다. 덕택에 우리는 신뢰·고무형 리더와 문화를 만들어가는 고객의 여정을 도와줄 수 있었다.

신뢰·고무 방법을 적용하고 그 타당성을 입증하기 위해 진행 중인 연구를 제공하는 우리의 많은 고객은 의견과 유익한 피드백을 주었다.

초고의 각 단계를 읽고 검토하는 한편 귀중하고 유익하며 긍정적인 피드백을 제공한 수제트 블랙모어, 도나 버넷을 비롯한 많은 사람에게도 고마움을 전한다.

내 부모님 샌드라와 스티븐 R. 코비 두 분께 내 삶과 사고에 지대한 영향을 주신 것에 깊이 감사드린다. 그 이유로 나는 이 책을 두 분께 바친다. 지난 여러 해 동안 이 책을 쓰면서 나는 아버지가 '여덟 번째 습관'으로 시작한 노력을 내가 계속 이어왔고, 어떤 면에서 완수하고 있는 게 아닐까 생각했다.

내 아내 제리에게 이 여정 내내 변함없는 사랑과 지원, 격려, 도움을 아낌없이 보내준 것에 감사한다. 그녀는 내 삶에 모험과 재미를 가득 채워준다! 내 진정한 반려자인 그녀가 없었으면 이 책은 빛을 보지 못했을 것이다.

내 아이들 스티븐, 맥킨리, 크리스티안, 브리테인, 아덴 그리고 며느리 에밀리와 에머리와 리에게도 격려와 지원에 감사한다. 그들은 내가 함께 놀아주지 못하고 오랜 기간 내가 이 프로젝트에 매달려 있는 것을 견뎌주었다. 이제 마음껏 놀자!

무엇보다 내게 축복과 통찰과 지원을 주신 신께 감사드린다. 이 프로젝트를 진행하는 내내 나는 그것을 느꼈다. 내게 신은 사람들과의 관계, 리더십 그리고 삶의 모든 부분에서 즐거움과 성공을 가져다주는 모든 원칙의 근원이다.

CEO

현대의 리더들은 신뢰를 바탕으로 조직을 운영하며 신뢰받는 팀은 자발적으로 기대 이상의 성과를 낸다. 우리 시대 최고의 리더십 전문가 스티븐 M. R. 코비가 리더와 리더가 되기를 원하는 사람들을 위해 통찰력 넘치는 리더십 안내서를 펴냈다.

-사티아 나델라(마이크로소프트 CEO)

자신이 이끌고 섬기는 사람들에게 권한을 부여받은 리더에게는 그들의 성공을 도와줄 책임이 있다. 사람들이 성과를 높이는 것은 물론 그들 자신에게 변화가 일어나도록 도와야 한다. 목표를 세우고 성과를 내게 해야 하는 것이다. 성과에 목적을 접목한 신뢰·고무 방식은 사람과 리더십에 접근하는 대단히 훌륭한 방법이다.

-인드라 누이(펩시코 CEO)

지금까지 나는 사람들에게 내가 가장 좋아하는 책이 《신뢰의 속도》라고 말했다. 그런데 이 책을 읽고 나니 가장 좋아하는 책이 두 권으로 늘었다고 말해야 할 것 같다.

-에릭 유안(줌 비디오 커뮤니케이션스 CEO)

미래 지향적 리더십의 필요성이 요즘보다 더 크게 부상한 적은 없었다. 우리는 위대한 리더를 비롯한 모든 리더가 신뢰로써 고무하는 리더십을 기본으로 하는 미래를 맞이할 것이다. 그렇지 않은 리더십은 목적과 한 방향을 이루지도, 혁신을 촉진하지도, 최고의 성과를 향해 속도를 내지도 못할 것이다. 이 책은 그 기회를 명쾌하고 설득력 있게 보여준다. 모든 리더, 특히 꿈이 큰 리더들의 필독서다.

-앤 차우(AT&T 비즈니스 CEO)

스티븐 M. R. 코비는 신뢰에 관한 이 책에서 타당성 있는 새로운 단계 리더십을 제시했다. 그는 리더십에 '고무하기'라는 핵심요소를 추가함으로써 현재와 미래의 리더십 로드맵을 제공했다. 실제로 랜드 오레이크스에서 우리 팀은 사람들이 진정성 있게 열심히 일하도록 신뢰하고, 농부들이 모든 활동의 중심에 서게 고무하는 한편 최고 성과를 내도록 권한을 부여할 때 몰입도와 생산성이 가장 컸다.

-베스 E. 포드(랜드 오레이크스 CEO)

내가 지금껏 살아오는 동안 세계는 크게 변했으나 리더들은 별로 변하지 않았다. 그들은 여전히 개인주의, 자기중심성, 제어하지 못하는 야망 같은 낡은 규범에서 벗어나지 못하고 있다. 다음 세대는 어떤 조직에서도 그러한 리더십을 따르지 않을 것이란 점을 명심해야 한다. 이 책은 리더가 맡은 조직과 사람들을 잘 이끌어가도록 리더십이 나아갈 길을 보여준다.

-셰릴 배첼더(파파이스 루이지애나 키친 전 CEO)

이 책에서 스티븐 M. R. 코비는 우리를 '어떻게 신뢰하고 고무할 것인가'라는 새로운 차원의 리더십으로 안내한다. 1993년부터 스티븐과 알고 지낸 나는 이 책에서 쓴 글이 그의 개인 경험에서 나온 거라고 자신 있게 말할 수 있다. 그는 자신이 그토록 웅변하듯 강조하는 원칙을 때로는 지키고 또 때로는 지키지 않아 그 대가를 치렀다. 그의 말처럼 자신을 이미 신뢰·고무형 리더라고 생각하는 것이 우리가 그런 리더가 되는 데 가장 큰 장애요소다. 그는 리더십에 변화가 일어나도 기껏해야 권위적인 리더십에서 좀 더 친절하고 온화하게 개선한 리더십으로 바뀌는 정도라며 문제의 핵심을 정확히 짚어낸다. 명령과 통제라는 기본 패러다임은 여전히 남아있다는 얘기다! 이 책이 내게 주는 가장 중요한 가르침은 어떻게 신뢰·고무형 리더가 되는지 '말해주는' 것이 아니라 그런 리더임을 어떻게 '보여주는가'다. 그것은 겸손과 함께 기꺼이 실패하고 취약성을 노출할 수 있는 마음자세를 요구한다. 리더의 그런 특성은 사람들이 성공을 추구하는 것을 넘어 의미를 찾도록 고무한다.

-V. S. 판디안(리더십 리소스 말레이시아 회장)

스티븐 M. R. 코비는 오늘날 리더들이 맞이한 위기의 핵심을 정밀 타격했다. 명령·통제형 리더십에서 벗어나 조직의 모든 팀과 팀원이 위대함을 발휘하도록 설계한 신뢰·고무형 리더십으로 나아가야 한다. 이 책은 단연코 리더십의 걸작이다.

-더글러스 코넌트(캠벨 수프 컴퍼니 전 CEO)

경영 분야

흥미진진하고 우아한 필체로 쓰여 책장이 술술 넘어간다. 이 책은 저자의 개인 경험에 조사로 얻은 통찰을 가미해 그 어느 때보다 리더십이 절실히 필요한 지금, 우리에게 필요한 리더십의 요체를 보여준다. 스티븐 M. R. 코비는 엘리너 루스벨트를 인용하며 리더의 역할을 환기하기도 한다. "좋은 리더는 사람들이 리더 자신을 신뢰하도록 고무하지만, 위대한 리더는 사람들이 그들 자신을 신뢰하도록 고무한다." 더구나 그는 그 리더십을 달성하도록 플레이북까지 제공한다.

-에이미 C. 에드먼드슨(하버드 비즈니스 스쿨 교수)

삶과 일의 패러다임을 전환해주는 책이다. 스티븐 M. R. 코비는 우리가 명령·통제형 리더십에서 벗어나 신뢰·고무형 리더십으로 나아가지 않을 수 없게 만든다. 특히 사람들을 존중하고 그들의 위대함을 끌어냄으로써 그들이 어떻게 최고가 되도록 고무하는지 보여주며 일과 관계에서 잠재력을 최대한 발휘하게 해준다. 이 책은 《신뢰의 속도》를 잇는 멋진 후속작으로 모든 리더에게 도움을 주고 어떤 팀, 어떤 조직도 확실하게 바꿔놓을 것이다.

-크리스틴 포래스(조지타운대학교 교수)

목표 지향적 과제는 의미 있는 혁신과 지속가능한 비즈니스 성과의 필수조건이다. 미시관리 방식으로는 목표 지향적 과제를 수행하게 할 수도, 동기부여를 할 수도 없다. 사람들을 목표로 고무해야 한다. 이 책은 사람 간의 연결과 목표와의 연결을 위한 실질적인 접근법을 알려준다.

-로자베스 모스 캔터(하버드 비즈니스 스쿨 교수)

신뢰한다는 것은 사람들의 핵심 능력을 믿는 것이다. 특정한 사람들만 믿는 것도, 특정한 자격을 갖췄다는 이유로 믿는 것도 아니다. 우리는 각자 자신이 서 있는 바로 그 위치에 있는 것 자체로 생산 가치가 있다. 그것을 믿어라.

-닐로퍼 머천트(애플 전 기술이사)

비즈니스 리더의 책장에는 늘 이 책이 손이 잘 닿는 곳에 꽂혀 있어야 한다. 이 책에는 상상력이 넘치고 생각을 자극하는 통찰, 그리고 가상과 현실을 넘나드는 미래세계에 적응하도록 도와주는 강력한 툴이 담겨 있다.

-마틴 린드스트롬(《고장 난 회사들》 저자)

우리는 자신을 파괴하는 것은 물론 리더십 방식도 파괴해야 한다. 이 책은 궁극적으로 전통적인 명령·통제형 리더십을 파괴한다. 이는 오늘날 우리에게 꼭 필요한 일이다. 이 새로운 방식으로 사람들을 이끌어야 조직은 사람들의 성장을 기반으로 성공할 수 있다.

-휘트니 존슨(《자신을 파괴하라》 저자)

보건의료 · 정부 · NGO 분야

최고 리더는 자신이 이끌고 섬기는 사람들의 후원자가 될 책임이 자신에게 있음을 알고 있다. 신뢰하고 성공할 기회를 주는 것보다 더 사람들에게 권한을 부여하는 것도, 그들을 고무하는 것도 없다. 이 책은 그러한 리더십의 본질을 꿰뚫고 있으며 거기에서 비롯된 협업과 혁신에도 남다른 시각을 보여준다. 나아가 그런 성공적인 리더십을 위한 로드맵을 제공한다.

-질 데시몬(미국 머크 사장)

나는 평생 보건의료 분야에서 사람들을 돌보고 보살피는 것을 업으로 살아왔다.

초기 중환자실 담당 간호사 시절부터 최근 사장 겸 CEO 역할을 맡기에 이르기까지, 나는 한 개인을 전인적으로 보살피는 것이야말로 치유의 지름길이자 진정한 관계 형성과 의미 있는 영향의 열쇠라는 것을 배웠다.

이 책은 팀원들을 직원을 넘어 전인적 인간으로 보살피고 그들에게 동기를 부여하는 방법을 알고 싶어 하는 리더라면 반드시 읽어야 하는 책이다. 사람들을 각기 다른 특성이 있는 한 개인으로, 전인적 인간으로, 마음을 다해 보살필 때 개인과 조직은 거기에 고무되어 열정에 불을 지피고 최고 성과를 올릴 것이다. 진정한 신뢰 형성을 원하고 사람들이 개인적·업무적으로 뛰어난 성과를 내도록 고무하고 싶어 하는 모든 사람에게 이 멋진 책을 강력히 추천한다.

–캔디스 손더스(웰스타 헬스 시스템 CEO)

명령·통제 방식에서 신뢰·고무 방식으로 바뀌는 것이야말로 오늘날의 리더십에 꼭 필요한 전환이다. 스티븐 M. R. 코비는 새로운 세계에 적합한 전환 방법으로 사람들을 이끄는 이 새로운 리더십 방식을 설득력 있게 제시한다. 이 책은 공감, 권한 부여, 신뢰에 새로운 통찰을 제공하는 것은 물론 '고무하기'를 누구나 접근하고 배울 수 있는 기술로 규정한다. 오늘날의 변화한 업무환경 속에서 리더라면 누구나 이 책을 읽어야 할 것이다.

–빌 조지(메드트로닉 전 CEO)

나는 《신뢰의 속도》를 처음 읽은 이후 스티븐 M. R. 코비의 열렬한 팬이 되었다. 이번에 그는 이 책에서 위대한 리더가 되기 위한 리더십의 전환을 다루고 있다. 어떻게 해야 다른 사람들과 잘 연결될 수 있는지에 관심이 있는 모든 리더, 모든 매니저, 모든 직원은 이 책을 읽어야 한다! 21세기 리더를 위한 최고의 책이다.

–윌리엄 H. 맥레이븐(《침대부터 정리하라》 저자)

정말 즐겁게 읽었다. 스티븐 M. R. 코비의 명쾌한 필치와 박식함이 돋보이며 흡입력이 강한 대단히 매력적인 책이다. 그는 철저한 연구조사와 생생한 사례를 바탕으로 우리가 함께 있고 싶어 하는 사람들과 같이할 때 어떤 성과를 내는지 잘 보여준다.

인간관계에서 신뢰는 이상할 정도로 얻기 힘들지만 누구나 필사적으로 얻고 싶어 하는 '바위처럼 굳건한 사실'이다. 신뢰를 볼 수 있어도 직접 경험하기는 어려워서 잘못하면 공허함과 고통만 남을 수 있다. 고무한다는 것은 한계를 뛰어넘도록 영혼 속에 열정의 불을 지피는 것이며 스스로 변화를 일으키는 행동을 하게 만드는 일이다.

이 멋진 책은 어느 조직에서나 신뢰 관계의 기본 틀이 될 것이다. 읽기 쉽게 구성한 내용은 혁신의 열쇠와 기업 혹은 공공 분야에서 일하는 모든 사람에게 목적의식과 열정을 제공함으로써 경영자와 의사결정자의 마음을 사로잡으리라고 본다.

–마이클 헤이스팅스(영국 상원의원, 유타주립대학교 헌츠맨 비즈니스 스쿨 교수)

30년 가까이 공직에 있었던 사람으로서 공직 분야에서 최고 리더는 신뢰에 대한 책임의식과 공익에 대한 헌신을 원칙으로 삼고 있음을 분명히 말할 수 있다. 이 책이 소개하는 그야말로 오늘날 정부에서 요구하는 리더십이다. 내면에 싹튼 목표와 공헌을 향한 의식은 의미 있는 변화를 이끌어주고 다른 사람에게 힘을 불어넣는데, 독자는 이 책에서 그 내면 의식에 다가서는 실질적인 방법을 발견할 것이다. 묵직한 메시지가 담긴 리더들의 필독서다.

–맥스 스티어(퍼블릭 서비스 파트너십 CEO)

그라민 은행은 대출자의 신용 상태를 중시하는 전통 금융 방식과 달리 과거에 신경 쓰지 않고 그들과의 새로운 미래 개발에 집중해 성공을 거뒀다. 나는 모든 사람에게 무한한 창의력이 있다고 믿는다. 우리가 금융에서 성공한 것은 그러한 믿음 덕분이었다.

사람은 씨앗과 마찬가지로 놀라운 일을 해내는 데 필요한 잠재력을 타고난다. 이 책에서 소개한 정원사처럼 리더의 역할은 사람들 내면의 위대함이라는 씨앗이 꽃을 피우고 열매를 맺도록 환경을 조성하는 일이다. 이 책은 상황에 상관없이 그 성장의 씨앗을 어떻게 키워내는지 잘 보여준다.

–무함마드 유누스(2006년 노벨평화상 수상자, 그라민 은행 설립자)

교육 · 가족 분야

진실은 아무리 많아도 싫증 나지 않는다. 내 경우가 그렇다. 나는 대학에서 일하며 처음에는 명령과 통제로 조직을 이끄는 방법을 배웠다. 그 방식으로 대학 총장이 된 나는 매일 내가 옳다고 주장하며 사람들을 설득하고 '협업'이란 이름으로 내 생각을 밀어붙이는 방식으로 엉망이 된 복잡한 관계를 해결해 거짓 위안을 얻고 싶은 유혹에 빠진다. 하지만 진실이 그런 행동을 주저하게 만든다.

나는 신뢰가 효과적인 리더십의 핵심요소라는 것이 진실임을 본능적으로 알고 있었다. 그러던 중 수년 전에 개최한 첫 리더십 연수회에 스티븐 M. R. 코비를 초대하면서 그의 도움을 받아 그것을 내면화할 수 있었다. 그가 《신뢰의 속도》에서 설파한 신뢰 형성 원칙은 우리 팀의 리더십 원칙을 근본적으로 바꿔놓았다. 이는 과장이 아니라 진실이다. 이제 그다음 단계로 그 원칙 실천의 모범을 보이고 인간관계로 눈을 돌려 신뢰 · 고무 문화를 형성하는 것, 즉 위대함을 발휘하도록 고무함으로써 신뢰를 쌓기 위해 더욱 노력할 때가 되었다. 스티븐 M. R. 코비는 다시 한번 그 진실과 진실에 이르는 경로를 제시한다. 진실을 추구하는 조직에 이 책은 변화의 모멘텀으로 작용할 것이다.

−짐 개시(페퍼다인대학교 총장 겸 CEO)

신뢰 · 고무형 리더십은 교육의 미래다. 우리가 직면한 위기와 우리가 생각조차 하지 못하는 다가올 미래의 위기는 지금과는 차원이 다른 협업, 혁신 그리고 교사 · 직원 · 학생 · 부모 · 지역사회와의 파트너십을 요구한다. 이것은 전통적인 교육 시스템으로는 대응할 수 없는 난제들이다. 이 흥미로운 책은 우리가 이끌고 섬기고 가르치는 사람들이 그 도전과제를 해결할 수 있는 능력을 이미 갖추고 있다는 것을 분명히 밝히고 있다. 그들은 우리에게 신뢰받고 고무될 준비가 이미 되어 있다. 이 책은 그들을 신뢰하고 고무하는 데 도움을 줄 것이다.

−캐시 퀴로즈 무어(웨이크 카운티 공립학교 교육장)

모든 교육자의 필독서다! 스티븐 M. R. 코비는 변화하는 세계에 맞게 학생들을 이끄는 방식을 다시 생각하고, 현재 세대에 필요한 기술과 학교문화를 다시 살펴볼 것을 권한다. 그는 우리에게 다른 사람들의 위대함을 고무하면서 자기 자신의 위대함도 발휘하게 할 도구와 전략을 제공한다.

–뮤리엘 서머스(AB 콤스 초등학교 전 교장)

나는 공교육 분야 리더로서 학업성취도, 재정 안정성, 자본 확충, 학생 안전 등 여러 면에서 학교 시스템을 개선하기 위해 끊임없이 노력하고 있다. 이들 중점 분야는 하나하나가 성공에 중대한 영향을 미치지만 가장 중요한 것은 문화를 확립하고 개선하는 일이다. 스티븐 M. R. 코비는 내 생각과 일치하는 믿음을 훌륭하게 전달하고 관계 형성과 서번트 리더십, 권한 부여의 중요성을 강조한다. 이 책은 교육장, 교장, 그 밖의 자신과 조직 내 다른 사람들의 리더십 개발을 원하는 학군 혹은 학교 이해당사자의 필독서다.

–앤드루 홀리안(유니온 카운티 공립학교 교육장)

이 책은 사람들을 보다 효과적으로 이끌기를 원하는 모든 이를 위한 새로운 핸드북이 될 만하다. 이 흥미로운 책에서 스티븐 M. R. 코비는 우리에게 리더, 부모, 학교, 조직을 위한 깊이 있고 실용적이며 고무적인 지침을 제시한다. 20여 년 동안 공교육 분야 리더이자 리더십 강사로 지내온 내게 사람들은 종종 묻는다. "효과적인 리더십과 관련해 어떤 책을 추천하고 싶습니까?" 바로 이 책이 내가 그들에게 추천하고 싶은 책이다. 이 책은 사람들 내면에 있는 잠재적 위대함을 발견하게 해주고 우리가 이끄는 사람들을 신뢰하고 고무하기 위한 로드맵을 제공한다.

–캔디스 싱(폴브룩 유니온 초등학교 교구 교육장)

우리는 우리가 육성하고 가르치고 섬기는 사람들의 삶에서 우리가 얼마나 중요한 존재인지 간혹 잊는다. 우리에게는 그들이 자신의 잠재력을 보도록 도와줄 능력이 있고, 그들이 우리가 상상하는 것 이상으로 위대해지고 유능해지도록 도와줄 능력도 있다. 사람들은 대부분 이런 방식으로 사람들을 이끌고 권한을 부여하려 하지만 그 방법을 알지 못해 실행하지 못하고 있다. 스티븐 M. R. 코비는 그 방법을 모두 펼쳐 보인다. 모든 부모, 교사, 리더는 이 책을 반드시 읽어야 한다.

–에스터 워치츠키(《용감한 육아》 저자)

자기계발 · 직무역량 개발 분야

많은 리더가 명령 · 통제 방식보다 팀과 개인을 개발하는 효과나 권한 부여 효과가 높은 리더십 스타일을 찾는다. 그러나 어디서부터 시작해야 하는지 아는 리더는 거의 없다. 이 책은 사람들에게서 최고 능력을 끄집어내는 방법으로 가득 차 있다.

-애덤 그랜트(《싱크 어게인》 저자)

이 책은 직장문화와 리더십을 당근 · 채찍 방식에서 신뢰 · 고무 방식으로 바꾸는 방법을 설명한다. 최근 주목받는 이 변화는 자신이 원해서, 자신이 할 수 있다고 생각해서 그리고 위대한 목적을 이해해서 시작되었으며 영원히 변치 않는 우리의 진짜 욕구를 반영한다.

-앤절라 더크워스(《그릿》 저자)

우리는 지난 50년 동안 명령 · 통제형 리더십에서 탈피해야 한다고 들었다. 하지만 누구도 그다음에 어떤 리더십을 발휘해야 하는지 말하지 못했다. 스티븐 M. R. 코비는 자신의 언어로 그것을 대담하고 명쾌하게 말하고 있다. 이는 우리가 원하던 것이 아닌가? 명령 · 통제형 리더십과 마찬가지로 앞으로 50년 후 모두가 반드시 신뢰 · 고무형 리더십을 언급할 것이다. 미래에 그것은 우리의 일상어의 일부가 되고 경영이란 말에 그 의미가 담길 거라고 본다. 위대한 리더 스티븐 M. R. 코비는 이 책에서 우리 안의 위대함을 끌어내고 있다.

-그렉 맥커운(《최소 노력의 법칙》 저자)

스티븐 M. R. 코비가 또 해냈다! 이 책은 끊임없이 변화하는 직장환경 속에서 어떻게 이끌어야 하는지를 제시하는 실용적 지침서다. 코비는 명령 · 통제 구조에서 기분 좋게 벗어나는 방법과 언제 어디서든 즐겁게 사람들을 이끌게 해주는 통찰력 넘치는 기술을 보여준다.

-에리카 다완(《연결지능》 저자)

스티븐 M. R. 코비의 가르침을 마스터하면 개인적 · 업무적으로 당신의 운명을 선택할 힘을 얻을 것이다. 그것이 자신과 다른 사람들의 잠재력을 끌어내는 비결이다. 이 책은 그의 최고의 저서다.

아주 심도 깊고 실질적이며 이 시대에 딱 맞는 책이다. 새로운 직장 현실에 직면해 반드시 읽어야 하는 책이다. 활력과 즐거움이라는 쌍두마차는 개인, 업무, 교육 등 모든 면에서 성과를 높이고 긍정적인 변화를 이끈다. 이런 것은 어느 정도 우리 힘으로 찾을 수 있지만 정말로 위대한 잠재력은 우리 생태계와 의미 있는 연결을 이뤄 다른 사람들의 능력을 키우고 그들에게 회복할 힘을 줄 때 비로소 발휘된다. 이 책은 세상에 긍정적 변화를 일으키는 지속가능한 활력과 즐거움의 원천을 찾아 개발하도록 도와준다.

리더십 · 학습 · 인적자원 분야

리더들이 그 어느 때보다 귀 기울여 들어야 할 메시지라고 확신한다.

리더가 새로운 세계에서 생존하려면 팀에 권한을 부여하고 그들을 성장시키며 고무하는 방식으로 조직을 이끌 준비를 해야 한다. 이 책은 더 좋은 멘토, 더 효과적인 관리자가 되려는 리더가 어떤 실질적인 조치를 취해야 하는지 그 실제 예와 강력한 원칙을 제공한다. 반드시 읽어야 하는 책이다.

오늘날의 경제에서 기업에는 혁신 아니면 도태가 있을 뿐이다. 직원들은 더 이상 '멍청세a-hole tax'를 내지 않는다. 리더들은 창의성을 죽이고 영혼을 파괴하는 명령·통제 방식을 버리고 팀이 최고의 성과를 내고 즐겁게 협력하도록 팀원들을 신뢰·고무하는 방법을 배워야 한다. 스티븐 M. R. 코비는 그 방법을 보여준다.

사람들은 신뢰를 불어넣고 최고 능력을 발휘하도록 고무하는 리더를 필사적으로 찾는다. 스티븐 M. R. 코비의 새 저서는 사람들이 관심받고 있음을 느끼게 하고 일할 태세를 갖추도록 해주는, 단순하지만 효과가 강력한 리더십 접근법으로 다른 사람에게서 위대함을 끌어내는 프레임워크를 가르쳐준다. 흥미를 자아내고 정신을 일깨워주는 필독서다!

-히더 R. 영거(《배려심 리더십 기술》 저자)

직장에서 중요한 일을 하길 원하는 사람이 점점 더 늘어나고 있다. 그들은 자신의 일상적 공헌이 더 나은 세상을 만들고 자기계발에도 도움을 주는지 알고 싶어 한다. 이 책은 리더가 사람들이 잠재력을 계발하고 발휘하는 데 힘을 쏟게 해야 한다는 리더십의 가장 큰 진실을 설득력 있게 밝힌다. 리더가 다른 리더를 개발할 때 영향력과 성공은 커질 수 있다.

-존 C. 맥스웰(리더십 코치)

이 책은 대단히 중요하다. 명령과 통제, 당근과 채찍에 의존하는 전통 리더십 방식을 대체할 훌륭한 대안을 제시한다. 산업 시대 경영기법에 갇혀 있기를 원하는 리더는 없지만 오늘날에도 여전히 거의 모든 리더가 그 방식에서 벗어나지 못하고 있다. 이 책은 우리 자신과 다른 사람들에게서 최고의 능력을 끌어내는 실용적인 프레임워크와 프로세스를 제공한다.

-프랜시스 프라이(하버드 비즈니스 스쿨 교수)

주요 개념 대조표

명령·통제	신뢰·고무
1장	
순응	헌신
거래 지향적	변화 지향적
효율성	효과성
현상 유지와 점진적 개선	변화와 혁신
고정형 마인드셋	성장형 마인드셋
부서 간 이기적 이해관계 조정	유관부서 간 유연한 협업
통제하고 억제함	놓아주고 풀어줌
동기부여	고무
사람과 일 모두 관리함	일은 관리하고 사람은 이끎
외적 요인	내적 요인
요구	고무
질식시킴	생명을 불어넣음
길들이기	육성
행동주의	자율주의
리더십은 지위다	리더십은 선택이다
2장	
산업 시대	지식노동 시대
안정	변화와 파괴
알면서 행하지 않음	알고 행함
사전 묵인	자율
강요	설득
모국어	습득한 언어

3장	
미시관리	거시 리더십
리더십은 지위다	리더십은 선택이다
4장	
기계공	정원사
파편화한 개인	전인적 인간(신체, 마음, 정신, 영혼)
결핍의 심리	풍요의 심리
자기 이익 우선	배려
경쟁함	완전하게 만듦
5장	
공식 권위	도덕적 권위
지위	영향력
우리의 행동	우리의 본모습
말한다	보여준다
지시	교육
용기	겸손과 용기
외형	실체
숨은 의제	공개된 의제
할 일을 준다	해야 할 이유를 제공한다
주주	모든 이해당사자
6장	
신뢰할 만하다	신뢰할 만하고 실제로 신뢰한다
정원사에게 힘이 있다	씨앗 속에 힘이 있다
검증한다	신뢰한다
기대하는 바를 지시한다	서로 기대하는 바를 분명히 한다
성과책임을 지시한다	성과책임 과정에 서로 동의한다
사람을 바로잡으려 한다	사람을 성장시키려 한다

7장	
자기 이익	타인에게 보이는 관심
통제 범위	관심 범위
"그것은 내게 어떤 이익이 있지?"	"내가 어떻게 제대로 도와줄 수 있을까?"
연합	소속
배제	포용
성공	의미
할 일로 시작	그 일을 해야 할 이유로 시작
할 일에 연결됨	그 일을 왜 하는지에 연결됨
사명·비전·가치	목적·의미·공헌
기업의 사회적 공헌	공유 가치 만들기
축적	공헌
8장	
임무 완수	임무 완수와 관계 형성
수직 관계	수평 파트너 관계
미시관리	자율
방법 지시	도움을 주는 범위 설정
"당신 혼자 힘으로 한다"	"당신의 성공을 돕고 싶다"
"당신에게 책임을 묻는다"	"합의한 것을 당신 스스로 책임진다"
"내가 당신을 판단한다"	"당신이 당신 자신을 판단한다"
인위적이고 자의적인 상벌결과	자연스럽고 타당한 상벌결과
관리자	코치
9장	
힘이 곧 정의	정의를 위한 힘
위계 구조	벌집 구조
관료주의	사람중심주의
목표와 계획	비전과 전략
물리적 힘	설득

10장	
다른 사람에서부터 시작	자신에서부터 시작
시스템 안에서 노력	시스템을 대상으로 노력
'이게 여기서 통할 리 없어'	'어떻게 하면 이게 여기서 통할까?'

11장	
위험을 극소화	가능성을 극대화
공식	판단
한정적	무한함

12장	
"실패는 나쁘다"	"실패는 성장의 발판이다"

13장	
권위적	권위 있음
"당신의 의견이 필요하면 요청하겠다!"	"당신의 의견은 무엇인가?"
디미니셔	멀티플라이어
"누가 옳은가?"	"무엇이 옳은가?"
대답하기 위해 들음	이해하기 위해 들음
자신만을 위한 성장형 마인드셋	모두를 위한 성장형 마인드셋
개별적 공헌자	상호보완적 팀

14장	
정체	성장
프로그램	프로그래머
상명 하달식 의사결정	분산된 의사결정
대본이 정해져 있음	대본을 다시 씀

서론

1   "Death Valley Weather," nps.org.

2   "Weather and Climate Death Valley National Park," nps.gov.

3   Kenneth Robinson, "How to Escape Education's Death Valley," TED Talks Education, April 2013.

4   Plato and Benjamin Jowett, trans., *The Republic* (Massachusetts: Digireads.com, 2016); Dave Policano, "The Beginning of Good Data Is the Definition of Terms," *Stanford Social Innovation Review*, August 2018. Accessed July 20, 2021.

5   Zora Simic, "How Eleanor Roosevelt reshaped the role of First Lady and became a feminist icon," TheConversation.com, June 25, 2021. Accessed July 20, 2021.

6   "Breathing Life Into 'Inspire'," Merriam-Webster.com. Accessed July 20, 2021.

7   Albert Schweitzer, Facebook, @USASLFL, Albert Schweitzer Leadership for Life Nonprofit Organization, July 25, 2020.

1장

1   "Managing Knowledge Means Managing Oneself," *Leader to Leader* 16, Spring 2000, p. 8.

2   Suman Guha, "UN affirms relevance of Mahatma Gandhi's message," *Indian Abroad*, October 10, 2008.

3   *Financial Times* interview with Angela Merkel, July 20, 2005.

4   Klaus Schwab, "The Fourth Industrial Revolution: what it means, how to respond," weforum.org, January 14, 2016; Alejandro Lavopa and Michele Delera, "What is the Fourth Industrial Revolution?" unido.org, January 2021.

5   Scott Sorokin, "Thriving in a World of 'Knowledge Half Life,'" CIO.com, April 5, 2019. Accessed September 7, 2021.

6   Richard Fry, "Millennials are the largest generation in the U.S. Labor Force," Pew Research Center, April 11, 2018; U.S. Bureau of Labor Statistics data.

7   "The State of Independence in America," MBO Partners State of Independence report, 2018; "Freelancing in America: 2019," Upwork and Freelancers Union study, October 2019.

8   "Satya Nadella Letter to Employees," Microsoft.com, February 4, 2014. Accessed July 20, 2021.

9   Gary Hamel, *The Futureof Management* (Boston: Harvard Business School Press, 2007), p. 4.

10   Julia La Roche interview with Marc Benioff, Yahoo Finance, June 26, 2020.

11   "Stakeholder Trust: A New Frontier in Business Leadership," 2020 YPO Global Pulse study, January 2020.

12   Bethany McLean, "The Empire Reboots," VanityFair.com, October 8, 2014. Accessed July 20, 2021.

13   Harry McCracken, "Satya Nadella Rewrites Microsoft's Code," FastCompany.com, September 18, 2017. Accessed July 20, 2021.

14   International Data Corporation data, 2014.

15   Manu Cornet, Microsoft Organizational Chart cartoon, BonkersWorld.net, June 27, 2011.

16   Satya Nadella, *Hit Refresh* (New York: HarperCollins, 2017), p. 1.

17   "Top CEOs 2021: Employees' Choice," Glassdoor.com, 2021. Accessed July 20, 2021.

18   Leo Sun, "Microsoft Is Now Worth $2 Trillion—Here's How It Gets to $3 Trillion," Nasdaq.com, June 26, 2021; "MSFT Historical Data," Nasdaq.com. Accessed July 20, 2021.

19   Jessi Hempel interview with Satya Nadella, LinkedIn.com, December 9, 2019. Accessed July 20, 2021.

20   Abraham Zaleznik, "Managers Are Leaders: Are They Different?" *Harvard Business Review*, January 2004.

21   *manage*, Merriam-Webster.com. Accessed July 20, 2021.

22   Brandon Alexander, "The Flea Experiment," LinkedIn.com, October 8, 2018. Accessed July 20, 2021.

23   Author anecdote.

24   Daniel Pink, *Drive* (New York: Riverhead Books, 2009), p. 73.

25   Maharishi Patañjali and Thomas Egenes, trans., *Yoga Sutra* (Iowa: First World Publishing, March 17, 2010).

26   Patrick Leddin, "How a Jackass Manager Treats People," LinkedIn.com, April 6, 2018; Harry Levinson, "Asinine Attitudes Toward Motivation," *Harvard Business Review*, January

1973. Accessed July 20, 2021.

27   "Survey Shows Cheating and Academic Dishonesty Prevalent in Colleges and Universities," Kessler International survey, prnewswire.com, February 6, 2017. Accessed July 20, 2021.

28   "The Incentive," *The Office*, created by Charles McDougall and Paul Lieberstein, Season 8, Episode 2, 2011.

29   Simon Sinek, *Start with Why: How Great Leaders Inspire Everyone to Take Action* (New York: Penguin Group, 2009), p. 17.

30   Author interview with Indra Nooyi, July 28, 2010. Also, Marguerite Ward, "Why PepsiCo CEO Indra Nooyi writes letters to her employees' parents," *CNBC Online*, February 1, 2017. Accessed May 14, 2021.

31   "Malala Yousafzai Facts," NobelPrize.org, 2014.

32   "Yo Creo en Colombia," YoCreoEnColombia.com, 2014. Accessed July 20, 2021.

33   "Yo Creo en Colombia," *Pasion porel Logro* [Passion for Accomplishment] report, YoCreoEnColombia.com, November 21, 2011, p. 14. Accessed July 20, 2021.

34   Keith Ferrazzi, *Leading Without Authority: How the New Power of Co-Elevation Can Break Down Silos, Transform Teams, and Reinvent Collaboration* (New York: Random House, 2020), p. 9.

2장

1   Margaret Wheatley, "How Is Your Leadership Changing?" MargaretWheatley.com, 2005. Accessed July 20, 2021.

2   Arnold J. Toynbee, *A Study of History* (Oxford: Oxford University Press, January 1, 1957), pp. 327, 548.

3   Warren Buffett, Berkshire Hathaway Annual Shareholders' Meeting panel, May 5, 2018.

4   Christopher Harress, "The Sad End of Blockbuster Video," *International Business Times*, December 5, 2013. Accessed May 14, 2021.

5   "The Best Workplaces for Millennials," Great Place to Work study, 2018.

6   Mary Hayes, et al., "Global Workplace Study 2020," ADP Research Institute study, 2020.

7   Michael Mankins and Eric Garton, "Engaging Your Employees Is Good But Don't Stop There," *Harvard Business Review*, December 9, 2015. Also, Michael Mankins and Eric Garton, *Time, Talent, Energy: Overcome Organizational Drag and Unleash Your Team's Productive Power* (Boston: Bain & Company, and Harvard Business Review Press, 2017), p. 19.

8   Robert Porter Lynch and Paul R. Lawrence, "Leadership and the Structure of Trust," *European Business Review*, May 20, 2011.

9   "For Business, Trust Is the Catalyst for Success—From Governance + Compliance," LRN research study, 2017.

10   Tim Cook commencement speech to Auburn University, May 14, 2010.

11   "Glassdoor's Top CEOs for 2018 Announced; Zoom CEO Eric S. Yuan Earns #1 Spot,"

Glassdoor.com, 2021. Accessed July 20, 2021.

12 Andrew R. Chow, "Businessperson of the Year: Eric Yuan," *Time*, 2020; "Time 100 Most Influential People 2020," *Time*, 2020.

13 Eric Yuan, "Zooming in on Zoom's Success: A Conversation with CEO Eric Yuan," YPO European Impact Summit speech, November 24, 2020.

14 Alex Konrad, "Zoom CEO Eric Yuan Is Giving K–12 Schools His Videoconferencing Tools for Free," Forbes.com, March 13, 2020; "#ZoomTogether: Celebrate the Holidays with Unlimited Meetings from Zoom," Zoom.us, December 16, 2020. Accessed July 20, 2021.

15 "The How Report," LRN study, 2016.

16 Oscar Wilde, *Lady Windermere's Fan*, Dover Thrift Editions (New York: Dover Publications, 1998), p. 38.

17 Johann Wolfgang von Goethe and Thomas Bailey Saunders, trans., *The Maxims and Reflections of Goethe* (London: MacMillan and Co., 1908), p. 134.

18 Tobias Lear, "II, 14 December 1799," Founders Online, National Archives, Accessed July 19, 2021.

19 Ian Kerridge and Michael Lowe, "Bloodletting: The story of a therapeutic technique," *Medical Journal of Australia*, volume 163, issues 11–12, December 1995, pp. 631–633.

20 Author interview with Lieutenant General Dorothy Hogg, December 6, 2018.

3장

1 Thomas Edison and Alex Ayres, *Quotable Edison: An A to Z Glossary of Quotes from Thomas Edison, Inventor and Wealth Creator* (Quotable Wisdom Books, 2016).

2 Pierre Omidyar eBay Seller Summit speech, September 10, 2015.

3 *Fortune* magazine interview with Indra Nooyi, 2008.

4 "Leadership styles," Google search. Accessed July 19, 2021.

5 Author interview with Art Barter.

6 Jesse Lyn Stoner, "Be a leader worth following," SeapointCenter.com, November 25, 2015. Accessed July 20, 2021.

4장

1 Author anecdote.

2 Sir Ken Robinson, TED Talk, "How to Escape Education's Death Valley," May 10, 2013.

3 R. Buckminster Fuller, *Critical Path* (New York: St. Martin's Press, 1981), p. 26.

4 quoted in *Psychology of Human Development: A Science of Growth*, by Justin Pikunas, (New York: McGraw-Hill, 1961), p. 311.

426

5   Margaret Mead, *Sex and Temperament in Three Primitive Societies* (New York: W. Morrow & Company, 1935), p. 322.

6   C. J. Prince, "Judy Marks on Why She Elevated D&I to Top Priority at Otis Worldwide," chiefexecutive.net, August 21, 2020.

7   2002 Winter Olympics, en.wikipedia.org.

8   Iyanla Vanzant Twitter post, January 24, 2013.

9   James A. Autry, *Love and Profit: the Art of Caring Leadership* (Avon, January 1, 1991), p. 17.

10   Peter M. Senge, *The Fifth Discipline: The Art and Practice of the Learning Organization* (New York: Random House, 1990), p. 321.

11   Mike Kearney, Resilient podcast, episode 26, February 2018.

12   Dr. Frances Frei and Anne Morriss, *Unleashed: The Unapologetic Leader's Guide to Empowering Everyone Around You* (Boston: Harvard Business Review Press, June 2020), p. 4.

13   *Mister Rogers' Neighborhood*, episode 1065, May 9, 1969.

14   *Long Walk to Freedom* (New York: Little, Brown and Company, December 1994); see also Jean Guiloineau, *Nelson Mandela: The Early Life of Rolihlahla Mandiba* (Berkley, CA: North Atlantic Books, 2002).

5장

1   James A. Baldwin, *Nobody Knows My Name* (New York: Dial Press, "Fifth Avenue, Uptown: A Letter from Harlem," 1961), pp. 61–62.

2   Albert Schweitzer, William Larimer Mellon, "Brothers in Spirit: The Correspondence of Albert Schweitzer and William Larimer Mellon, Jr." (Syracuse, N.Y.: Syracuse University Press, 1996), p. 18.

3   Author interview.

4   LRN.com, "The State of Moral Leadership in Business 2019." Accessed July 18, 2021.

5   Dov Seidman, "Why moral leadership matters now more than ever," weforum.org, February 19, 2021.

6   Ari Bendersky, "Learn to Let Go of Perfectionism with TIAA CEO Thasunda Brown Duckett," *Salesforce*, the 360 blog, June 25, 2021.

7   LRN.com, "The State of Moral Leadership in Business 2019." Accessed July 18, 2021.

8   "'Anyone can make a difference' on Small Business Saturday," cbsnews.com, November 24, 2014. Accessed July 18, 2021.

9   Marjorie Whigham-Desir, "Leadership Has Its Rewards: Ken Chenault's Low-Key Yet Competitive Style Has Pushed Him Up the Executive Ladder and to the CEO's Chair," *Black Enterprise*, September 30, 1999, p. 73.

10   "5 Practical Leadership Insights from Ken Chenault, former CEO of American Express," robertchen.com, 2015. Accessed July 18, 2021.

11   Peter F. Drucker, Joan Snyder Kuhl, and Frances Hesselbein, *Peter Drucker's Five Most Important Questions: Enduring Wisdom for Today's Leaders* (New York: John Wiley & Sons, March 23, 2015), p. 85.

12   Rowena Holloway, "Pray It Forward: Daily Meditations" (iUniverse, August 1, 2007), p. 34.

13   LRN State of Moral Leadership study, 2018.

14   Jim Collins, *Good to Great: Why Some Companies Make the Leap and Others Don't* (New York: HarperCollins, October 16, 2001).

15   Randall Wallace, screenwriter, Braveheart (1995).

16   *North Carolina Manual*, 2012–2013.

17   Guest lecturing in General Stanley McChrystal's class at Yale.

18   Eknath Easwaran, *Gandhi the Man* (Petaluma, CA: Nilgiri Press, 1978), p. 112.

19   Brené Brown, *Rising Strong: The Reckoning The Rumble. The Revolution* (New York: Spiegel & Grau, August 25, 2015), p. 4.

20   Jeffrey Cohn and U. Srinivasa Rangan, "Why CEOs Should Model Vulnerability" *Harvard Business Review*, May 11, 2020.

21   Author anecdote. See also, Douglas R. Conant, *The Blueprint: 6 Practical Steps to Lift Your Leadership to New Heights* (Hoboken: Wiley, February 26, 2020), pp. 240–248.

22   Stephen M. R. Covey, *The Speed of Trust: The One Thing That Changes Everything* (New York: Simon & Schuster, July 2018 Updated Edition), p. 129–240.

23   "Princess Diana shakes hand of AIDS victim," UPI.com, April 9, 1987. Accessed July 18, 2021.

24   masterclass.com, "Doris Kearns Goodwin Teaches U.S. Presidential History and Leadership." Accessed July 18, 2021.

25   Author interview, December 16, 2016. Also, Henry Kaestner, "Faith Driven Entrepreneur," episode 142 —"The Secret Recipe of Servant Leadership with Cheryl Bachelder."

26   Author interview, December 16, 2016. Also, Cheryl Bachelder, *Dare to Serve: How to Drive Superior Results by Serving Others* (Oakland: BerrettKoehler, February 25, 2015).

27   *The Sunday Times*, April 16, 2000. Also, Oxford Essential Quotations, Oxford Reference. Edited by Susan Ratcliffe, 2017 Current Online Version.

28   Jim Collins, *Good to Great: Why Some Companies Make the Leap and Others Don't* (New York: HarperCollins, October 16, 2001), p. 13.

29   Amanda Gorman, USA's First National Youth PoetLaureate, Poem: "The Hill We Climb," recited during the inauguration of American president Joe Biden, January 20, 2021.

6장

1   "The Truest Eye: On the Greater Good," oprah.com. Accessed July 22, 2021.

2   Author interview, September 5, 2015. Also, Freudenberg Company history book.

3   hoganassessments.com, "Stress Is Killing You." Accessed July 22, 2021.

4   *Solo: A Star Wars Story*, Lucasfilm, 2018.

5   Author anecdote.

6   "Siemens to establish mobile working as core component of the 'new normal,'" press. siemens.com, July 16, 2020. Accessed July 22, 2021.

7   Jack Kelly, "General Motors, The Iconic American Automaker, Offers a 'Work Appropriately' Plan for the Post-Pandemic Future," forbes.com, April 21, 2021. Accessed July 22, 2021.

8   "Understanding Trust: The Salt of Leadership," zengerfolkman.com, August 8, 2020. Accessed July 22, 2021.

9   Tony Hsieh, *Delivering Happiness* (New York: Grand Central Publishing, June 7, 2010), p. 147.

10 Paul Williams, "The Elegance of Kindness," gratitudeandtrust.com, September 2, 2013. Accessed July 22, 2021.

11 "Julia Hartz Founded Eventbrite with Her Fiancé, Then She Took His Job," *New York Times*, January 1, 2019.

12 David Novak, "4 Ways Great Leaders Overcome Conflict by Building Trust," davidnovakleadership.com. Accessed September 7, 2021.

13 Author interview.

14 Bill McDermott, *Winners Dream: A Journey from Corner Store to Corner Office* (New York: Simon & Schuster, 2014), pp. 271-282.

15 Anne Frank, *Anne Frank's Tales from the Secret Annex: A Collection of Her Short Stories, Fables, and Lesser-Known Writings*, Revised Edition (New York: Bantam, March 4, 2003).

16 Author interview.

17 Henry David Thoreau, *Citizen Thoreau: Walden, Civil Disobedience, Life Without Principle, Slavery in Massachusetts, A Plea for Captain John Brown* (Berkeley: Graphic Arts Books, 2014), p. 17.

7장

1   Simon Sinek, *Start with Why: How Great Leaders Inspire Everyone to Take Action* (Portfolio, 2009), p. 6.

2   Wayne Gretzky, *99: My Life in Pictures* (Mint Publishers, 2000). See also, Jason Kirby, "CEOs: Stop debasing Wayne Gretzky's 'I skate to where the puck is going' quote," *Macleans.ca*. October 3, 2014.

3   Tom Nolan, "The No. 1 Employee Benefit That No One's Talking About," gallup.com. Accessed July 21, 2021.

4   hoganassessments.com, "Stress Is Killing You." Accessed July 21, 2021.

5   Jennifer Cleary, "The Number One Factor in Student Success? Relationships with

Teachers," learningsciences.com, October 24, 2018. Accessed July 21, 2021.

6   John H. Zenger, Joseph R. Folkman, and Scott K. Edinger, *The Inspiring Leader: Unlocking the Secrets of How Extraordinary Leaders Motivate* (New York: McGraw Hill, 2009), p. 4–6.

7   John H. Zenger, Joseph R. Folkman, and Scott K. Edinger, *The Inspiring Leader: Unlocking the Secrets of How Extraordinary Leaders Motivate* (New York: McGraw Hill, 2009), p. 6.

8   Kara Rogers, "How Fast Is the World's Fastest Human?" Britannica.com. Accessed July 21, 2021.

9   Max Weber, *Economy and Society* (University of California Press, 1922), p. 3.

10 Oprah Winfrey, "What Oprah Knows for Sure About Finding Your Calling," oprah.com. Accessed July 21, 2021.

11 Maria Moudatsou, et al., "The Role of Empathy in Health and Social Care Professionals," January 30, 2020, ncbi.nlm.nih.gov.

12 John Mackey, "Creating the High Trust Organization," wholefoodsmarket.com, March 9, 2010. Accessed July 21, 2021.

13 David Kasperson interview with Nick Layman and Linda, January 25, 2018.

14 Facebook post by Maya Angelou, March 15, 2014.

15 Mel Cowan, "Pixar Co-Founder Mulls Meaning of Success," news.usc.edu, December 10, 2009.

16 William Shakespeare, Henry V.

17 Peter M. Senge, *The Fifth Discipline: The Art and Practice of the Learning Organization* (New York: Random House, 1990), p. 13.

18 Michael Mankins and Eric Garton, "Engaging Your Employees Is Good But Don't Stop There," *Harvard Business Review*. December 9, 2015. See also, Michael Mankins and Eric Garton, *Time, Talent, Energy: Overcome Organizational Drag & Unleash Your Team's Productive Power* (Boston: Bain & Company and Harvard Business Review Press, 2017), p. 19.

19 A. H. Maslow, *The Farther Reaches of Human Nature* (New York: Viking Press, October 1, 1971), p. 26.

20 Jukka Niemela, "Nilofer Merchant: Success Formula for Leading in the Social Era," *Nordic Business Report*, December 11, 2015. Accessed September 7, 2021.

21 "Inspiring the Next Generation Workforce: The 2014 Millennial Impact Report," casefoundation.org, November 2014.

22 "Purpose at Work: The Largest Global Study on the Role of Purpose in the Workforce," 2016 Global Report, business.linkedin.com. Accessed July 21, 2021.

23 Author Interview, July 16, 2021.

24 Simon Sinek, *Start with Why: How Great Leaders Inspire Everyone to Take Action* (New York: Penguin Group, 2009).

25 Gary Hamel, *The Future of Management* (Boston: Harvard Busines Review Press, September 10, 2007, p. 64).

26 Richard M. Ingersoll, et al., "Seven Trends: The Transformation of the Teaching Force—Updated October 2018," repository.upenn.edu.

27 Abigail Johnson Hess, "50% of Teachers Surveyed Say They Considered Quitting, Blaming Pay, Stress, and Lack of Respect," *CNBC online*, August 9, 2019. Accessed September 7, 2021.

28 Matt Hastings and Sangeeta Agrawal, "Lack of Teacher Engagement Linked to 2.3 Million Missed Workdays," news.gallup.com, January 9, 2015. Accessed July 21, 2021.

29 John P. Kotter, Michael Porter, Elizabeth Olmsted Teisberg, *Leadership, Strategy, and Innovation: Health Care Collection (8Items)*, (Boston: Harvard Business Review Press, 2015), p. 1721.

30 "Our Values," veteransunited.com. Accessed July 21, 2021.

31 "Veterans United Home Loans Ranks for the Sixth Consecutive Year on *Fortune*'s List of 100 Best Companies to Work For." *Business Wire*. April 12, 2021. Accessed Sept. 7, 2021.

32 Naina Dhingra, et al., "Igniting individual purpose in times of crisis," mckinsey.com, August 18, 2020. Accessed July 21, 2021.

33 Shana Lebowitz, "The former CEO of Campbell Soup sent 30,000 handwritten thank-you notes to employees—here's why it's a great leadership strategy," *Business Insider Australia*, September 2, 2016.

34 "Developing Best for the World Leaders," bschool.pepperdine.edu.

35 Jitske M. C. Both-Nwabuwe, et al., "Sweeping the Floor or Putting a Man on the Moon: How to Define and Measure Meaningful Work," ncbi.nlm.nih.gov, September 29, 2017.

36 Angela Duckworth, *Grit: The Power of Passion and Perseverance* (New York: Simon & Schuster, May 1, 2016), p. 152.

37 "About Us," stjude.org.

38 Breaking Barriers, purpose.nike.com. Accessed July 21, 2021.

39 Starbucks Mission, stories.starbucks.com. Accessed July 21, 2021.

40 "About the Walt Disney Company," thewaltdisneycompany.com. Accessed July 22, 2021.

41 Patagonia's Mission Statement, Patagonia.com.au. Accessed July 22, 2021.

42 Our Mission, harley-davidson.com. Accessed July 22, 2021.

43 Obituary of Andrall E. Pearson, *Journal News*, March 16, 2006.

44 Peter Nulty, "America's Toughest Bosses: Stop complaining about your own company's Mr. Big—these guys could scare cream into butter and make money on the deal." *Fortune*, February 27, 1989.

45 gsdsw.org.

46 Adriana McLane, "Are You a Bricklayer?" linkedin.com, January 27, 2020. Accessed July 22, 2021.

47 Jay Yarrow, "Microsoft's CEO Sent Out a Giant Manifesto to Employees About the Future of the Company," businessinsider.com, July 10, 2014. Accessed July 22, 2021.

48 Satya Nadella, Ignite 2021 Keynote, March 2, 2021.

49 Satya Nadella, *Hit Refresh* (New York: HarperCollins, 2017).

50 Satya Nadella, *Hit Refresh* (New York: HarperCollins, 2017).

51 Jordan Novet, "How Microsoft bounced back," cnbc.com, December 3, 2018; Accessed July 22, 2021. Microsoft Corporation (MSFT), finance.yahoo.com. Accessed July 22, 2021.

52 Emily Bary, "Microsoft closes with valuation above $2 trillion, becoming second U.S. company to do so," marketwatch.com, June 25, 2021. Accessed July 22, 2021.

53 Satya Nadella, *Hit Refresh* (New York: HarperCollins, 2017).

54 Joan Podrazik, "Oprah's Favorite MLK Quote: 'Greatness Is Determined by Service'" huffpost.com, January 21, 2013. Accessed July 22, 2021.

8장

1 Deepshikha Chakravarti, "12 Inspiring Quotes from IBM's Ginni Rometty," *shethepeople The Women's Channel*, March 26, 2017. Accessed September 7, 2021.

2 ConantLeadership, "In Leadership, Look for the 'and,'" conantleadership.com, April 22, 2016. Accessed July 19, 2021.

3 Aki Ito, "America's best work-from-home expert is bracing for turmoil," BusinessInsider. com, April 13, 2021. Accessed September 7, 2021.

4 Aki Ito, "America's best work-fromhome expert is bracing for turmoil," BusinessInsider. com, April 13, 2021. Accessed September 7, 2021.

5 Peter Drucker, *Managing in the Next Society* (New York: Griffin, September 1, 2003), p. 4.

6 Stephen R. Covey, *The 8th Habit: From Effectiveness to Greatness* (New York: Simon & Schuster, 2004), pp. 257–258.

7 Michael A. Verespej, "Invest in People," *Industry Week*, December 21, 2004.

8 Author interview. July 9, 2020.

9 Facebook post by Zig Ziglar, July 8, 2013.

10 Herminia Ibarra and Anne Scoular, "The Leader as Coach," *Harvard Business Review*, November–December 2019.

9장

1 The Dalai Lama, Howard C. Cutler, *The Art of Happiness at Work* (Hachette UK), p. 25.

2 *Camelot*: the Musical.

3 Criss Jami, *Killosophy* (Scotts Valley: CreateSpace Independent Publishing, January 8, 2015), p. 82.

4 David Brooksby, "The Circle of Honor," ldsbc.edu, June 5, 2012.

5 Gary Hamel, Michele Zanini, *Humanocracy: Creating Organizations as Amazing as the People*

Inside Them (Boston: Harvard Business Review Press, August 18, 2020).

6　James Clear, *Atomic Habits* (United Kingdom: Penguin Publishing Group, October 16, 2018), p. 87.

7　Tom Kelley with Jonathan Littman in *The Ten Faces of Innovation* (New York: Doubleday, 2005), p. 37.

8　Starbucks mission statement, starbucks.com. Accessed July 19, 2021.

10장

1　Colleen Curry, "7 Most Touching Moments from Michael Sam's ESPY Arthur Ashe Award speech," abcnews.go.com, July 17, 2014. Accessed July 19, 2021.

2　Stephen R. Covey, *The 8th Habit From Effectiveness to Greatness* (New York: Simon & Schuster, 2004), p. 128.

3　"An interview with Oprah Winfrey," WCVG-TV 5 News CityLine (Boston, January 13, 2002).

4　@melrobbins, Twitter post, February 10, 2020.

11장

1　The Nordstrom Handbook, Greg Link interview with Nordstrom Human Resources, May 2006.

2　P&G Business Conduct Manual, pg.com, p. 3. Accessed July 19, 2021.

3　Interview in *Forbes* magazine, 2005.

4　Letter to shareholders, Amazon, 2015.

5　Letter to shareholders, Amazon, 2016.

6　Netflix Culture, jobs.netflix.com. Accessed July 19, 2021.

7　*Drive* by Daniel Pink, p. 88.

8　Alena Hall, "How Giving Back Can Lead to Greater Personal Success, huffpost.com, June 17, 2014. Accessed July 19, 2021.

9　Jon M. Huntsman, *Winners Never Cheat* (New York: Pearson), March 23, 2005, p. 160.

10　Jeanne Croteau, "Imposter Syndrome—Why It's Harder Today Than Ever," *Forbes* magazine, April 4, 2019.

11　Jill Treanor in Davos, Interview with Inga Beale: "Let's use the words people are uncomfortable using—lesbian, gay," theguardian.com, January 23, 2016. Accessed July 19, 2021.

13장

1　Twitter post, December 13, 2012.

2   Author interview with Indra Nooyi. July 28, 2010. See also "Indra Nooyi's Key Challenge Is to Retain PepsiCo Top Guns," *DNAIndia*, August 15, 2006. Accessed July 19, 2021.

3   Joseph P. Lash, *Helen and Teacher: The Story of Helen Keller and Anne Sullivan Macy* (New York: Dell Publishing Company), August 1, 1981.

4   Liz Wiseman, *Multipliers* (New York: HarperCollins Publishers, May 16, 2017), p. 5.

5   *Parade Magazine*, September 14, 2008.

6   Carol Dweck, *Mindset: The New Psychology of Success* (New York: Random House, February 28, 2006), p. 64.

14장

1   Peter M. Senge, *The Fifth Discipline The Art and Practice of the Learning Organization* (New York: Random House, 1990), p. 19.

2   Marshall Goldsmith, *What Got You Here Won't Get You There* (London: Profile Books, 2010), p. 72.

3   *The Empire Strikes Back* (1980).

4   Matt Rosoff, "The buzzy new term at Microsoft is 'growth mindset' — here's what it means," businessinsider.com, June 25, 2015. Accessed July 19, 2021.

5   Dee Hock, "The Art of Chaordic Leadership," Leader to Leader Institute, Winter 2000.

6   Ralph Stayer, "How I Learned to Let My Workers Lead," *Harvard Business Review*, November–December 1990.

7   "The Johnsonville Way: The Path We Follow and How It Began," cdn.phenompeople.com. Accessed July 19, 2021.

8   David Dorsey, "Andy Pearson Finds Love," *Fast Company*, August 2001.

9   *Bite-Size Einstein: Quotations on Just About Everything from the Greatest Mind of the Twentieth Century* (New York: St. Martin's Press, 2015), p. 32.

10   Elizabeth Smart, *My Story* (New York: Macmillan, September 30, 2014), p. 302.

11   Geoff Colvin, "Exclusive Interview: Intuit Names New CEO as Brad Smith Steps Down After 11 Years," fortune.com, August 23, 2018. Accessed July 19, 2021.

15장

1   @Olympic twitter. April 1, 2021. https://twitter.com/olympics/status/1377667108293726210. Accessed July 18, 2021.

2   Dave Reed, "Horton looks to continue outstanding gymnastics career in Beijing," ESPN.com, August 8, 2008. Accessed July 18, 2021.

3   Dr. Frances Frei and Anne Morriss, *Unleashed: The Unapologetic Leader's Guide to Empowering Everyone Around You* (Boston: Harvard Business Review Press, June 2020).

4   Manny Fernandez, "Barbara Bush Is Remembered at Her Funeral for Her Wit and Tough Love," nytimes.com, April 21, 2018. Accessed July 18, 2021.

5   *Long Walk to Freedom* (New York: Little, Brown and Company, December 1994), p. 312.

6   quotefancy.com (featured in "Albert Einstein quotes"). Accessed July 18, 2021.

7   "Three Methods of Reform" (translated from the Russian, 1900).

8   Author interview.

9   *The 8th Habit: From Effectiveness to Greatness* (New York: Simon & Schuster, November 2004), p. 98.

10   Jeffrey Bennett, "Galileo Put Us in Our Place," latimes.com, February 8, 2009. Accessed July 18, 2021.

11   "You Gotta Be 'Hungry,'" medium.com, Buffini & Company, May 8, 2018.

12   leaderinme.org.

13   Brian R. Fitzgerald, "Apple CEO Tim Cook Plans to Donate His Wealth to Charity," *WallStreet Journal*, March 27, 2015.

14   Tom Alaimo, "16 Quotes from Bill Walsh That Every Leader Should Read," medium.com, October 21, 2018. Accessed July 18, 2021.

15   Bill Walsh, *The Score Takes Care of Itself* (London: Penguin Publishing Group, June 29, 2010), p. 159.

16   Author interview with General Martin Dempsey. October 1, 2014.

17   Ryan Hawk, *Learning Leader* podcast, learningleader.com, March 24, 2019. Accessed July 18, 2021.

결론

1   Jill Treanor in Davos, Interview with Inga Beale: "Let's use the words people are uncomfortable using — lesbian, gay," theguardian.com, January 23, 2016. Accessed July 19, 2021.

2   Erik Weihenmayer, *Touch the Top of the World* (New York: Dutton Book–Penguin Group, 2001).

3   Doug Criss, "These Myths About Mount Everest Feed Its Mystique (and Its Traffic Jams), cnn.com, May 28, 2019. Accessed July 19, 2021.

4   Author interview with Erik Weihenmayer, March 2002.

5   "Interview with Michael Brown, Farther Than the Eye Can See," May 7, 2009, hulu.com. Accessed July 19, 2021.

6   FranklinCovey training video. erikweihenmayer.com, motto, About section of the website. Accessed July 19, 2021.

찾아보기

436

"물고기 한 마리는 하루 양식이 되지만, 물고기 잡는 법은 평생 먹을 양식이 된다. 우리는 물고기 잡는 법을 가르치는 퍼실리테이터를 양성해 전체 사회를 고양한다."

프랭클린코비센터는 개인과 조직의 성장을 돕는 글로벌 교육 기업입니다. 스티븐 R. 코비의 명저 《성공하는 사람들의 7가지 습관》을 토대로 한 자기계발·리더십 교육과 4천만 명이 사용하는 시간 관리 도구 '프랭클린 플래너'를 전 세계에 전파하고 있습니다. 〈포천〉 500대 기업은 물론, 수천 개의 중소기업과 교육·정부 기관이 프랭클린코비센터의 프로그램을 선택했습니다.

프랭클린코비센터의 비전은 스스로 가르치고 성장하는, 독립적인 사람을 만드는 것입니다. 이를 위해 7천 명 이사의 전문가가 매년 75만 명 이상의 사람을 훈련하고 있습니다. 성과를 창출하고 효과적인 삶을 살고자 하는 개인, 팀 그리고 조직에 최적의 솔루션을 제공합니다. 아래의 주소 혹은 한국리더십센터그룹에서 더 자세한 정보를 얻을 수 있습니다.

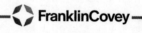

프랭클린코비센터 FranklinCovey Company

2200 West Parkway Blvd, Salt Lake City, UT 84119
www.franklincovey.com

한국리더십센터그룹은 전 세계에서 자기 개혁과 조직 혁신의 새로운 돌풍을 일으키고 있는 미국 프랭클린코비센터의 한국 파트너입니다. 1994년부터 《성공하는 사람들의 7가지 습관》의 효과적인 습득과 실생활 적용을 위한 프랭클린코비센터의 독특한 자기계발 프로그램과 기업교육 노하우를 전파해왔습니다. 아울러 국내 실정에 맞는 프로그램을 연구 및 개발해 21세기 한국 기업과 한국인에게 효과적으로 도움을 주기 위해 노력하고 있습니다. 끝나면 잊고 마는 것이 아니라, 내면에서부터 변화하는 새로운 차원의 패러다임 전환을 경험할 수 있는 교육을 제공합니다.

　〈포천〉이 선정한 500대 기업 중 430여 개의 기업에서 전사적으로 도입하고, 세계 초일류 기업과 조직, 개인과 가족 및 단체들이 참여하고 격찬한 프랭클린코비 프로그램! 한국리더십센터그룹의 교육과정을 통해 개인과 조직이 위대한 성장을 이루도록 도움받고 이를 습관화하면 효과적으로 성공을 얻을 수 있습니다.

한국리더십센터그룹 Korea Leadership Center Group

서울시 금천구 가산디지털1로 225 에이스 가산 포휴 1511호
대표전화 (02) 2106-4000 | 팩스 (02) 2106-4001
www.eklc.co.kr

트러스트
임팩트
신뢰의 재발견